1970년대

민주화운동과

천주교

부문별 민주화운동사 연구총서 3

1970년대 민주화운동과 천주교

1판 1쇄 발행일 2024년 12월 17일
기획 민주화운동기념사업회 **집필진** 박문수, 경동현, 김소남, 한상욱
펴낸곳 (주)도서출판 북멘토 **펴낸이** 김태완
편집주간 이은아 **편집** 김경란, 조정우 **디자인** 안상준 **마케팅** 강보람 **경영기획** 이재희
출판등록 제6-800호(2006. 6. 13.)
주소 03990 서울시 마포구 월드컵북로 6길 69(연남동 567-11) IK빌딩 3층
전화 02-332-4885 **팩스** 02-6021-4885

🌐 bookmentorbooks.co.kr   ✉ bookmentorbooks@hanmail.net
📷 bookmentorbooks__   Ⓑ blog.naver.com/bookmentorbook

ⓒ 민주화운동기념사업회 2024

ISBN 978-89-6319-619-0 (93910)

1970년대 민주화운동과 천주교

민주화운동기념사업회 기획

북멘토

"1970년대 민주화운동과 천주교"를 발간하며

이 책 발간의 가장 큰 의의는 1970년대 천주교민주화운동에 대한 최초의 통사적 접근이라는 데 있다. 그동안 이 시기는 한국천주교회사의 일부로만 다뤄져 왔다. 아쉽게도 그동안 연구논문 주제로도 거의 주목받지 못했다. 그러다가 이번 연구를 통해 이 시기에 해당하는 방대한 양의 사료를 발굴, 해제할 수 있었다. 특히 그동안 연구자들이 간과해왔거나 소재나 존재 자체를 몰라 찾지 못했던 해외교회 문서, 정부 미공개 문서, 교회의 미발굴 문서, 그리고 당시 활동가들의 증언 등을 폭넓게 수집할 수 있었다. 1차년도 연구와 동시에 진행한 해제 작업은 2차 연도에 진행할 집필에 튼튼한 기초가 되어 주었다.

두 번째 의의는 1970년대 천주교 민주화운동에 참여한 모든 주체를 본래 역할과 기여대로 서술할 수 있었던 점이다. 이 작업을 통해 수많은 단체와 활동가들이 이름을 찾을 수 있었고 그들의 기여도 드러낼 수 있었다. 이는 민주화운동기념사업회의 요청이기도 했는데 결과적으로 이 책이 갖는 의미를 더욱 두드러지게 했다고 생각한다.

세 번째 의의는 천주교 민주화운동을 전체 민주화운동의 맥락과 연결하면서도 교회의 기여를 가감 없이 드러내고자 한 점이다. 자칫 호교론적이고 교회의 기여를 실제 이상으로 평가할 수 있는 위험도 있었다. 하지만 중간보고회와 최종보고회 등 여러 번에 걸쳐 토론을 진행해 그러한 위험을 줄여나갈 수 있었다. 특히 연구 3차년도에 진행한 공람회에서 관련 연구자와 당시 활동가들이 함께 적극적으로 문제제기와 토론을 전개해 연구의 완성도를 높일 수 있었다.

네 번째 의의는 천주교를 동등한 민주화운동 주체로 인정하지 않으려는 그동안의 연구 경향에도 비판적 거리를 유지한 점이다. 천주교가 국제 네트워크로서 독특한(보기에 따라서는 유리한) 위치에 있었던 것은 사실이지만 그렇다고 다른 주체에 비해 위험이 덜하지 않았다는 점을 드러내려 했다.

마지막으로, 이 연구는 이후 본격적으로 이어질 천주교민주화운동사 서술의 전범(典範)이라 평가한다. 민주화운동기념사업회는 프로젝트 관리 차원에서 여러 단계에 걸쳐 전문가들과의 토론과 비평 기회를 마련해 이 책에 담긴 연구의 질적 수준을 제고하고자 했다. 이 연구가 1980년대 민주화운동사, 한국 교회사 전체를 아우르는 천주교사회운동사 서술로 이어지는 움직임을 추동하기를 기대한다.

이 시기 천주교민주화운동은 한국뿐 아니라 세계적으로도 드문 사례에 속한다. 1960년대 말부터 시작된 중남미 가톨릭교회의 해방운동, 1970년대 초반 필리핀의 민주화운동, 냉전 시기 동유럽 가톨릭 국가들이 자유를 쟁취하기 위한 운동 등이 같은 범주에 드는 세계사적 사건이다. 한국의 천주교민주화운동은 거의 동일한 주체들이 이 운동을 20년 이상 지속했다는 점에서 유일하다. 이 책은 한국의 천주교민주화 운동이 갖는 특징적인 의미와 사건들을 심층적으로 다루면서 그동안 자세한 내막을 알 수 없었던 사건들에 살을 붙였다. 이 작업이 아니었다면 이를 평가할 수 있는 작업은 먼 미래의 일이 될 뻔했다.

이러한 연구 작업은 무엇보다 교회 자체에서 시행해야 했지만 여러 여건이 미비하여 시도하지 못했다. 우리신학연구소의 적극적 참여가 없었더라면 이 작업은 먼 미래의 일이 되거나 부실한 작업이 될 수 있었다. 민주화운동기념사업회의 기여가 있었다면 이 역시 큰 보람이라고 하고 싶다.

3년에 걸쳐 진행된 연구는 고단한 과정이었다. 박문수 책임 연구위원 등 연구를 맡아 수고를 아끼지 않은 우리신학연구소 연구원 네 분께 큰 감사를 드린다. 여러 차례에 걸쳐 진행한 보고회와 공람회에 애정을 갖고 참여해주신 연구자와 활동가 분들에게도 큰 감사를 드린다. 적지 않은 분량의 원고를 정갈한 책으로 엮어주신 북멘토 편집부에도 따뜻한 감사 인사를 전하고 싶다.

2024년 12월
민주화운동기념사업회 이사장 이재오

차례

제2부 교회의 민중 현실 자각과 반독재운동 시작

서론

1. 천주교 사회운동과 민주화운동

천주교 사회운동은 '천주교 신자가 복음과 사회교리[*]에 따라 현세 질서의 변혁을 위해 벌이는 조직적 활동'이다.(박문수 2003, 157) 그러면 민주화운동은 천주교 사회운동의 한 범주일 수 있을까? 민주화운동기념사업회(이하 민기사)에서는 민주화운동을 "억압으로부터 자유와 자율을 확대하고, 인간 기본권을 수호하며, 민주주의를 진전시키려는 운동"으로 정의한다. [**] "냉전체제-진영 논리를 벗어나 민족 자주성을 확보하려는 운동이나 통일운동, 민중 생존권과 더 나은 삶을 위한 투쟁"도 민주화운동으로 본다.(민주화운동기념사업회 2008, 15) 이 정의에서 '억압으로부터 자유와 자율의 확대, 인

---

[*] 천주교는 모든 사회 문제에는 윤리적 차원이 들어 있다고 본다. 따라서 비인간적 생활 조건이 인간의 가치 실현을 가로막고 온전한 구원과 발전을 추구해야 해야 하는 인간의 본질을 저해하는 경우라면 관심을 갖는 것이 자연스럽고 필수적인 일이라 본다. 이때 사회교리는 그 사회의 윤리성 여부를 판단하는 기준이다. 이렇게 교회는 사회교리를 통하여 '구원의 길에 있는 인간을 도우려' 한다. 그리고 이것을 교회의 첫째가는 유일한 목적이라 간주한다.(교황청 정의평화평의회, 66~69항)

[**] "민주화운동은 오랜 투쟁 과정을 통해 형성된 역사성을 지니고 있다. 이러한 역사성과 맥이 닿는 목적의식을 지닐 때 민주화운동으로 평가받을 수 있다. …… 반유신 운동이 민주화운동과 민중운동의 접점이 되었으며 그 방향에서 역량을 확장해가면서 발전해갈 수 있었다. 그 성과를 기반으로 하여 이후 훨씬 활발한 민중운동이 가능하였다."(안병욱 2005, 37~40)

권 기본권 수호, 민주주의 진전'을 위한 노력은 가톨릭 사회교리 전통에서 중요하게 다뤄온 주제이자 활동이었다. 민족 자주성 확보, 통일, 민중 생존권 보장(확보), 더 나은 삶을 위한 노력도 사회교리의 확장으로 볼 수 있는 활동이다. 이 모두는 사회교리가 지지해온 인류의 '보편 가치'에 속하기 때문이다. 따라서 천주교 민주화운동은 천주교 사회운동의 한 부분이다. ●

한국천주교회사에서 본격적인 사회운동이라 부를 수 있는 움직임이 처음 나타난 시기는 1950년대 말이다. ●● 1950년대 말 한국교회가 도입한 신협운동은 1960년 부산 성가신협과 서울 가톨릭중앙신협의 창설을 계기로 본격 확산하기 시작했다. 이 운동은 가톨릭 노동운동과 함께 1970년대 중반 이후 천주교 사회운동의 핵심 주체가 되는 가톨릭농민회의 조직 기반이 되었다. 이는 천주교 원주교구 설립(1965) 이후 지학순 주교가 '원주그룹'과 함께 교구와 지역사회에서 벌인 사회개발운동과도 밀접히 연결돼 있다. 1968년에는 강화도에서 교회가 군사정권과 노동 문제를 놓고 직접 충돌했다. 이 사건에서 한국천주교회는 박정희 정권과 회사 측 탄압에 조직적으로 대응하며 사회적 약자를 위한 집단행동에 나섰다. (박문수 2003, 161)

그러나 천주교 민주화운동의 맹아 단계인 이 시기에 전개한 운동은 민주화운동사에서 제대로 평가받지 못했다. "종교 문화 예술인 및 여성계 활동은 개별적 활동을 제외하면 더욱 미약했다. 유신 쿠데타 이후 적극적 활동을 하게 되는 천주교 등 종교계의 경우 한일협정 비준 반대 투쟁에 한경직 목사 등 개신교의 참여가 눈에 띤다. 그러나 그 이전에도 이후에도 조직

● 천주교 사회운동에는 환경운동, 평화운동, 생명운동 등 다양한 영역이 포함된다. 이 운동들은 보편 가치를 전제로 하지만 교회가 사회의 모든 이슈에 다 동의하는 것은 아니다. 생명 윤리 문제와 같이 충돌하는 측면도 있어서다.

●● 천주교의 사회참여는 이 시기 이전에도 활발하게 전개되었다. 다만 이 시기의 사회참여는 교회의 안위, 세력 확대를 도모하기 위한 활동이었을 뿐이다. 이에 본고에서 정의하는 사회운동 범주에 들지 못한다.

적 활동은 미약했고, 3선개헌반대 범국민투쟁위원회(범투위)나 1971년 민
주수호국민협의회에 김재준 목사 등이 개인적으로 참여했으나 천주교는
거의 참여하지 않았다."(민주화운동기념사업회 2008, 28) 이 평가는 천주교가
1970년대 이전 이렇다 할 만한 사회참여를 하지 않았다는 뜻으로 해석된다.

이런 평가를 받는 천주교가 1970년대 들어 전체 민주화운동에서 주요
주체로 등장했다. 가톨릭 노동운동은 1960년대의 연장에서 '노동자 안에
서, 노동자에 의해, 노동자를 위해' 노동자운동의 계기를 마련하기 위해 본
격적인 활동을 시작했다. 1970년대부터 생산직 노동자들이 JOC 회원의 다
수를 이루면서 활동의 중심도 임금, 근로조건, 인격적 대우 등 노동 현실에
대한 문제 제기로까지 범위를 확장했다. 개신교 도시산업선교회와 함께 현
장 활동도 전개했다. 이 성과는 1970년대 말 동일방직 노동자 투쟁,● 콘트
롤 데이타, 서울통상, YH 등 노동 현장에서 JOC 회원이 민주노조운동의 촉
매 역할을 하는 형태로 이어졌다. 그 결과 JOC와 도시산업선교회는 유신
정권의 혹독한 감시와 탄압을 받았다.

가톨릭노동청년회 농촌청년부로 시작해 1966년 10월 17일 '한국가톨릭농
촌청년회'로 독립해 활동을 시작한 가톨릭농민회(이하 가농)는 1971년 11월
조직강화위원회에서 '농민권익옹호, 사회정의실현'을 활동 목표로 설정하
며 농민운동에 본격적으로 나서기 시작했다. 가농은 출범 후 1974년 민간
단체 최초로 '농지 임차(賃借) 관계조사'를 통해 토지문제를 제기했고, 1975년
부터 '쌀생산비 조사'를 통해 가격보장 활동을 전개했다. 현장 또는 전국 단

● "동일방직 여성 노동자들이 1972~78년에 진행한 민주노동조합운동이다. 남성 중심 어용 노동조합에 대항
해 여성 노동자들이 1972년 5월 10일 처음으로 여성 지부장을 선출하고 민주노동조합운동을 전개하였다.
이후 회사 측과 남성 노동자들의 방해와 폭력, 중앙정보부와 경찰의 부당한 개입에 저항하였다. 1978년 2월
21일 대의원 선거를 무산시키려는 똥물투척사건이 일어나자 여성 노동자들은 단식 농성으로 대항하였지
만, 집단해고가 되었고 이후 복직 투쟁을 전개하였다."(한국학중앙연구원 2017)

위로 외국 곡물 수입반대, 강제농정 시정, 부당농지세 시정, 농협 민주화 등의 활동도 지속적으로 전개했다. 농협이 고구마 계약 수매를 이행하지 않아 일어난 '함평 고구마 사건'(1976~1978)에서도 가농은 2년 동안 싸움을 이어가 결국 승리했다. 감자 농사 폐농(廢農)이 발단이 된 '안동 가톨릭농민회 사건'(세칭 오원춘 사건)도 가농이 조직적으로 유신 정권의 농민운동 탄압에 대응한 사례다. 이 사건은 향후 가톨릭 농민운동이 뿌리를 내리는 중요한 계기가 되었다. 이처럼 가농은 1960년대 신협운동, 지역개발운동, 가톨릭 노동운동을 토대로 1970년대 중반부터 천주교 민주화운동의 중심 주체 가운데 하나가 되었다.

천주교 원주교구에서 1960년대 후반 시작한 사회운동의 성과는 1971년 10월 5일 시작해 이틀간 벌어진 지학순 주교(이하 지 주교)와 교구 사제단, 신자들이 부정부패 일소를 위해 벌인 시위와 이후 지속적으로 전개한 부정부패 추방운동으로 나타났다. 특히 이 사건은 교구의 모든 구성원이 반정부 투쟁에 조직적으로 참여한 한국교회 최초의 사례였다. 1973년부터 전개된 '원주교구 재해대책사업위원회' 활동도 이 운동의 연장이었다.(김소남, 2017)

그러나 민주화운동 진영에서 천주교의 본격적인 민주화운동 참여로 평가하는 사례는 1974년 7월 지 주교 구속 이후 전개한 유신체제 철폐 운동과 인권운동이다. 실제 이 사건을 계기로 향후 천주교 민주화운동의 구심 역할을 하게 될 '천주교정의구현전국사제단'(이하 사제단)이 출범했고, 사제단을 중심으로 천주교 사회운동 세력이 결집하였기 때문이다. 1970년 8월 출범했으나 유명무실했던 천주교정의평화위원회도 1975년 12월 재출범하며 1970년대 후반 사제단과 함께 천주교 민주화운동에서 구심 역할을 했다. 해외 가톨릭교회도 지 주교 구속을 계기로 천주교 민주화운동과 연대하기 시작했다. 일본 천주교정의평화협의회(이하 정평협)은 이미 1973년부터 김지하 구명운동을 통해 한국 민주화운동을 지원하고 있었다. 교황청은 1970년대에 지 주교 비자 발급 거부건(1972)을 시작으로 1979년 유신 정권의 두봉 주교 추방시도, 김재덕 주교 구속시도 사건에 이르기까지 여러 차례 관여했다. 그러나 이는 교권을 수호하기 위한 차원이었을 뿐 민주화운동을 직접 지원하려는 시도는 아니었다.

지 주교 구속 사건을 계기로 천주교가 큰 규모로 관여한 사건에는 유신 헌법과 긴급조치반대운동(1974~1975), 민주회복국민회의 결성 참여와 운영(1974~1975), 자유언론 실천운동 지원(1974.10~1975.3), 동아일보 광고 탄압 사건 대응, 언론통제의 실상인 보도지침 공개, 각종 민주연합체 참여, 원주 선언과 3·1 명동 기도회 사건 주도(1976), 전주교구 반유신 투쟁(1977~1979), 함평 고구마 사건(1978), 오원춘 사건(1979) 등이 있었다. 인권운동으로는 시국 미사·기도회 개최를 비롯 김지하 구명운동(1975~1981), 민청학련 사건(1974~1975)·인혁당 사건 진상조사와 구명운동(1975), 서울법대 최종길 교수 고문치사 사건 조사(1975), 양심선언운동(1974~1975) 등이 있었다. 이 과정에서 법률구조 활동, 구명운동, 서명운동 등 사제단과 평신도 단체가 중심이 되고 학생·청년이 연대하는 형식의 운동이 등장했다. 신자 변호사들은 대부분 시국 사건에서 조직적으로 변론 활동을 전개하며 1970년대 중반 이후 전체 민주화운동뿐 아니라 천주교 민주화운동의 한 주체로 등장하기 시작했다. 제2차 바티칸 공의회 폐막 후 공의회 정신을 실현하는 활동에 앞섰던 평신도 지식인과 이들이 소속된 사도직 단체도 지 주교 구속을 계기로 민주화운동에 참여하기 시작했다. 가톨릭 대학생도 1960년대의 침묵을 깨고 1970년대 들어 민주화운동의 한 주체로 등장했다.

이 시기에 드러나지 않게 민주화운동에서 중요한 역할을 한 주체로 수도회와 사도생활단이 있었다. 수도자들은 소속 교구와 전국 단위에서 사제단이 주관하는 시국 기도회, 시국 미사에 가장 적극적으로 참여했다. 이들은 기도회를 수도회 단위로 조직하거나 한국여자수도자장상연합회(이하 장상연), 남자 수도회·사도생활단장상협의회(이하 장상협)를 통해 공동으로 진행하기도 했다. 사도생활단 소속의 50여 명 가까운 외국인 선교사는 유신 정권에 저항하는 활동에 직접 참여한 것은 물론, 국내 상황을 국제적으로 널리 알리는 데도 앞장서 유신 정권으로부터 집중적인 감시와 탄압을 받았다. 성베네딕도수도회(이하 분도회)는 분도출판사를 통해 천주교 민주화운동의 신학적, 교리적 토대를 제공하는 자료를 출간하며 민주화운동에 기여했다.

이처럼 1960년대 초부터 여러 영역에서 활동하던 천주교 사회운동 단체가 지 주교 구속 사건을 계기로 하나로 결집했다. 1970년대의 민주화운동 경험은 다시 천주교 사회운동이 1980년대 들어 규모와 질 양면에서 성장하는 계기로 작용했다. 천주교는 1970년대 민주화운동에서 개신교와 함께 다른 부문운동을 지원하고 각 부문의 활동가를 보호하는 역할도 담당했다. 1970년대 천주교 민주화운동은 개신교 민주화운동과 함께 전체 민주화운동에서 주요 부문운동이었다. •

그러나 1970년대 천주교의 민주화운동 참여는 한국천주교회사에서 이례적이고 특별한 사건으로 간주된다. 한국천주교회는 일제 강점기 때 식민 권력에 협조했고, 해방 후에는 미 군정과 이승만 정권과 유착에 가까운 관계를 유지했다. 1952년 부산 정치파동으로 이승만과 사이가 벌어지고 나서부터는 장면과 그가 속한 민주당 신파를 지원했다. 이러한 움직임은 분명

• 천주교의 참여는 재야 운동의 일부로 간주된다. "특히 성직자들은 산업선교회와 같은 형태로 노동자들의 생존권 투쟁을 엄호·지원했고, 유신 정권의 반공주의 공세에 맞서 열악한 조건에서지만 막 성장을 시작한 민중운동에 대한 '우산 역할'을 헌신적으로 수행하였다."(민주화운동기념사업회 2009, 30) 이는 종교가 사회에서 예외적 위치, 영역으로 간주되었음을 의미한다. 그러나 유신체제하에서 종교인도 예외 없이 탄압에 직면했고, 같은 조건에서 투쟁했다. 이는 교회 외부 필자들이 종교 특히 그리스도교에 대한 고정관념, 편견을 가지고 있음을 의미한다.

정치참여로 볼 수 있지만, 안병욱이 제시한 기준인 '역사성과 맥이 닿는 목적의식'을 결여한 사회운동이었다. 그러다 1960년 부산과 서울의 신협운동을 시작으로 1960년대 중반의 지역개발운동 참여, 1968년 심도직물 사건 개입을 거치며 1987년까지 근 20여 년간 민주화운동에 적극적으로 참여하기 시작했다. 1987년 이후에는 이전 시기보다 움직임이 현저히 약화해 이 20여 년의 기간이 천주교회사에서 가장 활발했던 사회참여 시기로 평가된다. 이처럼 한국천주교회가 조직적으로 비교적 긴 시간 동안 사회운동을 벌인 것은 한국천주교회사는 물론 세계교회사에서도 드물고 이례적인 사건이었다.

2. 천주교 민주화운동사 검토

천주교에서 집필된 천주교 민주화운동사 관련 저서로는 명동천주교회가 1984년 간행한 『한국가톨릭인권운동사』가 유일하다. 이 책은 숙명여대 정치학과 한용희 교수가 편집 저술했다. 한 교수는 이 책에서 1961년부터 1971년까지를 전사(前史)로, 1972년을 민주화운동 출발 시기로 보았다. 대상 시기는 1972년에서 1979년까지였다. 서술은 편년체(編年體) 양식을 따랐다. 이 책은 천주교 민주화운동 진영이 유신 정권에 맞서 벌인 활동 대부분을 연대순으로 서술해 전체 흐름을 쉽게 확인할 수 있는 장점이 있다. 저술 시기가 1970년대를 막 경과한 시점인 데다 저자와 편집위원들이 모두 운동 경험자여서 사실관계가 정확하다. 수록한 각종 자료의 발간 시기도 대부분 바르게 특정되었다. 무엇보다 최초의 가톨릭인권운동사를 표방했다는 점에서 의미가 크다. 하지만 역사서로는 다소 아쉬운 면이 있다. 사료 비평이 충실하지 않고, 준거를 생략한 경우가 흔하다. 사건 배경과 맥락도 소략해 사건과 사건 사이의 인과 관계를 파악하기 어렵다. 무엇보다 운동에 참여한 주체의 실제 기여도가 서술 분량에 반영되지 않았다. 이 책의 내용 대부분이 당시 발표된 성명서, 선언문 등이어서 역사 서술에 할애한 분량도 적다. 이 때문에 본격 역사서로서는 아쉬움이 있다.

사제단이 1985년 발간한 『한국천주교회의 위상』은 역사서는 아니지만, 1970년대 천주교 민주화운동사의 주요 사건을 대부분 다루고 있다. (사제단 1985) 이 책은 사실상 사제단의 눈으로 본 이 시기 천주교 민주화운동 평가서다. 역사학자 서중석은 사제단 관련 문서에 대해 다음과 같이 평가한다. "어느 행위나 그 행위와 관련된 여러 가지 사항을 알 수 있어야 사실(史實)을 제대로 기록할 수 있고 해석이나 분석, 평가를 할 수 있는데, '사제단' 문서는 대개 성명서만 나와 있고, 예컨대 어떠한 상황에서 그것이 나왔으며, 그 성명서를 누가 초안해서 어떠한 조정을 거쳐 발표되었는지, 발표했을 때 주교 사제 신자들의 반향이 어떠했는지 등등을 알려주는 기술이 빈약하거나 없다."(서중석 2007, 247)

민주화운동기념사업회에서 간행한 『한국민주화운동사 2』에 수록된 강인철의 「종교계의 민주화운동」 2절도 천주교 민주화운동사를 간략히 다루었다. (강인철 외 2009) 저자가 천주교 신자이기 때문에 엄밀한 의미에서 이 글도 외부자의 서술은 아니다. 이 책은 개신교 민주화운동사를 병렬적으로 서술하고 있어 같은 시기 두 교파가 운동 과정에서 어떻게 독자적으로 그리고 상호교차하며 운동을 전개했는지 비교해볼 수 있는 장점이 있다. 그리스도교● 민주화운동이 전체 운동에서 차지하는 객관적 위치를 파악할수 있게 해주는 점, 당시 민주화운동의 중심 흐름을 파악하게 해주는 것도 장점이다. 그러나 천주교 운동사만을 다루지 않아 분량이 길지 않다. 준거도 대부분 2차 자료에 의존하고 있다. 각 사건을 서술하는 분량도 길지 않

●그리스도교의 한자 음사어가 기독교인데 한국사회에서는 기독교가 개신교와 동의어로 쓰이고 있다. 이에 개신교, 천주교, 정교회를 아우르는 의미로 사용할 때는 그리스도교로 표기한다.

아 배경과 맥락을 파악하는 데 어려움이 있다. 무엇보다 핵심 사건만 다루고 있어 상대적으로 비중이 낮은 사건은 거의 주목을 받지 못하였다.

이상에서 역사 서술을 지향한 선행 저서들은 본격 역사서로선 크게 네 가지 점이 부족하다. 첫째, 통사적 접근이 아니다. 당시 다양한 주체가 운동에 참여했는데 이 가운데 한 주체만 부각하거나 다른 주체를 거론하되 그들의 비중을 제대로 드러내지 않고 있다. 둘째, 문헌 전거가 빈약하다. 특히 대상으로 삼는 주체 외 다른 주체의 활동을 뒷받침하는 준거가 대부분 2차 자료다. 셋째, 한국민주화운동사와 천주교 사회운동을 맥락적으로 연계하지 않는다. 이 때문에 천주교 민주화운동이 전체 민주화운동에서 차지하는 상대적 비중이 어느 정도인지 가늠하기 어렵다. 이는 자칫 호교적이고 자신의 기여를 실제 이상으로 과도하게 부풀릴 위험이 있다. 마지막으로, 사건의 인과 관계, 운동 주체 간 연계, 기존에 간과해온 주체의 발굴 노력 부족 등이다. 특히 기존에 밝혀진 사실에만 의지하여 당시 존재한 다양한 주체의 활동상을 제대로 드러내지 못하고 있다.

3. 관점과 서술 방식

외부 연구자들이 흔히 하는 오해 가운데 하나가 1970년대에 천주교가 다른 부문운동보다 유리한 조건이었다고 보는 것이다. 이를테면 가톨릭의 국제 네트워크 덕분에 천주교 운동 주체가 다른 운동 주체에 비해 보호를 더 많이 받을 수 있었다거나 유신 정권이 교회 또는 성직자를 다른 대상보다 우대했다는 생각 등이다. 물론 이러한 주장에 일부 타당한 측면이 있다. 실제로 천주교 민주화운동은 가톨릭 국제 네트워크를 통해 유신 정권의 부도덕성과 부당성을 고발하는 활동을 할 수 있었다. 다른 나라 교회가 자국 정부를 움직여 유신 정권에 외교적 압력을 행사하게 만들 수도 있었다. 지주교의 경우 감옥에서 개신교 성직자들과 달리 우대를 받았다.(김정남·한인섭 2020, 152) 김수환 추기경은 천주교회 수장으로서 수많은 반정부 발언을 했음에도 구속되지 않았다. 이런 측면을 고려하면 천주교가 개신교에 비해서도 분명 유리한 조건에 있었다고 할 수 있다.

그러나 이러한 이점이 있었다고 해서 천주교 운동 주체가 직면한 어려움이 다른 부문운동보다 덜 한 것은 아니었다. 일례로 민주화운동에 참여하는 사제들은 지위 고하를 막론하고 정보당국과 경찰의 감시를 받았다. 미행을 당하는 일도 다반사였다. 미사 시간에 사복형사들이 성당에 들어와 강론 내용을 적거나 녹음했다. 주보, 교회 간행물에 대한 검열도 일상이었다. 여차하면 교회 장부도 들여다보았다. 사제관을 몰래 드나들며 사제에게 흠이 될 만한 흔적을 찾으려 했다. 1977년 전주교구 신부들은 경찰과 정보기관원에 납치되어 린치를 당했다. 사제도 예외 없이 구속했으며, 사제도 심문 중에 고문했다. 신자를 이용해 사제와 교회에 대해 흑색선전을 하게 하거나 주민을 선동해 교회에 대한 악선전도 서슴지 않았다. 가톨릭 노동운동가, 농민운동가, 가톨릭 대학생, 사제들을 지원하는 평신도는 더 혹독한 탄압을 받았다. 민주화운동에 적극적으로 참여한 신자는 "실직, 구직 방해를 통해 가족의 생계를 위협받았고, 심한 경우 목숨을 위협받기도 하였다."(민주화운동기념사업회 2009, 33) 무엇보다 가장 큰 난관은 교회 안에서 제기되는 반대와 비판이었다. 유신 정권은 자신에게 협조하는 교구와 고위 성직자는 순치(馴致)하고 우대하며 이들을 운동진영으로부터 분리하고자 했다. 정부 고위관직에 있었던 신자들은 교회와 정권에 다리를 놓는다는 명분으로 고위 성직자에게 압력을 행사했다. 유신 정권은 민주화운동에 참여하는 주교와 사제를 처벌하도록 종용하기 위해 교황청에 수시로 고위 공직자를 파견하거나 자신들에 동조하는 사제와 신자를 이용해 탄원서를 보냈다. 특히 유신 정권에 우호적인 주교들을 동원해 주교단이 집단으로 반정부 활동에 나서는 것을 제어하려 했다. 이런 조건에서도 천주교가 민주화운동에 참여할 수 있었던 것은 사제들의 경우 신학교 동료, 선후배 관계에서 오는 결속력, 신자들의 사제에 대한 존경심과 신뢰, 교계 상층부의 이들에 대한 지지, 참여 주체의 신앙적 확신 등이 뒷받침되었기 때문이다. 한국교회의 고유한 신앙 유산인 순교 정신도 살신성인을 요구하는 민주화운동에서 중요한 참여 동기와 지속 요인이었다.

1920년대 이후 천주교회 전체가 반공주의 입장이었고, 해방 이후 남한에서는 적극적인 친미·반공 입장이었으며, 해방 후 북한 지역과 6·25전쟁 때 공산군에게 피해당했던 경험, 전후에도 반공 입장을 견지한 것이 운동 주체와 천주교에 대한 용공 시비를 차단하는 데 일정 부분 도움이 되었다. 전쟁 후 지속적 성장을 거듭하며 100만 명에 이른 교세(敎勢)도 유신 정권에는 부담 요인이었다. 지 주교 사건을 통해 확인된 가톨릭의 국제 네트워크의 존재도 천주교를 쉽게 대할 수 없게 만든 힘이었다. 무엇보다 교회 구성원 모두가 사회참여에 대한 입장 차이를 넘어 유신 정권의 탄압을 몇몇 성직자에 대해서가 아니라 교회에 대한 탄압으로 이해해 단합된 힘을 보여 준 것이 천주교를 쉽게 다루지 못하게 만든 큰 요인이었다. 이러한 모든 조건이 모여 천주교 민주화운동 진영이 다른 부문운동을 지원하거나 우산(雨傘) 역할을 가능하게 했다. 여기엔 분명 외부 지원이라는 요소가 작용했다. 그럼에도 아무 노력을 하지 않는 교회를 다른 교회가 도와줄 수는 없는 법이다. 순교를 각오한 한국교회의 사제, 수도자, 신자가 있었기에 해외교회의 이런 지원이 가능했다.

이때 천주교는 정부의 보호를 받는 특수한 위치에 서서 다른 부문운동을 지원한 것이 아니었다. 천주교도 운동의 한 주체로 민주화운동에 참여했다. 그러니 천주교를 민주화운동의 국외자로 간주하고 다른 운동 주체를 지원하는 위치로 평가하는 것은 바람직하지 않다. 이 연장에서 천주교를 재야의 일부로 간주하고, 1970~1980년대 상황에서 특수하게 형성되었던 천주교와 개신교가 운동의 구심이 될 수밖에 없었던 상황, 이 상황에서 천주교가 적극적인 역할을 한 측면을 평가 절하하는 것도 바람직하지 않다. 이 시기의 상황이 특수한 것은 사실이지만 천주교가 이런 역할을 감당하지 않았다면 다른 부문운동도 살아남기 어려웠던 점을 고려해야 한다. 이처럼 천주교를 국외자로, 필요할 때 도움을 주는 외부 세력 정도로 보는 관점은 지양해야 한다.[*] 물론 이는 천주교에도 필요한 자세다. 당시 상황에서 다른 부문운동의 기여를 제대로 평가하지 않으면 비슷한 오류를 범할 수 있기 때문이다.

이에 이 책에서는 각 국면마다 상황, 맥락, 변화를 종합적으로 파악하며 서술하고자 했다. (홍석률 2005, 53) 우선 다양한 운동 주체와 해당 시기 천주교가 참여한 영역 전체를 고루 드러나게 서술하려 했다. 전체 민주화운동과 맥락적 연계가 부족한 점은 전체 운동사를 고려하며 천주교의 상대적 비중이 잘 드러나도록 서술하고자 했다. 특히 독자가 이해하기 어려운 교회 내부 사정과 논리를 외부자 시각에서 객관적으로 드러내 보려 했다. 사건의 인과 관계, 운동 주체 간 연계도 충분히 고려하고자 했다. 무엇보다 호교론을 피하면서 전체 민주화운동사에서 천주교 민주화운동의 상대적 위치를 고려했다. 특히 본서에서는 이미 존재했으나 주목받지 못했던 사료와 자료를 활용해 당시엔 비중이 컸으나 기억되지 않던 인물과 그들의 활동을 새로이 조명하려 했다.

기존 저술에서 아쉬웠던 점들도 보완하고자 했다. 기존 저술에서 아쉬웠던 점은 유신 정권 내부 움직임이나 입장을 파악할 수 있는 사료가 거의 없는 것이었다. 그런데 이 책에서는 해당 시기 천주교와 관련된 정부 문서

---

[*] 민족주의 관점에서는 그리스도교는 외래종교이기 때문에 다른 영역에서도 민족의 일 주체로 보지 않으려는 경향의 연장일 수도 있다.

를 대부분 입수해 사건의 맥락을 입체적으로 살펴볼 수 있었다. 특히 외교부 공개 문서는 당시 한국교회와 관련 당사자 특히 교황청이 한국천주교 민주화운동을 어떻게 바라보았고, 교회와 국가의 갈등 문제에 대해 어떤 위치에 서려 했는지 잘 보여준다. 국제사회도 교황청과 해외교회를 매개로 한국의 민주화운동에 관여했는데, 이 측면도 이 문서들을 통해 드러내 보고자 했다. 기존 사건을 재구성하고 해석할 때도 다양한 1차 사료를 활용할 수 있었다. 앞서 천주교 민주화운동 관련 저술이 간행된 시기와 이 책 간행 시기 사이에 당시 다양한 운동 주체를 대상으로 한 구술사적 접근, 회고록 집필, 관련 연구서가 출판된 덕에 교차 검증을 통한 사료 비평이 가능했다. 개요만 있던 사건을 입체적으로 재구성하는 것도 가능했다.

관점도 확장해보려 했다. 기존 연구들이 천주교 민주화운동 주체를 세례받은 신자에 국한하는 경향이 있는데, 당시에는 비신자도 상당수 천주교 민주화운동에 참여했다. 당시 천주교 사회운동 방식을 살펴보면 비신자도 참여할 수 있을 만큼 열려 있었다. 이는 제2차 바티칸 공의회 영향이 아니었다면 불가능했을 일이다. 이처럼 당시는 지금처럼 교회의 모든 부문이 제도화된 상태가 아니었기에 비전통적 시도들이 가능했다. 따라서 이러한 측면을 드러냄으로써 기존 연구의 아쉬웠던 점을 극복해보려 했다.

이 책에서는 시기를 구분할 때 유신체제 등장, 긴급조치 9호 발령을 기준으로 하는 민기사와 달리 천주교에서 일어난 중요 사건과 맥락을 기준으로 삼았다. 천주교 연구자들의 경우 천주교 민주화운동의 본격 출발 시기를 유신체제가 등장한 1972년보다 늦은 1974년 7월에 있었던 지 주교 구속 사건으로 보아왔다. 사제단이 대표적이다. 사제단은 1980년까지 천주교 민주화운동사를 정리할 때 1968~1973년을 '교회의 각성 시기', 1974~1980년을 '고난의 교회 시기'로 구분했다. 그리고 천주교 민주화운동 출발점도 1968년 강화 심도직물 사건으로 보았다. (사제단 1985, 23~25) 하지만 1974

년 이전에도 천주교 민주화운동은 일부 고위 성직자의 개인적 참여, JOC, 신협운동, 지역개발운동 등이 상호 연계 없이 독자적으로 진행되고 있었다. 그러다 지 주교가 구속되면서 각 영역에서 활동하던 주체들이 사제단 중심으로 결집하고 이후 대부분 활동에서 공동보조를 취했다. 주교단의 참여도 두드러졌다. 운동 성격도 이를 기점으로 크게 달라졌다. 이처럼 천주교 사회운동의 구심이 형성되고 이를 시작으로 지속적인 활동이 전개되었기에 이 사건을 기준으로 전후를 구분하는 것이 적어도 천주교 민주화운동에서는 타당해 보인다. 1970년대 전체로 확대해보아도 1974~1975년 지 주교의 구속과 석방으로 이어지는 이 시기가 전반기의 핵심 사건이자 흐름이었다. 1976년에서 유신체제가 종말을 맞는 1979년 10월 26일까지는 주교회의 정평위와 사제단이 운동의 구심 역할을, 노동자, 농민이 운동의 주력이 되었다. 민중운동 성격도 강하게 띠었다. 천주교회가 민중에 연대하는 양상으로 바뀌어 전반기와 확연히 구별되었기 때문이다. 다른 부문과의 연대를 통해 외연이 넓어지고 운동이념도 심화 확대되었다. 따라서 1970년대 전체를 대상으로 하더라도 1974년은 천주교 민주화운동의 분기점이라 보는 게 타당할 것이다. 운동 범위가 지속적으로 넓어지는 측면을 고려하면 1974년을 기준으로 전후를 구분하는 것이 타당하지만 서술 분량 비중을 고려해 '1971~1975년'을 전반기로, '1976~1979년'을 후반기로 나누었다. 여기에 1970년대 천주교 민주화운동의 토대가 되는 시기를 추가했다. 이 시기에는 교회 내 저자들이 대부분 1968년을 민주화운동 기점으로 본 것과 달리 1960년대 초반으로까지 시기를 앞당겼다. ● 이는 1970년대 민주화운동 주체가 형성되는 기초이자 배경이 되었던 움직임이 나타난 시기라는 점

● 이는 사제단 입장이다. 김수환 주교가 서울대교구장으로 서임되기 직전 마산교구장, JOC 지도총재로 있으면서 1968년 일어난 심도직물 사건을 해결하는 데 앞장섰고, 이 과정에서 주교단과 천주교가 사회 현실과 민중과 함께하는 교회가 되기 위해 고뇌하고 그 결과 실천에 참여하게 된 점을 고려한 것이다.

을 고려한 것이다. 제2차 바티칸 공의회의 영향이 폐막 직후부터 한국교회
에 나타났는데, 이 또한 1968년보다 앞섰다.

제1부

사회참여 의식의

태동과 성장

제1장

6·25전쟁과 교세 성장

6·25전쟁은 '(교회가) 반공주의를 내면화하고 사회개혁 의지를 후퇴시키는 결정적 계기'로 작용했다. 이는 공산주의의 실상을 직접 체험하고 무엇보다 교회가 공산주의자들로부터 직접 인적·물적 피해를 당한 경험에 영향을 받았다.(강인철 2000, 642) 무엇보다 이 경험은 한국천주교회가 1960년대 말까지 독재정권에 저항하지 못한 주요 원인 가운데 하나였다. 이러한 교회의 반공주의는 역설적으로 유신 정권과의 갈등 국면에서 정권이 민주화 운동에 참여하는 신자들에게 '용공(容共), 간첩 혐의'를 씌우기 어렵게 만든 요인이기도 했다.

남한 천주교회는 1945년 8월 남북이 미소(美蘇)에 분할 점령될 때부터 반공주의 노선을 분명히 했다. 1920년대부터 교황청이 취해왔고 지역교회에 요구했던 반공 노선의 연장이었다. 이러한 천주교의 반공 노선은 북한 지역에서 천주교의 수난과 소멸을 초래하는 한 원인이 되었다. 반면 남한 지역에서는 이 반공 노선이 미 군정과 천주교가 밀월 관계를 맺는 데 매개 역할을 하였다. 이 밀월 관계는 남한 천주교회가 친미 노선의 연장에서 이승만을 지지하는 노선을 선택하게 도왔다. 6·25전쟁을 거치면서 천주교의 친미, 반공 성향은 이전보다 강화되었다.(강인철 2000, 643~644)

남한 천주교회는 전쟁을 거치며 급격한 교세 성장을 경험했다. 심지어 전쟁 중에도 교세 성장을 경험했다. 이 교세 성장은 부분적으로 남한교회가 전쟁 기간과 전후 복구 시기에 보여준 사회봉사 노력에 따른 것이었다. 해외 가톨릭교회 원조는 남한교회가 이러한 사회봉사를 할 수 있는 물적 토대를 제공했다. 향후 민주화운동의 토대가 될 사회개발 활동과 인재 양성도 가능하게 했다.

제1절 반공주의와 전쟁 트라우마

한국천주교회는 1920년대부터 바티칸이 취한 반공주의를 따라 이를 강화하고 교리 수준으로 발전시켜 나가기 시작했다. 일제(日帝)도 1920년대 말부터 반소(反蘇)·반공(反共) 이데올로기를 조선에서 체계적으로 활용·전파했다. 바티칸과 일제의 반공 노선은 당시 조선 천주교회가 일제의 제국주의 침략전쟁에 능동적으로 협력하게 만드는 이념적 기반이 되었다.(강인철 2006, 103) 이는 교회가 제국주의를 공산주의보다 덜 사악한 것으로 간주했기 때문에 가능했다.

천주교의 반공주의는 해방 후 북한 지역 공산화 과정에서 교회가 공산주의자들로부터 당하게 된 인적 물적 피해로 인해 더 강화되었다. 이어 6·25전쟁을 거치며 반공주의는 극단으로 강화되었다. 전쟁 전에는 북한 지역에만 국한되었던 피해를 전쟁 중에는 남한교회 대부분에서도 당했기 때문이다. 이로 인해 신자들은 냉전 질서와 이에서 파생된 결과인 분단질서를 거부감 없이 수용했다.(강인철 2000, 645) 그리고 이 반공주의는 남한교회가 사회운동에 참여하는 것을 상당 기간 억제했다. 권위주의 정권의 억압 통치가 공산주의 혁명보다 상대적으로 낫다는 판단 때문이었다.

신자들이 가진 전쟁 트라우마도 사회참여를 억제했다. 이 전쟁 트라우마는 전쟁 중 자신의 통제 능력을 넘어서는 거대한 규모의 폭력을 직접 경험하거나 목격함으로써, 또는 폭력 경험이 후세대에 전수됨으로써 형성되었다. (Yoder 2005, 31~33) 이 전쟁 트라우마는 개인 차원을 넘어 사회 구성원 다수에 영향을 미쳤다. 이 트라우마는 직접 겪지 않았어도 다음 세대에 전이되는 역사적 성격을 띠었다. 신자 다수가 전쟁을 거치며 이런 트라우마를 안게 되었다.

이 전쟁 트라우마는 한국교회와 신자들이 이미 갖고 있던 반공 신념을 극단화하고, 미국 친화적 태도를 강화하는 계기가 되었다. 한국천주교회의 친미 입장은 미국이 남한을 지원하는 전쟁을 수행하고 있다는 사실과 전쟁 중 미국 천주교회가 원조한 물자에 기인했다. 이 트라우마는 사회참여 의지를 억압하는 효과도 낳았다. 국가 폭력에 둔감해지고 전쟁에서 경험하는 폭력보다 강도가 낮은 국가 폭력을 기꺼이 용인하게 만들었던 것이다. 이는 독재마저 정당화하는 기제였다. (강인철 2000, 644) 이로 인해 남한 천주교회는 1970년대에 이르기 전까지 권위주의 정권에 거의 저항하지 않았다.

제2절 천주교 교세의 팽창

1949년 15만 7,668명이었던 천주교 신자 수는 전쟁 직후인 1953년과 1960년에 각각 16만 6,471명, 66만 9,348명으로 7년 사이 무려 300%나 성장했다. 10년 단위로 신자 수 증감비율을 비교하면 1950년대가 한국천주교회사에서 가장 높은 성장률을 기록한 시기였다. 이어진 1960년대는 60%, 1970년대는 67.2% 성장했다. 1974년에는 신자 인구가 100만 명을 돌파했다. (박도원 1985, 326~327)

같은 시기 개신교의 교세 성장도 폭발적이었다. 1970년대를 거치며 불교의 성장도 두드러졌다. 이로 인해 1980년대 들어 이 세 종파는 한국에서 전체 종교인구의 98%를 차지하며 '3대 종교의 위상'을 갖게 되었다. 그러나 이 성장은 전적으로 종교의 사회참여에 대해 국민이 호응한 결과는 아니었다. 천주교의 경우 교세 성장이 사회참여에 대한 호응으로 이뤄졌다고 평가할 수 있는 시기는 1970년대 중반 이후였다.

1980년대 이전에는 양적 성장이 종교 내부보다 주로 외부 요인에 영향을 받았다. 노길명은 이 시기의 교세 성장 원인에 대하여 "급속한 사회 변동 과정에서 나타난 사회의 구조적 불안정과 불안감의 고조, 상대적 박탈감의 증대, 기존 공동체의 붕괴 등이 자아 정체와 상황 정의의 모호성을 증대"(노길명 1988, 9)시켰기 때문이라 보았다.

이 급속한 교세 성장은 교회와 국가권력과의 관계에도 변화를 가져왔다. 특히 1974년에 신자 인구가 100만에 도달한 사실이 의미하는 바가 컸다. 이는 종단 내부에 다양한 교파가 존재해 통일된 힘을 발휘하기 어려웠던 개신교나 불교와 달리 단일 조직, 높은 내부 결속력을 통해 통일된 힘을 행사할 수 있는 조건이었다. 무엇보다 천주교는 교황청, 미국 가톨릭교회를 통해 다른 지역교회들과 협력관계를 유지할 수 있었다.

이는 교세(敎勢)가 단순히 신자 수가 아니라 뜻 그대로 '교회의 힘'을 보여주는 지표였다. 실제로 이는 천주교 사회운동 진영이 교회 내에서 주류가 아니었음에도 유신 정권이 다른 부문운동 주체처럼 쉽게 다룰 수 없게 만드는 힘으로 작용했다. 게다가 당시 한국천주교회의 성직자, 수도자들 가운데 외국인이 높은 비율을 차지해 국내 문제가 언제든 국제 문제로 비화할 수 있는 조건을 갖추었다. 일례로 1970년 전체 사제 숫자에서 외국인이 차지하는 비율은 41%(363명)였고 전체 수도자에서 외국인이 차지하는 비율은 9.7%(220명)였다. 전체 주교에서 차지하는 외국인 주교 비율도

37.5%(6명)였다. (박도원 1985, 326) 1962년 교계제도 설정을 통해 교회법적으로 완전한 체제를 갖추었음에도 외국인 선교회의 영향에서 자유로울 수 없던 이 조건이 역설적으로 유신 정권에 천주교를 부담스러운 상대로 만들었다. 따라서 이 시기에 일어난 급격한 교세 성장은 천주교회에 종교로서의 도덕적 권위 외에 현실적인 힘도 갖게 했다고 할 수 있다.

제3절 해외원조의 영향

6·25전쟁이 발발하자 해외 가톨릭교회는 바티칸과 미국 가톨릭교회를 매개로 한국교회에 원조를 제공하기 시작했다. 이 원조는 제공 규모와 성격을 달리하며 1970년대까지 계속되었다. 그리고 이 원조는 한국천주교의 교세 성장은 물론 향후 교회의 사회적 역할을 촉진하고 이를 담당할 인재를 양성할 수 있는 물적 토대를 구축하는 데 기여했다. 해외 가톨릭교회가 한국교회에 제공한 원조의 성격을 시기적으로 살펴보면 대략 다음 세 시기로 나눌 수 있다.

1기는 전쟁 발발에서 휴전협정이 조인되는 1953년까지다. 이 시기에는 원조가 기아, 한파, 질병 등 직접 생존을 위협하는 위기에서 생명을 지키는 활동에 치중되었다. 원조 물품은 주로 식량, 의류, 의약품이었다.

2기는 휴전에서 1950년대 말까지다. 이 시기에는 북한에서 유입된 피난민의 정착, 전쟁고아, 전쟁미망인, 상이군인의 정착, 자활 사업이 중심이었다. 특히 토지 개간, 주택건설, 직업교육 등에 대한 원조 비중이 컸다. 미국교회는 식량 원조를 계속 제공했다. 이렇게 제공된 원조는 교회의 사회복지 활동과 교회 재건에 요긴하게 쓰였다. 특히 이 시기에 제공된 원조 식량은 '밀가루 신자'라는 신조어가 생길 정도로 교세 확장에 기여했다. 외국인 선교사들은 개별적으로 각자의 네트워크를 통해 자신이 사목하는 본당과 지역사회를 위해 필요한 물적 자원을 조달했다.

마지막 3기는 1960년대에서 원조가 사실상 끝나는 1970년대까지다. 이 시기는 가톨릭구제회의 지원 속에 한국교회의 사회사업이 본격적으로 시작되면서 외국 원조 단체의 활동이 한국교회와 한국 정부로 이관되었다. 이때부터는 무상 구호가 특정 자활 사업과 관련된 재정 지원으로 방식이 바뀌었다. 원조 방식이 구호에서 개발로 전환하면서 교회의 사회개발 활동이 시작될 수 있었다. 원조 기관도 미국 중심에서 유럽 국가 중심으로 바뀌었다.

이렇게 형성된 교회의 물적 토대는 향후 대(對)사회 활동을 책임질 인재 양성의 토양으로 기능했는데, 신협운동의 시작과 확산도 이러한 맥락에서 이해할 수 있다. 이렇게 1960년대부터 제공된 원조는 교회가 중장기적으로 발전할 수 있는 토대가 되었을 뿐만 아니라 교회 바깥 활동에 관심을 기울일 수 있는 여유도 제공했다. 무엇보다 교회가 사회참여를 할 수 있는 인적, 물적 토대를 구축하는 데 기여했다. (나혜심 2017)

◆ 제2장 ◆
1960년대 민주화운동

제1절 4·19혁명과 5·16군사쿠데타

1960년 민주 세력은 이승만 정권에 대항해 4·19혁명을 일으켰다. 이승만 정권이 친일파를 등용하고 국가보안법으로 반대세력을 탄압하며 독재와 억압 통치를 시행했기 때문이다. 4·19혁명은 자유당 정권의 부정선거가 빌미였다. 4·19혁명은 2·28 대구 민주운동에서 시작되었다. 대구 지역에서 시작된 고등학생 시위는 서울, 부산, 인천, 수원, 대전, 전주 등 전국으로 확산했다. 이런 사태에도 자유당 정권은 우익을 동원해 폭력과 테러를 자행하며 3·15 선거를 부정으로 치렀다. 이에 항의해 3·15 마산 시위가 일어났다. 1960년 4월 11일에는 마산 앞바다에서 시위 중 사라진 고등학생 김주열의 처참한 시신이 떠올랐다. 이를 기화로 시위가 전국으로 확산·격화했다. 고등학생들의 3·15 부정선거에 대한 규탄은 전국 시민과 대학생 시위로 이어졌다.

1960년 4월 18일 고려대학교 학생들의 시위가 신호탄이 되었다. 이 시위에서 고대생들이 쇠사슬로 무장한 정치깡패들에게 습격당했다는 소식을 접한 서울 시내 소재 대학생들이 분노해 4월 19일 일제히 가두투쟁에 나섰다. 이날 오후 1시경에는 서울 지역 고등학생, 대학생, 중학생이 합세해 시위 인원이 10만여 명으로 불어났다. 오후 1시 40분 경찰이 경무대로 몰려든 시위대에 무차별 총격을 가해 21명의 사망자가 발생했다. 시위가 잦아들지 않자 다급해진 이승만은 계엄령을 선포했다. 고등학생, 대학생, 시민들은 이에 아랑곳하지 않고 부산, 광주, 대구, 청주, 인천에서 시위를 이어갔다. 시위가 전국적으로 확산하면서 대학교수들까지 합류하게 되었다. 결국 제1공화국은 4·19혁명으로 11년 8개월 만에 종말을 맞았다. (민주화운동기념사업회 2008, 89~147) 그러나 민주당의 분열과 한계, 민주주의를 이끌어갈 주체세력 부재로, 1961년 5월 16일 육군 소장 박정희가 중심이 된 군부 쿠데타까지 일어나며 미완의 혁명으로 끝났다.

5·16쿠데타로 권력을 잡은 군부는 혁명공약을 발표하고 '반공'과 '미국과의 유대', '부패일소', '민생고 해결'과 '민정 이양'을 공약했다. 쿠데타 세력은 '국가재건최고회의'와 중앙정보부를 신설하고 정보통치 기반을 구축하게 되자 곧바로 통일운동, 민주화운동 세력을 탄압하기 시작했다. 반공법을 제정하고 민족일보 사장 조용수에게 사형선고를 내리는 등 용공 분자 색출을 명분으로 2,000여 명을 체포했다. 모든 정당과 사회단체를 해산하고 정치활동도 규제했다. 언론사를 통폐합하고 언론과 야당의 손발도 묶었다. 국민은 쿠데타 초기 이들을 지지했으나 재벌과 정권의 유착, 민정 이양 공약 불이행, 밀수 의혹, 주가조작 등 부정부패와 거짓이 속속 드러나며 비판적 입장으로 돌아서기 시작했다.

제2절 한일협정 조인·비준, 베트남 파병 반대 투쟁

제2차 세계대전 종전 후 미국은 공산주의 확산을 막기 위해 일본을 중심으로 동아시아 봉쇄라인을 구축하기 시작했다. 이러한 미국의 냉전 전략과 압박에 못 이겨 한일회담이 진행되었다. 박정희 군사정권은 쿠데타 직후 한일회담에 적극적으로 나섰고 일본도 군사정권을 원조하는 태도를 보였다. 마침내 1962년 11월 12일 김종필과 오히라 마사요시(大平正芳)가 협상 끝에 '메모' 형식으로 합의 결과를 작성했다. 그런데 일본은 이 합의에서 식민지배에 대한 배상이나 사과를 언급하지 않고 '청구권 자금'을 '경제협력자금'이라 주장하며 일제 강점 책임도 인정하지 않았다. 이러한 군사정권의 굴욕적 협상을 지켜보면서 학생운동 세력은 '반봉건, 반매판, 반외세'를 외치며 한일회담을 매국 행위라 비판했다. 그러던 중 1964년 1월 미국 딘 러스크 국무장관이 방한해 한일회담의 조속한 타결을 촉구했다. 그의 요구로 정부는 3월 한일회담을 재개했다. 이에 야당과 재야세력은 '대일 굴욕외교 반대 범국민투쟁위원회'를 결성하고 전국을 돌며 집회를 개최했고, 5·16쿠데타 이후 처음으로 대규모 시위를 벌였다.

대학가에서 연일 한일회담 반대 투쟁이 이어졌고 '한국에 상륙한 일본독점자본 축출, 친일주구(走狗) 매판자본 타살(打殺), 평화선 사수' 등을 외치며 회담 중지를 요구했다. 시위는 고등학교까지 확대되어 3월 26일 시위 참가자는 전국 11개 도시 6만여 명으로 불어났다. 한일회담반대운동은 6월 3일 절정에 이르렀다. 이에 박정희 정권은 6월 3일 비상계엄을 선포해 모든 집회와 시위를 금지하고 휴교령을 내렸다. 정권은 언론, 출판, 보도를 사전 검열했고 학생과 언론인을 구속했다. 그 결과로 계엄 기간에 민간인, 학생, 언론인 등 총 348명이 구속되었다. 1965년 2월 한일 양국이 한일기본조약에 합의한 이후 야당과 학생 시위가 다시 격화했다. 전국 각 지역에서 단식농성과 시위가 이어졌고 박정희 정권 타도 구호도 등장했다. 그럼에도 공화당은 8월 14일 날치기로 한일협정을 비준했다. 이어 박정희는 위수령을 선포하고 군병력을 동원해 무기한 휴교령을 내렸다. 그럼에도 학생들은 저항을 멈추지 않았다.

1960년대 중반 한일협정 반대 투쟁이 진행되는 와중에도 미국과 박정희 정권은 베트남 파병을 논의했다. 베트남 전쟁 상황이 악화하자 미국은 1964년 5월 한국에 공식적으로 파병을 요청했다. 이후 박 정권은 파병동의 안을 통과시키며 전투병을 파병했다. 1965년 10월, 정권은 해병과 육군 등 2만여 명의 전투부대를 파병했다. 일부 반대 움직임이 있었으나 반공 이데 올로기, 친미주의, 경제효과라는 담론이 우세하여 반대하는 목소리가 힘을 얻기 어려웠다. 베트남 전쟁 9년 동안 전사자는 5,099명, 부상자는 1만여 명이 나왔다.

제3절 6·8부정선거, 3선개헌반대투쟁

1967년 5월 대통령 선거에서 승리한 박정희 정권은 3선개헌을 염두에 두고 7대 총선에서 개헌선인 3분의 2가 넘는 의석을 확보했다. 그런데 6·8선거는 국가기관을 총동원한 부정선거였다. 중앙정보부, 내무부, 경찰이 동원되었고 중앙선관위는 대통령 지원 유세를 허용했다. 검찰은 야당 선거운동을 방해하고 선거법, 반공법으로 야당 후보를 구속했다. 경찰서장과 군수 등이 직접 선거운동에 참여해 현금과 쌀을 배포했다. 이처럼 6월 8일 선거는 금권, 관권, 폭력으로 얼룩진 부정선거였다.

이에 야당은 6·8선거를 사상 최악의 부정선거로 규정하고 장외투쟁에 나섰다. 6·8선거 규탄 투쟁이 대학가에서 본격적으로 시작되었다. 대학생들은 "6·8총선은 무효이며 암흑과 폭력, 금력으로 민주주의를 타락시킨 정부는 책임을 지고 즉각 사퇴할 것"을 요구했다. 연세대, 서울대, 고려대, 경희대, 동국대 학생 등이 연합 가두시위에 나섰고 이를 시작으로 시위가 대학가 전체로 확산했다. 이에 박 정권이 휴교령을 내렸으나 서울 소재 여러 대학의 학생들은 부정선거를 성토하며 시위를 이어갔다. 서울 지역 고등학생들도 부정선거 규탄시위에 적극적으로 참여했다. 전국 28개 대학과 129개 고교가 휴업에 들어갔다. 박정희 정권은 학생과 야당의 저항이 계속되자 화성, 수원 등 7개 지구 당선자를 제명하며 선거 부정을 인정하기에 이르렀다.

학생들은 '부정부패일소 전국학생투쟁위원회'를 결성하고 범국민 운동으로 확대했다. 7월 들어서도 시위를 계속했다. 지방에서도 시위를 이어갔다. 그러자 중앙정보부는 6·8선거 반대 시위를 탄압하기 위해 7월, '북괴 대남간첩사건(동백림)'과 서울대 민족주의비교연구회(민비연) 사건을 조작했다. 1967년 11월, 야당이 국회에 등원하면서 부정선거 규탄 투쟁은 지속될 수 없었고 결국 박정희 정권의 3선개헌으로 이어졌다.

◆ 제3장 ◆
제2차 바티칸 공의회와 천주교 사회운동

제1절 제2차 바티칸 공의회와 교회쇄신

제2차 바티칸 공의회는 현대 가톨릭교회에 쇄신의 동기이자 동력으로 작용한 역사적 공의회로 평가된다. 특히 교회의 사회참여 입장에 획기적 전환을 가져온 공의회로 평가받는다. 이 공의회는 특히 제3세계에 속한 지역교회가 해당 국가의 사회정치 문제에 관여할 때 교리적·신학적 근거를 제공하고 이러한 참여를 촉진한 계기로 평가받는다. 한국교회도 이 공의회의 영향을 받았다. 한국교회는 공의회를 계기로 기존 성속이원론과 정교분리론을 탈피해 사회 문제에 참여하기 시작했다. 이렇게 시작된 참여는 근 20여 년간 지속되며 새로운 교회상을 보여주었다. 이는 세계교회사와 한국교회사 모두에서 유례를 찾아보기 힘든 새로운 사건이었다.

1. 제2차 바티칸 공의회

제2차 바티칸 공의회는 1962년 10월 11일 1회기를 시작해 1965년 12월 8일 4회기를 마지막으로 폐회했다. 공의회는 이 기간에 매년 1회기, 매 회기당 12주 동안 진행되었다. 제2회기 속개를 앞두고 공의회를 소집한 요한

제2차 바티칸 공의회 회의 장면

23세 교황이 서거(1963년 6월 3일)했으나 후임 바오로 6세가 공의회의 수용을 선언하면서 속개되었다.

제2차 바티칸 공의회는 가톨릭교회 역사에서 가장 큰 규모의 공의회였다. 다룬 안건의 숫자, 참석 주교들의 숫자, 주교들의 출신 대륙과 국가 숫자 측면에서 그러했다. 참관인 자격이긴 하지만 평신도, 여성 수도자들이 공의회 역사상 처음 공의회에 참여했다. 고대 동방교회를 비롯해 프로테스탄트 국제기구 책임자들도 참관인으로 초대받았다. 무엇보다 이 공의회는 이전(以前) 공의회들과 달리 가톨릭교회 교리를 공격하거나 교회일치를 저해하는 문제를 다루는 것을 목적으로 하지 않았다. 교회 가르침을 손상하는 오류와 이단의 단죄가 아니라 교회를 향한 '현대적 요구에 응답'하고 '인류의 평화와 일치를 증진하는 것'을 목적으로 삼았다. (김성태 2004, 3085~3086)

이 공의회는 이러한 의미 외에도 천주교 사회운동과 관련해 코페르니쿠스적 전환에 가까운 변화를 초래했다는 평가를 받는다. 이에 대해 오경환은 "공의회는 신자의 교육 외에도 새로운 활동을 성직자에게 권장했다. …… 공의회가 권장한 새로운 실천은 사회 문제에 대한 예언자적 비판 혹은 비판적 정치참여라고 보아야 한다. …… 성직자의 비판적 정치참여도

권장하였다. …… 특히「기쁨과 희망(사목헌장)」[*] 76항이 대표적이다."(오경환 1990, 59) 76항 중에서도 "정치 질서에 관한 일에 대하여도 윤리적 판단을 내리는 것은 정당하다"는 표현이 그러했다. 이러한 평가를 받는 공의회의「사목헌장」은 공의회 이후 중남미에서 '공의회 정신의 수용'이라는 평가를 받는「메데인 문헌」(1968) 작성으로 이어졌고, 이 문헌은 다시 해방신학의 태동을 촉진하는 흐름으로 이어졌다. (장동훈 2019, 48)

한국교회에서는 1970년대 중반 민주화운동에 참여하기 시작한 소장 사제들이 이 문헌을 사회참여의 신앙·신학적 근거로 삼았다고 고백했다. (함세웅·한인섭 2018, 24~26) 이러한 움직임과 평가는 제3세계, 사회주의 진영에 속한 다른 교회들에서도 나타났다. 이 때문에 교회의 사회참여는 공의회가 촉발한 많은 변화 가운데서도 가장 두드러진 영역이었다. 이 가운데「사목헌장」의 영향이 가장 컸다.

2. 한국천주교 교계제도 수립

1962년 3월 10일 교황 요한 23세가 한국천주교회에 교계제도 설정을 명하는 교서「복음의 비옥한 씨(Fertile Evangelii Semen)」를 공포함으로써 교계제도가 설정되었고, 6월 29일 명동 대성당에서 설정식이 거행되었다. 이 교계제도 설정으로 대목구 11개가 정식 교구로 승격했고, 대목구장들이 교구장 주교가 되었으며, 서울·대구·광주교구는 대교구로 승격되어 이 세 교구 교구장들은 대주교로 승품되었다.

---

[*] 오세일은 사목헌장이 갖는 중요성을 다음과 같이 평가한다. "사목헌장은 교회의 위상을 새로운 방식으로 표상하였다. 공의회는 이 세계에 대한 긍정적인 변화를 모토로 교회의 역할과 사명에 관해서 진취적이고 역동적이며 포용적인 세계관을 제시한다. 공의회는 교회가 더 이상 세계 위에 군림하듯 존재하지 않고 세계 안에서 타자들과 더불어 존재하며 인류와 함께 그 여정을 동반한다는 것은 1항에서 상징적으로 표현한다."(오세일 2015, 100)

교계제도 설정은 한국교회가 이제 제도, 의식 측면에서 완전한 지역교회가 되었음을 의미했다. 이는 한국인 성직자의 한국교회에 대한 책임의식이 커졌음을 의미하기도 했다.[*] 실제로 이 사건은 130여 년 가까이 지속해온 외국인 선교사 시대가 한국인의 교회로 발돋움했음을 뜻했다. 이제 한국교회는 모든 면에서 한국인 스스로 운영하는 자립교회가 되어야 했다. 마침 제2차 바티칸 공의회도 개막할 예정이었다. 한국교회, 보편교회가 함께 쇄신의 길로 나가는 출발점에 서게 되었다.

한국인 성직자의 한국교회에 대한 책임의식은 공의회를 거치며 사목과 대사회 활동 영역에서 본격적으로 드러나기 시작했다. 특별히 대사회 영역에서는 고위 성직자들의 의지와 열의가 중요하게 작용했다. 교계제도 설정 후 1963년 10월 7일에 수원교구가 설정되었고 초대 교구장으로 윤공희 신부가 임명되었다. 1965년 3월 22일에는 원주교구가 신설되어 지학순 신부가 원주교구장으로, 4월 3일에 황민성 신부가 원 아드리아노 주교 후임으로 대전교구장에 임명되었다.

이는 주교 3명이 늘어나는 것 이상의 의미가 있었다. 이 3명의 한국인 주교 임명으로 공의회 직후 주교단 내에서 한국인 주교(대주교 포함)가 전체 15명 가운데 8명을 차지해 대부분 안건을 한국인 뜻대로 선택하고 결정할 수 있게 되었기 때문이다. 1966년에는 김수환이 마산교구장으로 임명되면서 개혁 성향이 강한 40대 젊은 주교가 대거 주교단에 합류했다. 이들은 1960년대 말부터 주교회의 안에서 진취적인 목소리를 내기 시작했다. 이 목소리는 1970년대 내내 지속되었다. 따라서 이들이 가졌던 한국인의 교회로 서고자 하는 의지, 공의회 정신에 따라 한국교회를 쇄신하려 한 열정 역

---

[*] 서울, 인천, 대구, 전주, 광주, 춘천, 부산, 대전, 청주였다. 이 9개 교구 가운데 5개인 인천, 광주, 춘천, 대전, 청주교구의 교구장이 외국인이었다.

시 교계제도 설정의 영향 가운데 하나라 할 수 있다.

3. 고위 성직자들의 사회적 각성

1960년대 말부터 유신 정권이 몰락하는 1979년 말까지 천주교 사회운동에 적극적으로 참여한 고위 성직자들한테는 공통점이 있었다. 그들은 주교가 될 때 연령이 모두 40대였고 김수환 추기경(이하 김 추기경)의 소신학교 입학 동기거나 지 주교와 막역한 사이였다. 주교품에 오른 시기도 공의회 기간이거나 직후였다. 1973년 가장 늦게 교구장이 된 김재덕 주교(이하 김 주교)도 공의회 기간에 부주교로 있었다. 그리고 이들은 모두 공의회 교부 또는 교구장 비서 자격으로 공의회에 참석했다. (장동훈 2019, 51;《경향잡지》1962. 11, 59)

이들이 경험한 공의회는 1970년대 한국천주교 사회운동에 직간접적인 영향을 주었다. 가장 먼저 이 운동에 나선 주교는 김수환과 지학순이었다. 김수환은 1968년 강화 심도직물 사건 때 JOC 지도주교로서 사태 해결에 핵심 역할을 했다. 그는 이후에도 추기경과 서울교구장 자격으로 주요 미사에서 시국 발언에 나섰고 주교단 내에서는 주교단 명의의 주요 선언문 작성과 발표에 앞장섰다.

공의회에 참석한 한국 주교들(1965.11.7)(《가톨릭신문》)

지 주교는 1971년 10월 8일 개신교와 천주교가 공동으로 출범시킨 '크리스챤사회행동협의체'에 당시 원주교구 인사들과 함께 참여했다. 지학순은 이 단체의 전신인 '크리스챤사회실천협의회'에도 참여했다. 이 일이 있기 전 1971년 10월 5일에는 원주에서 그와 교구 구성원이 함께 부정부패 추방운동을 전개한 바 있었다. 원주교구의 이 부정부패 추방운동은 한국천주교회사에서 주교, 사제, 수도자, 신자가 함께 참여해 국가권력에 저항해 벌인 최초의 사회운동 사례였다.

김 주교는 전주교구 교구장에 착좌하면서부터 교구 주보(전주교구 시내에 있는 본당들의 공동주보인《숲정이》)에 정부를 비판하는 글을 실게 했다. 부주교 시절인 1971년 10월 12일에 있었던 대건신학대학 학생 시위를 주동한 김진소 신부(당시 신학생)와 전주교구 신학생들이 퇴학당하지 않도록 보호했다.(명동천주교회 1984, 75; 김진소 신부 구술 2023.6.28) 그의 본격적인 반유신, 반독재운동은 지 주교 구속 이후 본격화되어 주교 퇴임 때까지 계속되었다. 1979년에는 유신 정권을 정면으로 비판해 구속 직전까지 가기도 했다.(《숲정이》 1979.9.10)

외국인 주교 가운데는 나길모 주교(이하 나 주교)●가 노동 문제에 관여를

● 나길모(William John McNaughton, 1926~2020) 주교는 메리놀외방전교회 소속 선교사다. 1953년 사제서품을 받고 이듬해인 1954년 한국에 선교사로 파견되었다. 한국에 도착 후 청주 소재 여러 본당에서 보좌 신부, 주임 신부를 역임하고 청주감목대리구 참사(1958), 부감목(1959)을 거쳐 1961년 서울대목구에서 인천대목구가 분리되며 초대 교구장으로 부임했다. 1962년 3월 10일 한국에 교계제도가 설정되면서 주교품을 받았다. 나 주교는 주교서임 직후 제2차 바티칸 공의회에 교부 자격으로 참석했다. 공의회에 참석하며 열렬한 공의회 신봉자가 되었고, 교회의 사회적 역할 필요성도 적극적으로 인정하게 되었다. 나 주교는 1960~1970년대 군사독재 정권의 인권 탄압이 일상적이던 시절 노동자를 보호하고 인권을 옹호하는 데 앞장섰다. 나 주교가 대사회 입장을 표명하며 직접 관여하게 된 첫째 계기는 강화 심도직물 사건이었다. 나 주교는 1968년 강화 심도직물 사건이 발생하자 강화직물협회의 전 미카엘 신부에 대한 공격과 교회 내부에서 전 신부에 대한 비난이 거세지자 노동인권이 교회의 역할임을 분명히 밝히며 전 신부와 노동자들을 옹호했다. 강화 심도직물 사건을 각 주교에게 상세히 알리고 JOC 총재인 김수환 주교와 함께 '사회정의와 노동자 권익 옹호를 위한 성명서'를 채택할 때 중요한 역할을 했다. 나 주교는 이후에도 1974년 지 주교 석방 기도회, 1975년 인천교구 부주교 시노트 신부 추방사건, 1977년 김병상 신부 구속 사건, 1978년 동일방직노조 탄압에 관여하며 민주화운동을 지원했다. 인천교구가 한국천주교회에서 처음으로 공단지역에 노동사목을 설립하는데 기여했고 외국인으로는 처음으로 1977년부터 4년간 국제앰네스티(Amnesty International) 한국지부장을 맡아 양심수 석방운동에도 기여했다.

시작으로 진보적인 젊은 한국인 주교들과 보조를 맞추었다. 두봉 주교(이하 두 주교)도 이러한 젊은 한국인 주교들에 동조하며 주교단의 대사회적 행동에 앞장섰다. * 윤공희, 황민성 주교도 실제 참여한 활동은 많았으나 언론이나 역사 문서에 노출 빈도는 적었다. (예: 기도회, 미사 주관, 강론 등)

이 젊은 고위 성직자들이 교구와 주교단에서 담당한 역할은 다분히 세대 측면에서 볼 때 나이가 젊다는 점이 영향을 주었다. 이는 이들이 교회 안팎의 이슈에 대해 더 개혁적인 목소리를 낼 수 있는 조건이었다. 윤공희 대주교는 이에 대해 다음과 같이 증언했다.

> 제가 1963년 주교품을 받았고 65년에 지학순·황민성 주교님, 그리고 추기경님이 66년에 마산교구장으로 임명됐죠. 당시 이 네 명의 주교는 요즘 말로 젊은 피였죠. 당시 한국교회를 위해 뭔가 열심히 일해보자는 분위기였어요. 제가 주교회의 의장을 맡고 있던 1968년 한국 주교단이 강화도 심도직물 사건을 계기로 낸 '사회정의와 노동자의 권익을 옹호한다'는 공동사목교서도 이런 분위기가 아니었다면 나올 수 없었을 겁니다. (《가톨릭신문》 2009. 3. 1)

이들이 이런 역할을 할 수 있었던 데는 그들의 지위가 모두 교구장이었다는 점도 영향을 주었다. 가톨릭 교계제도의 특성상 교구장은 다른 교구

---

* 당시 모든 주교가 이런 주교단의 대사회 발언에 찬성한 것은 아닌 듯하다. 이들의 대선배였던 한국인 주교들과 인천의 나 주교와 안동의 두 주교를 제외한 외국인 주교들도 호의적이지 않았던 것 같다. 이들은 공의회가 추구하는 쇄신에는 동의했지만 교회가 국가권력과 충돌을 일으킬 수 있는 사회 문제에 대해서는 거리를 두려 했다. 지 주교는 주교단에서 한국 문제에 대해 결정을 내려야 할 때 한국인 주교들의 입장이 가부동수가 되면 외국인 주교들이 캐스팅 보트를 쥐는 상황에 불만이 많았다. (지학순정의평화기금 2000, 227~228) 김수환 추기경의 증언(김수환, 1995)에서도 지 주교 연행으로 박정희를 만나야 할 때 가부동수여서 의장인 자신이 결정했다고 한다. 김 주교도 1970년대 주교회의 의사결정이 다수결이어서 과반을 넘으면 결정이 가능해 주교회의에서 대사회 성명서 발표가 가능했다고 밝혔다. (가톨릭서울 1980) 당시 이런 결정 방식이었기 때문에 주교단 공동명의의 성명 발표가 가능했다. 현재는 주교회의 이름으로 성명서나 문헌을 낼 경우 만장일치가 되어야 한다.

주교의 간섭을 받지 않아도 되는 위치이고, 이 위치는 선배 주교나 고위 주교의 압력에서 자유로울 수 있는 조건이었다. 특히 윤공희 주교와 김 추기경은 나이는 어려도 직급이 높아 선배 주교들의 압력에서 자유로울 수 있었다.

당시 교회 재정을 외원에 의존하던 교구는 신자와 사제가 이 외원 수주의 주요 역할을 담당하는 교구장에 영향을 미치기 어려웠다. 또한 어느 교구에 역사와 전통이 있다는 것은 신임 교구장에게 장애 요인이 있을 수 있다는 뜻인데, 이런 것이 전혀 없었기에 교구장이 소신껏 새로운 시도를 할 수 있었다. 사실 모든 것이 안정된 교구에서 원주교구처럼 교구 고위직에 비신자를 앉히고 교구를 평신도 중심으로 운영하는 것은 불가능한 일이다.

이처럼 교계제도가 설정된 지 얼마 되지 않았고 공의회 직후였으며 젊고 쇄신 의지가 강한 40대가 자율권을 행사할 수 있는 교구장직에 있었고, 이들이 추구하는 방향에 동조하는 외국인 주교가 주교단에서 다수를 차지하게 된 점 등이 1970년대 천주교가 사회운동에 본격적으로 투신할 수 있는 주요 조건 가운데 하나였다.

물론 이들이 사회운동에 관여하게 된 동기가 전적으로 공의회의 영향만이라곤 할 수 없다. 이들은 공의회와 무관하게 외국인 선교사 중심의 교회 운영, 기존 성속이원론, 정교분리에 입각한 성직자의 낮은 사회의식, 교회의 사회관에 문제를 느꼈기 때문이다. 이들은 공의회와 별개로 유럽 유학을 통해 한국교회와 달리 운영되는 서구교회를 경험한 바 있었다. 당시 한국사회의 최고 지식인이자 지성인으로서 한국 정치 문제에 대해서도 상식 수준 이상의 문제의식을 가졌다. 따라서 한 교구의 책임자로서 한국교회의 고위 성직자로서 이러한 문제를 극복하려는 의지와 열의가 남달랐다.

그러던 차에 공의회가 열렸고 마침 공의회 방향과 분위기가 이들의 생각을 뒷받침해주었다. 그 결과 강화 심도직물 사건에 대한 주교단의 공동

대응, 그 이후 주교단 명의의 대사회 성명 발표, 지 주교 구속 이후의 석방 노력, 유신체제가 종말을 맞을 때까지 반유신, 반독재 투쟁에서 단일 대오를 유지할 수 있었다. 그리고 이들이 교구장이었기에 해당 교구의 사제, 수도자, 신자가 민주화운동에 참여하는 것을 허용하고 심지어 이들에게 참여를 독려하는 것이 가능했다. 실제로 이들이 교구장으로 활동했던 교구가 1970년대 사회운동에 적극적이었다는 사실을 미루어 보아 이런 조건의 영향을 무시할 수 없었다.

4. 소장 사제들의 사회적 각성

공의회 이후 주교들이 공의회 정신을 솔선해 실현하려는 움직임을 보여준 것과 달리 사제 대부분은 이 흐름에 수세적이고 소극적이었다. 사제들은 공의회로 인하여 수직적 신분질서나 다름없던 기존 교회 질서가 하느님 백성이라는 수평적 교회론으로 전환된 일, 그에 따라 가장 낮은 지위에 있던 평신도의 신원을 강조하게 된 일과 평신도의 결혼을 성소(聖召)로 인정하게 된 일을 사제 권위를 위협하는 움직임으로 인식했다. 한국 주교들의 적극적 독려로 교구, 본당에 평신도협의회(이하 평협)를 설립하려는 움직임도 자신들의 권한을 축소하려는 의도로 이해했다. 이 때문에 주교, 평신도 양쪽의 움직임을 자신들에 대한 압박으로 받아들이고 이에 소극적으로 저항했다. •

사회인식에서도 오랜 성속이원론과 정교분리론을 벗어나지 못했다. 이들에게 공의회의 새로운 사고는 전례의 급격한 변화만큼 영향이 크지 않았다. 비교적 사회의식을 가지고 있던 사제조차 지 주교 구속 이전에는 이렇

• 1960년대 말과 1970년대 초 《경향잡지》에는 당시 평신도 지도자들이 이러한 모습을 보이는 사제들을 비판하는 기고문과 대담이 자주 실렸다.

다 할 움직임을 보여주지 않았다. 설사 개인이 그런 의식을 가지고 있어도 먼저 자신이 가진 기존 관념(예: 교리와 신학)부터 극복해야 했다. 이를 극복하더라도 교회 안의 반대 분위기, 선배 사제·교구장 주교의 반대를 무릅써야 하는 과제도 남아 있었다. 이런 두 단계의 극복 과정을 거쳐야 했기에 대부분의 사제는 일부 주교가 사회 문제에 적극적으로 관여할 때도 이렇다 할 움직임을 보여주지 않았다.

그러던 이들이 지 주교 구속으로 사회 문제에 눈을 뜨고 직접 행동에 나섰다. 함세웅 신부의 평가대로 교회가 직접 위해를 받고 나서야 방어적으로 행동하게 된 것이다. 어떻든 이들이 이런 움직임을 지속하려면 자신이 납득하는 것은 물론 다른 교회 구성원을 설득하는 과제를 해결해야 했다. 이들은 이문제 해결을 위해 「사목헌장」, 공의회 이후 발표된 교황의 사회 회칙(예: 「민족들의 발전」), 주교대의원회의 문헌(예: 「세계정의를 위하여」)을 탐독했다. 무엇보다 이 가운데서도 「사목헌장」을 중시했다. (함세웅 1984, 35~36)

공의회를 통해 교회에 불어온 새바람, 이로 인해 형성된 교회 내 쇄신 분위기가 이들이 신자들을 설득해야 할 부담을 줄여주었다. 더욱이 이들보다 앞서 자신의 책임자들이 이 길을 개척해 놓았고 이 과정에서 나온 그들의 발언, 글, 성명서 등이 길잡이가 되었다. 이들의 참여로 힘을 얻게 된 교구장의 이들에 대한 지지도 큰 힘이 되었다. 개신교 인사들의 활발한 운동 참여, 교회 바깥의 변화도 이들의 갓 깨어난 의식을 더 심화 확대할 수 있게 하는 자극이 되었다.

5. 평신도 지도자들의 각성

박해는 한국교회에 순교라는 정신적 유산과 함께 사회 정치적 측면의 트라우마도 남겼다. 이 영향으로 한국교회는 1960년대 말까지 국가권력에 맞서는 행동을 하지 않았다. (강인철 2003, 29~30) 신앙의 자유를 허용하는 한국가권력과 마찰을 일으키는 일을 회피했다. 이러한 태도는 일제 강점기, 해방 직후 미 군정, 이승만 정부에 대한 협조, 5·16쿠데타 이후 군사정권에 대한 순응으로 이어졌다. 이러한 교회의 태도는 성속이원론, 정교분리론의 뒷받침을 받았다.

박해의 또 다른 영향은 천주교를 가난한 이들의 종교로 만든 것이었다. 박해를 피해 신자들이 숨어든 교우촌은 박해가 끝난 후에도 가난의 상징이었다. 신자들이 교육, 소득이 높은 직업에 접근할 기회를 차단했던 것이다. 신앙의 자유가 허용된 이후에도 사정은 크게 달라지지 않았다. 1980년대 중반에 이르러서야 한국교회는 개신교와 함께 중산층의 교회가 될 수 있었다. 이런 연유로 그 이전엔 변변한 학력이나 직업을 가진 신자가 드물 수밖에 없었다.

이에 한국교회 지도자들은 유력 인사 영입에 공을 들였다. 6·25전쟁 이후에는 지식인을 양성하거나 유입하는 경로를 만들기 위해 노력했다. 이 경로는 크게 두 가지였다. 하나는 해외원조를 통해 신설된 고등교육기관 활용, 다른 하나는 지식인의 영입이었다. 후자는 해방 이후부터 유명 인사의 입교와 개신교 지도자의 개종으로 나타났다. 일반 대학에 재학 중인 가톨릭 신자 학생도 주요 인재 유입 통로였다. 이들은 직능별 또는 관심사별로 신자 모임을 만들거나 1950년대부터 해외교회에서 도입하기 시작한 평신도 사도직 단체 회원이 되어 이 단체가 후일 큰 규모의 단체로 성장하는 데 큰 역할을 했다.

일제 강점기까지 천주교의 지식인 양성 노력은 거의 불모에 가까웠는데 6·25전쟁 후 외국인 교구장, 성청 설립 수도회,● 외원기관 개발 원조에 힘

● 가톨릭에서는 바티칸을 교황청 또는 성청(聖廳)이라 부른다. 수도회는 교구장과 교황이 설립할 수 있는데 성청 설립 수도회는 교황이 설립한 수도회를 가리킨다.

입어 일차적으로는 고등교육기관 설립, 이차적으로는 해외 유학을 통해 지식인 양성을 본격화했다. 이는 천주교회 기관지《경향잡지》에 1960년대 중반부터 1970년대 내내 저명한 지식인이나 인사들의 입교 소식 또는 개종기(改宗記)를 실은 데서 확인할 수 있다. 소식란에도 이런 인사들의 입교 소식이 계속 실렸다. 이렇게 입교한 인사가 인맥을 이용해 다른 인사를 입교시켰다. 신자들의 고등교육기관 진학도 큰 몫을 담당했다. 이렇게 해방 직후부터 시작되고, 1950년대 중반 이후 본격적으로 확대되기 시작한 인재 양성 노력의 결과로 가톨릭 지식인의 저변이 넓어졌다.

제2공화국 장관 출신이었던 가톨릭교리연구소 현석호 같은 인물이 입교를 통해 유입된 지식인이었다. 그가 설립한 교리연구소를 매개로 모였던 지식인 그룹도 기존 신자 지식인과 이들의 소개로 입교한 이들이었다. 한국평협 출범 이전 세계 평신도대회에 참가한 신자 그룹, 평협 창립에 주도적 역할을 한 인물들의 면면도 가톨릭 지식인이 이전 시대에 비해 양적으로 크게 늘었음을 보여주는 사례였다. 평협 창립 주역이었던 가톨릭지성인단체연합회 회원들도 이런 사례였다. 이렇게 형성된 가톨릭 대학생, 지식인층이 1970년대에서 1980년대 말까지 교회가 민주화운동에 직간접적으로 참여하는 토대가 되었다. •

해외교회에서 도입한 신심(信心)운동, 가톨릭운동(Catholic Action) ••의 초기 회원은 대부분 지식인 그룹이었다. 청년운동도 대학생 중심이었다.

• 이들은 공의회 문헌을 공부하고 평협, 사도적 단체를 통해 공의회를 알리고 성직중심주의를 쇄신하고자 하는 의지도 강했다. 이들의 이러한 움직임이 사제들의 소극적 저항을 부른 측면도 있다.

•• 교회 당국의 위임과 지도 하에서 행하는 평신도의 조직적 활동을 가리킨다. 일반적 의미의 평신도 활동은 교회 설립과 더불어 시작되었으므로 역사가 오래 되었다. 그러나 교구장의 위임을 전제로 하여, 조직적으로 이루어진 평신도 활동은 특히 사제의 부족 현상이 두드러진 근대에 시작되었다. 이 '가톨릭운동'이란 말을 평신도 단체에 처음으로 적용한 인물은 교황 비오 10세였으나 평신도의 '교계적 사제적 참여'란 명확한 개념을 바탕으로 평신도운동을 조직화한 것은 비오 11세 교황이었다.

그러나 이들은 천주교 사회운동에 중심이 되지 못했는데, 이는 유신 정권의 집요하고 가혹한 탄압 때문이었다. 이들에게 운동 참여는 곧 극심한 탄압, 생계 수단의 박탈을 의미했다. 반면 사제는 독신이었고 제도의 보호를 받을 수 있었기에 이 위험이 상대적으로 덜 하였다. 사제들이 천주교 민주화운동의 구심이 되었던 이유다.

강인철은 분석 대상 시기 이전 10여 년간 즉, 공의회 폐막(1965)에서 1973년까지 약 10여 년 동안을 한국교회가 공의회 문헌을 번역·학습하고 일부 선각자가 공의회 정신을 교회 구성원에 계몽하는 시기로 평가했다. 실제 이 시기는 공의회의 자극을 받은 고위 성직자 중심으로 공의회 배우기와 이를 전수하기 위한 노력이 활발했다. 사회교리를 담은 교황 회칙도 신속히 번역했다. (강인철 2005) 그러나 이 시기 교회가 국가권력과 충돌하는 사건이 두 번(예: 강화 심도직물 사건, 원주교구 부패추방운동)이나 일어났음에도 이 사건은 공의회와 직접 관련을 맺지 못했다. 한국천주교회가 주체적이고 능동적으로 공의회를 수용할 상황과 조건을 갖추지 못했기 때문이다.

그러던 것이 1974년부터 1987년까지 이전 시기엔 부족했던 사회참여나 교회의 사회적 역할, 세상과의 대화 등의 측면에서 공의회가 활발히 체험되고 활용되었다. 이 시기에는 '참여'가 먼저 있었고 신학은 사후적으로 이 참여를 성찰하는 도구 역할을 했다. 교회와 국가의 충돌이 먼저 일어났고 그 뒤에 반정부 감정을 지속하고, 이를 교회 구성원에 설득할 교리적 신학적 근거를 마련코자 했다. 이 시기에는 참여 주체도 다양해졌고 공의회 문헌을 인용하는 빈도도 크게 늘었으며 공의회가 교회의 사회운동을 정당화하는 근거로도 빈번히 활용되었다. 이전 시기와 확연히 구별되는 양상이었다. 따라서 이 시기의 공의회 수용은 일부 고위 성직자와 평신도 지식인이 주도했다고 볼 수 있다. 동시에 공의회는 한국교회가 변화를 모색할 수 있는 신학적, 이론적 토대가 되었다고 보아도 무리가 없다.

6. 원주교구 설립과 초기 사회활동

1962년 3월 교황 요한 23세는 한국천주교회에 교계제도를 수립한다는 교서를 반포했다. 이를 통해 서울·대구·광주대목구가 대교구로 승격했으며, 1963년 수원교구에 이어 1965년 원주교구가 서울대교구 관할로 설정될 수 있는 계기가 마련되었다. 이에 1965년 3월 천주교 원주교구가 설정됐고, 6월 지학순 신부가 초대주교로 부임했다. (《경향신문》 1965. 5. 11; 1965. 6. 26; 1965. 6. 29)

천주교 원주교구는 강원도 원주·원성·영월·삼척·정선과 경북 울진 등 교통이 매우 불편한 산간벽지의 소도시와 농어촌·광산촌·어촌지역으로 이루어졌다. 원주교구 관할 지역 대부분이 사회적·경제적·문화적으로 상당히 낙후했다. 초대 교구장으로 부임한 지 주교 앞에는 여러 분야에서 낙후되고 지극히 고식적·보수적이던 원주교구 관할 본당을 공의회 정신에 따라 교회쇄신운동과 교회일치운동 등을 전개하면서 새로운 교회상을 실현해야 할 중요한 과제가 놓여 있었다. 또한 천주교회 안팎으로 지역주민의 사회경제적 곤궁을 해결해야 할 과제도 기다리고 있었다.

지 주교는 자신과 함께 공의회 정신을 구현하고 지역사회 개발운동을 전개할 조직기반 마련에 나섰다. 이 과정에서 지역유지이자 혁신계열 지도자였던 장일순을 만났다. 지 주교는 그를 통해 원주교구가 평신도운동과 지역사회 개발운동을 전개할 수 있는 조직기반을 마련토록 추동했다. 지 주교는 정치활동정화법으로 사회활동의 제약을 받던 장일순을 원주교구 사도회 회장에 임명하고 그가 원주교구를 배경으로 활동하게 배려했다. 또한 그의 추천에

장일순 선생

따라 비신자인 김영주를 주교 비서실장이자 원주교구 기획실장에 임명했다. 이러한 과정을 통해 1960년대 후반 지 주교와 장일순을 주축으로 김영주·김영일·장상순·박재일 등 원주교구 내 평신도운동·협동조합운동 등을 전개했던 초기 원주그룹이 형성되었다. 특히 원주교구 사도회 회장을 맡은 장일순은 평신도운동과 꾸르실료 교육 등을 주도하면서 교구 청년연합회와 본당별 청년회를 조직하는 데 기여했다. 이 가운데 핵심 인물들을 '신우회'로 조직해 원주그룹 활동을 뒷받침할 폭넓은 기반을 마련했다. (김소남 2017, 87~105)

> 그분을 사도회장으로 맨들어 놓고는 그 주변 인물들을 갖다가 끼워놓고 "너희들이 좀 교육 좀 해." 그리고는 본당에 다니면서 신자들을 교육하라 그러니 이 신부들 배알이 들어맞겠어요? …… 교회를 쇄신시키는 거를 뭐 그런 평신도들을 이용해서 이제 해야겠다. 왜 그러냐면 공의회 정신이 평신도의 위상을 많이 올려놓고, 주교의 위상을 많이 올려놓고, 신부들만 봉사해라 이렇게 된 거나 마찬가지야. 공의회 문헌이 그래요. …… 신부가 있는 곳이면 교회다 그게 아니고 신자들의 모임이 교회다, 공동체가 교회다. …… 주교님은 그거를 자꾸만 강조하는 거지. 신자들이 해야 한다. 그래서 우리 교구가 어떻게 보면 평신도들의 활동이 다른 교구보다 먼저 앞섰던 거는 아마 주교님의 영향 때문이다. (최기식 신부 구술 2011.7.22)

지 주교는 부임 초기 원주교구 관할 농촌·광산촌·어촌 지역을 둘러보면서 대부분 농민·광부·어민과 주민이 어려운 사회경제적·지리적 조건에서 곤궁하게 살아가는 현실을 목격했다. 이에 지 주교는 장일순·김영주 등을 중심으로 한 원주그룹과 사제들이 신협운동을 중심으로 협동조합운동을 전개하도록 추동했다.

1966년 11월 장일순은 신협연합회 지도 하에 원동성당에서 원주신협을 창립(11.12)했다. 이어 황지신협(11.17), 문막신협(12.19), 단구동신협(1968.2.25), 삼척신협(1969.10.25) 등이 천주교회를 기반으로 설립되었다. 그러나 이들 신협은 운영 미숙과 신협연합회 지도 미비 등이 맞물려 활성화되지 못했다. 이에 1969년 1월 원주그룹은 원주교구 내 신협운동의 발전적 계기를 마련하고자 원주가톨릭센터●에서 신협연합회 지원하에 조합원강습회와 임원강습회를 개최했다. (1.15~18)

1969년 1월 조합원·임원강습회를 통해 원주그룹은 강원도지역 신협운동 활성화와 발전을 위해 이를 주도할 신협연합회 강원지구평의회 설립이 시급함을 인식하게 되었다. 이에 1969년 진광학교 내에 협동교육연구소를 설립했고, 1970년 진광신협·영산신협·세교신협을 창립하면서 강원지구평의회 창립을 위한 조직 기반을 마련했다. 1972년 6월 12개 원주교구 내 신협을 중심으로 신협연합회 강원지구평의회를 창립하며 강원지역 협동조합운동을 적극적으로 전개할 수 있는 기반을 마련했다.

한편 1966년 2월 제2차 바티칸 공의회 참석 후 유럽과 미국 지역 시찰을 마치고 귀국한 지 주교는 즉시 원주교구 소속 사제들이 공의회에 관한 특별 강론과 설명회를 수시로 열도록 하고 신자들이 이에 적극적으로 참여하도록 추동했다. (《가톨릭시보》 1966.2.20; 1966.3.13)

● 원주교구 창설 초기 지 주교는 신자와 지역주민을 위한 지역사회 개발과 문화 향상에 공헌할 목적이자 지역 사회 개발운동의 일환으로 오스트리아 가톨릭부인회 등의 원조로 원동성당 맞은편에 3층 건물의 원주가톨릭 센터(1968.7)를 세웠다. 당시 전국 가톨릭센터 중 가장 먼저 설립된 원주가톨릭센터에는 회의실 6개, 전시장, 영사실, 합숙교육 시 사용 가능한 침실 등이 마련됐다. 원주가톨릭센터는 원주 시내 대부분 사회단체가 정규 회합을 갖는 등 1977년 말까지 1만 1,698회에 걸쳐 330만 9,994명이 이용하면서 1970년대 원주 지역 주민의 주요 문화센터이자 지역사회 개발운동의 거점 역할을 했다. 원주가톨릭센터는 1970년 10월 원주교구 부정부패 추방운동의 발단이 됐던 원주문화방송과 1970년대 남한강유역 대홍수(1972.8)를 계기로 3개도 10개 시·군의 농민·광부들과 함께 큰 흐름으로 부락개발운동과 협동조합운동을 전개했던 재해대책사업위원회가 소재했다. 1974년 민청학련 사건을 계기로 지 주교 석방운동의 거점이기도 했다. 1970년대 후반 창설된 가톨릭농민회 원주교구연합회 사무실과 농촌소비조합협의회 등이 들어서 활동하던 곳으로, 1970년대 원주교구가 주도한 사회운동과 민주화운동의 핵심단체들이 들어서서 활동하던 공간이자 민주화운동 거점이었다.

1966년 3월 지 주교는 공의회 정신에 따라 교회일치운동을 전개하기 위해 원주 지역 개신교 목사들과 회합을 가졌다. 지 주교는 1년에 한 차례 원주 지역 개신교 목사들을 주교관에 초청하며 교류를 이어왔다. 1970년 1월 개신교연합회와 공동주최로 지역발전과 국가번영을 기원하는 조찬 기도회를 원주가톨릭센터에서 개최했고, 1972년 1월 일치 주간에는 원주시 공관에서 개신교 목사들과 함께 연합예배도 드렸다. (《가톨릭시보》 1970. 1. 15)

1962년 3월 JOC 전국본부 박수길 회장의 솔선으로 춘천교구 관할 태백 지역 장성성당의 이영섭 지도신부와 장성광업소 광부 8명이 중심이 되어 춘천교구 JOC를 발족했다. 1965년 10월 원주교구 설정 후에는 춘천교구에서 분리되어 원주교구 JOC가 발족했다. 1967년 8월 '전국산업전도 실무자협회' 주최로 '제2회 산업전도문제연구회'가 황지 성공회성당에서 개최됐다. 이 모임에는 가톨릭노동청년회 박성종 전국 지도신부와 원주교구 JOC 이영섭 지도신부가 참여했다.

당시에 JOC운동을 펴주고 원동성당에서도 했던 이영섭 신부님이 가장 많이. 최창규 신부, 이영섭 신부, 양대석 신부 세 사람이 같은 연배잖아요. 의식적인 면에서 이영섭 신부님이 로마에서 같이 공부를 했으니까. 같은 동료로서 기숙을 같이 하고 공부를 같이 한 사람이고, 북한에서 같이 내려온 사람이고 하니까 굉장히 친했죠. …… 사회적으로 가장 눈뜬 분이라고 나는 봐요. 그리고 최창규 신부도 도와서 일을 하려고 무진히 노력했어요. 최창규 신부가 평신도들과 같이 교회 안에서 혁신운동이라든지 강의를 하면서 자립을 위한 운동을 한다든지 그럴 때는. 그 양반이 말을 잘하고 강연을 잘하니까 굉장히 많이 노력을 많이 했고 또 효과적으로 도왔죠. …… 사회적으로는 이영섭 신부라고 볼 수 있지만, 교회 내에 강의를 하고 활동을 하는 거는 세 분이 다 관련이 있지요. 처음에는 다. (최기식 신부 구술 2016. 5. 20)

1967년 JOC 각 교구연합회는 교구별 지역사회 조사를 실시하고 JOC 활동의 확대 방안을 모색했다.(한국노동청년회 편 1986, 146) 1969년 3월 JOC 원주교구연합회는 태백산 일대 탄광 지역 광산 노동자 500세대를 대상으로 광산 노동자 실태조사를 진행했다. 당시 실태조사에서 태백 지역 광부들의 곤궁한 사회경제적 조건과 불결한 환경·위생상태, 열악한 노동의식, 천주교의 역할 미약 등이 드러났다. 또한 교통난·주택난 해소와 광업소의 처우 개선, 노동운동과 소비조합운동의 도입·활성화 등이 필요한 것으로 나타났다.(《가톨릭시보》1970.3.22)

1970년 2월 JOC 원주교구연합회는 원주가톨릭센터에서 제7차 정기총회를 개최하고 광산 노동자 실태조사 결과로 나타난 여러 가지 문제점 해결을 위한 대책 수립 등을 논의하고 신임회장에 평신도 이창복을 선출했다. 1970년 5월 JOC 원주교구연합회는 원주가톨릭센터에서 지역사회에서 곤궁한 노동자들을 위해 자선음악회를 개최하고 수익금을 노동자 지원을 위해 사용했다.(《가톨릭시보》1970.5.3) 이 시기 JOC 원주교구연합회의 태백지역 광부들에 대한 실태조사 및 해결방안 모색 등은 1973년 재해대책사업위원회의 남한강유역수해복구사업 중 광산 지역 장기구호사업과 광산소비조합 육성사업 등으로 연결됐다.

원주교구 설립 초기 제2차 바티칸 공의회의 교회혁신운동과 평신도운동 등에 기반한 원주그룹의 사회활동은 신협운동을 중심으로 한 지역사회 개발운동, 원주 지역 개신교 목사들과의

「광산 노동자 실태조사 보고서」(한국가톨릭노동청년회 원주교구연합회, 1969)

교회일치운동, JOC 원주교구연합회의 태백지역 광산 노동자에 대한 실태조사와 해결방안 모색 등의 형태로 나타났다. 이 시기 원주그룹의 사회활동은 1970년대 원주교구 재해대책사업위원회가 주도한 농촌·광산 지역의 부락개발운동과 협동조합운동, 농촌 지역의 가톨릭농민회와 광산 지역 탄광지부의 노동운동, 지 주교 석방운동과 원주선언, 3·1민주구국선언 등에서 신·구교 연합운동의 주요 계기와 기반이 됐다는 점에서 중요한 의미가 있다.

제2절 가톨릭운동과 선진 사회개발 방식 도입

1. 가톨릭노동청년회와 가톨릭농촌청년회[*]

1) 국제 JOC운동과 한국 JOC운동의 창립

19세기 산업혁명 이후 자본주의 체제가 본격 등장하면서 이전과 다른 새로운 사회 문제가 나타나기 시작했다. 노동계급의 등장, 자본가의 노동계급 착취와 사회적 불평등 심화 등이 대표적인 것이었다. 이로 인해 사회주의 혁명 분위기가 고조되었다. 사회주의가 등장하며 노동자들이 교회를 떠나 이에 동조하는 분위기가 커진 상황에서 교황 레오 13세는 1891년 최초의 사회 회칙 「새로운 사태(Rerum Novarum)」[**]를 발표했다. 「새로운 사태」에서 레오 13세는 '가톨릭 노동자들의 단합과 연합'을 통해 자본주의와

---

[*] J.A.C.는 프랑스어로 'Jeunesse Agricole Chrétienne'의 약어이며 가톨릭농촌청년회를 말한다.

[**] 교황 회칙은 첫 두 단어(라틴어)를 제목으로 삼는다. 따라서 「새로운 사태(Rerum Novarum)」라는 제목은 이 회칙을 시작하는 첫 두 라틴어 단어를 딴 것이다. 회칙의 중심 내용이 노동이었던 까닭에 일명 「노동헌장」으로도 불린다. 이 회칙은 산업혁명 후 19세기 노동자의 비참한 현실을 개선하기 위해 노동자의 권리와 고용주의 의무를 밝혔다. 국가와 자본이 노동의 존엄, 아동노동 착취 금지와 적정한 임금, 노조 필요성을 사회적으로 인정할 것을 밝혔다는 점에서 교회 안팎에서 긍정적인 평가를 받았다. 반면 "투쟁 없이도 계층 간 화목이 가능하다"고 밝혀 노자(勞資) 갈등 문제를 계급 화해로 단순화하고 절충하려 시도해 부정적 평가를 받기도 했다.

사회주의도 아닌 제 3의 방식인 가톨릭 노동운동의 필요성을 강조했다. •

이러한 시대적 분위기에서 JOC는 1925년 벨기에 까르댕 신부••에 의해 시작되었다. 까르댕 신부는 노동자들이 밀집한 벨기에 지역 본당에서 청년 노조 활동 경험을 바탕으로 JOC를 조직하기 시작했다. 이후 JOC는 꾸준히 성장해 1957년 JOC 제1회 국제평의회를 갖는데, 이 회의에 90여 개국 대표가 참여할 정도였다. 1960년대 후반에는 109개국에 JOC가 조직되면서 국제가톨릭 노동운동 조직의 성격도 띠었다. (황종렬 2006, 21)

한국에서 JOC는 1958년 JOC운동 창시자 까르댕 신부가 내한해 명동성당에서 열린 서울교구 JOC 투사선서식에 참여하면서 공식 발족했다. 초기 한국 JOC운동은 파리와 로마에 유학하면서 국제 JOC운동을 경험한 서울대교구 박성종 신부•••와 국제가톨릭형제회(AFI) •••• 회원 리나 마에스(Lina Maes)의 도움으로 초기 토대가 구축되었다.

2) JOC운동의 성격과 특징

까르댕 신부는 JOC의 목적을 "노동생활의 변화, 노동 환경과 제도의 변화, 대중의 변화"에 두었다. (조셉 까르댕 1976, 63) 그는 '노동의 사명'이 자본의

• 「새로운 사태」는 37항에서 가톨릭 노동단체의 필요성을, 40항에서는 "교회의 노동자들이 단체를 결성하여 연합하면 사회 문제를 해결할 수 있다"며 교회가 주도하는 단체의 필요성을 제기했다.

•• 조셉 까르댕(Joseph Cardijn, 1882~1967). 1906년 사제서품을 받았고 1910~1920년대 공장 지역의 노동자 소모임 활동과 '청년노조'를 만들었다. 1925년 가톨릭노동청년회(JOC)를 창설하고 교황 비오 11세의 인준을 받았으며, 1926년 프랑스 지부가 건설되고 이후 전 세계로 확대된 국제 조직이다. 까르댕 신부는 가톨릭 노동운동의 이론과 방법론을 만들고 국제노동운동으로 발전시킨 가톨릭 노동자들의 아버지로 불리우며 1965년 추기경으로 서임되었다.

••• 박성종(1925~1983). 서울대교구 신부. 초대 한국 파리 성 술피스신학교를 졸업하고 사제서품을 받은 뒤 로마 성 그레고리오대학교에서 신학박사 학위를 취득했다. 유학 중 JOC 지도자 훈련과 JOC 국제본부에서 까르댕 신부 강의를 들으며 JOC운동에 관심을 갖게 되었다. 1958년 한국 JOC 초대 신부로 임명되었으며 JOC 이론을 정립하고 지도자 양성에 주력하며 한국 JOC 발전에 기틀을 마련했다. (서울대교구 노동사목위원회 2008, 90)

•••• 국제가톨릭형제회(Association Fraternelle Internationale)는 1956년 한국에 진출한 가톨릭 평신도 공동체이며 여성들의 사회의식 교육과 가톨릭 운동단체의 활성화, 교육 및 상담, 의료 및 사회복지 활동을 하고 있다.

착취로부터 프롤레타리아를 구출하고 정의와 공명에 입각한 노동의 존재 방식을 요구하는 것이라 정의했다. JOC운동 주체는 "노동청년 가운데서, 노동청년에 의한, 노동청년을 위한" 운동으로 교회 간섭이나 개입 없이 노동자 스스로의 힘에 의한 조직임을 강조했다. (한국가톨릭노동청년회 1986, 41)

JOC운동은 출발부터 국제 노동운동이었다. 국제 JOC는 전 세계적으로 산업화 단계에서 나타나는 이농 현상과 이향 노동자 문제, 직장이나 고용이 일정하지 않은 자유 노동자, 공장 노동력으로 유입되지 못한 실업자, 도시 빈곤층 문제를 해결하는 데 주목했다. 국제 JOC는 종교와 인종의 구분 없이 전 세계의 비천한 노동자, 사무원, 점원, 식모, 광부, 가사 노동자 등 비공식 부문의 모든 노동자를 대상으로 활동을 전개했다.

국제 JOC의 활동 경험과 운동 방법은 한국 JOC운동에도 영향을 미쳤다. 이는 1960년대 한국 JOC 초기 활동이 주로 넝마주이, 실업 노동자를 위한 보리싹 식당 운영, 신문 배달부, 구두닦이 소년, 안내양과 마부 등 자유 노동자에 대한 지원, 구제 활동을 중심으로 전개된 데서 확인할 수 있다. 활동에 힘입어 JOC는 1968년 전국 10개 교구 약 4,000여 명의 회원을 둔 노동자 대중조직으로 성장했다. (민주화운동기념사업회 오픈아카이브 00217636, 196)

JOC운동은 개인과 사회에 대해 '관찰(SEE), 판단(JUDGE), 실천(ACT)'의 순환을 방법론적 원리로 삼았다. '관찰'은 사람, 사건, 환경, 사물 등을 객관적으로 인식하는 것을 가리켰다. '판단'은 가톨릭 노동관, 사회적 가르침에 따라 의사결정을 내리는 것을 가리켰다. '실천'은 판단에서 얻은 확신에 따라 하는 구체적 행동을 가리켰다. 이 순환적 방법론은 JOC가 단순히 교회 전교 운동을 넘어 일반 노동자를 대변하는 대중운동으로 발전할 수 있는 토대가 되었다.

JOC운동 방법론의 또 다른 특징은 일상적인 '사회조사'를 통해 노동사회 실태를 분석, 연구하는 활동이었다. '사회조사'는 노동자 생활세계뿐 아니라 광부, 부두 노동자, 버스 여차장, 식모 등에 관한 실태조사를 통해 노동 문제를 여론화하고 제도적 해결, 입법청원으로 이어가는 방법이었다. * JOC의 '사회조사'는 노동운동에 사회과학 방법론을 도입해 과학적이고 체계적인 분석과 대안을 마련해 노동 문제에 대처하게 했다. 이러한 사회조사는 당시 학계나 정부 차원에서 제대로 이뤄지지 않았기에 더 의미가 컸다.

JOC는 조직운영에서 남녀대표를 따로 선출 운영하는 원칙을 세웠다. JOC. F(Feminine)는 여성의 주체성과 권리, 지도력 제도화를 핵심활동원리로 삼았다. (민주화운동기념사업회 오픈아카이브 00204691, 53) 실제로 JOC 조직에서는 여성회원 비율이 훨씬 높았고, 1970년대 노동운동에서는 이들의 역할이 두드러졌다. JOC는 종교와 관계없이 공장 노동자들이 참여하는 '일반회'를 열어 근로기준법 등 노동교육과 건전한 노동문화를 전파했으며 회원들을 조직하는 과정으로 운영했다. JOC 회원은 의무적으로 '소모임'에 참여했고 소모임 내용은 개인 성찰과 공장의 변화, 사회구조 변화에 초점을 맞춘 것이었으며, 매주 1회, 약 6개월여 과정을 거치면 '투사(정회원)'가 되었다. (민주화운동기념사업회 오픈아카이브 00876994, 6)

JOC 조직의 기초단위는 4~5명의 노동자가 모인 팀(Team)이었고, 팀이 3~4개가 되면 '쌕션(Section)'으로 묶여 활동했다. ** 이러한 소모임 활동은 노동계급의 의식화와 조직화의 과정이었다. 아울러 1970년대 노동운동의 대중적 기반 조성의 견인차였다.

---

* JOC의 노동 실태조사 중 대표적인 사회조사는 1963년 자유노동자 실태조사, 식모 조사(서울), 1968년 이향노동자, 버스걸(Girl) 실태조사(서울), 1969년 JOC 원주교구연합회에서 실시한 광산 노동자 실태조사, 방직업 종사자 실태조사(대전), 1972년 부산부두노동자 실태조사 등이 있다.

** 쌕션을 이루는 회원을 투사(鬪士)라고 하는데 투사는 다른 청년 노동자와 함께 생활의 책임자이며 삶의 의미를 알리고 도와주는 교육자이며 그리스도의 증거자이며 노동자의 구제를 위해 자기 생애를 바치는 사도다. 정회원이 되기 위해서는 투사교육을 받아야 한다.

3) 가톨릭농민회 창립

가톨릭농민회(이하 가농)는 JOC 농촌청년부로 출발했다. 1966년 '농민 권익 옹호와 사회정의 실현'을 목적으로 한국가톨릭농촌청년회를 창립한 것이 시초였다. 가톨릭 농민운동은 1960년대 중반부터 1970년대 초에 걸쳐 '노동운동의 발전적 분화'라는 방식으로 등장했다. 가톨릭노동청년회(이하 가노청) 회원은 대부분 농촌 출신으로 어려운 농촌 살림을 견디지 못한 청년들이라는 점에서 노동 문제는 농민 문제의 연속이었기 때문이다.

이에 가노청 전국평의회는 1964년 10월 17일 가노청 안에 농촌청년부를 설치했다. 농촌청년부는 광주교구 함평, 전주교구 화산, 함열, 진안, 남원, 수원교구 양지본당을 중심으로 『JAC교재』, 『JAC개요』라는 가톨릭농촌청년회 운동 소개자료를 발간해 교육과 홍보 활동을 전개했다. 농촌청년부 활동은 본당 단위로 움직이던 가노청 활동이 농촌 본당으로 연장된 형태였기에 회합 형식, 회원 양성과정, 조직 형태 등 거의 모든 면에서 가노청 방식을 따랐다.

초기 농촌청년부 시절의 주요 활동은 교육과 협동사업이었다. 전국 단위로 농촌 성당 성직자들의 세미나가 열릴 정도로 교회의 관심도 높았다. 이러한 관심에는 일꾼 훈련에 특화된 선교사들의 역할이 컸다. 1960년대 초중반 전주교구를 중심으로 초창기 가톨릭농촌청년회 보급에 열성을 다한 선교사는 오스트리아 출신 선교사 화니(Fanny Payrhuber)였다. 전주교구는 한국가톨릭농촌청년회 훈련센터를 설립해 책임자에 화니를 임명했는데, 그는 초창기 한국가톨릭농촌청년회 성장에 큰 몫을 담당했다. 1965년 한국가톨릭농촌청년회 전국본부는 농촌진흥청과 한국청소년운동협의회, 서울대신학교 부제반에 한국가톨릭농촌청년회를 소개했다. 한편 대외적으로는 화니의 도움으로 국제가톨릭농촌청년연맹(MIJARC, Mouvement International de je Jeunesse Agricole et Rurale Catoliqie)과 오스트리아 가톨릭 농촌청년회와 접촉하기도 했다. (가톨릭농민회 50년사 편찬위원회 2017, 55~57)

한애라 선생. 미세레오르 외원 담당자가 원주교구의 부락개발운동과 협동조
합운동이 전개되는 농촌부락 방문 시 안내를 맡은 모습(1978.2)

한국가톨릭농촌청년회 전국본부는 1966년 4월 성베네딕도수도회 오도
하스(Odo Haas, 한국명 오도환) 아빠스로부터 가톨릭농촌청년회 활동에 대한
적극적 지원 제안을 받고 수도원이 자리한 경북 왜관을 중심으로 이 운동을
전국적으로 펼쳐 가기로 합의했다. 그해 여름 가톨릭농촌청년회는 경북 구
미로 사무실을 옮기고 6월에는 왜관감목대리구, 청주교구, 전주교구 등 17
개 본당에서 30명이 참석한 가운데 제1차 전국지도자훈련회를 개최하는 등
조직 활동을 본격화했다. 1966년에서 1968년 사이 총 4회에 걸쳐 전국지도
자훈련회가 개최되었는데 6개 교구 112명이 참가했다. 주된 교육내용은 한
국가톨릭농촌청년회 운동의 이론과 방법, 새농사기술, 지역사회 개발, 생활
개선, 공동체 형성과 실천, 양계와 양돈 기술, 남녀교제와 결혼 준비, 레크리
에이션 등이었다. 1968년 4월에는 회원 간 소통과 유대 강화를 위해《농촌
청년》이라는 월간 기관지를 창간했고, 전국본부 실무진도 확충하면서 한국
가톨릭농촌청년회 활동이 한층 활기를 띠었다. 이때 국제 및 대외사무를 담

당할 한 마리아(Maria Sailer, 한국명 한애라)●가 부임하는데, 그녀는 독일에서 뮌헨 농과대학을 졸업하고 1965년 한국으로 건너와 가톨릭농촌청년회와 인연을 맺었다. 그녀는 20~40대에 걸쳐 가농에 근무하면서 희생적 봉사를 통해 가농 발전에 기여했다. (가톨릭농민회 50년사 편찬위원회 2017, 53)

본당을 중심으로 전개된 가톨릭농촌청년회 활동에 농촌본당 사제들의 관심도 높았다. 1968년 7월, 한국가톨릭농촌청년회 주최로 왜관 피정의 집에서 개최된 전국농촌본당 성직자들을 위한 제1회 농촌사목 세미나가 열렸다. 이 세미나는 '농촌개발과 사목'을 주제로 7개 교구 25개 본당에서 일선 농촌본당 사제들이 참석했다.

우리는 농촌 문제에 관해 복잡하고 어렵다는 생각이 앞서나, 무엇보다도 먼저 농촌 및 농민들에게 무슨 정신을 줄 수 있는가를 생각하자. 교회는 사회

● 한 마리아(1939~2019)는 1965년 12월 왜관 감목대리구장 오도 하스 아빠스의 요청으로 한국에 왔으며, 1994년 12월 독일로 돌아갈 때까지 한국의 가톨릭농민회운동과 협동조합운동, 가톨릭 원주교구 재해대책사업위원회의 지역사회 개발운동을 적극적으로 지원했다. 또한 1980년대 원주 지역에서 생명운동이 제창되고 장일순·김지하·박재일 등이 주도한 한살림선언에서 원주그룹의 일원으로 참여했으며, 생협운동과 환경운동, 여성운동 등의 활성화에 중요한 역할을 했다. 한 마리아는 독일 남부 바이에른주 레겐스부르크(Regensburg)의 작은 마을 하팅(Harting)에서 태어났다. 헨공과대학 농학과를 졸업한 후 한국에 온 그는 한국가톨릭농민회의 전신인 가톨릭농촌청년회(JAC)에서 국제업무를 맡았다. 경북 왜관에서 농민들과 농사를 겼으며, 중학교 미취학 소녀를 위한 '천사의 모후' 야학을 설립하기도 했다. 1972년 제3차 가톨릭농민회 전국대의원총회에서 이길재(회장)·김준기(부회장)·정연석·엄영애 등과 함께 전국본부 상임이사로 선정됐고, 1984년까지 가농의 국제부장·여성부장으로 활동했다. 1970년대 함평 고구마 사건(1977), 춘천농민회 사건(1978), 오원춘 사건(1979) 등의 지원에 동분서주했던 한 마리아는 유신 정권 하에서 수차례 출국조치 위협을 받기도 했다. 1973년 가톨릭 원주교구 재해대책사업위원회가 창립되고 남한강유역수해복구사업과 한우지원사업을 전개할 때 한 마리아는 서독 미세레오르와의 중간창구 역할을 맡았다. 1970년대 재해대책사업위원회가 서독 미세레오르·네덜란드 세베모의 외원자금에 기반해 원주원성수해복구사업(1976), 광산소비조합 육성사업(1977), 농촌소비조합육성사업(1979) 등을 추진할 때 중요한 가교역할을 했다. 또한 충북 괴산 충북육우개발협회가 부락개발 10개년계획을 추진할 때 네덜란드 세베모로부터 상당한 외원자금을 지원받도록 하는 등 박정희·전두환 군사정권 하 한국의 다양한 지역과 단체에서 농민운동과 협동조합운동 등을 활발히 전개토록 하는 데 중요한 역할을 했다. 1984년부터 1994년까지 독일 아데나워재단의 한국주재원으로 근무하고 국제 지원사업의 창구로써 한 마리아는 신협중앙회와 한국여성민우회, 여성사회교육원 등의 활동을 적극적으로 지원했다.

안의 기관으로 사회 발전을 위한 교회의 책임을 알아야 하는 것이 지금 시대에 더욱 필요한 일인데, 이에 관해 신부들이 먼저 깨닫고 교우들을 인도하여야 할 것이다. 과거에는 우리가 천주님 향해 엎드려만 있었다고 본다. 이제 우리는 고개를 들어 내 옆의 형제들을 알아야 한다. 이와 같은 우리 교회의 책임을 수행하기 위해서는 개인적으로 나가지 말고 공동체를 이루어 나감이 꼭 필요하다. 즉, 조직으로 시작하자. 조직은 우리 책임을 일층 강하게 불러 일으킬 것이며, 책임 수행에 효과적인 수단이 될 것이다.(《농촌청년》 1968. 3, 4~5)

이 세미나에 참석한 사제들은 농촌 성직자의 단합과 협력 활동을 위해 '농촌사목회의' 구성 및 농촌교회의 적극적인 발전책으로 공동 활동 계획을 수립하고, 주교단의 관심과 지원을 촉구하는 결의문을 채택했다. 1969년에 '지역사회에 봉사하는 교회'라는 주제로 8개 교구에서 20명의 농촌 본당 사제와 3명의 평신도와 오도환 아빠스와 전주교구 한공렬 주교까지 참여해 열띤 논의를 이어갔다. 이 모임에서는 농촌사목이라는 전체 교회의 사명 수행을 위해 한국가톨릭농촌청년회가 주최하는 모임만으론 부족하고 농촌사제들의 적극적인 공동노력이 필요하다는 데 의견을 모으고 '전국농촌사목협의회'를 조직하기로 결의했다. 이에 따라 1969년 11월 성직자 40여 명이 모인 가운데 '전국농촌사목협의회' 창립총회가 왜관 피정의 집에서 개최되었다. (가톨릭농민회 50년사 편찬위원회 2017, 67~68)

2. 꾸르실료와 가톨릭 대학생회

1) 꾸르실료

제2차 바티칸 공의회 영향으로 평신도의 중요성이 강조되고, 평신도 사도직을 강화하려는 움직임은 1968년 7월 '한국평신도사도직중앙협의회' 창립으로 이어졌다. 평신도 중심의 사도직 운동 중에서도 특별히 1970년대 한국천주교 민주화운동의 요람 역할을 했던 원주교구 꾸르실료운동은 지역의 열성적인 평신도 지도자를 양성하는 구심 역할을 했다.

1940년대 스페인에서 시작한 꾸르실료운동은 영적 회심을 통한 교회쇄신과 이를 통한 세상의 복음화를 추구하는 신앙쇄신운동이었다. 1950년대 세계적으로 확산하면서 초창기 모습과 달리 교계제도 내 성직자 주도적 성격이 강했던 운동은 제2차 바티칸 공의회를 거치며 본래 모습인 평신도운동의 성격을 회복했다. 지금과 같이 평신도와 성직자가 협력하는 신심운동으로 자리를 잡았다. 제2차 바티칸 공의회 개막 직후인 1963년 교황 성 바오로 6세에게 교회 내 신심운동으로 인정받았고, 1966년 로마 제1차 꾸르실료 세계대회를 거치며 범세계적 운동의 틀을 갖추게 되었다. (꾸르실료 한국협의회 2018, 31~32)

1965년 6월 초대 원주교구장으로 임명된 지 주교는 착좌 후 현 가톨릭센터 자리 뒤편에 있는 여관에 숙소 겸 사무실을 정했다. 처음 이 여관에 신부들이 모인 자리에서 지 주교는 원주교구를 제2차 바티칸 공의회 정신대로 사목할 것이라 천명하고 이후 함께 일할 평신도를 발굴하는 데 힘을 기울였다. 이 과정에서 사상가요 실천가였던 장일순을 만났고, 그를 통해 원주교구가 평신도운동과 지역사회 개발운동을 전개할 수 있는 조직기반을 마련했다.

> 주교님이 장일순 선생을 꽉 잡고 일할 것을 결심한 것은 그분이 신실한 가톨릭 신자였기 때문만은 아니었을 거라 봐요. 진보적 정치인, 교도소를 드나들던 저항운동가, 학교를 세우면서 지역에 교육 문화에 힘쓰던 인물, 지역 유명 인사로 알려져 있었으니 특별히 소개받았겠지요. 제일 먼저 최창규 신부님과 함께 꾸르실료를 도입하여 원주 1차 꾸르실료 회장을 했다고 했으니까요. (《무위당사람들》 제78호, 13~14)

장일순은 지 주교가 지향한 제2차 바티칸 공의회 정신에 입각한 평신도의 사명과 중요성을 인식하고 주교의 든든한 지원을 바탕으로 활동을 전개해 나갈 수 있었다. 이 과정에서 서울대교구가 주관하는 남성 제2차 꾸르실료(1967.8.17~20)를 수료했다. 그는 꾸르실료를 수료하고 돌아와 평신도 사도직에 활력을 불어넣는데 꾸르실료운동이 중요하다고 인식하고 이 운동을 원주교구에 확산하는 일에 주력하기 시작했다.

그리하여 당시 주교좌 성당인 원동천주교회 주임 신부였던 최창규 신부를 서울 3차 꾸르실료(1967.8.24~27)에 참가하도록 주선했고, 이후 최창규 신부와 긴밀히 협의하면서 서울 4차 꾸르실료에 장화순, 신동익, 조태원, 김정하를 비롯 여러 평신도와 교구 사제를 추천해 이어지는 서울과 인천 2차 꾸르실료에 참가하게 했다. 그리고 서울 10차 꾸르실료에는 지 주교가 직접 참가하고 돌아오면서 원주교구 꾸르실료의 토대를 마련하는 데 힘을 실어주었다. 이렇게 3년여 동안 원주교구 꾸르실료운동의 기반을 쌓은 후 교구 자체에서 남성 제1차 꾸르실료(1970.8.1~4)를 실시했다. 이렇게 꾸르실료운동은 신설 교구인 원주교구 성장에 활력소가 되었고, 장일순을 중심으로 꾸르실료 체험을 한 평신도들이 교구 평신도 사도직 활동에서 중추적인 역할을 담당하게 되었다. (꾸르실료 한국협의회 2018, 382~383)

원주시에 성당은 세 개뿐, 몇 개 기관이 있었는데 젊은 사람들 활동이 정말 대단히 활발하다는 것을 느꼈지요. 3박4일 동안 하는 꾸르실료 교육을 내가 받고(1972년) 더욱 그랬어요. 김영주 씨가 (내가 받은 차수의) 회장을 하고 이경국, 최규창, 김상범, 김인성, 신동익 등 10여 명이 지도 임원이 되고 40여 명이 교육을 받아요. 지도신부도 있고 성직자 강의가 몇 개 있어도 평신도 중심이라 봤지요. 큰 감동을 받았고요. 정말 지도하는 평신도 지도자들이 존경스러운 마음도 들더라고요. 그래서 본당 피정에도, 청년 학생 교육에도 이분들을 불러서 했어

요. 그래서 미니 꾸르실료를 한다는 말까지 들었지요. 그전엔 평신도가 신앙 강
좌를 한다는 것을 생각도 못했어요. 평신도 활동이 학생 때 춘천교구에서 본 것
에 비하면 상상을 넘는 분위기로 생각했지요. (무위당사람들 2022a, 11)

최기식 신부 증언에서 보듯 꾸르실료 교육을 체험한 평신도의 활약상은
여전히 성직자 중심에서 벗어나지 못하는 오늘의 교회 현실에 비추어보더
라도 주목할 만한 사례였다. 원주교구뿐 아니라 꾸르실료가 한국에 도입되
고, 확산되는 과정을 조금 더 살펴본다.

필리핀을 통해 꾸르실료를 도입한 한국교회는 1967년에 1차 꾸르실료(3
박4일 연수)를 서울교구 성수동성당에서 진행한 이후 1971년 제주와 안동교
구에 이르기까지 4년 만에 전국으로 확산시킬 만큼 빠른 전파 속도를 보였
다. 이러한 확산 속도는 제2차 바티칸 공의회 이후 불었던 평신도운동에 대
한 자각 때문이기도 했지만, 주교들의 적극적 참여와 지원도 중요했다. 일
례로 당시 서울대교구장 서리였던 윤공희 주교는 필리핀 마닐라교구에 꾸
르실료 봉사자를 보내 달라는 서신을 보내 제1차 꾸르실료가 실시될 수 있
게 했을 뿐 아니라 꾸르실료운동을 정식 교회운동으로 인정하고 서울대교
구 제4차 꾸르실료에 직접 체험하기까지 했다. 이후 그는 인천교구와 수원
교구의 제1차 꾸르실료 지도신부를 할 정도로 꾸르실료 확산의 산파 역할
을 했다. 윤공희 주교 외에도 인천교구의 나 주교(서울 2차), 부산의 최재선
주교(부산 1차), 원주의 지 주교(서울 10차), 춘천의 박토마 주교(원주 3차)가
꾸르실료 체험에 직접 참가했다. (꾸르실료 한국협의회 2018, 54~57) 이렇듯
꾸르실료 도입기에 평신도의 열정적 헌신과 사제, 주교의 참여를 통해 각
성된 평신도의 등장은 원주에서 부정부패 추방운동 참여와 1974년 지 주교
구속 사건 이후 꾸르실료 전국대회인 울뜨레야에서 이뤄진 시국선언으로
이어질 수 있었다.

2) 1950~1960년대 가톨릭 대학생 운동

가톨릭 대학생운동은 전국 조직인 '대한가톨릭학생총연합회'(이하 총연)가 1954년 출범하면서 시작됐다. 앞서 살펴본 가노청을 비롯 이 시기 평신도운동의 국내 도입은 국제 가톨릭운동이 국내에 소개되는 방식이었다. 가톨릭 대학생운동 역시 출범 당시부터 국제 가톨릭 학생운동에 가입하며 세계적 흐름과 교류·연대하는 과정에서 도입되었다.

한국의 가톨릭 대학생운동은 1954년 '총연'이 출범하기 이전에 이미 '국제가톨릭학생운동(International Movement of Catholic Students, 이하 IMCS)'에 가입신청을 한 상태였다. IMCS는 '가난한 이들을 위한 우선적 선택'을 슬로건으로 전 세계 80개국 이상에 지부를 두었고, 국제 가톨릭학생 및 지성인 단체 간 교류와 협력을 통해 인간발전과 세계평화에 기여하는 지적 사도직 운동을 전개하고 있었다. 한국은 IMCS에 1955년 정식 회원국으로 가입하면서 한국 가톨릭 학생운동을 대표하게 되었다.

이 시기 국내 가톨릭 대학생운동은 사회적 이슈보다 신앙활동과 신앙교육, 신심운동을 통한 가톨릭 사상 확산에 강조점을 두었다. 반면 IMCS 세계대회 논의 주제는 사회 안에서 가톨릭 학생 지성인의 역할과 관련한 사회참여 주제를 많이 다뤘다. 이러한 경험은 가톨릭 대학생운동의 범위가 교회 안이나 대학사회 안에 제한되지 않고 사회로 확장될 수 있도록 시야를 넓혀주었다. 일례로 쎌(Cell) 테크닉●을 도입하게 된 계기가 된 1959년 팍스 로마나 세계대회의 주제를 들 수 있다. 이 세계대회의 주제는 '선진국에서의 사회적 경제적 문제', '조국의 발전 앞에 선 가톨릭 학생의 책임', '대학에서의 사도직과 그 밖의 각 지역에서 민중 생활과 가톨릭이 어떤 관계

● 쎌 테크닉은 1960년 제6차 전국대회에서 소개되면서 도입되었는데 세포(cell)가 분열하듯 학생 사도직을 수행할 일꾼들을 양성하며 분열시켜 나가는 소그룹 방식으로 '관찰-판단-실천'의 방법으로 모임을 진행하는데, JOC의 방법론과 기원이 같다. (가톨릭학생운동사편찬위 1995, 212~231)

에 서야 할 것인가 하는 문제' 등이다. 이러한 실천적 주제는 그동안 교회 안에서 신앙생활을 중심으로 하던 가톨릭 대학생운동에 새로운 전망을 제시했다. 그러다 일반 학생운동의 중요한 분기점이었던 4·19혁명 직후인 1960년 전국대회부터 사회정의 문제를 비롯 IMCS 세계대회 의제를 다루기 시작했다. 이후 제2차 바티칸 공의회의 주요 논의 내용을 다루는 등 가톨릭 대학생 내부 문제에서 교회 가르침이나 사회 문제로까지 운동의 관심과 활동 범위를 넓혀나갔다.

4·19혁명 이후 1960년대 초까지 가톨릭 대학생의 사회참여 방식은 직접 참여보다 간접 참여를 원칙으로 했다. 일례로 1962년 제8차 전국대회에서 '대학과 사회참여'라는 주제로 결의된 사항을 보면 "첫째, 우리들 가톨릭 대학생들은 정통적인 교회 사회관과 역사, 교황의 교서에 준한 정신으로 현실을 분석 비판하며 시대가 요구하는 때에는 사회참여도 불사하나 간접적인 참여를 원칙으로 한다"고 밝혔다. 당시 민주화운동의 주축이었던 학생운동이 1964년 한일국교 정상회담 반대 투쟁과 1965년 베트남전 파병 반대 투쟁 등 정치 이슈에 관련되었던 것과 달리, 가톨릭 대학생운동은 앞의 결의에서 보듯 직접 시위 참여보다 농촌이나 빈민촌 봉사활동과 의료봉사 등 간접 사회참여 중심의 활동을 전개했다. 그러나 농촌과 도시 빈민의 구체적 현실을 접하면서 이들의 사회참여 의식도 점차 강해질 수밖에 없었다.

이런 상황에서 제2차 바티칸 공의회가 가톨릭 대학생의 사회참여 의식을 급속히 고양시켰다. 세상을 향해 교회의 문을 연 제2차 바티칸 공의회는 시대의 징표를 읽고 응답해야 하는 평신도의 소명을 일깨웠다. 이로 인해 가톨릭 대학생은 공의회 문헌을 연구하며 새로운 교회론과 평신도 사도직 역할을 재고하게 되었다. 1961년에 반포된 요한 23세 교황의 사회 회칙 「어머니요 스승(Mater et Magistra)」*과 1967년 바오로 6세 교황의 사회 회칙「민족들의 발전(Populorum progressio)」**같은 사회교리 문헌은 가톨릭 대학생이 민족의 발전과 복음화를 위해 적극적으로 투신해야 한다는 인식을 불러일으켰다. 이렇게 교회론과 신앙의식이 전환하던 시점인 1968년 콜롬비아 메데인에서 열린 제2차 라틴아메리카 주교회의는 가난한 이들을 위한 교회의 사회참여를 주장하는 '해방신학'이 본격적으로 형성하는 계기가 되었다. 이런 시대적·교회사적 흐름은 가톨릭 대학생운동을 비롯해 천주교 사회운동에도 큰 영향을 주었다.

이런 흐름 속에서 1967년 제13차 전국대회는 신심 위주, 엘리트주의적으로 흘렀던 이전 학생대회와 다르게 그리스도인의 눈으로 한국사회를 분석하고자 했다. 사회참여와 캠퍼스 내 진정한 가톨릭운동에도 관심을 갖게 되었다. 이 대회의 결의문은 "우리 사회의 모든 부문에서 부정과 부패가 범람하여 …… 우리 가톨릭학생들은 사회의 각 분야에 확고한 투쟁적 이념의 기수로서 …… 과거 가톨릭인의 사회참여란 보잘것없을 정도로 소극적이고 미비했으며 …… 이러한 각오를 거울로 삼아 영원한 질서의 창조자로서 우리의 결의를 다진다"고 밝혔다.

[표1]은 '총연' 창립에서 1972년 해체될 때까지 매년 전국 학연을 순회하며 개최한 전국대의원 대회 주제를 정리한 것이다. 이 전국대회는 각 교구별로 연합회가 탄생하는 계기로 작용했다. 또한 이 대회는 교구별 교류의 장이자 초창기 가톨릭 대학생운동의 비전을 수립하고 전국 조직을 안정화

● 교황 요한 23세가 사회 문제에 관한 교회의 가르침을 밝히기 위해 반포한 사회 회칙이다. 교회는 인간의 존엄성을 지키기 위해 현세 사회에 적극적으로 개입해야 한다는 내용을 담고 있다.
●● 교황 바오로 6세가 남미와 아프리카를 방문하면서 그들의 비참한 빈곤 현실을 보고 반포한 회칙으로, 나라와 민족 사이에 심한 빈부격차가 존재하는 원인들로 과거의 식민주의와 현재의 신식민주의, 불공정한 국제적 통상관계 등 사회 구조의 문제를 지적했다.

하는 데 중심 역할을 수행했다.

[표1] 대한 가톨릭학생 전국대의원 대회 일정과 주제

구분	시기	장소	주제
1차	1954. 10. 9	서울	총연합회 창립총회
2차	1955. 8. 26~28	대구	자기 성화
3차	1956. 8. 14~16	서울	학생 사도직
4차	1957. 7. 25	서울	학생 평신도 사도직
5차	1959. 8. 25~27	서울	조직, 재정, 활동
6차	1960. 8. 4~8	대구	쎌테크닉, 전문별 직업교육
7차	1961. 7. 28~31	광주	가톨릭시즘과 맑시즘 / 신생활운동 / 신자 배가운동
8차	1962. 7. 27~31	서울	사회정의 / 산아제한
9차	1963. 7. 27~30	서울	지상의 평화
10차	1964. 7. 26~31	부산	그리스도교의 재일치(에큐메니컬운동)
11차	1965. 7. 26~31	서울	대학사회에 있어서의 가톨릭 학생 사도직 진로
12차	1966. 7. 25~30	인천	현대세계에서의 교회 사목헌장
13차	1967. 7. 26~29	서울	현대세계와 종교(한국사회와 크리스챤)
14차	1968. 7. 29~8. 2	전주	새로운 민족상
15차	1969. 7. 28~8. 2	부산	학생운동의 철학
16차	1970. 7. 24~27	광주	사회변동과 학생운동
17차	1971. 7. 26~31	춘천	인간의 자유화
18차	1972. 8	전주	총연 해체로 중단

(1954~1972/가톨릭학생운동사 편찬위원회 1995)

초창기 가톨릭 대학생운동의 주요 사업 가운데 하나는 교회 서적의 독
서 및 보급과 같은 출판 활동이었다. 1964년 11월 '총연' 기관지로《KCSA

NEWS》가 창간되었고, 이는 1968년 3월 월간《빡스》창간으로 이어졌다. 《빡스》는 가톨릭 학생운동 방법에 대해 지속적인 정보를 제공하면서 가톨릭 학생운동에 힘을 실어주었다. 이외에도「에큐메니컬 운동」같은 소책자도 발간했는데, 이는 1970년대 신·구교 합동으로 민주화운동을 전개하는 토대가 되었다.

3. 신용협동조합운동

1) 성가신협과 가톨릭중앙신협

6·25전쟁으로 한반도는 회복하기 어려울 만큼 커다란 인적·물적 피해를 입었다. 특히 매년 춘궁기 절량(絶糧) 농가 급증과 만연한 인플레 현상 등으로 민중들의 삶이 크게 피폐했다. 이에 가톨릭 일부 사제들이 1950년대 후반 전쟁으로 피폐해진 한국민과 천주교 신자들을 구제하기 위한 효과적 방안의 하나로 자조·자립 방안을 강구하기 시작했다. 당시 이를 주도한 인물은 캐나다 하비에르대학교에서 협동조합을 공부한 메리 가브리엘라 수녀 (Sister Mary Gabriella Mulherin, 일명 가별)와 서울교구 장대익 신부였다.

가브리엘라 수녀는 1957년 12월 2개월간 캐나다 노바스코샤(Nova Scotia)주 성 프란치스코 하비에르대학교 부설 협동연구원(Coady Institute)에서 협동조합운동 전반에 대해 교육을 받았다. 가브리엘라 수녀는 1958년 1월 캐나다 코디국제연구원과 미국신협연합회(Credit Union National Association)의 협조를 얻어 부산교구에 한국 최초로 안티고니시운동을 소개했다. 1959년 2월에는 주한외국원조단체협의회를 기반으로 협동조합 연구회를 조직했고, 메리놀병원·성베네딕도병원·가톨릭구제회로 조직을 확대했다.

가브리엘라 수녀

1957년 장대익 신부는 충북 감목 파디 주교(James V. Pardy) 주선으로 성 프란치스코 하비에르대학교에서 1년간 협동경제조합을 연구했고, 이어 미국 뉴욕 포담대학교에서 1년간 사회봉사를 전공했다. 장 신부가 1959년 8월 공부를 마치고 귀국하자 노기남 주교는 그를 서울대교구 경제사회복지 전담 신부로 임명했다. 장대익 신부는 10월 월남민 신자들로 구성된 협동경제연구회 회원들과 신협운동을 전개하기 위한 방안을 구상하기 시작했다. (김소남 2017, 72~82)

1960년 3월 가브리엘라 수녀 초청으로 방한한 미국신협연합회 부총재 카를로스 마토스(Carlos M. Matos)가 서울교구·부산교구에서 주교와 각 본당 사제·평신도 등이 참여한 협동조합 강연을 한 것을 계기로 신용조합 설립 활동이 본격화했다. (《가톨릭시보》 1960. 3. 6; 1960. 3. 20; 1960. 3. 20) 1960년 3월부터 가브리엘라 수녀는 안티고니시운동●에 기반한 다섯 차례 신협 소개 강연·좌담회를 거쳐 5월 1일 부산 메리놀병원·성 분도병원과 부산중앙성당 등 부산 지역 신자를 중심으로 성가신용조합을 창립했다. 성가신협 사무실은 메리놀병원 내 '나자렛의 집'에 두었다. (《가톨릭시보》 1960. 7. 10)

1959년 9월 노기남 주교의 적극적인 후원하에 장대익 신부는 서울·인천·대구 등 전국 각 지역 성당과 서강대·효성여대 등 가톨릭계 대학을 순회하면서 안티고니시운동에 기반한 신협운동을 소개했다. 1959년 10월 장대

● 안티고니시운동(Antigonish Movement)은 1920~1940년대 캐나다 동북부 노바스코샤주(Nova Scotia) 가톨릭 안티고니시 교구 소속 톰킨스 신부(James J. Tompkins, 1870~1953)와 코디 신부(Moses Michael Coady, 1882~1959) 등이 성 프란치스코 하비에르대학교(St. Francis Xavier's University)를 중심으로 민중교육과 협동조합운동을 통해 곤궁했던 농어민·광부 등의 사회경제적 상황을 개선해 지역민의 광범위한 지지를 얻었던 지역사회 개발운동이다. 이 운동은 1920년대 초 캐나다 안티고니시 교구신부이자 하비에르 대학교 교수였던 톰킨스 신부가 운동의 이념적 기초를 마련했다. 톰킨스 신부는 1921년 안티고니시 교구 관내 탄광지역에 민중학교(People's School)를 개설했다. 1924년 교구 사제가 교수진의 다수를 차지했던 하비에르 대학교 교수들과 지역지도자들이 안티고니시에서 농촌협의회를 개최하고, 경제·사회·문화 등의 다양한 지역 문제를 토론했다. 이후 매년 열렸던 농촌협의회를 통해 경제활동 중심으로 사회개혁을 추진한다는 안티고니쉬운동의 주요 원칙이 형성됐다.

익 신부는 서울교구에서 신용조합 창립을 위한 연구단체로 협동경제연구회를 창립했다. 1960년 초 명동 주교좌성당에서 매월 두 차례 개최된 협동경제연구회 정기회의에서 신용조합 운영·규약제정 등을 논의했다. 1960년 6월 26일 발기인대회를 통해 가톨릭중앙신협이 출범(이사장 김동호)하면서 협동경제연구회는 발전적으로 해체됐다. (《가톨릭시보》 1960. 5. 22; 1960. 6. 19; 1960. 6. 26; 《경향신문》 1960. 6. 26)

1960년 '4·19'라는 열린 공간에서 부산교구 성가신협과 서울대교구 가톨릭중앙신협이 설립되면서 1960~1970년대 큰 흐름으로 전개된 사회운동이자 민간 주도 협동조합운동이 가톨릭교회 안팎에서 전개될 수 있는 기반이 마련됐다.

2) 협동교육연구원과 신협연합회

1961년 3월 성가신용조합은 부산 동구 초량천주교회 신자들이 중심이 된 초량신용조합 창립(3. 3)을 적극적으로 지원했다(《가톨릭시보》 1960. 5. 22; 1960. 6. 19; 1960. 6. 26; 《경향신문》 1960. 6. 26) 그러나 성당 내 신용조합 창립은 신앙이 아닌 교회 밖 일로 여기는 신자들의 인식과 5·16군사쿠데타로 신협운동을 적극적으로 펼치기가 쉽지 않았다. 1962년 2월 성가신협은 신용조합운동을 적극적으로 전개하기 위해 이를 주도할 협동조합교도봉사회(협동교육연구원의 전신)를 발족하고, 박희섭·이상호·박성호를 전임 교도원으로 임명했다.

1962년 2월 협동조합교도봉사회는 전국의 사제·평신도 28명이 참석한 신협지도자강습회(2. 24~3. 3)를 개최했다. 이 강습회에서는 신협운동의 의의와 필요성, 신용조합 설립과 운영방법 등에 대해 구체적인 강의와 토론, 실습을 함께 진행했다. (《가톨릭시보》 1962. 3. 4; 1962. 3. 18) 1962년 전반기에 협동조합교도봉사회가 부산 서구 대신동성당(4. 9), 사하성당(4. 11), 송도성당(6.4), 영도구 성모성당(5.2), 전남 광주 제중성당(4.27), 제주 한림성당(5.10) 등에서 신자들이 신협을 창립하도록 지원했다. 가톨릭중앙신협도 인천 답동신협(3.25)과 서울 양친회신협(4.3) 창립을 지원했다. 1962년 6월 협동조합교도봉사회는 대신동성당에서 부산 지역 7개 신용조합 임원 91명이 모두 참여한 신협임원강습회(6.21~7.6)를 개최했다(《가톨릭시보》1962.4.1) 이를 통해 협동조합교도봉사회는 강원 태백성당과 철암 요셉성당(8.18), 충북 황간성당(11.27) 등 천주교회 신용조합 창립을 추동하는 등 1962년 말까지 전국 27개 신협이 설립되는 데 기여했다. 이들 신협의 기초가 됐던 공동유대 단위는 천주교회 18개, 양친회 3개, 개신교 2개, 성공회 1개, 농민조합 1개, 상인조합 1개, 영국아동구호재단 1개 등으로 천주교회에 기반한 신협이 다수였다. (《가톨릭시보》1962.4.1)

1963년 초 제2차 신협지도자강습회(3.25~4.4)와 제3차 신협지도자강습회가 개최되면서 전국적으로 천주교회 내 신협운동이 활발히 전개될 수 있는 계기가 마련됐다. 특히 이들 강습회에서는 농협중앙회에서 파견한 8명과 재건국민운동본부에서 파견한 35명을 수료시키면서 농협·마을금고 설립·운영에서 관주도 협동조합 활동이 부분적으로 활발해지는 계기를 마련하고, 마을금고 연합회가 창설되는 데도 기여했다. (《가톨릭시보》1963.3.17; 1963.4.7)

1963년 7월 협동조합교도봉사회는 전국 신협운동을 적극적으로 추동하고 소비자·주택협동조합운동 등 다양한 협동조합운동을 전개하기 위해 명칭도 협동교육연구원으로 변경하고 부산에서 서울지역으로 본부 사무실을 옮겼다. 1964년 4월 협동교육연구원은 전국적으로 확산되어가던 신협운동을 지도하는 한편, 법적 기반 마련과 중요 현안 처리 등을 담당할 새로운 기구의 필요성을 절감했다. 이에 1964년 4월 서강대학교에서 41개 신용조합 대의원들이 참여하고 협동교육연구원 주도하에 한국신협연합회 창립총회

(4. 26)를 열었다. 당시 총회에서는 성가신협 강정렬 이사장이 회장으로 선출됐다.(《가톨릭시보》1964. 5. 3)

1960년대 전반 제2차 바티칸 공의회가 열렸고, 이 공의회를 계기로 세계 교회의 사회참여와 평신도운동 등의 흐름이 촉진됐다. 1960년대 중·후반 신협 연합회는 제2차 바티칸 공의회를 통해 촉발된 쇄신운동과 사회참여에 기반한 평신도운동 흐름 속에서, 신용조합 설립·운영이 천주교회 본연의 사목·사명이 아니라는 부정적 인식을 극복하면서 활발하게 운동을 전개해 갔다.(《가톨릭시보》1965. 12. 19)

초기 신협연합회는 자체 재정 마련 미비 등 자립 운영이 어려웠다. 그래서 호남·영남지역 신협운동을 지도할 남부교도본부 설립 시에 3년간 교도원 3명의 인건비·활동비를 부산교구 최재선 주교 등의 후원을 받아야 했다. 특히 신협연합회는 전국 단위조합에 대한 지도권을 둘러싼 가브리엘라 수녀가 주도하는 협동교육연구원과의 대립·갈등 문제를 점차 극복해 가며 각도 지구평의회 설립·운영을 통해 전국적인 신협운동을 주도했다.

1960년대 후반 가브리엘라 수녀가 이끄는 협동교육연구원은 조직 활동이 가장 손쉬운 신협에서 시작해 단계적으로 여타 협동조합운동으로 확산하고자 했다. 이에 따라 안티고니시운동에 기반한 신협운동에서 더 나아가 소비조합·주택조합 등 다양한 협동조합운동을 포괄해 민간 주도로 전개해 나가고자 했다. 협동교육연구원은 서독 미세레오르(Misereor)의 원조로 서울 마포구 서교동에 건물을 세웠고, 안티고니시운동에 기반한 협동조합운동 지향을 실현하기 위한 제반 교육과정을 개설 운영했다.(《가톨릭시보》1966. 4. 3; 1967. 1. 22)

이 시기 가톨릭교회를 중심으로 전개된 신협운동은 몇 가지 점에서 천주교 민주화운동사에 중요한 함의가 있다. 첫째, 6·25전쟁 이후 반공 이데올로기가 한국사회에 만연하고 농협 등 관제 협동조합 논의만 가능한 상황에서 민간 주도 협동조합운동이 교회를 중심으로 태동·전개된 점이다. 둘째, 5·16군사쿠데타 이후 농협이 정부 대행 기관화되고 시민사회 영역이 극히 좁혀지던 시기, 안티고니시운동에 기반한 협동조합교도봉사회·협동교육연구원의 제반 교육이 다각적으로 실시되면서 자립·자주·민주적 운영원리를 기초로 한 신협운동이 전개된 점이다. 셋째, 1960년대 제2차 바티칸 공의회 이후 전개된 교회쇄신운동과 사회참여 흐름 속에서 신협운동이 가톨릭교회를 중심으로 평신도운동 흐름과 맞물려 확산했고, 군사정권 하 교회 밖 사회운동에도 일정한 역할을 수행하며 영향을 끼친 점이다. 특히 1960년대 신협운동을 중심으로 한 가톨릭 계열의 협동조합운동은 반공 이데올로기가 횡행하는 박정희 군사정권 하에서 자주적이고 민주적인 대중 기반을 만들어내고, 각 교구·지역 단위로 가노청과 가농 등이 조직될 수 있는 토대가 되었다는 점에서 큰 의미가 있다.

4. 청주교구의 지역사회 개발사업과 협동조합운동

청주교구에 파견된 메리놀 선교사들은 지역민의 삶의 조건 형성과 개선을 위해 선진 지역사회 개발방식을 도입했다. 1960년대 초 충북 지역에 파견된 메리놀회 회원들은 가난한 신자·주민을 위한 구호물자 지급 등 단순 구호사업에서 벗어나 체계적인 농촌사회 지역개발을 위해 청주교구 내 각 본당 단위에서 농촌개발운동과 신협운동을 적극적으로 전개했다.

1960년대 장호원성당의 안길모(W. V. Ahearn) 신부, 옥천본당의 하 빈첸시오(V. F. Hoffman) 신부, 보은본당 백영제 제랄도 신부(G. J. Farrell), 단양본당의 엄 다니엘(Daniel Charbineau) 신부, 황간본당의 허 요셉(J. R. Herbert) 신부 등이 추진한 농촌개발운동과 협동조합운동이 대표적이었다. (김소남 2023, 54~70)

1963년 7월 장호원성당 안길모 신부는 부임 직후 관내 한 독농가(篤農

家)[*]가 밀·보리를 성공적으로 3배 증산하자 그를 방문했다. 8월 안길모 신부는 본당·공소 신자를 대상으로 밀·보리 3배 증산 교습을 실시하며 농촌개발운동을 전개했다. 1964년 옥천본당 하 빈첸시오(V. F. Hoffman) 신부는 농촌소득 증대운동의 일환으로 낙농사업을 추진했다. 하 빈첸시오 신부는 본당 신자를 중심으로 농민조합을 조직하게 하여, 조합원 7~8명에게 암소 한 마리씩을 무상으로 지원했다. 1964년 8월 보은본당 백 제랄도 신부(G. J. Farrell)는 '남부3군 지역개발협의회'를 통해 신협 소개 교육을 진행했고, 1966년 3월 보은성당에서 보은신협이 창립(3.24)되는 데 기여했다. 또한 랜드레이스 돼지 22두를 들여와 영세농가가 사육토록 하는 등 양돈사업을 통한 농촌소득 증대운동을 전개했다.(천주교 청주교구 보은 사도의 모후성당 2005, 84~88) 1965년 단양성당 엄 다니엘(Daniel Charbineau) 신부는 본당 신자들이 단양신협을 설립하도록 추동했다. 1967년 그는 영세농이 닭·염소 사육을 통한 농촌소득 증대사업을 전개하도록 '다니엘축산협동조합'을 결성했고, 제천 베론의 농민에게 소대부[**]를 통해 한우사육을 지원하면서 소득증대운동을 추진했다.

1968년 11월 영동성당의 계성식 알베르토(A. Rauchorst) 신부와 황간성당의 함 제랄드 신부, 보은성당의 백 제랄도 신부 등은 영동 지역의 체계적 농촌개발운동을 위해 관할 지역 농민을 대상으로 축산개발의 필요성과 교회개발사업 방향에 관한 기초조사를 실시했다. 당시 기초조사를 통해 농가소득 향상 방안으로 유축농업을 제시했고, 농민도 양돈·양계·한우 사육 등을 희망했다. 1969년 3월 영동·황간·옥천·보은·청산 지역 사제와 농민은 농촌소득 증대사업을 전개하기 위해 영동 지역에 삼오(三五)양돈 협동조합을

---

[*] 농사를 열심히 짓는 착실한 농부나 그런 집.
[**] 적은 액수의 돈을 빌려주는 것.

설립했다. 삼오양돈 협동조합은 사육기술 개발·보급과 질병의 예방·치료 지도, 사료공급과 판로 개척 등을 위해 노력했다. 1969년 4월 미국 캘리포니아와 충남 국립축산시험장에서 종돈 100두를 구입해 조합원에게 70두를 분양하고 30두는 종돈장에서 사육토록 했다. 1973년 8월 삼오양돈 협동조합은 가농·충북양돈조합 후원 아래 사료 공동구입과 양돈품종 개량·개발 등을 추진하기 위해 한국양돈협동조합연합회를 창립했다.

메리놀 선교사들은 협동조합운동에도 적극적으로 참여했다. 1962년 11월 영동군 황간성당에서 허 요셉 신부는 신자 71명이 참여한 황간신협을 창립 (11.27)토록 추동하면서 충북 지역에서 신협운동이 본격 시작되는 데 산파 역할을 했다. 1963년 황간신협 신협운동에 자극받아 제천성당의 이심(李心) 야고보 신부(J. H. Ray)는 신자였던 김준영·염윤석 등과 함께 협동조합 운동을 전개하기로 뜻을 모았다. 1964년 3월 이심 신부와 남천동성당 신자들은 협동교육연구원 교육을 수료하고 제천예수성심신협을 창립했다. 괴산성당 하 빈첸시오(V. F. Hoffman) 신부는 아성공소 신자를 주축으로 '농민조합'을 만들고 괴산신협 창립을 추동했다. 1964년 3월 하 신부 후임으로 부임한 괴산성당 오 라이문도(R. Obarowski) 신부가 괴산신협을 창립했다.

1964년 3월 단양성당의 엄 다니엘 신부는 본당 신자를 중심으로 단양가축신협을 설립했고, 1967년 영세농이 닭·염소 사육을 통한 농촌소득 증대와 협동정신을 고양토록 '다니엘축산협동조합'을 결성했다. 1964년 8월 옥천성당 하 빈첸시오 신부는 협동교육연구원을 초청해 신자들이 협동조합 교육을 받고 옥천신협을 창립하도록 추동했다. 이처럼 1963~1964년 증평·장호원·괴산·제천·옥천·서운동·내덕동·음성·단양·보은성당 등에서 천주교회를 기반으로 신협이 창립되고 협동조합운동이 전개됐다. 1964년 3월 황간·매괴·증평·무극·음성·제천·성심·단양 등 9개 신협 임원들이 청주 내덕동

성당에 모여 신협연합회 충북지부(후에 충북지구평의회)를 출범시켰다. •

1967년 괴산성당에 부임한 클라이드 데이비스(이하 장제남) 신부는 충북
지역에서 메리놀회 회원들이 전개한 농촌개발운동·협동조합운동의 기반
위에 육성우(育成牛) 사업을 중심으로 지역사회 개발사업을 추진했다.
1968년 1월 장제남 신부는 괴산군 소수면 입암리에서 신협 충북지구평의
회의 주요 임원과 괴산성당 사도회 임원 등의 참여하에 괴산가축사양협동
조합을 창립했다. 장제남 신부는 메리놀외방선교회와 가톨릭구제회의 지
원을 받아 소수면 입암리와 고마리에 중앙목장(1968)과 고마목장(1969)을
세웠다. 또한 감물면 백양리에 백양목장(1971), 감물면 매전리에 매전목장
(1973), 장연면 방곡리에 방곡목장(1974), 감물면 오성리에 오성목장(1975)
등을 연이어 설립했다. 1974년 8월 장 신부는 축산사업을 중심으로 한 농
촌개발운동과 협동조합운동의 적극적인 추진을 위해 청주교구로부터 독립
하도록 괴산가축사양조합을 재단법인 충북육우개발협회로 전환했으며,
중앙목장에 농민교육원을 설립했다.

괴산가축사양조합은 크게 세 가지 방향으로 부락개발운동과 협동조합운
동을 전개했다. 첫째, 미국산 종모우들을 들여와 한우 암소와 교배해 경영능
력이 우수한 육우를 생산하는 육성우 사업을 전개했다. 둘째, 목장 소재 농
촌마을과 인근 마을에 사육했던 육우를 대부하고 가축신협을 창립해서 이
를 통해 농촌개발운동·협동조합운동을 전개토록 추동했다. 셋째, 농민교육
원의 설치를 통해 농민들을 의식화시키고 농민 주도의 협동조합운동을 전
개하는 농민지도자를 육성코자 했다.

• 1960년대 신협 충북지구평의회가 주도한 신협운동은 몇 가지 특징이 있었다. 첫째, 메리놀회 신부들의 적극적
인 추동에 따라 천주교회를 기반으로 신협이 설립되고 평신도들이 중심이 되어 운영되었다. 둘째, 영동신협의
한백용과 제천신협의 김준영 등이 적극적인 활동(1966)을 전개하고 신협 충북지구평의회에 상근 교도원(1968)
을 두고 성모신협의 손영배·김상익이 활동하면서 1960년대 말 충북 지역의 신협운동은 크게 확산·발전됐다.

제3절 강화 심도직물 사건

1. 사건의 배경

1960년대 강화 지역에는 강화읍을 중심으로 약 25개의 직물공장이 있었다.* 심도직물은 약 1,200여 명이 일하는 강화 지역에서 가장 큰 사업장이었다. 직물공장에 종사하는 대다수 노동자는 초등학교를 졸업한 어린 여공이었다. 어린 여공들은 12시간씩 또는 교대 없이 24시간을 일하기도 했다. 이처럼 장시간 노동에다 노동 환경까지 열악하여 이 공장에서는 폐결핵 환자가 많이 발생했다.

1965년 9월 강화성당에 부임한 강화성당 전 미카엘 신부(이하 전 신부)**는 강화 직물공장 노동자들의 현실을 목격하면서 강화성당에 JOC를 조직하기로 결심했다. 전 신부는 박성종 JOC 전국 지도신부를 찾아가 강화성당에 JOC를 조직하기 위해 지원을 요청했다. 이에 박성종 신부는 서울북부 JOC 회장 송옥자를 강화성당 JOC 지도투사로 파견했다. 그 결과 1966년 8월, 심도직물, 상호직물, 이화직물, 그리스도왕 의원 간호사 등 12명의 JOC 회원이 배출되었다. 강화성당에서 운영하는 '그리스도왕 의원'에서 일하는 메리놀수녀회 회원 문 요안나, 로렌스 수녀도 JOC 회합에 참여하며 회원들의 활동을 적극적으로 지원했다. 강화 JOC는 1년여의 준비 과정을 거쳐 1967년 5월 14일, 전국섬유노조 심도직물 분회(분회장: 함덕주)를 결성했다.

노동조합에 가입하겠다는 가입원서를 몰래 받았어요. 가입원서 받으러 우리

---

* '강화도'라는 섬 지역에서 직물산업이 발달한 것은 일제 강점기부터였다. 일제는 군수물자인 직물산업을 의도적으로 육성하기 위해 '강화직물조합'을 설립하고 생산을 지원했다. 해방 이후에도 강화 직물산업은 계속 유지되었다.
** 전 미카엘(Michel Bransfield, 1929~1989). 미국 메리놀외방전교회 신부, 1959년 사제서품 후 외국인 선교사로 인천교구에서 주임 신부로 활동, 강화성당 재임 시 농장을 지어 양돈사업과 발전기 설치 등 강화 지역개발사업에 많은 기여를 했다.

가 찾아갔지. JOC 멤버들이 여성 노동자들 가정을 다 방문해서 1:1로 받아왔어요. 그거를 우리가 아마 한 달은 더 했을 거야. …… 수녀님들이 자리를 내줘서 거기서 노동조합 결성식을 했어요. 노동조합 하면서 회사 측과 강하게 부딪혔죠. 부당노동행위가 엄청 쌨거든요. (송옥자 인터뷰 2014. 12. 4)

회사 측은 노조가 결성되자마자 함 분회장을 끌어내리고 회사 측 입장을 대변하는 박부양을 새 분회장으로 선출하게 했다. 그러나 박부양 분회장은 전 신부와 JOC 회원들을 만나면서 사측 대신 노동조합 편에 섰다. 심도직물에 이어 12월, 상호직물에 노조가 결성되었고 이화직물과 몇 곳에서 노조 결성 움직임이 생겨나기 시작했다. 이러한 분위기에서 강화직물업자들은 각 사업장에서 노조가 결성되는 것을 차단하기 위해 각 사업장의 JOC 회원들을 찾아내 해고했다. •

2. 사건의 전개 과정

1968년 1월 4일, 심도직물 회사 측은 박부양 분회장을 해고했다. 1월 7일 강화성당에서 350여 명의 조합원이 모여 대책 논의와 집회를 시도하자 경찰은 이를 '불법 집회'로 몰아 5명의 조합원을 연행했다. 이후에도 30여 명의 JOC 회원이 강화 경찰서에서 조사를 받았다. 당일 오후 심도직물 소유주인 국회의원 김재소와 경찰서장 등은 성당 사제관에 들이닥쳤다. 이들은 전 신부에게 '노조를 선동하고 기업운영에 간섭하며, 무식한 노동자들에게 불온한 사상을 주입했다'면서 피해보상을 요구하며 전 신부를 협박했다.(《가톨릭시보》 1968. 1. 21) 당시 전 신부의 비서 서인수가 국회의원 김재소와 강

• 1967년 12월 상호직물의 분회장인 JOC 회원 최항준 등 14명이, 이화직물에 다니는 JOC 회원 2명이 해고되었다. (한상욱 2022, 119)

화경찰서장이 전 신부를 위협하는 상황을 녹음했다. 이로 인해 사건의 진상이 밝혀질 수 있었다.

심도직물 사측은 '천주교 전 미카엘 신부의 부당한 간섭으로 공장운영관리가 마비되었으므로 무기 휴업함'이라는 공고를 붙이고 공장을 폐쇄했다. 1월 8일 강화도 21개 직물업자협의회는 '천주교 JOC 회원은 하인(何人)을 막론하고 앞으로는 고용하지 않겠다'는 결의문을 발표했다. 강화직물업자들은 전 신부에게 '노동조합 위원장 행세를 하지 말고 성직자로 돌아가라', '사상적으로 의심할 바가 있으며 물러가지 않으면 우리 업자 전원은 휴업도 불사한다', '위선자의 가면을 벗어라' 등 6개 항에 걸쳐 전 신부와 JOC를 맹비난했다.

1월 10일 심도직물 사측은 150여 명의 구사대를 동원 성당에 난입하고 사제관을 포위했다. 23명의 대표단이 사제관 응접실에 들어가 전 신부를 둘러싸고 2시간 동안 소란을 피웠다. 이들은 전 미카엘 신부에게 '공장 폐쇄에 대한 책임과 피해액을 보상할 것'을 요구하며 심도직물 노조에서 활동한 JOC 회원 김해룡, 정순자, 윤기준, 박상립, 김명숙을 연행했다. 그리고 이들은 전 신부를 강화 경찰서로 데려가 위협하고, 심도직물 사장실로도 데려가 협박한 후 전 신부가 '회사 측에 사과하였다'고 왜곡하고 주변에 선전했다. (민주화운동기념사업회 오픈아카이브 00479598) 그러나 전 신부는 심도직물 사측에 사과한 적이 없었다. 회사 측이 전 신부를 경찰서와 회사 사무실로 강제로 데려가 고립시키고 한국어에 익숙하지 않은 전 신부를 모함했던 것이다.

1월 11일 회사 측은 종업원 150여 명을 회사 2층 강당에 집합시켜 어용노조를 결성하고 새로운 분회장을 뽑은 뒤 50여 명의 JOC 회원과 가족들을 포함 90명의 조합원에게 노조활동을 하지 않겠다는 각서를 강제로 받았다. 그리고 '전 신부가 사과를 했다'며 공장문을 다시 열었다.

심도직물 사측의 노조탄압과 전 신부에 대한 반공법 적용 운운하는 협

전 신부 협박을 보도한 《가톨릭시보》

박 소식을 전해 들은 인천교구와 JOC 전국본부는 1월 13일 나 주교가 참석한 가운데 대책위를 열었다. 이 위원회에는 박성종 JOC 전국 지도신부, 강의선 인천교구 JOC 지도신부, 서강대 산업교육연구원장 박영기 교수, 인천산업선교회 조승혁 목사 등이 참여했다. 나 주교는 심도직물 사태에 대해 전국 주교회의에 보고하고 대책도 세웠다.

전 신부는 1월 17일《가톨릭시보》와 가진 인터뷰(《가톨릭시보》1968.1.28)를 통해 "공장이란 곳도 인간을 위해서 생긴 것이다. 부당하게 일하면서 인권을 침해당해서는 안 된다. 종교의 역할은 사회정의 구현이며 시궁창에 연꽃이 피듯 사회 속에 뛰어들어 정화하는 것"이라면서 인권을 유린하는 억압과 폭력, 사회악을 더는 방관하지 않겠다는 입장을 분명히 밝혔다.

1월 21일 강화직물 사측과 인천교구 대책위는 경기도 경찰국장실에서 협상을 진행했는데 사측이 가톨릭교회에 대한 공개 사과를 거부하며 협상이 결렬되었다. 《가톨릭시보》는 1968년 1월 28일자 사설에서 "노동자의 권익은 옹호되어야 하며 사회정의 실현은 교회의 임무"라면서, 전 신부를 공산주의자로 왜곡한 경찰서장의 망발과 김재소 국회의원의 행위를 비판했다. 그리고 강화 직물업자들의 JOC 회원에 대한 고용 거부가 위헌적이라 비판했다.

1월 28일 심도직물 사건 해결을 위한 JOC 제1차 임시평의회가 열렸다.

이 회의에서 김수환 JOC 총재 주교, JOC 전국본부 박성종 신부, 각 교구 JOC 지도신부와 강화 JOC 대표가 모여 '강화 심도직물 사건 JOC 대책위'를 구성했다. 대책위원장으로는 이진엽 JOC 전국회장을 선출했다. 대책위는 김재소 국회의원과 강화군 경찰서장에게 서신을 보내 사태 해결을 촉구했다. JOC는 해고노동자 지원 모금 운동을 결의하고 주교단 등 가톨릭 제 단체와 협력, 강화 직물업자에 보내는 메시지를 채택했다. 김수환 주교는 1월 29일 강화 성당을 방문해 JOC 투사와 해고 노동자들을 격려했다.

강화도 심도직물 사건 기념비

1월 29일 심도직물 이상기 부사장은 조합원들에게 '회사와 천주교회 사이의 오해가 풀렸으며, 전 신부는 존경할 만한 분이다'라고 발언했다. 그러나 이 발언은 교회가 심도직물노조 사건에 개입하는 것을 막기 위한 속임수였다. 교회는 2월 7일 임시 주교회의를 열고 나 주교와 김수환 JOC 총재 주교로부터 심도직물 사건에 대해 보고를 듣고 주교단 성명서 발표를 결정했다.

심도직물 사건은 주교단이 개입하며 애초 심도직물 노사가 대립하는 사건에서 강화도에 소재한 직물업체 전체와 가톨릭교회가 대립하는 사건으로 확대되었다. 교회의 사회적 역할을 중요하게 여긴 원주교구 지 주교는 전 신부에게 격려 편지를 보내 심도직물 노동자들을 지지해주었다. 각 교구 JOC는 투쟁기금을 모아 심도직물노조에 전달했다.

2월 9일 한국천주교 주교단은 「사회정의와 노동자 권익 옹호를 위한 주교단 공동성명서」를 발표했다. 주교단은 성명서에서 "노동기본권 수호, 기업주의 부당한 해고 거부, 정당한 노동운동 보장, 취업의 기회균등과 결사의 자유, 노동자 권리 보호는 국가의 의무"임을 밝히고 중앙지에 게재했다. (《가톨릭시보》 1968. 2. 11)

심도직물 사건에 대해 가톨릭교회가 적극적으로 대응하기 시작되자 강화직물협회는 2월 16일 중앙언론에 '해명서'를 발표했다. 강화직물협회는 해명서에서 "그동안 전 신부의 활동을 불순한 것으로 오인한 경솔한 처사에 대해 사과"를 표명하고 "천주교 신자 고용 거부 철회와 해고노동자 복직"을 시키겠다는 약속(민주화운동기념사업회 00479598)을 중앙일간지에 실으면서 사태는 수습단계에 들어갔다. 이 사건은 국제적으로 주목을 받았고 프랑스 가톨릭 잡지 《앵포르마숑, 가톨릭 앵때르나쇼날》에 보도되었다. (《가톨릭시보》 1968. 3. 11)

강화 심도직물 사건은 JOC운동이 현장에 기반한 노동자 대중운동으로 변화하는 계기가 되었다. 초기 JOC운동이 봉사활동과 교회 울타리 안에서 이루어진 활동이라면 심도직물 사건은 노동조합 준비 과정에서 노조 결성, 해고, 복직까지 JOC가 교회와 연대해 문제 해결의 주체가 되어 대중적 노동운동을 전개했다는 점에서 진전된 것이었다. 동시에 가톨릭교회는 심도직물 사건을 통해 노동자 권리의 중요성을 인식하고 교회의 사회적 역할을 자각할 수 있었다.

제2부
교회의 민중 현실 자각과
반독재운동 시작

◆ 제1장 ◆
유신체제 수립과 긴급조치 발령

1971년 4월 박 정권은 대선에서 승리하자 반공 이데올로기에 기반한 장기집권 구상을 구체화하기 시작했다. 박 정권은 1972년 10월 17일 국회를 해산하고 모든 정당 활동을 중단시켰다. 이로 인해 탱크가 도심에 등장하고 대학이 문을 닫았다. 박 정권은 전국에 비상계엄령을 선포하고 10월 27일에 '조국의 평화통일을 지향하는 헌법 개정안'을 공고했다. 11월 21일 비상계엄령 아래 실시된 국민투표에서 투표율 91.9%, 찬성률 91.5%로 유신헌법을 통과시켰다. 12월 23일, 장충체육관에서 2,359명의 대의원으로 구성된 통일주체국민회의는 박정희를 99.92%의 지지로 제8대 대통령으로 선출했다. 이로써 유신체제와 거대한 절대권력이 탄생했다.

유신헌법은 박정희 일인 독재를 뒷받침하는 헌법이었다. 대통령 선거제도를 직선제에서 간선제로 바꾸고 대통령에게 긴급조치권과 국회해산권이라는 초법적 권한을 부여했다. 대통령이 국회의원 정수의 3분의 1에 해당하는 의원과 법관 임명권을 갖게 했다. 통일주체국민회의는 대통령 선출 권한을 가졌고 대통령이 추천한 국회의원 후보자에 대해 가부(可否) 찬반투표만 했다. 이는 여당이 자동으로 3분의 2 의석을 차지하는 구조였다. 유신헌법 발효로 입법부와 사법부가 무력화되고 대통령 1인에게 모든 권력이 집중되었다. 긴급조치는 대통령이 반대파를 억누르고 국민의 기본권을 박탈하는 무소불위의 수단으로 활용되었다.

유신 정권은 사회문화적으로 국민을 순치하고 새마을운동으로 10월 유신 이념을 보급하는 등 국민동원체제를 강화하고자 했다. 노동권도 심각하게 침해했다. 외국인 투자기업은 노조를 결성할 수 없게 했고, 단체교섭권과 단체행동권도 원천 봉쇄했다. 유신 정권은 공장마다 새마을 분임조를 만들고 새마을 연수원에 노동자를 동원해 유신 이데올로기를 주입하고 정신교육을 시행했다. 언론도 통제하거나 길들였다. 광고 탄압으로 언론을 옥죄었고 비판적 언론인을 대량 해고했다. 이 와중에도 유신을 찬양한 조선일보에는 '코리아나 호텔 건설 특혜'를 제공했다. 중앙정보부는 언론사에 보도지침을 하달했다. 유신 정권은 문화와 표현의 자유를 허용하지 않았다. 유신 정권은 대중가요에도 관여하며 금지곡을 양산했고 현실 비판적인 문화예술인을 격리했다. 이로써 유신 통치이념인 '조국 근대화론'과 '반공주의'가 국민을 지배하는 이데올로기가 되었다.

◆ 제2장 ◆
민주화운동

제1절 민중운동

1970년대 초 박정희 정권이 추진한 경제개발정책에 따른 성장 이면에는 노동자들의 저임금과 농민들의 저곡가로 상징되는 피폐한 민중의 삶이 있었다. 개발이익은 자본가가 독점했다. 수출지상주의는 노동자의 저임금과 장시간 노동 착취를 정당화했다. 압축 성장의 후유증은 이농(離農) 급증과 급격한 도시화로 빚어진 주거, 빈민층 증가, 실업, 빈부격차로 인한 민중 생존권 문제 등의 형태로 나타났다. 이 시기의 사회 문제를 상징적으로 보여주는 두 가지 사례가 청년 노동자 전태일의 분신 사망 사건과 광주대단지 사건이었다.

1970년 11월 13일, 평화시장 재단사 전태일이 근로기준법 준수를 외치며 분신했다. 이 사건으로 그동안 침묵했던 지식인과 종교인, 학생운동 세력이 노동자의 참혹한 삶과 민중 현실에 눈을 뜨고 본격적으로 연대하기 시작했다. 전태일의 분신은 최소한의 인간다운 삶마저 부정당한 채 누구에게도 호소할 길 없던 노동자의 처지를 한국사회에 고발하려 한 극단적 저항 사례였다.

그의 분신으로 1970년 11월 청계피복노조가 결성되었고 이 지역 영세사업장 노동자들을 지켜주는 보루가 되면서 '노동 현장 민주화'의 싹을 틔울 수 있었다. 그의 죽음으로 다수의 대학생이 노동 현실에 눈 뜨면서 노동 현장에 투신하거나 노동조합 실무자로 참여하기 시작했다. 종교계도 노동자 의식화 교육과 노조 민주화를 뒷받침하는 활동을 시작했다.

1960년대 박정희 정권이 대도시 중심의 수출주도형 산업화를 추진하면서 이농민이 급증했다. 도시로 갓 전입한 이농민 다수는 영세상인이나 행상·노점상, 일용직 노동자 등과 같이 전근대적 도시 서비스 부문에 종사하거나 불완전취업 상태의 상대적 과잉노동력 형태로 존재하면서 도시빈민층을 형성했다. 특히 이농민이 대거 몰린 서울에는 노후 불량주택이 대거 밀집한 대규모 무허가 판자촌이 시내 곳곳에 조성되면서 이농민과 도시빈민층 주거공간으로 자리 잡았다. 서울시는 이들 무허가 판자촌을 도시 환경미화와 토지의 효율적 활용을 저해하고 사회 불안세력·소외집단의 대규모 거주지로 간주했다. 서울시는 각종 규제·단속 시행을 통해 불법 건축·무단 토지점유로 형성된 무허가 판자촌을 철거하려 시도했다. 서울시는 판자촌 철거민 대책으로 집단이주 방안에 주목했다. 그 결과 입안한 것이 경기도 광주군 중부면 일대에 '주택단지 경영사업'이라 불린 서울시의 광주대단지 개발계획이었다. 그러나 이 계획은 서울시의 약속 불이행, 정권의 무능과 부패로 대규모 민중 저항을 초래했다.

광주대단지 사건은 전매입주자로 구성된 중하층 주민의 조직적 대응과 최하위 빈곤층의 즉흥적 대응 두 단계로 나뉘어 전개됐다. 전매입주자층을 대표하는 투쟁위원회가 주민의 실력행사를 주도했으나 진행 과정에서 극빈층의 생존권 투쟁이 우발적으로 결합하며 대규모 주민 항거로 이어졌다. 광주대단지 사건은 판자촌 철거민도 자신의 작은 힘을 모으면 최소한의 생존권을 확보할 수 있음을 보여주었다. 이를 계기로 1974년 청계천 변과 송정동 주민 시위, 1977년 영동 철거민 사건, 1979년 해방촌 주민 농성 사건 등 철거반대 투쟁으로 이어졌다. 또한 진보적 지식인과 종교인이 빈민 문제에 관심을 갖고 본격적으로 현장에 투신하는 계기가 되었다.

제2절 학생과 지식인 운동

유신체제가 출범하자 각 대학에서 학생 시위가 끊이지 않았다. 이에 유신 정권은 중앙정보부를 통해 김대중을 납치하고, 전국적인 반유신 투쟁을 진압하기 위해 1974년 1월 긴급조치를 공포하기에 이른다. 긴급조치는 "대한민국 헌법을 부정, 반대, 왜곡 또는 비방하는 일체 행위를 금하고" 반유신 운동을 허용하지 않아 계엄령과 다름없었다. 유신 정권은 긴급조치를 위반하면 영장 없이 누구나 체포, 구금하고 압수 수색했다. 재판은 민간이 아니라 비상군법회의가 맡았다.

유신 정권은 '개헌 청원 100만 서명운동'이 확산하자 긴급조치 1, 2호를 발동했다. 이어 '전국민주청년학생 총연맹' 결성과 시위를 빌미로 긴급조치 4호를 발동했고 8·15 대통령 암살미수 사건 직후엔 긴급조치 5호를 발동했다. 긴급조치 발동에도 유신반대운동이 확산하자 박정희 정권은 1975년 1월 22일 특별 담화를 통해 유신헌법에 대한 찬반과 대통령에 대한 국민의 신임 여부를 묻기 위한 국민투표를 실시했다. 국민은 이 투표에서 유신헌법을 지지했다. 유신 정권은 국민투표 이후 일시 유화책을 폈으나 고려대에서 시위가 일어나자 긴급조치 7호를 발동하며 다시 탄압 기조로 돌아섰다.

1975년 4월에 남베트남 정부가 붕괴하고 서울대 김상진 열사 죽음 이후 대학가에서 시위가 확산하자 긴급조치 9호를 발동했다. 긴급조치 9호가 발동되면서 헌법을 부정하거나 비방하는 행위, 사전허가를 받지 않은 집회,

시위가 금지되었고 이를 위반할 경우 사법 심사 대상이 되었다. 헌법 개정에 대한 청원 자체를 금지했고 권력자에 저항하는 사람은 누구나 영장 없이 체포, 구금하면서 국민의 기본권을 무시했다. 긴급조치 9호 이후 남북 양측이 1인 지배체제를 확립한 유신헌법, 사회주의 헌법 채택 이후 남북 간 대화가 사실상 중단되고 긴장이 고조되었다.

유신헌법에 따른 긴급조치가 계속되는 동안 이에 저항한 학생, 교수, 정치인, 종교인 등 모두 1,400여 명이 투옥되었다.

◆ 제3장 ◆
천주교 민주화운동

제1절 민중 현실의 자각과 연대의 출발

1. 삥땅 사건

1) 삥땅 사건과 삥땅 심포지움

1970년 봄, 안젤라라는 세례명을 가진 서울 시내버스 여차장이 한국노사문제연구소를 방문했다. 그는 박청산 연구소 소장에게 버스 여차장이 손님에게서 받은 요금 일부를 차주 몰래 호주머니에 감추는 오래된 관행인 이른바 '삥땅'을 하지 않으면 살아갈 수 없는 현실과 죄의식 때문에 교회에 나가지 못하는 자신의 처지를 호소했다.(《조선일보》 1970. 4. 29) 이 삥땅 사건은 '삥땅 심포지움'으로 이어지며 한국사회에서 시내버스 여차장의 노동 현실을 중요한 사회 문제로 제기하는 계기가 되었다.(김소남 2017, 148~151)

저는 올해 19세인 서울 시내 버스에 종사하는 여차장입니다. 저는 18시간이라는 노동에 허덕이고 있습니다만 굳세게 살고 있습니다. 그 힘을 저는 일하는 날 얻어지는 300원씩의 부수입에 의지하고 있습니다. 그것을 저희들 세계에서 '삥땅'이라고 부릅니다. 그러므로 저는 매일 죄의식에 사로잡혀 있습니다만 그 삥땅이 없으면 살아갈 수도 없습니다. 그러나 저에게는 견딜 수 없는 고민이 있습니다. 매일같이 죄를 저지르면서는 도저히 교회에 나갈 수 없기 때문입니다. 저는 영원히 교회와 등져야 합니까? 저는 정말 죄인입니까?(《매일경제》 1970. 4. 29)

당시 연구소장 박청산은 안젤라의 곤혹스러운 질문에 바로 답변을 못하고 일주일 정도 지나서 보자며 돌려보냈다. 그는 제일교회 박형규 목사를 찾아가 안젤라 여차장 문제를 이야기하고 죄의 성립 여부에 대해 문의했다. 박형규 목사는 곤혹스러워하며 여차장의 삥땅이라는 것이 죄가 되는지 아닌지 판단을 명확히 내리지 못했다. 박 소장은 다시 가톨릭노동청년회를 찾아가 이 문제를 논의했다. 당시 가톨릭노동청년회는 원주교구 지 주교를 찾아가 문의토록 제안했다. 이에 박청산 소장은 원주에 가서 지 주교를 만나 안젤라 여차장 문제를 이야기하고 죄 성립 여부에 대해 질의했다. 당시 지 주교는 한동안 고민 끝에 박 소장에게 여차장 삥땅은 죄가 되지 않으니 그녀가 교회에 나갈 수 있다고 답변했다. (지학순정의평화기금 2000, 99~101)

박청산 소장은 이를 계기로 안젤라 여차장의 삥땅 문제를 여차장의 인권 문제이자 사회보장 문제 등 중요한 사회 문제로 여기고 여론 환기를 위해 심포지움을 준비했다. 1970년 4월 28일 서울YMCA에서 '버스 여차장의 삥땅에 관한 심포지움'이 한국노사문제연구소와 천주교 원주교구, 서울시내버스노조와 YMCA 등 6개 종교 사회단체 주관으로 열렸다.(《경향신문》 1970. 4. 29;《가톨릭시보》 1970. 5. 3)

당시 심포지움에서 버스 여차장의 노동 현실이 적나라하게 드러났다. 당시 버스 여차장들은 전국적으로 약 2만 명에 달했고 서울 시내에만 약 9,000여 명이 있었는데, 약 70%에 이르는 이들 대부분이 지방에서 상경한

심포지움에서 버스 여차장의 삥땅은 죄가 되지 않는다고 발언하는 지학순 주교

17~19세의 미성년 여성이었다. 이들은 지난 30일 쟁의 결과 올랐다는 월급이 사흘에 하루씩 쉬는 비번 날을 빼고 나면 하루 540원씩 총 10,800원이었으며, 한 끼에 50원씩 하는 식대를 제외하면 받는 월급이 4,000여 원밖에 되지 않는다고 호소했다.

그런데 이마저도 버스회사 사정으로 1~2개월씩 밀려 있었다. 이들 여차장은 새벽 5시부터 밤 11시 50분까지 하루에 18시간 격무에 시달렸다. 고단한 몸을 뉘일 합숙소는 10명이 자도 모자랄 방에 20명이 가로세로 쓰러져 누런 손때가 묻은 이불을 덮고 자야 하는 형편이었다. 게다가 승객이나 차주, 여감독은 이들을 색안경을 쓰고 보면서 툭하면 욕설을 퍼붓고 여차장이 종점에 도착하면 1명씩 골방으로 끌고 들어가 여감독에게 속옷까지 철저히 수색하게 했다. 한 달에 몇 번씩 기습적으로 가방 검사를 당하는 정신적 학대와 인권 유린을 당하는 노동 현실이었다. (《경향신문》 1970. 4. 29)

당시 심포지움에서 발표자들은 여차장의 삥땅은 윤리적·사회적인 면에서 없어져야 할 사회 문제이나 인권과 정의 면에서 정당방위에 해당하니 여차장에게 죄를 물을 수 없다고 보았다. 특히 1950년대 버스업자들이 종사자에게 선심으로 조금씩 집어주던 것이 삥땅으로 변질된 만큼 이를 임금의 일부로 간주해야 한다고 보았다. 이들은 여차장의 노동 현실과 인권 유린이 만연한 노동 현장에 대한 시정책으로 운수사업의 대기업화 내지 공영화, 임금 현실화, 강력한 노동조합 결성, 인권 보호에 기초한 노동 조건 개선, 삥땅 양성화 등을 제시했다. (《가톨릭시보》 1970. 5. 3; 1970. 5. 10)

1970년 4월 종교계와 시민단체들이 주도한 '버스 여차장의 삥땅에 관한 심포지움'을 통해 버스 여차장의 노동 현실과 인권 유린 등이 고발됐다. 당시 이의 개선책으로 노동조합 결성과 임금 현실화, 인권에 기반한 노동 현실 개선 필요성 등이 제시됐다. 그러나 이후 가톨릭대학 신학부 연구과에서 실시한 서울 시내 3개 버스회사 안내양을 대상으로 실시한 설문조사 (1972. 12), 전국자동차노동조합에서 실시한 전국버스 안내원 실태조사 (1975. 2)에서는 이들의 처지가 거의 개선되지 않은 것으로 나타났다.

2. 크리스챤사회행동협의체

1964년 제2차 바티칸 공의회에서 가톨릭교회는 모든 그리스도교 교파의 일치를 지향하는 「일치 운동에 관한 교령」을 채택했다. 앞서 소개한 강화 심도직물 사건에서 처음 신·구교가 협력한 이래 1969년 가톨릭과 개신교 단체가 '사회 발전과 노동 문제' 대강연회를 공동으로 개최하고 김수환 추기경과 강원용 목사가 양측 대표로 강연하면서 에큐메니컬운동이 본격화되었다. 이러한 흐름 속에서 1971년 9월 '크리스챤행동협의체'(이하 행동협)●가 정식 발족했다. 행동협은 '그리스도와 함께 사회정의실현을 위하여 일하는 가톨릭과 프로테스탄트의 청년, 학생, 노동자와 도시산업선교단체'●●로 구성되었다. 행동협은 성명서에서 "조국 근대화라는 미명하에 이루어진 자본주의 체제의 시행착오로 말미암아 국가적 위기에 봉착하고 있

● 크리스챤사회행동협의체는 천주교에서 박홍 신부(1대), 지학순 주교(6대), 김승훈 신부(7대)가 이사장을 역임했으며 박상래 신부가 초대 운영위원장을 맡았다. JOC 전국본부 이창복 회장이 4대, 5대 총무를 했다. 1972년에 운영위원으로 가톨릭에서는 정양숙, 윤순녀, 김어상, 김준기가 참여했다. '행동협'은 1973년 3월 에큐메니칼 현대선교협의체로, 1975년 한국교회사회선교협의체로 개칭했다.
●● 크리스챤사회행동협의체에 가입한 가톨릭 단체는 JOC, PAX(가톨릭 대학생회), 안양근로자회관, 대한가톨릭지성인단체연합회, 가톨릭노동장년회, 서울대교구 산업사목위원회, 대한가톨릭지성인단체연합회, 가톨릭노동장년회, 서울대교구 산업사목위원회였다.

다"고 박정희 시대를 규정했다. 행동협은 "특히 노동자와 가난한 서민의 민주 의식 개발을 위하여 광범위하고 실제적인 교육운동, 합법적 민권투쟁"을 운동 목표로 정했다.(민주화운동기념사업회 오픈아카이브 00076406)

행동협은 발족 직후 개최된 '사회정의실현 촉진대회'의 '선언문'을 통해 박정희 정권의 "극악무도한 부정과 불의와 부패를 규탄하는 원주교구 행동을 적극 지지하고 이에 참여할 것"과 "억압받는 민중의 편에서 사회정의 실현을 위해 싸워나갈 것"을 결의하고 공포정치 중단을 촉구했다.(민주화운동기념사업회 오픈아카이브 00841955) 1971년 행동협은 "청계천 철거민 이주대책 수립, 미국 민권운동가 알린스키 초청강연회, 신진자동차 노사분규 사건, 원주교구 부정부패일소운동, 신·구교 성직자 사회정의 캠페인, 영창산업 노사분규 개입과 해고자 복직 활동, 수도권 도시선교위원회 준비 활동 지원, 행동협 소속 실무자 훈련, 사회정의실현 서울 성직자 투쟁위원회 조직"(민주화운동기념사업회 오픈아카이브 00102487)을 통해 민중운동에 뛰어들었다. • 원주교구의 부정부패 추방운동이 연일 거세지면서 1971년 10월 8일 행동협에 참여하는 신부와 목사들이 이에 동조하는 '침묵시위'를 벌였다. 신·구교 성직자 26명은 가톨릭 학생관에서 열린 사회정의 실현 촉진 기도회에서 이사장 박홍 신부의 미사 집전과 박형규 목사의 특별기도 이후 '부정부패 일소, 사회정의 실현'을 쓴 천 띠를 목에 두르고 가두시위를 벌였다.(《가톨릭시보》 1971. 10. 17) 행동협은 '부정부패 추방 사회정의구현 운동'을 범교회적으로 전개하기로 하고 원주교구의 '사회정의를 위한 투쟁위원회'와 연대했다.

지 주교는 행동협 주최 사회정의실현 세미나에 참석해 "한국의 농어민, 노동자들은 정부의 시행착오적 중농정책으로 비참한 현실에 놓여 있음"을 지

• 크리스찬행동협의체는 1971년 하반기 두 차례 세미나를 거쳐 신·구교 성직자 70명이 참여한 투쟁위원회를 조직했다.

적하고, '소수 특권층의 부정부패 행위'를 비판했다. (《가톨릭시보》 1971. 10. 24)

1972년 말 크리스챤사회행동협의체 액션 보고서에 따르면 '노동사회 개혁을 위한 활동'으로 태광산업노조, 동대문지역 주방장, 호텔종업원, 분식센타 조리사, 종합청사식당 종업원 조직 등 1,643명의 조합원을 조직했다. 행동협은 인천, 영등포, 서울 성동지역 노동자 686명을 대상으로 노동교육을 진행했고 노동조합 지도자훈련, 황영환 부당해고 사건, 한국모방 퇴직금 문제, 태광산업 부당노동행위, 평화시장 노동자를 위한 '평화교실'을 지원했다. 그리고 CBS 기독교방송에 '주간노동계 동향 방송프로그램' 뉴스에서 노동 문제를 사회적으로 알리는 언론홍보 역할도 담당했다. 행동협은 노동 문제뿐 아니라 회원 단체 활동가를 대상으로 '스텝 트레이닝(Step Training)'과 도시선교를 위한 조직가 훈련(Organizer Training)을 실시했다. (민주화운동기념사업회 오픈아카이브 00102842)

1972년 7월 행동협은 '대화의 모임'에서 '신·구교의 연합전선 형성의 문제'(민주화운동기념사업회 오픈아카이브, 00110230)를 논의하고 각 교단의 분산된 운동을 극복하고, 에큐메니컬운동(Ecumenical Movement)으로 힘을 모아 박정희 체제와 투쟁해야 한다는 원칙을 세웠다.

1972년 10월 유신헌법 제정 이후 에큐메니컬 현대선교협의체 주최로 '교회와 인권' 연합예배를 개최했다. 이 자리에서 김수환 추기경은 "유신헌법 개정과 평화적 정권교체, 노동자 투쟁을 법으로 보장할 것"을 요구하고 1973년 「한국인권선언」을 채택했다. (민주화운동기념사업회 오픈아카이브 00480476) 행동협은 1974년 9월에도 신·구교 연합 기도회를 열어 유신체제 폐지를 주장했다. 이 일로 이창복, 조승혁, 손학규 등 크리스챤행동협의체 실무자들이 중정에 연행되었다. (한국기독교교회협의회 인권위원회 1987, 172~173)

크리스챤사회행동협의체는 신·구교의 진보적 성직자와 단체들이 연대전선을 구축하고 1970년대 민중운동 현장에 직접 뛰어들며 민주화운동의 구심 역할을 했다. 이후 행동협은 1975년 2월, 한국교회사회선교협의체(이하 사선)로 개칭했다. 1976년 이후 사선은 천주교에서 지 주교와 김병상 신부, 김승훈 신부, 김영신 신부, 최기식 신부,● 평신도는 JOC 회장 이창복, 정인숙, 이경심, 김봉순, 가톨릭농민회의 이길재 등 핵심 활동가들이 참여했다. 사선은 사회선교 세미나 등과 정책협의, 특강, 신·구교 연합 미사 등을 통해 노동 문제에 관여하고 민주화와 인권운동에 참여했다. 사선은 1977년 성수동 인선사 유령노조 사건, 남영나이론, 아리아 악기, 태평특수, 노동자 구속 사건, 방림방적 임금 문제, 동일방직노조, YH노조, 해태제과 여성노동자 폭력 사건, 함평 고구마 사건, 오원춘 사건 등을 지원했다. 신·구교 연합운동은 교회 상층부와 JOC, 산선, 가톨릭농민회 등 기층조직이 참여하면서 1970년대 후반까지 유신체제에 대한 주요한 저항 주체로 나섰다.

제2절 반독재운동의 시작과 운동의 구심 형성

1. 김수환 추기경과 시국선언

김수환 주교는 마산교구장 시절 가톨릭노동청년회 총재 주교 자격으로 강화 심도직물 사건(1967~1968)에 적극적으로 관여했다. 그는 1968년 2월 9일 주교단 명의로 「노동자들과 사회정의, 인권을 위한 공식 성명」을 발표할 때도 주도적인 역할을 했다. (김수환 1996, 30~31)

● 최기식 신부는 1943년 강원도 횡성에서 최양업 신부 직계 후손으로 가톨릭 집안에서 태어났다. 세례명은 베네딕토다. 1971년 9월 그는 원동성당에서 지학순 주교에게 사제서품을 받고 학성동성당에서 주임 신부로 사목을 시작했다. 1973년 9월 그는 지 주교 권유로 유학을 준비했다. 그러나 1974년 초 민청학련사건으로 지 주교가 구속되면서 유학 준비를 포기하고 신현봉 신부 등과 함께 지 주교 석방운동에 적극적으로 뛰어들었다. 최기식 신부는 정의구현전국사제단 창립·활동에서 핵심 역할을 했고, 전태일 열사 추도예배 (1974. 11)와 민주회복을 위한 기도회(1974. 12) 등 1970년대 민주화운동에 적극적으로 참여했다.

추기경 서임식에서 김수환 추기경

　그의 노동 문제에 대한 관심은 마산교구장에서 서울대교구장으로의 전보(轉補), 추기경 서임 후에도 계속되었다. 그의 이러한 관심은 1969년 10월 개신교와 함께 '사회 발전과 노동 문제 대강연회'를 주최하고 가톨릭을 대표하여 강연자로 나서는 등의 모습으로 나타났다. 두 교파가 노동자들의 인권 문제에 한목소리를 내면 사회적 영향력도 클 수 있을 것이라는 생각으로 개최한 이 행사는 청중이 시민회관 1, 2층을 모두 메울 정도로 성황이었다. 이 행사를 주최한 가톨릭, 개신교 10개 단체는 행사 후「노동 문제에 대한 공동 결의문」을 발표했다. (이충렬 2016, 361~363)

　1970년 1월 서울대교구는 노동 문제와 노동 환경 개선을 전담할 기구를 구상하고 이 기구를 책임질 인물을 물색하기 시작했다. 1년여 준비 끝에 서울대교구청에서 도시산업사목연구회를 발족하고 위원장에 살레시오회 도요안(John. F. Trisolini) 신부를 임명했다. (이충렬 2016, 368~369) 이 기구의 출범은 그가 평소 한국사회의 최약자인 노동자의 인권과 노동 조건을 개선하는 일이 교회가 우선 책임져야 할 일이라는 소신에서 비롯한 것이었다. 이러한 관심은 1970년 11월 13일 청년 노동자 전태일 분신 사건 직후 성모병원 관계자들에게 부속 산업재해병원을 설립하는 문제를 검토하게 하고,

12월 25일 성탄 대미사 때 당시 빈발하던 인명 사고가 한국사회에 만연한 물질주의적 가치관 때문임을 강조하는 강론(이충렬 2016, 373~375), 1971년 새해 아침「400만 근로자에게 보내는 신년 메시지」등으로 이어졌다.(김수환 추기경 전집 편찬위원회 2001, 318~319)

1) 최초의 시국선언

그의 관심은 노동 문제에 그치지 않았다. 노동 문제에서 시작된 관심은 한국사회 전반에 만연한 부정부패, 인권 침해, 빈부격차, 일인 독재로 치닫고 있는 정치 문제로까지 이어졌다. 그의 이러한 관심의 동기와 배경은 다음 그의 글에서 잘 드러난다.

> 70년대가 어떤 시대였는지는 김지하 시인의 시,「오적(五賊)」과「비어(蜚語)」가 잘 말해준다. …… 오적이란 재벌, 정치인, 고급 공무원, 장성, 장차관을 가리킨 것이다. …… 당시는 언론자유가 극도로 제한되었고 언론계와 학원, 노동계와 종교계가 정보 사찰 대상이 되었으며 수없이 많은 사람이 당국, 특히 중앙정보부에 임의 연행되어 감옥살이까지 하는 고초를 겪어야 했다. 70년 10월에 일어난 노동자 전태일 군 분신자살 사건은 이 시대 노동자들의 처우가 얼마나 열악하였는지, 노동 3권이 얼마나 침해되고 있었는지 잘 말해준다.(김수환 1996, 30)

이러한 상황임에도 박정희 정권이 문제를 해결하기는커녕 일인 독재체제를 구축하는 일에만 몰두하자 그는 종교 지도자의 한 사람으로서 정부 여당과 박정희 대통령에게 비록 성명서 형식이긴 하지만 문제를 제기하고자 결심했다. 이에 1971년 4월 27일로 예정된 대통령 선거 일주일을 앞두고 발표할 가톨릭교회 역사상 최초의 시국 성명을 준비하게 되었다. 이 성명은 당시 정치 상황, 세계적으로 주목받는 위치에 있는 가톨릭교회의 추기경, 한국천주교회 수장이라는 그의 위치 때문에, 무엇보다 선거 일주일을 앞두고 투표에 큰 영향을 줄 수 있는 일이었다. 그만큼 정부 여당, 중앙정보부가 가만히 두고 보지 않을 일이었다.(김병도 2007, 58~60)

1971년 4월 10일 김 추기경은 서울대교구 홍보국장이자 비서실장인 김병도 신부와 평신도 지성인 몇 명을 불러 이 문서의 준비를 위임하고 15일 첫 준비 회의를 주재했다. 이날 참석자들은 '나라와 민족의 앞날을 위해 대통령 선거가 공명정대하게 치러질 수 있도록 김 추기경이 교회 최고지도자로서 전 국민에게 한마디 당부 말씀을 하는 것이 좋겠다'는 데 의견이 일치했다. 4월 19일 제2차 준비회의에서는 문안을 확정하고 발표일을 21일 10시로 정했다.(김병도 2007, 61~63)

1971년 4월 20일 각 신문사에 성명서 발표 소식을 알리자 각 언론사에 파견되어 기자들을 감시하고 보도내용을 검열하던 정보부원들이 이를 먼저 정부 여당과 중앙정보부에 알리는 바람에 교회 안팎에서 이를 저지하기 위한 움직임이 나타났다. 당일 오후 3시쯤부터 이효상을 비롯해 공화당 중진급 신자 정치인, 국회의원들이 성명서 발표를 막기 위해 교구 본부로 몰려왔다. 청와대에서도 기자회견을 만류했다. 은퇴한 노기남 대주교는 직접 상경했다. 그의 대구교구 사제시절 교구장이던 서정길 대주교는 장거리 전화로 김 추기경에게 발표를 만류했다. 청와대 정무 비서관 홍성철도 김창석 신부를 대동하여 교구 본부로 찾아와 발표를 만류했다.(김병도 2007, 64)

김 추기경은 이에 굴하지 않고 1971년 4월 21일 이미 인쇄한 성명서를 밤새 손수 고치고 내용과 표현을 더 부드럽게 다듬었다. 하지만 교회 안팎에서 그에게 가하는 압력이 너무 커지자 기자회견을 무기 연기하기로 결정했다. 그러다 그날 오후 순교복자수녀회 본원에서 만난 지 주교의 지지와 격려를 받고 다시 마음을 굳혀 4월 22일 오전 10시에 발표하기로 했다. 다만 전날의 경험을 토대로 기자회견 소식을 미리 언론에 알리면 정부 여당, 정보기관에서 열기도 전에 막는 것을 염려해 기자들이 조언한 대로 회견 30분 전에 통보했다. 마침내 1971년 4월 22일 아침 국내 주요 언론사, 해외 통신사, 라디오와 텔레비전 기자들 앞에서 김병도, 김몽은 신부 배석하에 성명서를 낭독했다. (김병도 2007, 65~68)

그는 이 성명서에서 정부 여당을 비롯해 국민에게 크게 세 가지를 제안했다. "첫째, 정치인은 공명정대하게 총선에 임할 것. 둘째, 가톨릭교회는 국가 안위에 지대한 관심을 갖고 초당적 입장에서 총선 과정의 자유 공정 여부를 예의 주시할 것. 셋째, 차기 정권 담당자는 인간 존엄성과 사회정의에 입각하여 모든 국민의 소망인 의롭고 명랑한 국가사회와 국민총화를 이루기 위해 시정에 일대 혁신 조치를 취할 것" 등이었다. (김병도 2007, 74~75)

내용이나 주장의 강도(强度) 면에서 볼 때 비교적 부드러운 편에 속했던 이 성명을 놓고 "교회 안에서 진보와 보수 두 경향으로 갈렸다. 사회참여를 지지하는 측과 반대하는 측이 맞섰다. 일부 성직자와 신자, 특히 여당 정치인은 이를 못마땅해하고 심하게 비난하였으나 대부분의 신자와 가톨릭 저널리스트 클럽 회원은 발언을 적극 지지하였다."(김병도 2007, 69)

김 추기경은 한국천주교회 최초의 이 시국선언을 시작으로, 1971년 성탄 미사 강론, 1972년 8월 15일 시국 성명서에서는 일인 독재체제 구축을 노골화하는 박정희 정권을 직접 비판했다. 그의 이 비판으로 성모병원이 당국의 세무 사찰을 받았다. (김수환 1996, 31~32)

2) 성탄절 강론

김 추기경의 충고와 대학생, 재야의 격렬한 반대 움직임에도 박정희는 1971년 12월 6일 청와대에서 국가안전보장회의와 국무회의를 연달아 소집하고 7일 일인 독재체제 구축을 위해 국가비상사태를 선언했다. 정부 시책을 국가안보 최우선주의로 전환하는 이 선언은 1년 뒤 등장할 유신체제를 예고하는 것이었다.(김병도 2007, 104~105) 12월 22일에는 공화당이 비상사태에 대한 법적 근거를 마련하고 비상사태 아래서 대통령에게 광범위한 비상대권을 부여하는 전문 12조 부칙으로 된 '국가안보에 관한 특별 조치법'을 국회에 제출하고 야당에 처리를 압박했다.

김 추기경은 사태가 이렇게 흘러가고 일인 독재체제 구축 의도가 분명해지자 대통령에게 뭐라도 충고해야 한다는 의무감을 느꼈다. 이에 그는 성명서 발표 형식은 첫 번째 발표 때처럼 소동이 일어날 수 있고 사전에 정보기관의 제지도 있을 수 있어 성탄 때 관례적으로 텔레비전 중계를 하는 자정 미사를 이용하기로 했다. 강론 때 미리 준비한 원고를 읽다 중간에 하고 싶은 말을 하고 다시 원고로 돌아오는 방식이었다. 그는 마음을 굳히고 사실 확인차 이날 오후 동두천을 방문할 때 박정희 최측근인 공화당 의원이자 천주교 군종후원회 회장 장덕진 의원을 만나 '비상대권' 요구가 박정희 자신의 의지임을 확인했다.(이충렬 2014, 384~385; 김병도 2007, 107)

마침내 그는 성탄 자정 미사에서 미리 준비한 강론을 읽다 중간에 200자 원고지 10장 분량의 발언을 이어갔다. 다시 원고로 돌아가고 있었는데 강론이 끝날 무렵 중계석 모니터용 텔레비전 화면이 꺼졌다.(김병도 2007, 109) "박 대통령이 이 중계를 보고 있다가 대노(大怒)하여 방송국에 전화를 걸어 중지를 명령했기 때문이다. 그러나 이미 강론의 주요 부분은 다 나간 상태였다. 이 일로 KBS 프로그램 담당자는 직위 해제되었다."(김수환 1996, 31) 다음은 강론의 개요다.

우리는 누구나 우리의 고질적 부패와 사회불안의 심원이 현재의 부조리한 권력과 금력의 정치 체제에 있다는 것을 알고 있다. 여기에 진실로 과감한 혁신이 없으면 부정부패 일소는 도저히 기대할 수 없다. 국민 대중과 영세민들의 생활 향상은 기대할 수 없다. …… 만일 현재의 사회 부조리를 극복하지 못하면, 또한 만일 문제 해결을 힘이나 인간 기본권을 무시하는 강압적 수단에서만 찾는다면 우리나라는 독재 아니면 폭력 혁명이란 양자택일의 기막힌 운명에 직면할지 모른다. …… 보위법이 이 시기에 과연 국민총화를 이룩하는데 도움을 준다고 믿는가? 이는 국민의 양심적인 외침을 막기 위해서인가? 이 법이 국난 극복에 도움을 주기보다 파국으로 몰고 갈 염려가 없지 않다. (명동천주교회 1984, 83~88)

이 강론을 막지 못해 중앙정보부에서 큰 소동이 있었고 그를 조사해 처벌해야 한다는 주장도 제기되었는데, 우연히 일어난 대연각 호텔 화재로 정부의 관심이 온통 이 사건에 쏠려 조사를 받지 않을 수 있었다. (김병도 2007, 117)

3) 광복절 시국 메시지

1971년 12월 한국 주교단은 정기 총회를 열고 1972년을 '정의와 평화의 해'로 선포하고, 주교회의 '사회정의추진위원회' 결의에 따라 1972년 1월 2일 명동성당에서 평화의 날 미사를 봉헌하고 미사 끝 무렵에 주교단 공동선언을 발표하기로 결정했다. 사회정의촉진위원회 위원장으로 김 추기경을 추대했다. (이충렬 2014, 383~384)

이 결정에 따라 1972년 1월 2일 오후 7시 11명의 주교와 다수 성직자와 평신도가 참석한 가운데 미사를 봉헌했고 끝 무렵에 주교단 공동선언을 발표했다. (명동천주교회 1984, 92) 주교단 선언에서는 1967년 6월 30일 한국 주교단이 공동선언한 '우리의 사회 신조'를 재강조하고, 교회의 사회정의에 관한 교리에 입각해 인간 존엄성과 인간의 권리를 제시했다. (명동천주교회 1984, 94)

김 추기경은 1971년부터 드러나기 시작해 1972년 전반기에 노골화된 장기집권 음모, 그리고 이의 연장에서 이뤄진 7·4 남북공동성명 발표의 본질을 폭로하고 싶어했다. 그리하여 마침내 8월 15일 「현 시국에 부치는 메시지」를 발표했다. 다음은 메시지 요약이다.

1971년에 변칙 통과시킨 보위법, 예측 불능 상태에서 발표된 7·4 남북공동성명과 8·3조치 등은 현 정권의 국가운영 방향을 가늠할 수 없는 비정상적 정치이고, 국민을 우롱하며 독주하는 태도이다. 7·4 성명의 진의는 남북 집권자들의 정권 연장을 위한 권력 정치의 술수, 부수적인 남북 합의도 정치적 복선이 깔려 있는 술수인 것처럼 보인다. 정보 차단을 통한 정당한 언로의 자유 제약, 일방적 복종을 강요하는 정부 정책을 따를 수 없다.(명동천주교회 1984, 94~99)

그는 한편으로는 서울대교구에서 뜻을 같이하는 사제, 평신도와 함께 시국 문제 해법을 찾기 위해 고민했고 그 결과를 성명서, 메시지 형태로 발표했다. 가능하면 선언에 그치지 않고 구체적으로 효력을 발휘할 수 있는 조치가 될 수 있기를 바랐다. 다른 한편으로는 주교단 안에서 뜻을 같이하는 주교들과 함께 시국에 대한 문제의식을 공유하고 식별 결과를 신자들 더 나아가 국민에게 알리고자 했다. 당연히 그의 이런 노력은 정부, 교회 내 반대에 부딪혔다. 특히 정부 비판은 교회 활동에 대한 정부의 감시와 제재로 이어졌다.

2. 원주교구의 부정부패 추방운동과 지역사회 개발운동

1) 부정부패 추방운동

1961년 5·16쿠테타로 정권을 잡은 박정희는 국가재건최고회의 의장이 되자마자 5·16 장학재단 설립을 계획했다. 1962년 박정희 정권은 부산 지역 기업인 김지태 삼화그룹 사장을 부정축재자로 몰아 구속했고, 부산일보·부산문화방송 주식 100%, 부산 서면 일대 금싸라기 땅 10만 평, 부일장학회 경영권을 국가에 헌납하는 조건으로 그를 석방했다. 당시 국가권력이 강탈했던 김지태의 재산을 기반으로 5·16 장학회가 설립됐다. 박정희 측근인 대구사범 동창들과 친인척이 5·16 장학회를 장악했다.

1969년 지학순 주교는 일찍이 로마 유학 시 유럽 매스컴의 위력을 실감하고 천주교회 사회참여의 중요 방안이 될 방송국을 설립하고자 했다. 당시 지역 문화방송 허가권을 갖고 있던 5·16 장학회는 원주교구에 원주MBC를 공동으로 설립하자고 제안했다. 당시 방송국 설립에는 총 3,000만 원이 든다고 했다. 이에 지 주교는 1970년 9월 원주교구가 1,700만 원을 투자해 원주가톨릭센터에 원주MBC를 개국(9.10)하고 지역 라디오 방송을 시작했다. 초대 사장은 박정희 정권이 임명한 이양호였다.(《가톨릭시보》1971. 10. 17; 무위당사람들 2022, 88~90)

1970년 11월 필리핀에서 개최된 아시아 주교회의에 참석한 지 주교는 여러 나라 사제들과 만나 대화하면서 원주교구에 방송국을 설립했고, 이를 위해 한국 MBC 본사에 10만 달러를 투자했다고 말했다. 필리핀 신부들은 10만 달러면 라디오 방송국 2개를 설립할 수 있는 금액이라고 했다. 지 주교는 이에 의문을 품고 귀국하자마자 원주MBC에 회계장부 열람을 요구했다. 그러나 원주MBC 측에서는 그의 요구를 무시했다. 지 주교는 서울MBC 본사로 찾아가 사장 면담을 요청했다. 그러나 사장 면담 요청도 거부되었다.

원주교구는 외부에 원주MBC에 대한 회계감사를 의뢰했다. 그 결과 원주MBC가 원주교구가 투자한 자본으로만 설립됐고, MBC 본사에서 투자했다는 자본금 납입이 전혀 이루어지지 않았음이 드러났다. 300만 원 넘는 돈이 7개월 동안 방송과 관련이 없는 곳에 유용되었다는 사실도 밝혀졌다. 원주교구는 즉각 청와대에 진정서를 제출했다. 청와대 답신에는 5·16 장학회가 한 푼도 유용하지 않았고, 원주교구에서 계속 항의하면 천주교 지분을 다른 종교단체에 팔아넘기겠다는 내용이 들어 있었다. 또한 방송국 설립을 위해 원주교구가 외국에서 원조를 받은 10만 달러가 정부에 미신고 됐음으로 지학순 주교를 외환관리법 위반으로 구속할 수 있다는 협박성 내용도 들어 있었다. (무위당사람들 2022, 91~92)

지 주교는 장일순·김영주·김지하 등과 함께 박정희 정권의 부정부패와 운영 농단을 직시하고 억울한 주민들을 대표해 천주교회가 일어서도록 박정희 정권의 부정부패를 규탄하는 시위를 조직했다. (허문명 2013, 157~160) 1970년 10월 5일 오후 7시 30분 원주교구 주교좌 성당인 원동성당에서 지 주교는 교구청년연합회와 본당별 청년회 핵심조직인 신우회를 중심으로 원동·단구동·학성동 세 성당 신도와 외국인 신부를 포함한 20여 명의 사제, 30여 명의 수녀 등 1,000여 명과 함께 '사회의 부정부패 일소를 위한 특별 미사'를 가졌다. 당시 지 주교는 "부정부패를 일소하고 사회정의를 실현하는데 그리스도적 양심에 따라 앞장서 행동하자"고 선언하고, 부정부패 규탄 결의문과 국민, 국회, 전국 크리스챤 전국 가톨릭 신자들에게 보내는 메시지 등을 낭독했다. (천주교 원주교구 1996, 162~166)

1970년 10월 5일 오후 9시 30분경 원주교구 사제와 신자들은 사전에 준비한 횃불 3개와 "부정부패 뿌리뽑아 사회정의 이룩하자"는 플래카드 5개를 들고 원동성당 문을 나섰다. 이는 박정희 정권하에서 일어난 천주교 최초의 대중 시위였다. 김진수 원주경찰서장과 50여 명의 기동경찰이 시위대 가두 행진을 막아섰다. 지 주교는 원주경찰서 소속 경찰들의 제지로 원동성당 안으로 돌아왔다. 돌아온 뒤 100여 명의 남성 신자들이 중심이 되어 철야 기도회를 이어갔다.

1970년 10월 6일 원주교구 400여 명의 사제와 신자들은 오전 6시 반 미

원주교구 부정부패 추방 시위 장면

사를 마치고 지 주교를 중심으로 플래카드를 내걸고 성당 정문 앞 차도까
지 진출했다. 그러나 원주경찰서 경찰기동대 제지로 1시간 반가량 경찰과
대치하다 오전 9시 10분경 재차 원동성당 안으로 밀려 들어왔다. 지 주교는
6일 오전 성명을 통해 "첫째, 부정부패를 과감히 처단해야 할 것은 국민의
여망인데 정부가 이를 외면하고 있다. 둘째, 부정부패를 일삼는 자를 공개
처단하라. 셋째, 중앙정보부를 해체하고 반공법을 폐지하라. 넷째, 저곡가,
저임금, 중소기업 도산 실업자 구제 등에 정부는 책임져라. 다섯째, 퇴폐한
저속문화를 시정하라" 등 5개 항을 요구했다. (《동아일보》 1971. 10. 6; 《조선일
보》 1971. 10. 6) 오후 1시 지 주교는 강원도경 박병훈 국장과 1시간 동안 단
독 회담을 갖고 원주교구 요구사항을 전달했으나 받아들여지지 않았다. 오
후 5시 반 서울대, 고려대, 연세대, 이화여대 등 가톨릭 신자 대학생 20여 명
이 원동성당을 방문해 원주교구 부정부패 추방운동에 동참하고 부정부패
를 성토하는 강연을 했다. 또한 민주수호연맹청년협의회 회원 2명도 원동
성당을 방문해 농성을 함께한 뒤 돌아갔다. (《동아일보》 1971. 10. 7; 《경향신
문》 1971. 10. 7; 《조선일보》 1971. 10. 8)

　1970년 10월 7일 지 주교와 신자 300여 명은 사흘째 부정부패 규탄기도

회를 열었다. 원주교구 신자 300여 명은 오후 5시 20분 원동성당에서 '사회정의를 위한 투쟁위원회'를 결성하고「사회정의를 위한 공동투쟁선언문」을 채택하고 5개 투쟁목표를 재확인했다. 당시 결성된 투쟁위원회에는 민주수호국민협의회, 민주수호청년협의회, 전국가톨릭학생연합회, 전국학생연맹, 씨알의 모임 등 7개 단체가 참여했다. 이들은 선언문에서 "현 정권은 민중을 계속 기만하는 데만 골몰하고 있다"고 주장하고 부정부패 추방, 중앙정보부 해체, 반공법 폐기 등을 거듭 촉구했다. 투쟁위원회 결성을 마친 원주교구 신자들은 오후 7시 반 특별합동 미사를 끝으로 3일간 이어진 기도회를 마치고 부정부패 추방운동을 위한 시위를 마무리했다.(《조선일보》 1971.10.8;《동아일보》1971.10.8)

1971년 10월 5일부터 3일간 천주교 원주교구에서 전개된 부정부패 추방운동을 위한 기도회와 시위를 계기로 민주수호국민협의회와 전국가톨릭학생연합회 등 7개 단체가 참여한 '사회정의를 위한 투쟁위원회'가 결성되었다. 대한가톨릭학생총연합회와 가톨릭노동청년회, 한국기독교학생회총연맹 등이 서울에서 부정부패 규탄시위와 타 교구의 부정부패 추방운동을 전개하는 데 영향을 미쳤다.(《가톨릭시보》1971.10.17) 이들은 크리스챤 사회행동협의회가 원주교구 부정부패 추방 사회정의구현운동을 범교회적 운동으로 추진하기로 결의하게 하는 데도 영향을 주었다.(《가톨릭시보》1971.10.17) 이는 또한 1971년 12월 25일 전국가톨릭 신자들에게 보내는 한국천주교 주교단의「오늘의 부조리를 극복하자」라는 공동교서 발표로 이어지면서, 한국 가톨릭교회가 한국 사회 문제에 본격적으로 발언하고 행동에 나서는 계기가 되었다.

천주교 원주교구의 부정부패 추방운동을 계기로 한국천주교회는 박정희 군사정권의 독재정치에 맞서기 시작했다. 이 사건은 민주화운동의 중요 상징으로 원주가 주목을 받기 시작하는 계기이기도 했다. 1973년 지학순

주교는 사목교서 「생활 속에서 그리스도를 찾자」를 통해 원주교구의 사목
목표를 사회정의 실천으로 정했다. 이러한 흐름은 1974년 민청학련 사건으
로 인한 지 주교의 양심선언과 천주교정의구현전국사제단 출범, 1976년 1월
원주선언 등으로 이어지면서 원주 지역이 민주화운동의 중심지 가운데 하
나가 되는 중요 계기가 되었다. (김정남 2016, 55~75)

2) 재해대책사업위원회와 남한강유역수해복구사업

1972년 8월 19일 중부지역을 중심으로 남한 전역에 집중호우가 내려 남
한강 유역에 대홍수가 발생했다. 남한강유역 대홍수로 원주교구 관내 9개
시·군과 인접 4개 시·군이 집중적으로 수해를 입었다. 원주교구 관내에서
10만의 이재민과 60여 명의 사상자 등 인명피해가 발생하자 지 주교는 즉
각 긴급구호 활동을 전개했다. 대규모 수해복구사업을 위해 세계 각국 가
톨릭 구호기관·외원기관의 자금지원을 호소했다. 특히 지 주교는 독일 가
톨릭 주교회의 외원기관인 미세레오르(Misereor)와 카리타스(Caritas)를 방
문해 자금지원을 요청했다. 1972년 9월 미세레오르 임직원 3명이 수해 실
태조사·지원 협의차 원주교구를 방문하고 참혹한 수해현장을 목격했다. 이
들은 수해현장을 둘러보면서 대규모 자금지원 필요성에 공감했다. 1972년
12월 미세레오르는 유럽 카리타스와 함께 원주교구 수해복구사업에 각각
240만 마르크와 51만 마르크 등 총 291만 마르크(약 3억 6,000만 원)의 자금
을 지원하기로 결정했다. 이는 당시 단양군 1년 예산에 해당하는 액수였
다. (김소남 2017, 137~148)

1972년 12월 지 주교는 미세레오르 원조에 기반해 남한강유역수해복구
사업을 추진하기로 결정했다. 이에 1973년 1월 지 주교는 원주교구 재해대
책사업위원회(이하 재해위)를 창설하고, 중앙위원회·집행위원회를 두었다.
중앙위원회는 위원장 주교와 사제 2명, 개신교 목사 1명, 평신도 3명, 강원

도·충북도 국장 2명 등으로 구성했다. 집행위원회는 중앙위원회 논의·결정 사항을 집행하기 위해 구성됐다. 집행위원장에 김영주 중앙위원회 위원과 상임집행위원에 이우근, 김인성, 박재일이 선임됐다. 실무진인 농촌·광산 상담원에는 학생운동가·사회운동가인 김현식·홍고광·이경국·정인재·장상 순·김헌일 등이 참여했다. 재해위는 단순한 수해복구 차원을 넘어 농민·광 부 지향의 장기적 농촌개발운동과 협동조합운동을 추진했다. 재해위는 건 국대 부설 농업문제연구소와 고려대 부설 노동문제연구소에 농촌·광산 지 역 실태조사 등을 의뢰했고, 이에 기초해 남한강유역수해복구사업 추진방 안을 마련했다. [*]

재해위는 수해 농민을 위해 식량지원사업과 전담복구사업, 부락개발사 업과 지역개발사업 등을 실시했다. 이중 재해위가 심혈을 기울인 세부 사 업은 전담복구사업과 부락개발사업이었다. 전담복구사업은 수해를 입은 1정 보 미만 영세농민을 대상으로 마련됐다. 전담복구사업은 대체로 수해를 당 한 농민의 전답을 단순히 복구하는 차원으로 추진됐다. 그러나 횡성 강림 부락과 영월 연당부락, 정선 낙천부락과 용산부락, 단양 밤수동부락 등 수 해를 입은 농민들이 농토복구를 위한 협동조직체를 구성하고 생산작목반· 농촌신협을 구성·설립을 통해 부락개발사업을 전개했다는 점에서 전담복 구사업이 중요했다.

---

[*] 건국대 부설 농업문제연구소는 1950~1960년대 주석균 등이 협업농업 양성을 주창하며 설립·운영한 한국 농업문제연구회의 흐름을 잇는 단체로, '소농의 협동화를 통한 대경영의 실현'을 내세운 김병태, 이우재 등 이 주요 연구원으로 활동했다. 1965년 창립된 고려대 부설 노동문제연구소는 1967년 10월 '정기노동교육과 정'과 1970년 1월 제1기 '정기협동교육과정'을 시작으로 노동자·농민에 대한 교육활동을 전개했으며, 1969 년부터 학술지인 《노동문제논집》의 발간과 《노동문제》·《민주농민》을 창간하는 등 당시 노동운동과 농민운 동에 적극적으로 발언하는 노동 문제 연구기관이었다. 1973년 당시 노동문제연구소의 이문영 소장, 김낙중 사무국장, 김금수·천영세 연구원 등이 재해위의 남한강유역수해복구사업 추진방안 마련에 참여했다. (김소 남 2015, 312; 김소남 2017, 458)

[표2] 1970년대 재해대책사업위원회 구성 현황

구분	성명	출생년도	학력	활동일	직책
원주출신	장일순	1928	서울대 미학과	1972.8	원주교구 사도회 회장
	김영주	1934		1972.8	집행위원회 위원장
	장상순	1937	서라벌예술대학 연영과	1973.11	한우지원사업 상담원
	이한규	1932	국민대 경제과 졸업	1973.3	상담원
	이경국	1939	중앙대 사회학과	1973.5	상담원
	김상범	1939	원주 대성고	1974.11	한우지원사업, 상담원
	박양혁	1943	단국대 법과	1975.7	상담원
	최기식	1943	가톨릭대학교 신학과	1983.11	사회사업국 국장
비원주출신	지학순	1921	로마 프로파간다대학	1972.8	중앙위원회 위원장
	김영일	1941	서울대 미술대학 미학과		원주교구 기획위원
	박재일	1938	서울대 문리대 지리학과	1973.1	지도부장, 사업2부장
	김인성	1934	대구 한남신학대학	1973.1	사업1부장, 공소사목부
	한 마리아	1939	뮌헨 공과대 농학과	1972.9	국제 교류 담당
	김현식	1939	서울대 대학원	1973.3	상담원
	홍고광	1940	서울농대 임학과	1973.5	상담원
	김헌일	1943	서울대 상대	1973.5	원주교구 교육원, 상담원
	정인재	1943	고려대 농업경제과	1973.6	상담원
	유재동	1954	파독 간호사	1979.10	벽지보건사업 담당, 상담원

(김소남 2017, 157).

부락개발사업은 재해위가 가장 중점을 둔 사업으로 농민 주도의 농촌개
발운동의 상징이자 협동조합운동 전개에 초석이 되는 사업이었다. 재해위

제2부 교회의 민중 현실 자각과 반독재운동 시작

는 원주교구교육원●을 통해 사업대상으로 선정된 농촌부락 농민지도자들을 초청해 농민교육을 실시했다. 당시 농촌·광산 지역 지도자교육과 회계실무자교육 등 교육원에서 실시한 초청 교육의 핵심은 수해 입은 농민·광부들이 농촌·광산 지역의 사회경제적 현실을 자각하도록 의식화하는 것이었다. 또한 생산협동체인 작목반 조직과 신협·구판장 설립·운영을 통해 농민·광부 주도의 농촌개발운동·협동조합운동을 전개하도록 추동하는 것이었다.

재해위는 유럽 카리타스가 지원해준 구호자금을 기반으로 수해를 입은 강원도 정선·태백 지역 광부들의 생계대책 마련을 위해 긴급구호사업·간접구호사업을 추진했다. 협동운동을 통한 자립방안 마련을 위해 장기구호사업도 전개했다. 특히 장기구호사업은 광부들의 생활에 도움이 되고 경제생활에서 자조·자주·협동을 통해 숙원사업을 해결하고 협동조합 설립·운영 등이 가능할 수 있도록 추진됐다. 장기구호사업은 국유인 장성탄광과 대형민영탄광인 동원탄좌 사북광업소 등 13개 대형·중소형 민영 탄광, 2개 도계·백운지역지부, 퇴직 광부들이 중심이 된 절골청년회와 황지재건중학교 등 2개 사회단체를 중심으로 축산사업과 국수공장사업, 노동금고, 신협·소비조합의 설립·운영 등으로 추진됐다.

● 원주교구 재해대책사업위원회가 창립된 후 남한강유역수해복구사업과 한우지원사업을 추진하고 농민·광산지도자교육과 신협회계실무자교육, 부락대표간담회 등의 제반 초청교육이 다수 실시되면서 교육원이 필요했다. 1974년 원주교구는 원주시 개운동에 있는 기숙사를 인수해 교육원으로 활용했으며, 재해대책사업위원회가 추진하는 제반 초청교육과 꾸르실료 등 각종 교육·행사가 실시됐다. 건물의 노후화와 수용 능력이 부족해짐에 따라 1978년 5월 원주 봉산동성당 안에 새 건물을 건립해 10월부터 교육 장소로 활용됐다. 봉산동 교육원은 지하 1층과 지상 2층 규모로 사무실·강의실·토의실과 100여 명 수용 가능한 숙박 시설을 갖추었다. 개운동 교육원과 봉산동 교육원은 원주교구 교육원으로써 재해대책사업위원회의 지역사회 개발운동을 위한 부락개발운동과 협동조합운동의 제반 교육이 다수 개최된 곳이었다. 이들 교육을 통해 원주교구 관내 농민·광부들이 의식화를 거쳐 자신이 몸담고 있는 농촌·광산 지역에서 협동운동을 전개하는 주도층이 됐으며, 유신체제하에서 가톨릭농민회운동과 광산 지역 노동운동의 주요 기반이 되었다.

3) 부락개발운동과 협동조합운동

1970년대 초 박정희 정권은 전국적으로 새마을가꾸기사업의 추진을 통해 얻은 성과를 바탕으로 새마을운동을 본격적으로 전개하기 시작했다. 1972년 말 유신체제를 선포한 박정희 정권은 체제 기반 마련·확충을 위해 전국적으로 국가 주도의 농촌개발운동인 새마을운동을 전개했다. 이러한 흐름 속에서 1970년대 전반 재해위는 남한강유역수해복구사업·한우지원 사업을 추진하고 3개 도 10개 군 농촌·광산 지역에서 농민·광부 주도의 부락개발운동·협동조합운동을 전개했다.(김소남 2017, 198~216)

1970년대 전반 재해위는 주로 농촌부락에서 생산작목반·부락총회 설립·운영을 통해 부락개발사업을 추진했다. 그 결과 강원도 16개 리에서 54개, 충청북도 20개 리에서 73개, 경기도 3개 리에서 8개 작목반 등 총 3개 도, 10개 군, 20개 면, 39개 리 농촌 부락에서 135개 작목반이 구성·운영됐다. 이들 작목반은 한우반·양돈반·산양반·양어장반·양잠반·약초반·마늘반 등의 74개 생산작목반과 농기계·고추건조반의 25개 협동조직체, 구판·신용조합 형태 24개, 기타 12개 등으로 구성됐다.

재해위는 서독 미세레오르 원조를 기반으로 농촌공소 또는 농촌신협이 설립 예정인 농촌부락의 무축(無畜)농가·영세농가를 중심으로 한우지원사업을 추진하면서 생산협동체 한우작목반 설립·운영을 추동했다. 1973~1975년 재해위는 매년 6~9개 농촌부락 내 무축농가 10여 호를 중심으로 한우작목반을 구성하게 했다. 그 결과 강원도 원주·원성·횡성·제천 지역에서 19개 한우작목반이 설립·운영됐다. 재해위는 이들 한우작목반에 참여한 농민들이 원주교구 교육원의 농민지도자교육 등에 참여하게 해 농민들의 의식을 각성하게 했고 한우작목반 활동과 신협·구판장 설립·운영으로 농촌부락을 협동화하도록 추동했다.

이 시기 재해위가 원주교구 관할 농촌부락을 중심으로 전개한 부락개발운동과 협동조합운동은 1970년대 후반 가톨릭농민회 원주교구연합회 창설(1978.1)과 24개 소속 가농 분회 설립에 주요한 조직기반이 되었다.

1970년대 전반 재해위는 강원도 광산 지역에서 장기구호사업을 전개했다. 재해위는 18개 광산 지역 탄광지부·지역단체를 대상으로 장기구호사업을 추진하면서 동해탄광·태영탄광·유창황지탄광 등의 탄광지부와 절골청년회·황지재건중학교가 자체 내 부업을 장려하고 협동 활동을 도모하도록 양돈·산양·한우 등의 생산협동조직체를 설립·운영토록 추동했다. 또한 재해위는 불안정한 생활조건과 고리채가 만연한 광산 지역 광부들의 사회경제 환경을 개선하기 위해 탄광지부 노조지도자들이 노동금고·광산신협을 창립·운영하도록 추동했다. 1970년대 전반 유신체제하 노동운동이 극도로 침체되고 상호불신 등이 팽배했던 광산 지역의 사회경제적 현실에서 동고·한성·어룡·광전·함태·장원·강릉 등 7개 탄광 지부는 노동금고를 설립·운영해 광부들에게 저리자금을 이용할 수 있게 했다. 재해위는 장기구호사업 초기 광산신협 설립·운영을 적극적으로 추동했다. 그러나 광산 지역 노동운동이 크게 침체하고 협동조합 운영 경험이 전혀 없었던 광산 지역에서 광산신협 설립은 어려웠다. 1973년 말 재해위의 추동과 탄광지부 내 일부 노조지도자가 결합하면서 동해·동원 탄광 지부에서 광산신협이 창립됐고, 1976년 8월 동고탄광지부에서 동고신협이 설립됐다.

재해위는 중간상인의 횡포와 생필품 구입이 쉽지 않았던 탄광지역에서 장성탄광 후생매점(1973.9)과 백운지역지부의 공동구판장(1973.12) 등을 운영토록 지원했다. 특히 1975년 재해위는 광산 지역에서 본격적으로 소비조합운동을 전개했으며, 그 결과 삼척탄좌 부녀회의 고한사택소비조합(1975.2)과 태백지역지부(태영) 부녀회의 태영소비조합(1976.4), 동고탄좌의 동고소비조합(1976.7)이 설립·운영됐다. 고한사택·태영·동고 소비조합은 광산신협의 부대(附帶) 사업으로 협동조합 원칙에 기반해 사택을 중심으로 부녀회에 의해 활발히 운영됐다. 이들 소비조합은 자산의 영세성과 출자금 증자(增資)의 어려움, 외상액 급증과 주변 상인의 방해·압력 속에서 운영됐다. 그러나 1970년대 전반 이들 광산소비조합의 운영 경험과 성과는 1970년대 후반 재해위에 의한 광산소비조합 육성사업이 추진되고 대다수 광산신협에서 소비조합을 운영하게 하는 토대가 됐다.

특히 광산 지역의 활발한 협동조합운동 전개는 1970년대 어용노조가 주류였던 광산 지역 탄광노조 내에서 민주성을 확보하거나 노동운동을 추동할 수 있는 기반이 되었다. 광산 노동자와 유리됐던 탄광노조의 민주화와 활발한 운영에도 직접 영향을 주었다. 당시 탄광노조를 중심으로 지부 내에 설립된 광산신협과 광산소비조합 운영은 광부들의 절실한 이해와 요구를 반영해 전개되었고, 광산 노동자와 그 가족들의 참여를 통해 이루어졌다. 원주교구 교육원에서 이루어진 재해위의 제반 초청교육에 탄광노조 주요 간부들과 가족 부녀자들이 적극적으로 참여하고, 이들이 노조 지부 내 광산신협·소비조합 설립·운영을 주도하면서 광산노조는 점차 민주적인 조직과 기틀을 잡아가며 1970년대 후반 탄광노조 민주화와 민주적 운영에 커다란 영향을 주었다. ●

3. 민청학련 사건과 지학순 주교 구속

1) 배경

지 주교는 1965년 원주교구 교구장에 착좌 후 교구 토대가 전혀 갖춰지

● 1970년대 유신체제하 노동자들의 2대 기본권이 크게 제약된 광산 지역 현실과 매년 30% 내외의 물가상승이 이루어지는 조건 하에서 탄광노조와 광부들은 노사 간 단체협상에서 과학적·합리적인 임금산정표를 기반으로 그 주장을 관철시키지 못하고 주먹구구식으로 임금인상을 합의하는 것이 현실이었다. 당시 재해위는 고려대 부설 노동문제연구소와 박현채 교수 등의 협조 속에 탄광지역 노조간부들이 과학적·합리적인 생산조사표와 임금대비표를 작성하도록 하고 이를 기초로 탄광노조가 광업소 측과 임금협상을 진행할 수 있게 추동했다. (김소남, 2017, 513~516)

지 않은 원주교구에 지역 평신도 인재(소위 원주 캠프의 토대가 되는)를 영입하고 이들에게 신생 교구의 기초를 닦는 일을 맡겼다. 이들 가운데 일부는 신자도 아니었다. 이러한 인적 토대가 1970년대 들어 원주에서 일어난 부정부패 추방운동, 재해대책사업위원회의 활발한 활동, 교회 운영에서 공의회 정신 실현에 토대가 되었다.● 이를 지속시킨 동력은 지 주교의 리더십, 그의 공의회적 사고와 그가 직접 동원한 해외원조였다. 특히 해외원조는 이러한 인재들이 생계를 영위할 수 있는 물질적 토대가 되었다.●● 당시 원주교구는 신생 교구인 데다 가난한 지역이라 모든 것이 미자립 상태여서 교구 운영비를 지 주교가 끌어온 해외원조에 대부분 의존해야 했다. 이러한 조건이 역설적으로 지 주교가 교구 경계를 넘어 민주화운동을 벌일 수 있게 도왔다.

이런 원주와 원주교구 분위기의 영향을 받아 1970년대 초반 원주에는 지 주교와 장일순을 따르는 유능한 젊은이들이 모여들어 재야 민주 세력의 구심이 형성되었다. 원주가 이렇게 된 데는 "대학 졸업 후 부모님이 사시는 원주로 내려와 원주가톨릭센터 기획위원으로 일하며 지 주교와 장일순을 도와 서울의 민주인사들과 교류하던 김지하의 역할도 컸다. 지 주교는 김

● "내가 학성동에 왔을 때, 평신도와 신부, 수녀가 함께 모여 회의를 하고, 본당의 운영계획이나 발전 기획을 함께 짜면서 해나가고 있었어요. 전임 신부님은 골롬반 외국 신부였는데, 그때만 해도 신부가 직원 한두 명과 전담 봉사자(전례, 성가, 신심 단체 등) 몇 명을 두고 교회를 운영하는 모습이었지요. 미국의 성당 운영은 지금도 그래요. 그런데 내가 왔을 때 모습은 전혀 다른 거지요. 모두가 주교님 오시고 변화돼가는 모습이었다 싶어요. 공의회 바람이라고 이해는 했지요. 교구 사목회(1969.12)도 부녀회도 막 시작할 때였고요. 4~5년 동안 당시에 있었던 일들, 교구청 상서국 신설, 신용조합 도입, 학교, 병원 설립, 교구청(주교관), 가톨릭센터 건립, 방송국 유치, 10개의 본당을 더 늘리면서 어떻게 그 많은 일이 가능했을까? 주교의 능력과 신부들의 협력이라 말할 수도 있으나 평신도들의 힘이 절대적이었다는 것엔 다른 여지가 없지요. 공의회 정신 그 가르침을 완전 이해하고 실천한 것이라고도 보고요."(무위당사람들 2022a)
●● 지 주교가 동원한 해외자금은 안면이 있는 구미 지역, 일본 주교들이 개인적으로 챙겨 준 후원금, 신자들의 지정 기탁 등으로 마련되었다. 일례로 김지하는 10년 동안 수감생활을 했음에도 원주교구 기획실 직원 자격으로 매달 월급을 받은 경우를 들 수 있다. 김정남도 지 주교를 알고 난 1975년 이후 매달 10만 원을 활동비로 받았다. (김정남·한인섭 2020, 121~122)

지하가 이러한 역할을 할 수 있도록 교구 직원으로 채용해 생계 문제를 해결해주었다. 원주가톨릭센터 준공 이후 교구를 대표해 발표해야 할 성명서와 문서를 제대로 작성할 수 있는 사람이 필요하기도 했다. 지 주교는 이 일을 김지하에 맡겼다."(김영주 2018)

제2차 바티칸 공의회는 교회일치운동을 강조했다. 공의회에 참석하고 돌아온 한국 주교들은 이 연장에서 종교 간 대화 운동에 적극적으로 참여하기 시작했다. 이는 주로 각 종단의 고위 성직자, 전문가들 간 종교 대화가 중심인 활동이었다. 한편 1960년대 말부터는 교회일치운동이 산업선교 영역으로 확장되었다. 지 주교는 공의회에서 돌아온 이후부터 원주 지역에서 교회일치운동을 벌이는 한편으로 노동, 사회 영역에서 개신교회와 연대했다. 1970년대 들어서는 크리스챤사회선교협의회에도 참여했다. 지 주교의 이러한 활동과 이를 뒷받침하는 생각은 그가 사제 시절부터 가지고 있던 것인데 공의회가 그의 이런 생각에 정당성을 부여했다.(《가톨릭시보》 1964.9.7)

무엇보다 유신 정권이 민청학련 사건으로 엮어 지 주교를 구속하게 된 큰 원인 가운데 하나는 그가 1970년대 초부터 원주교구에서 주도한 반독재 활동 때문이었다. 유신 정권이 불온시하는 재야인사들과의 교류와 지원, 정수장학회가 장악한 원주MBC의 비리 폭로와 부정부패 반대 시위, 재해대책사업을 통한 농민·광부들의 자조 자립 활동 지원, 교구 안팎을 넘나들며 쏟아낸 정권 비판 발언 등이 이러한 사례들이었다. 당시 지 주교를 도와 원주교구 사무국장으로 일했던 김영주는 이를 다음과 같이 증언했다.

이제야 비로소 말하지만 민청학련 사건이 있기 전에 박 정권이 일망타진의 대상으로 삼은 것은 무위당 선생을 주축으로 한 원주 캠프였다. 박정희 독재 정권은 원주를 인혁당 같은 방식으로 엮어 원주의 민주화 진영 세력을 뿌리째 뽑아버리려고 했다. 정보부에서 지목한 인물은 지학순, 장일순, 김지하,

이창복, 나 이렇게 다섯 명이었다. (김영주 2018)

2) 전개 과정

유신 정권은 1974년 4월 3일 밤 10시 대통령 긴급조치 제4호를 공포했다. 유신 정권은 민청학련이라는 가공의 단체를 조작해 유신 반독재 투쟁을 주도하던 학생운동 지도자와 종교계, 학계 인사늘을 국가변란 및 공산혁명 획책 혐의로 대거 구속했다. 지 주교가 배후 인물 가운데 한 명으로 지목되었다. 지 주교가 김지하를 통해 민청학련 활동 자금을 제공했다는 혐의였다. 유신 정권은 이 조작 사건으로 구속된 학생과 민주인사들에게 사형 등 중형을 선고했다.

이러한 상황이라 지 주교의 귀국 후 신변 안전을 장담할 수 없었다. 당시 지 주교는 교회 일로 해외 순방 중이었다. 1974년 7월 6일 해외 순방을 마치고 오후 4시 43분 CPA기●편으로 김포공항에 도착한 지 주교는 즉시 모처(남산 중앙정보부)로 연행되었다. 이날 공항에는 신현봉 신부를 비롯해 원주교구 관계자, 주교회의 관계자, 김수환 추기경이 보낸 교회 인사 등 30여 명이 지 주교를 영접하기 위해 나와 있었다. (김병도 2007, 139) 이들 중 다수가 비행기 트랙에서 내리는 지 주교를 목격했다. 그런데 도착한 지 3시간이

● 케세이 퍼시픽 항공(Cathay Pacific Airline). 홍콩 항공사로 1946년에 창설되었다. 1959년 9월 11일 서울-타이페이 간 정기노선을 개설했다. 국적 항공사로는 대한국민항공사가 1964년 3월 17일 서울-오사카 노선에 처음 취항했다. 대한항공공사에서 제트기를 도입함에 따라 1968년 7월 25일부터 서울-도쿄(동경) 노선이, 1969년 10월부터는 서울-오사카-타이페이-홍콩-사이공-방콕 노선에 주 3회 취항이 시작되었다. 대한항공은 1971년 4월 26일 서울-도쿄-LA를 연결하는 왕복 정기 화물편을 주 3회 운항을 개시했다. 1979년 서울-LA 무착륙 직항 여객편이 개설되기 선까시는 미주와 유럽으로 나가는 모든 항공편이 동경을 경유했다. 국가기록원, 「김포국제공항, 세계로 날다」, 「민항공 체제」 참조. 노스웨스트 항공(Northwest Airline)은 1947년 7월 15일 처음 우리나라에 취항했다. 당시 96석짜리 DC-4 항공기로 서울을 연결하면서 서울-동경-알류산 열도-앵커리지-에드먼턴-미니애폴리스까지 4번을 갈아타는 주 3회 정기노선을 운영했다. (《조선일보》 2008. 10. 31) 당시 항공 기술로는 장거리 여행이 불가해 여러 나라를 경유해야 했다. 특히 한국에서 외국으로 나가는 경우는 반드시 동경을 경유해야 했다. 일본 가톨릭교회가 한국 민주화운동의 주요 정보통로로 역할을 하게 된 것은 이러한 사정과 관련이 있다.

지났음에도 지 주교 행방이 묘연했다. 탑승객이 모두 공항을 빠져나갔음에도 지 주교가 나타나지 않자 공항에 나간 이들은 사방으로 수소문해 지 주교가 공항을 떠났다는 사실을 확인했다.

그렇지 않아도 이날 오전 지 주교를 맞으러 가기 위해 서울대교구청 홍보국장실에 미리 와 있던 원주교구 신부 몇 명과 서울대교구 홍보국장 김병도 신부는 지 주교가 귀국 후 구속이나 가택연금이 될 것 같다고 걱정한 바 있었다. (김병도 2007, 139) 김수환 추기경도 이 사태를 예견했다.

> 지 주교가 도착하는 날 사람을 비행장에 보냈다. 트랙에서 내리는 것까지 봤는데 어느새 그만 행방불명이 되었다. 그런 일이 있을까 봐 사람을 보냈는데 정말 일이 벌어진 것이었다. (김수환 1996, 37)

유신 정권은 지 주교를 구금(拘禁)하고도 이 사실을 교회 관계자 아무에게도 알려주지 않았다. 혐의 사실도 확인해주지 않았다. 그래서 다음 날인 7일 변호사 노병준이 구금과 관련한 법률관계를 확인하고 지 주교 행방을 정부 측에 문의하기로 했다. 이날 오후 6시 명동대성당 지하 성당에서는 JOC 주최로 지 주교를 위한 기도회가 열렸다. 원주교구에서도 사무국장 양대석 신부 이름으로 교구 관내 본당들에 공문을 띄워 이날부터 지 주교를 위한 기도회를 시작했다.

1974년 7월 8일 중앙정보부 차장 김재규가 김 추기경을 예방해 지 주교 연행 사실을 통보했다. 그의 안내로 김 추기경이 중앙정보부를 방문해 지 주교를 면회했다. 김 추기경은 지 주교와 면담 후 주교회의 상임위원회를 소집하고 9일까지 회의를 계속했다. 7월 9일에는 김재규의 안내로 박정희도 만났다.

지 주교를 만나고 온 뒤 우리는 그 대처 방안에 관한 회의를 하고 있었는데, 김재규가 다시 와서 대통령과 면담을 제안해왔다. 주교들의 의견을 물어보았더니 찬반이 정확하게 같은 수였다. 결국 나의 의견에 따라 결정이 나게 되었다. 고민 끝에 내가 김재규의 제안을 받아들이겠다고 해서 대통령 면담이 이루어졌다. …… 1시간 반 정도 대화를 나누었는데, 그 이후에도 몇 번 대통령과 대화를 나눌 기회가 있었시만 그때 나눈 이야기가 가장 대화다운 대화였다고 기억한다. 이때 박 대통령은 시국에 관하여 자기 나름의 생각을 나에게 이야기하고 나는 나대로 내 생각을 이야기하면서 서로가 서로의 말을 경청하는 분위기 속에서 주고받는 대화였다. 박 대통령이 문제로 삼은 것은 다음 세 가지였다. 첫째는 종교 또는 교회의 역할은 무엇이냐는 것이고, 둘째는 언론자유 문제, 셋째는 노동 문제에 교회가 왜 관여하느냐는 것이었다. (김수환 1996, 37)

1974년 7월 10일 김 추기경은 박정희와 면담 후 주교회의를 소집했다. 오후 6시에는 전국 6개 교구(서울, 원주, 인천, 전주, 수원, 청주)의 주교, 사제, 수도자와 평신도 1,500여 명이 명동성당에 모여 지 주교 문제 해결을 위한 기도회를 열었다. 이 기도회에서 주교단은 성명서 「지학순 주교에 관하여」를 발표했다. 이 성명서에서 주교단은 "지 주교님의 양심적 술회를 의심할 수 없습니다. 뿐만 아니라 우리 주교단은 지 주교님과 같이 우리나라가 참으로 훌륭한 국가 민족이 되기 위해서는 이 나라가 정의로운 나라가 되어야 한다는 데 완전히 뜻을 같이하며 이를 가르치고 증진하는 것은 바로 주교들의 의무로 자각하고 있습니다"라며 지 주교를 옹호했다. (한국천주교주교회의 한국가톨릭사목연구소 2019, 93~95) 기도회를 마치고 성직자, 수도자 400여 명이 오후 8시 30분부터 성모동굴 앞에서 철야 기도에 들어갔다. 이들이 철야 기도를 하고 있을 때인 10시 10분경 김 추기경이 지 주교를 동반하고 명동성당에 도착했다.

이때 지 주교의 주거는 명동성당 뒤편 샬트르 성바오로수녀회 본원으로 제한되었다. (김병도 2007, 142~143) 몸이 많이 쇠약해진 지 주교는 며칠 후 후암동에 사는 동생 지학삼의 집으로 거처를 옮겼다가 기관원 감시가 심해 다시 명동 성모병원에 입원했다. (김영주 2018) 수녀원에서 지내는 동안 지 병인 당뇨가 악화하자 유신 당국은 7월 15일 치료 명목으로 지 주교를 명동 성모병원 621호에 연금했던 것이다. 이는 김 추기경이 지 주교 건강을 염려 해 당국에 건의해 이루어진 조치였다.

그러나 유신 당국은 약속과 달리 지 주교가 입원한 병실에 정보부 요원 한두 명을 상시 배치해 감시했다. 명동대성당 주변에는 형사와 기관원들을 배치해 성당에 드나드는 신자들에게 공포 분위기를 조성했다. 지 주교가 병원에 입원하던 이날 비상보통군법회의는 지 주교에 대한 재판이 7월 23일 오전 9시에 있을 것임을 통보했다. 7월 16일 전달된 지 주교의 공소 요지는 다음과 같았다.

죄명 가. 대통령긴급조치 위반, 나. 내란 선동
적용법조: 대통령긴급조치 제1호, 제5,1,2 대통령긴급조치 제4호 제4항 전
단, 1항 형법 제90조 2항, 동 제90조 1항, 동 제87조 동 제37조, 동 제38조, 동
제40조. (외교부공개문서 Re-0022-01/6656, 00000076)

지 주교가 병원에 연금된 상황에서 수녀장상연합회는 1974년 7월 21일 19개 수녀회 600여 명의 수녀를 참여시킨 가운데 명동성당에서 지 주교를 위한 특별 기도회를 열었다. 마침 이날은 지 주교의 본명축일이기도 해서 원주교구 신자와 수도자 100여 명이 축하를 위해 지 주교 병실 앞에 와 있 었다. 이날부터 지 주교가 양심선언을 하는 23일까지 3일간 전개된 상황은

군법회의 '판결문'에 다음과 같이 상세히 기록돼 있다.

7월 21일 양심선언문 2부 작성 후 오전 9시경 같은 장소(성모병원 병실)에서 임광규 변호사와 접견하고 영문으로 번역하여 타자해달라고 의뢰하면서 동 선언문을 수교하고 동월 22일 오후 3시경 임광규를 재차 접견하고 영문번역문 1부를 받고, 동일 20:30경 동소에서 성바오로수녀회 수녀 공소외 서정열을 접견하고 전시 선언문 1부를 수교하면서 한글타자 10부만 찍어달라고 의뢰한 후 익일 아침 미사 시간에 이를 받기로 하고 다음 날(23일) 07:02경 미사드리러 가는 틈을 타서 동병원 7층 계단에서 동 서정열로부터 황색 봉투에 들은 동 선언문 타자한 것 10통을 교부받고, 동일 08:20경 동 병실에서 공소의 계오식(외국인) 신부, 설리반(외국인) 신부, 모리스 포레이 신부(외국인),● 안승길 신부를 접견하고, 동일(23일) 09:00경 피고인은 앞에 서고 전시 신부들이 피고인을 호위하면서 동병실을 이탈하여 피고인을 감호하던 공무원 길운송의 제지로 엘레베다를 타지 못하게 되자 계단을 통하여 병실 밖으로 나가면서 피고인은 전시 신부 4명의 호위하에 동 신부들은 이를 제지하는 전기 길운송을 수차에 걸쳐 떠다밀고 동인을 접근하지 못하게 하여 단체적으로 동 길운송의 제지를 물리치고 병원밖으로 나와 동일 09:05경 그곳에 운집한 국내외 기자를 보자 로이타 통신 특파원 이시호, 동아일보 기자 박기정, 그리고 성명미상 외국인 기자 4명 등에게 전시 양심선언문을 각 1부씩 교부하고 성명미상 외국인 기자가 영어로 어떻게 할 것이냐고 물음에 대하여 피고인은 영어로 어제밤 늦게 군법회의가 연기됐다는 통지를 받았는데 나는 계속하여 병원에 있겠다. 그리고 내 스스로 군법회의에 나가지 않겠다고 대답하고 그곳에서부터 약 20미터 상기한 성모 마리아상 앞으로 걸어가 신도 약

● 세 신부는 모두 성골롬반외방선교회 출신으로 당시 원주교구에 파견되어 사목하고 있었다.

200명과 함께 합심으로 약 10분간 기도를 드리고 대성당으로 들어가 피고인 집전하에 미사를 드린 다음……(Re-0022-01/6656, 00000038-39)

명동성당 앞 성모동굴 앞에서는 200여 명의 신자, 수녀, 신부가 모여 지 주교의 양심선언을 기다리며 묵주 기도를 바치고 있었다. 지 주교는 성모 병원 성모동굴 앞에서 두 그룹에 속한 약 200여 명의 성직자, 수도자, 신자들과 외신기자들 앞에서 미리 준비한 '양심선언'을 발표했다. * 양심선언 골자는 크게 다섯 가지였다.

- 유신헌법은 무효이고 진리에 반대된다.
- 유신헌법은 기본권과 기본 인간품위를 짓밟는 악법이다.
- 긴급조치 1, 4호는 가장 참혹한 자연법 유린이다.
- 내란 선동 혐의는 그리스도인으로서 갖는 정의와 사랑의 정신을 모독하는 조작된 죄목이다.
- 비상군법회의는 유신 정권의 꼭두각시다.

양심선언 후 성모동굴 앞에 모였던 이들이 모두 명동성당으로 자리를 옮겨 함께 미사를 드렸다. 이 미사는 김 추기경과 윤공희 대주교가 공동 집전했다. (김병도 2007, 144) 김 추기경과 윤 대주교는 미사 후 잠시 기도를 바치

---

* 지 주교의 양심선언 배경에는 당시 민주화운동 세력의 요청도 있었던 것 같다. "이때 어떤 젊은 변호사가 지 주교에게 군사 재판을 거부하고 양심선언을 발표하여 정면 대결할 것을 강력히 권하고 있었다. 나는 지 주교로부터 상의를 받고 분열을 초래할 염려가 있다고 만류했다. 그러나 변호사가 계속해서 지 주교에게 정면 대결을 강력히 권하는 바람에 지 주교는 그쪽에 심경이 더 기울어져 있었고, 나는 그것이 지 주교의 수감은 물론이요 교회 안팎으로 엄청난 파문을 일으킨 것을 염려하여 자제하여 줄 것을 요청했다. 그때 중앙정보부는 어떻게 나올지, 그들은 온갖 조치를 모두 동원해서 교회를 괴롭힐 텐데 우리가 가진 것이라고는 양심밖에 없다는 것을 생각하다가, 결국 지 주교에게 '양심대로 하십시오'하고 말씀드렸다."(김수환 1994, 36-37)

성모동굴 앞에서 양심선언하는 지 주교

고 신자들을 향해 '십자가를 나눠질 것'을 당부했다. 지 주교는 미사 후인 11시 30분경 성모병원 앞에서 김 추기경, 윤 대주교와 말없이 악수를 나눈 후 정보기관에 다시 연행되었다. (명동천주교회 1984, 119)

이에 1974년 7월 24일 주교상임위원회가 소집되었다. 7월 25일 주교회의는 전국 주교회의를 열어 지 주교의 고통을 함께 나누고 사태의 전개 과정을 주시하기로 결의했다. 그리고 이날 오후 6시 명동대성당에서 김 추기경, 주교단, 남자 수도회 장상들이 공동 집전하는 '나라와 교회와 목자를 위한 기도회'를 열었다. 이날 기도회에는 신자 3,000여 명, 사제 150여 명, 남녀 수도자 400여 명, 외교 사절로 주한 벨기에 대사와 주한 프랑스 대사가 참석했다. 강론은 김 추기경이 맡았다.

이날 강론에서 김 추기경은 "이 미사가 어려움에 처한 우리나라와 교회를 위한 것이고 직접적인 이유는 지 주교 사건이지만 교황 성하의 뜻에 따르는 교회쇄신을 위한 미사가 되어야 할 것임을 강조했다. 또한 구인된 지 주교님 처지에 관심을 가져야 함은 물론 이 사건을 통해 교회쇄신을 위해 큰 반성의 계기로 삼아야 할 것"임을 역설했다. 무엇보다 "교회의 쇄신과 화해는 교회의 이익을 지키기 위함이 아니라 나라와 사회와 겨레를 구하는 것이어야 함"을 강조했다. (명동천주교회 1984, 120~122)

주교단은 이날 기도회에서 두 번째 선언문「사회 교의 실천은 종교의 의무다」를 발표했다. 이 선언문에서 주교단은 "지 주교가 민청학련 관계자에게 금전을 준 것은 정부를 전복하려는 목적과 하등 관련 없는 한국의 민주주의를 회복하기 위한 목적이었음을 재확인하고, 그의 평소 성실성과 애국심을 믿으며, 국민의 권리를 지켜주고 보호하는 것이 공권력의 직무라는 점"을 강조했다. (한국천주교주교회의 한국가톨릭사목연구소 2019, 96~99) 이 선언문에서 대구대교구 서정길 대주교와 마산교구 이갑수 주교는 빠졌다. (김병도 2007, 146)

1974년 7월 29일 성골롬반외방선교회 허 마우리오,[*] 계 올리버 신부가 성모병원 지 주교 병실 감시원 구타 혐의로 기관에 연행되었다가 다음 날인 30일에 풀려났다. 이 두 신부가 풀려나는 날 원주교구 이영섭, 신현봉, 노세현 신부가 같은 혐의로 연행되었다가 하루 만에 풀려났다. (Re-0022-01/6656, 00000187)

1974년 8월 1일 비상보통군법회의 제3심판부(재판장=유병현 중장)가 지주교에 대한 '민청학련 국가변란 기도 사건에 관련된 내란 선동 피의사건'에 관한 첫 공판을 열었다. 8월 9일에는 같은 심판부가 지 주교에게 제기된 공소 혐의에 대해 징역 15년을 구형했다. 12일에는 같은 심판부에서 지 주교에게 징역 15년, 자격정지 15년을 선고했다. (Re-0022-01/6656, 00000132)

---

[*] 허 프란치스코 신부의 오기(誤記).

사건 74비보군형공 제21, 50호
대통령긴급조치 위반/내란 선동, 특수공무 방해
검찰관 검사 이규명
변호인 변호사 고재호, 동 이병린, 동 노병준, 동 황인철, 동 유현석, 동 임광규

주문
피고인을 징역 15년과 자격정지 15년에 처한다. 압수된 양심선언 초안문 1부
(증 제1호) 양심선언 타자문 1부(증 제2호)는 이를 피고인으로부터 몰수한다.

이에 지 주교는 재판에 이기려는 목적이 아니라 그리스도의 진리를 실현하기 위한 하나의 투쟁 방법으로 항소를 결심하고 1974년 8월 10일 「그리스도의 진리를 실현키 위해」라는 항소문을 발표했다.

지 주교가 구속되자 교구장이 공석이 된 원주교구는 총대리 정레오 신부 지휘 아래 지 주교 석방을 위해 신현봉, 최기식 신부를 서울로 파견했다. 이들은 김 추기경 배려로 가톨릭출판사 내에 있는 방에서 지내며 지 주교 옥바라지와 구명운동을 했다. (김정남·한인섭 2020, 266; 최기식 2022)

이때 원주교구 신부들은 김정남을 만나게 되는데 그의 투옥 경험에 바탕을 둔 조언이 지학순 주교 옥바라지에 큰 도움이 되었다. 김정남은 1964년 굴욕적인 한일회담 반대시위에 앞장서다 옥고를 치른 경험이 있었다. 그리고 이 만남을 계기로 그는 일본 정평협의 송영순과 비밀리에 20여 년 가까이 현해탄을 사이에 두고 한국 민주화운동 관련 정보를 전달하는 일을 맡게 된다.

성모병원 1층 X선과 박영자(삐엘마리) 수녀의 방은 지학순 주교의 옥중 수발을 준비하는 장소였다. 감옥에 가서 접견하고 책이나 물건을 영치하는 일

은 지 주교의 동생 지학삼씨가 맡았다. 지학삼 씨가 면회를 마치고 돌아오면 원주교구의 양대석, 신현봉, 최기식 신부, 이창복 신생(전 국회의원), 더러는 김지하의 어머니 정금성 여사가 모여 대책회의를 나눴다. (김영주 2018)

4. 천주교정의구현전국사제단 출범

지 주교가 다시 구금되고 공판이 진행되는 동안 '지 주교의 석방과 나라를 위한 기도회'가 전국 교구와 수도회에서 동시에 그리고 연이어 열렸다. 첫 공판(1974.8.1)이 있고 나서 언론이 지 주교에 관한 왜곡 기사를 내보내자 지 주교 사건에 관심을 갖고 있던 서울대교구 제2, 3연령회● 소속 신부들이 교회의 '시국 발언' 필요성에 공감하고 이를 추진할 것을 결의했다.

1974년 8월 6일에는 한국 주교단 상임위원회에서 결의문을 발표했다. 주교단 상임위는 이 결의문에 '지 주교의 연행과 공판 경위'를 적고, 지 주교에 대한 언론의 왜곡 보도에 대한 입장을 밝혔다. 주교단은 이 결의문에서 지 주교 구속 사건 경과를 간략히 서술하고 "지 주교가 국가변란을 획책한 일이 없고 금전 수수도 1·8 긴급조치 이후에는 없었다. 그의 평소의 성실성과 애국심과 사회정의구현을 위한 물심양면의 노력에 대해 깊이 존경한다. 사회정의를 갈파하며 인권을 수호하는 노력은 사목자의 당연한 의무임을 재천명"했다. (기쁨과희망사목연구소 1996a, 73~74)

지 주교 구속을 통해 교회의 사회적 책임을 의식하게 된 젊은 사제들은 8월 12일 오후 6시 명동성당에서 "인권 침해는 하느님에 대한 무서운 범죄"라는 한국주교단 사목교서 한 구절을 인용해 지 주교님과 고통받는 모든 사람을 위한 특별 미사와 철야 기도회를 가졌다. 이 기도회에는 서울교구 신부 40여

● 당시 서울교구는 소속 사제들을 연령에 따라 세 그룹으로 나누었다. 제1연령회는 50대 이상, 제2연령회는 40대, 제3연령회는 30대였다.

명, 외국인 신부 50여 명, 인천, 원주, 춘천, 부산, 마산 교구 신부 40여 명, 수녀 약 700여 명 평신도 약 3,000여 명이 참여했다. (함세웅·현인섭 2018, 74)

이 기도회에서 사제단은 「지학순 주교는 어떤 분이신가」라는 제목의 보도문을 발표했다. 사제단은 이 보도문에서 '지학순 주교의 사제가 되기까지의 인생 여정, 사제와 주교로서 교회와 사회를 위해 헌신해온 활동'을 세세히 열거하며 유신 정권의 그에 대한 선전이 모략임을 밝히고자 했다. (김병도 2007, 149~150; 명동천주교회 1984, 124~128)

1974년 8월 26일, 각 교구를 대표하는 약 60여 명의 소장 사제들이 (인천) 답동성당에 모여 '지 주교를 위한 기도회'를 열었다. 이 기도회에서 나길모 주교는 '인류의 번영을 위해 자유를'이라는 강론을 통해 "지 주교가 각 개인의 권리를 지키기 위해 정의를 말씀하셨고, 이는 지 주교의 의무만이 아니라 우리 모두의 책무"라는 점을 강조했다.

나길모 주교를 비롯 이 기도회에 참석한 주교와 사제 130여 명이 3개 항의 '우리의 주장'을 담은 서명 청원서 「양심의 소리를 함께 외치기 위해」 채택에 동의했다. 아울러 이 자리에서 「기도하는 전국사제단의 주장」도 채택했다. 이날 기도회에는 여러 교구에서 올라온 주교, 신자 1,000여 명, 신부 100여 명이 참석했다. 이날 채택한 「우리의 주장」은 이후 한 달 동안 전국 각지에서 열리는 기도회 때마다 발표되었다. 이 청원서가 사제단 결성의 계기가 되었다. (기쁨과희망사목연구소 1996a, 42)

우리의 주장

1. 그리스도의 진리와 사회정의에 입각하여 1974년 7월 23일 명동성당에서 선포된 지학순 주교의 '양심선언'을 적극 지지한다.

2. 대통령 긴급조치 제2호(비상군법회의)를 즉각 해제하고 현재 투옥 중인 지학순 주교, 목사, 교수, 변호사, 학생들을 즉각 석방하라.

3. 이 땅위에 민주주의가 회복되고 인간의 존엄과 기본권이 보장될 때까지 우리 사제단은 주교단의 사목교서 내용을 준수하며 사태의 진전을 예의주시하면서 기도회를 계속한다.

1974년 8월 26일 천주교정의구현전국사제단

1974년 8월 29일 오후 2시부터 서울대교구 제2, 3연령회 소속 소장 신부 34명이 명동성당 사제관 3층에 모여 최창무 신부(현 최창무 대주교)의 제안 설명을 듣고 현 사태에 대한 각자의 입장, 사제들의 참여 방안, 교구 행정에 요구할 사항 등을 토의했다. 토의 후 참가자들은 "사제는 예언자적 입장을 고수하여 시대적 요구를 위해 희생해야 하고, 우선 뜻을 모은 신부들만이라도 함께 행동하자"고 결의한 뒤 「주교단에 보내는 요망」을 채택했다.(김병도 2007, 151~152)

1974년 9월 11일 오후 7시 명동성당에서는 사제단 주관으로 "조국을 위하여 정의와 민주회복을 위하여, 옥에 계신 지 주교님과 고통받는 이들을 위해 이 기도를 바칩니다"라는 글귀를 걸고 기도회를 가졌다. 1,500여 명의 신자와 500여 명의 수도자가 참석한 이 기도회에서 사제단은 지 주교의 재판 과정을 알리는 '보도문'과 지 주교 '옥중 편지'를 발표했다.

이 옥중 편지에서 지 주교는 자신의 소신과 주장에 동조를 아끼지 않는 이들에게 감사의 마음을 표현하고 이러한 관심이 그 개인에 대한 것이 아니고 "한국 땅에 인간의 기본권이 존중받고 국민에 의한, 국민을 위한, 국민 위주의 민주적 정치 풍토가 하루빨리 조성되기를 염원하고 무엇보다 예수 그리스도와 그분의 복음에 대한 공동의 신앙에서 우러난 관심이라는 것"을 확신한다고 했다.(기쁨과희망사목연구소 1996a, 93~95) 이어 '기도하는 전국 사제단'은 지 주교의 양심선언을 적극적으로 지지하고 "이 나라에 민주주의가 회복되고 인간의 존엄과 기본권이 보장될 때까지 주교단 사목교서 내용

지학순 주교 석방을 외치며 가두시위에 나선 사제단과 원주시민들

을 준수하고 사태의 진전을 예의 주시하면서 기도회를 계속하겠다"고 밝혔
다. 또한 이 기도회에서 한국평협과 사제단은 공동으로 「구원의 횃불이 되
기 위해」라는 결의문을 채택했다. (김병도 2007, 153)

　지 주교 구속을 계기로 천주교는 물론 교파를 초월해 인권 회복과 민주
회복을 위한 기도회가 전국으로 확산하였다. 이러한 분위기에서 9월 24일
300여 명의 신부들이 원주교구에 모였다. 이들은 이 자리에서 '천주교정의
구현전국사제단'이라는 이름 아래 사제단을 결성하기로 합의하고 인권 회
복과 민주회복을 위한 기도회도 계속 이어가기로 결의했다. 이날 사제들은
교회의 사회 구원 원리에 따라 예언자로서의 사명을 다하기로 다짐하고 이
날 저녁 사제단 이름으로 원주교구 원동성당에서 첫 기도회를 열었다. 이
날 기도회에는 사제, 수도자, 평신도 모두 합쳐 1,500여 명이 참석했고 기
도회 후에는 지 주교 석방을 외치며 신부들과 신자들이 가두시위를 벌였
다. (김병도 2007, 154~155)

　이틀 뒤인 1974년 9월 26일 명동성당에서 사제단이 정식으로 출범했다.
이날 오후 5시 40분쯤 신부 60여 명과 신자 1,000여 명이 서울 명동성당에서
사제단이 주관하는 '순교자 찬미와 고통받는 이들을 위한 기도회'를 가졌다.

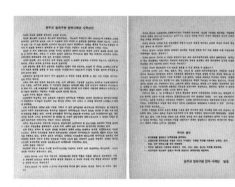

제1 시국선언문(출처: 민주화운동기념사업회 오픈아카이브00108146)

이 기도회의 부제는 '조국을 위하여, 정의와 민주회복을 위하여, 옥에 계신 지 주교님과 고통받는 모든 이를 위하여 이 기도회를 바친다'였다. 이 미사는 대전교구 황민성 주교가 주례하고, 김광혁 신부가 강론했다.

미사가 끝나고 2부는 촛불을 들고 성모동굴 앞에 모여 복자 찬가를 합창하며 사이사이에 사제단의 '우리의 주장', 신·구교 합동 기도회의 '우리의 선언', 지 주교의 '양심선언'을 낭독했다. 이 기도회에서 사제단은 제1 시국선언●을 발표했다. 이 시국선언에는 4개 항의 '우리의 결의'가 들어 있었다. 외국인 신부들이 일부 포함된 사제단과 신자들은 성모상 앞에 모여 이 결의를 낭독했다. 제3부는 기도회 후 십자가를 앞세우고 성당에서 명동거리로 가두시위에 나섰으나 경찰이 저지해 그 자리에 앉아 연좌시위를 벌였다. (김병도 2007, 155~156; 함세웅·한인섭 2018, 77~78) 이로써 천주교정의구현전국사제단이 출범했다.

사제단이 출범하는 데는 교구장이 구속된 원주교구 사제들의 역할이 컸다. 원주교구의 신현봉, 안승길, 최기식 신부는 전국 성당을 돌며 사제들에게 지 주교 석방을 위해 협조를 호소했다. (김영주 2018) 다음은 사제단 결성

● 1974년 9월 23일 결성된 사제단이 발족과 활동을 공식화한 첫 행사가 1974년 9월 26일에 열린 '한국 순교복자 대축일 순교 찬미 기도회'였다. 이날 사제단은 단체 이름을 처음 공식적으로 사용하는 성명서를 발표했는데 이것이 제1 시국선언이다. 이 선언에서 사제단은 유신 정권에게 유신헌법과 긴급조치 철폐를 요구했다. 또한 국민의 기본권과 존엄성을 짓밟는 유신헌법, 노동자와 농민 수탈과 희생을 강요하는 재벌 위주 경제정책, 긴급조치하에서 벌어지는 인권 유린 상황 등을 신랄하게 비판했다.

준비 단계의 분위기를 보여주는 최기식 신부의 증언이다.

> 처음 서울 기도회 준비나 추진할 땐 원주교구 신현봉 신부와 내가 늘 참석을
> 했지요. 신현봉 신부님 역할이 제일 컸다고 생각돼요. 그 동창들이(박상래
> 신학교 교수, 김병도 가톨릭 출판사 사장 등) 함께해주고 함세웅 신부 동창
> 들(김택암, 양홍, 안충석 등), 그 바로 밑 반 오태순, 장덕필 신부가 가장 열성
> 적이었어요. 누가 이끌어서가 아니고 온전히 자발적이었다고 생각돼요. (무
> 위당사람들 2022b, 36)

이들의 솔선과 함께 1974년 8월부터는 박상래 신부를 대표로, 함세웅 신
부를 총무로 지명해 사제단 활동이 체계적으로 전개되기 시작했다. (함세웅·
한인섭 2018, 74~75) 사제단 명칭은 1974년 9월 23~24일에 있었던 원주교
구 모임에서 '천주교정의구현전국사제단'으로 결정했고, 26일 사제단이 출
범하며 이 명칭을 공식화했다. 당시 사제단에 가입하기로 서명한 사제 숫
자는 500여 명이었는데 이는 당시 전체 사제 숫자의 60%에 해당했다. (한국
교회사연구소 1989, 326~327)

5. 전국 성년대회

1974년은 교황 바오로 6세가 '화해와 평화와 사회정의를 위한 기도의 해'
로 정한 특별 성년*이었다. 이를 기념하기 위해 한국교회에서도 1974년 10월
9일 가톨릭대학교 신학부 교정에서 오후 2시부터 전국 성년대회를 열었다.

---

* 신자들이 하느님의 사랑을 깨닫고 자신의 잘못을 뉘우치며 하느님께 돌아가겠다는 결단을 내릴 수 있도록
  마련된 해. 신자들은 이 기간 동안 교황이 제시한 일정한 조건을 충족시키면 전대사(全大赦)가 주어진다.
  25년마다 교황이 선포하는 '정기 성년'과 한 나라의 평화, 교회의 필요성, 특정 질병을 물리치기 위해서 등의
  이유로 특별하게 선포하는 '특별 성년'으로 나뉜다. (『가톨릭대사전』, 4535~4542 참조)

시국이 어수선하니 대회를 취소하자는 이들이 적지 않았으나 주교회의에서 결단해 예정대로 열렸다. (무위당사람들 2022b, 37) 이 대회에는 전국에서 2만여 명의 신자와 800여 명의 성직자 수도자가 참석했다.

사제단은 성년대회가 통상적인 신앙대회처럼 끝날 것을 염려해 이 기회를 활용해 대규모 시위를 벌이기로 하고 비밀리에 20여 명이 모여 이날 행사에 대해 의논했다. 다음은 이날 있었던 비밀 논의에 대한 최기식 신부의 증언이다.

> 성년 대회는 분명 조용히 신앙대회로 끝날 것이란 예정을 두고, 사제 20여 명이 모여서 의논을 해요. 의견이 분분할 수밖에요. '시위를 잠시만 하자.' '자리를 옮겨서 밤샘하자.' '그때 분위기 봐서 우리가 앞장서서 밀고 나가자 하는 것만 결정하자.' 며칠 전 대전에서 전국 꾸르실료 대회 때도 찬스를 놓쳤으니 이번만은 시위행진을 꼭 해야 한다. 결정하고 밤늦게 헤어지게 돼요. 유인물 준비도, 봉사할 신학생들 동원, 그것을 뿌리는 것과 구호를 외치는 것도 나의 책임이었죠. 학교 입구 기숙사 3층에 동대문 성당 스피커를 빌려 사령탑을 설치하고 미사가 끝나는 순간만을 기다렸죠. (무위당사람들 2022b, 37~38)

노기남 대주교의 전국 성년대회 선포로 막이 오른 이날 성년대회는 10명의 주교와 몬시뇰, 부주교 4인의 공동 집전 미사와 공동 참회 예식(1부) 성체 현시와 거동(2부) 성년 특별은사 선포(3부) 순서로 진행되었다.

이날 1부 미사에서 전주교구장 김재덕 주교는 대부분의 예상과 달리 강론을 통해 시국을 강하게 비판했다. 김 주교는 강론에서 교황 바오로 6세의 성년선포 특별교서의 핵심이 "진정한 쇄신과 화해가 없이는 인류에게 자유, 정의, 평화가 이룩될 수 없다"는 것이라 전제하고, 교회의 사회교리 실천 역사를 개괄한 후 교회는 "현대 세계의 정세를 옳게 파악하고 이에 대처할 중대한 의무"를 져야 함을 강조했다. 이어 30년간 한국의 정치, 사회정세를 비판적으로 검토한 다음 유신 정권에 대해 "편중된 경제성장으로는 이 시대의 정치적 오점을 가리기에는 역부족"일 것이라 성토했다. 강론 말미에는 위정자들에게 다섯 가지, 교회 지도자들에게 두 가지를 충언했다. 다음은 위정자들에게 한 충언이다. (기쁨과희망사목연구소 2016a, 122~128)

(1) 국민을 더 이상 괴롭히지 말고 주권을 주인인 국민에게 돌려주고 삼권을 분리하여 민주 헌정 질서를 바로 잡을 것.

(2) 집권 10년이 넘도록 군사체제를 유지하면서도 민주 정부인 양 행세하는 속임수를 멈출 것.

(3) 유신헌법, 긴급조치를 해제하고 정치 수감자들을 즉시 석방할 것.

(4) 독재 요소와 금력 남용에서 오는 부정부패를 발본색원하여 공산주의가 뿌리내리지 못하게 할 것.

(5) 국민총화를 위하여 '큰 자유를 위하여 작은 자유를 희생하라'는 대통령의 잘못된 생각을 버리고 국민으로부터 마음에서 우러나는 존경을 받는 어진 대통령이 될 것.

김 주교의 강론과 이어진 안승길 신부의 기도에 참가자들이 크게 호응했다. 성년대회는 교황 대사 도세나 대주교의 교황 강복, 성체현시, 성체거동 순으로 끝났다. 대회가 끝나고 퇴장 행렬이 시작되자 함세웅 신부가 사전에 모의한 신부들과 함께 퇴장하는 복사 행렬 앞 십자가를 빼앗고 행렬 방향을 정문으로 돌렸다. 이 때문에 50여 성직자를 선두로 5,000여 신자가 학교 정문을 향해 내려가게 되었다. 이날 시위를 주도했던 최기식 신부의 증언이다.

이문희 주교, 도세나 대사, 노 대주교는 옆으로 빠지고 김재덕, 황민성, 나 주교, 두봉 주교, 춘천 박 주교가 정문으로 따라 나갔죠. 나는 늘 하는 대로 〈장하다 순교자) 성가를 하다가 구호를 외쳐댔죠. 전주 신부들은 정문에 플래카드를 펴들고 있다가 앞장서 가고 오태순 신부 등 몇몇은 구호를 외치며 정문 앞에서 시국선언문 낭독하고 1시간 정도 대치 상태로 있었지요. 먼 곳 가는 버스 다 보내주면서 주교들이 학교로 들어와요. 동성학교 앞 로터리에서는 가톨릭 노동청년들, 신부, 수녀들도 같이 구호를 외치고 시위를 계속해요. 최루탄 가스 맛도 처음 맡아 보고요. …… 이 행사가 있고 나서 수도회, 평신도 단체들, 각 교구에서 신부들도 더 적극적으로 움직이게 되었다고 보지요. (무위당사람들 2022b, 37~38)

이 농성은 김 주교, 황민성, 나 주교, 두 주교, 박토마 주교가 주교로선 처음으로 참여한 시위여서 의미가 컸다. (김병도 2007, 157) 이날 이후 전국 교구에서 기도회, 성년대회가 이어졌다. 1974년 11월부터는 전국 교구에서 동시에 인권 회복 기도회를 열었다. (《가톨릭시보》 1975. 2. 23) 이 행사는 전국대회라는 성격상 전국의 많은 수도자와 신자에게 교회의 사회참여 필요성을 인식시키는 계기가 되었다.

6. 민주회복국민회의

1974년 11월 27일 사제단은 재야 운동 재건을 알리는 「민주회복 국민선언」에 참여했다. 이 선언에는 학계, 문단, 정계, 종교계 명망가 71인이 서명자로 이름을 올렸다. 사제단에서는 윤형중,• 함세웅, 신현봉, 김택암, 안충

• "1903년 충북 진천에서 출생한 윤 신부는 (19)18년 예수성심학교에 입학, (19)30년 사제서품을 받은 후 중림동본당 보좌로 사제생활을 시작했다. (19)33년 가톨릭 청년사 사장으로부터 경향잡지사 사장, 경향신문사 부사장 사장 등을 역임, 복음 전파와 함께 언론 창달의 기수로 눈부신 활약을 했던 윤 신부는 48년 경향신문사 고문을 마지막으로 언론계에서 은퇴했다. 59년 안성 미리내 본당 주임으로 다시 본당을 맡았던 윤 신부는 61년 복자수녀회의 지도신부로서 사실상 은퇴에 들어갔다. 그동안 주교관 3층 작은방에서 명동 사제관으로 거처를 옮기면서 투병 생활을 해온 윤 신부는 지난 5월 지병인 폐암이 악화되자 성모병원에 입원, 한 달 만인 지난 15일 오전 8시 20분 76세를 일기로 선종했다."(《가톨릭시보》 1979. 6. 24)

석, 양홍, 이희승, 박상래 신부가 서명에 동참했다.(김병도 2007, 161) 이 선언에 참여한 인사들이 1974년 12월 25일 창립총회를 열고 '민주회복국민회의'를 출범시켰다. 첫 상임 대표로 윤형중 신부가 지명되었다. 사무국장은 홍성우 변호사, 대변인은 함세웅 신부가 맡았다. 함세웅 신부는 사제단이 이 연대 기구에 참여하게 된 배경을 다음과 같이 증언했다.

윤형중 신부

> 정의구현사제단이 결성되었는데, 변호사들이 보기엔 종교인들의 역량은 좋지만 더 영향을 주기 위해서는 역시 정치인이 함께하는 그런 모임이 있어야겠다는 거예요. …… 저희들은 그때까지 외부와 막혀 있었기 때문에 현실을 잘 모르는데 사제들이 꼭 함께해야 한다고 하니까 윤형중 신부님, 신현봉 신부님, 그리고 저 이렇게 몇몇이 회원으로 들어갔는데, 만드시는 분들이 꼭 윤형중 신부님을 상임대표로 모셔야 한다고 하더라구요. …… 천주교 원로사제이고, 지학순 주교님을 구속시킨 것만도 시끄러운데 또 사제를 구속시킬 수는 없을 거라고 본거에요. 그리고 윤형중 신부님이 상임대표가 되니 그를 보필하기 위해, 제가 사제니까 대변인을 해라 하여 대변인이 된 거고요. (함세웅·한인섭 2018, 89~90)

사제단과 일부 천주교 인사들은 김정남을 통해 이 기구에 참여했다. 김정남은 천주교, 법조계, 문화계 쪽을 통해 구 민주수호국민협의회 쪽과 관계된 이들을 접촉해 참여시키고 민주회복국민회의라는 이름도 직접 지었다.(함세웅·한인섭 2018, 175~176)

사제단은 이 기구에 적극적으로 참여하면서 이 기구를 활성화하는 데 기여했다는 평가를 받는다. "함세웅 신부가 이 조직의 대변인으로 고통도 제일 많이 당하고 열심히 했지요. …… 본부의 허락이 필요한 것도 아니고, 사제단 활동과 맞물려서 신부님들이 지역에서 자발적으로 운동을 벌이면서 전국에 상당히 많은 지부가 생겨났어요. 1, 2년 동안은 꽤 활발했습니다."(김정남·한인섭 2020, 180~181) 그러나 유신 정권은 이를 못마땅하게 여겼다. 이를 교회가 정치에 본격적으로 참여하는 신호로 받아들인 것이다. 1975년 1월 11일 당시 외무장관 김동조(1973. 12. 3~1975. 12. 19)가 도세나 교황 대사를 외무부로 불러들여 나눈 대담 요지에 유신 정권의 이런 생각이 잘 드러난다.

> 한국 가톨릭계의 움직임에 관하여서는 귀하도 알고 있을 것으로 안다. 작년 지학순 주교가 체포된 이후 새로운 일은 아니지만 지난 수일 동안 그들이 한 행동은 직접적으로 정치활동과 관련되어 있는 것으로 생각된다. 그들은 야당의 정치활동에 동조하고 있으며, 이런 활동이 《동아일보》에 게재되고 있다. 귀하도 아시다시피 한국 정부는 헌법과 법률이 정한 바에 따라 종교활동의 자유를 인정하고 있으나, 법에 의해서 허용된 종교활동은 정치활동과는 엄격히 구별되어 있다. (Re-0026-05/9035/701, 5~6)

교회 내에서도 연장(延長) 사제들이* 이를 정치참여로 해석하고 적극적인 반대 의사를 표명했다. 이들은 사제단의 이 기구 참여를 교회의 사회참여 범위를 넘은 것으로 간주했다.

7. 지 주교 석방운동

1974년 12월 4일 사제단은 명동성당에서 인권 회복을 위한 기도회를 열

---

* 앞의 제1연령대 사제들이다. 이들은 원로사제, 노장사제 등으로도 불렸다.

고 유신 정권과 유신체제로 빚어진 폐해를 비판했다. 이 기도회에서 사제
단은 「정의로운 소득의 분배를 제의한다」는 성명서를 통해 유신 정권에게
"구속된 인사의 석방과 유신헌법 개정을 촉구하면서" 7가지를 제안했다. 이
가운데 첫 번째 제안은 "우리는 긴급조치 1, 4호 위반 203명 전원에 대해 언
론의 자유가 충분히 보장된 상태에서 공개재판을 통하여 그 흑백이 명백하
게 가려질 것을 강력히 제의하는 바입니다"였다. 이어지는 나머지 6개도 현
정부에 민주주의의 기본 원칙과 질서 회복을 주문하는 내용이었다. (기쁨과
희망사목연구소 1996a, 182~185)

이 기도회를 끝내고 함세웅 신부는 기자회견을 열고 이날은 김수환 추
기경이 참석하지 못했지만 10일에 열리는 전국 기도회는 김 추기경이 직접
집전할 것이라 예고했다. 사제단과 천주교정의평화위원회(이하 정평위)는
예정대로 1974년 12월 10일 세계인권선언일을 기념해 인권 회복을 위한 기
도회를 열었다.

이 기도회는 전국 13개 교구에서 일제히 열렸다. 이날 기도회를 위해 정
평위와 사제단은 공동으로 「우리의 인권 주장」을 준비해 발표했다. (김병도
2007, 162) 두 단체는 이 성명서에서 "세계인권선언의 내용을 읽으면 분노
를 느끼지 않을 국민이 없을 것"이라 전제하고, 세계인권선언에 비추어 한
국 인권 현실을 고발하면 이 둘 사이의 "엄청난 거리는 마땅히 우리가 향유
해야 할 기본적 인권마저도 스스로 주장하기를 주저하게" 할 정도라고 개
탄하면서, 마지막에 세계인권선언에 크게 못 미치는 최소한이라며 유신 정
권에 7가지를 요구했다. 이 요구 가운데 6번째는 "국민 각자의 인권을 보호
하지 못하는 정부는 이미 국민의 정부가 아니다. 국민 다수의 정당한 주장
을 총칼과 권력으로 폭압하는 정부는 국민을 위한 정부가 아니다. …… 우
리는 현재 이 시점이 그릇된 정부가 중요한 결단을 내려야 할 때라고 생각
하는 바"라며 유신 정권의 정당성을 부정했다. (기쁨과희망사목연구소 1996a,

188~191)

사제단은 1974년 12월 30일 한 해를 마무리하며 「정의를 위해 하나되게 하소서」라는 성명서를 발표했다. 지 주교 연행 이후 지금까지 "서울 19회, 지방 44회, 모두 63회(교구 단위)의 기도회를 가졌다. 그중 여덟 번은 평화적인 가두데모를 하기도 했다. 기도회에 참석한 인원은 주교들을 포함해서 사제 2,225명, 수도자 5,430명, 신자 9만 4,115명 등 모두 12만여 명(본당 단위 기도회를 제외하고)"이 교회의 주장을 수없이 되풀이해왔는데 유신 정권은 이에 대해 "거짓과 공갈을 그리고 조직적인 위협을 되풀이해왔다"며 분노했다. 그러면서 마지막으로 위정자들이 "진실로 십자가를 지는 공복"이 되어줄 것을 요청했다. (기쁨과희망사목연구소 1996a, 201~207) 그러나 교회의 이러한 노력에도 사태는 조금도 나아지지 않고 해를 넘겼다.

1975년 1월 주교회의 상임위는 교회의 사회참여 원칙과 한계, 방향 문제를 춘계총회 의제로 확정했다. 사제단은 1975년 1월 27일 대구 기도회에서 '민주화에 대한 국민들의 열망을 호도하기 위한 술책'인 유신헌법에 대한 국민투표 전면 거부를 결의했다. 1975년 2월 5일에는 서울시경이 석연치 않게 종교집회 금지 조치를 내린 데 대해 사제단이 「종교탄압에 대하여 경고한다」는 항의 성명을 발표했다. 사제단의 입장은 우리는 정부 당국이 각급 경찰서에 내리는 지시에서 우리 크리스챤들의 집회를 '갖지 못하도록' 하고 주동 인물을 '격리 조정'시키고 성직자를 '순화'시키라는 2월 4일자 《동아일보》 기사를 보고 깊은 충격을 받았다"에서 잘 드러난다. (기쁨과희망사목연구소 1996a, 299~300)

1975년 2월 6일 명동 기도회에서는 3,500여 신자가 참여한 가운데 사제단이 제4 시국선언을 발표했다. 이 선언에서 사제단은 7가지 결의를 밝혔다. 핵심 내용은 유신헌법에 대한 동의 여부를 묻는 국민투표와 무관하게 '인권 회복, 인간 회복, 민주 회복'의 노력을 '비폭력, 무저항, 평화적인 방

긴급조치 위반자 석방조치로 출감하여 원주교구로 귀환한 지학순 주교
(출처: 민주화운동기념사업회 오픈아카이브00709982)

법'으로 계속한다는 것이다. (기쁨과희망사목연구소 1996a, 300~303) 기도회
후 1,000여 청년 학생이 가두시위에 나서 동아일보사 앞까지 진출했다.
1975년 2월 12일 재의 수요일(국민투표일)에는 전국의 여러 성당에서 인권
회복을 위한 단식 기도회를 열었다.

　이러한 노력 끝에 1975년 2월 17일 드디어 지 주교가 석방되었다. "원주
에서 시작된 민주화운동이 전국으로 확산되면서 정권 유지에 위기감을 느
낀 박정희는 1975년 2월 17일에 지학순 주교를 구속집행정지로 석방했다.
투옥된 지 7개월 만의 일이었다. 감옥에서 풀려난 지 주교는 이틀 뒤인 2월
19일에 원주로 돌아왔다."(김영주 2018)

　　대통령 긴급조치 위반 및 내란 선동 혐의로 구속된 지 주교가 풀려나기까지
　　의 220여 일간 한국교회는 고통과 기도와 희생과 눈물로 점철된 나날을 보냈
　　다. 그동안 국내는 물론 전 세계 6억의 가톨릭 신자가 주시하는 가운데 전국
　　교회는 연 100여 회의 기도회를 갖고 억눌린 자의 인권 회복을 외쳤고 옥중
　　의 지 주교와 아픔을 같이 하기에 주저치 않았다. (《가톨릭시보》 1975. 3. 13)

지 주교 구속으로 유신 정권은 천주교의 본격적이고 총체적인 저항에 직면하게 되었다. 이는 유신 정권은 물론 천주교 내부에서도 예상하지 못한 전개였다. 당시와 같이 언론자유가 부재하고 유신 정권의 반대자와 반대운동에 대한 초법적 탄압이 극심한 상황에서 이처럼 위험을 무릅 쓴 저항이 의외였기 때문이다. 한국천주교회는 사제단을 중심으로 평화적 수단인 기도회(미사 포함) 형식을 통해 신자들에게 '지 주교 활동의 진의(眞意)'와 교회의 사회참여 정당성을 설득하고, 다른 한편으로 해외교회와 연대를 통해 언로가 차단된 한국 민주화운동 소식을 전파해 세계가 한국 인권 상황에 관심을 갖게 했다. 특히 이를 통해 교회 자신이 강력한 도덕적 자원을 가진 국제 네트워크라는 사실을 실감하고 다른 주체들에게도 이 중요성을 인식시켰다. (김녕 1996, 261~262)

무엇보다 이 사건을 계기로 다수의 사제, 수도자, 평신도가 한국사회의 현실을 인식하고 교회의 사회적 책임에 대해 각성하게 되었다. 실제 이 과정에서 '천주교 사회운동'은 양적, 질적으로 성장할 수 있었다. 교회 인사 구속에 대한 즉자적 저항이라는 호교적 성격에서 민주화운동, 인권운동, 연대운동이라는 넓은 지평으로 심화 확장하는 계기였기 때문이다. •

이 사건이 직접 계기가 되어 한국 민주화운동사와 천주교 민주화운동사에서 구심 역할을 하게 될 '사제단'이 출범했다. 그리고 이 사제단을 중심으로 교회 내 민주화운동 세력이 결집할 수 있었다. 이는 1950년대 이래 서서히 준비돼온 평신도 사도직의 결실이자 공의회 정신의 실현이라 할 수 있다. 처음 교회 안에만 머물던 천주교 사회운동이 이 사건을 계기로 '민주회

• 사제단은 "우리는 지학순 주교 사건에서는 바로 그가 주교이기에 처음부터 관심을 가졌다. 마땅히 가져야 할 관심이지만, 주교가 구속되었기 때문에 그제서야 관심을 가졌다는 사실은 우리를 부끄럽게 한다"고 평가했다. 그러나 동기야 어떻든 이후의 과정에서 이러한 한계를 극복했다는 점이 중요하다. (기쁨과희망사목연구소 1996a, 46~47)

복국민회의'처럼 교회 울타리를 넘어 재야와 연대하는 활동으로까지 영역을 확장하게 되었다. 그러나 이 시도는 교회 안에서 사회참여 범위의 한계가 어디까지인지를 두고 갈등을 빚었다. 특히 '민주회복국민회의' 참여는 천주교 사회운동에는 외연을 넓히는 일이었지만, 재야에는 유신체제 등장이후 위축된 재야 운동을 재건할 수 있는 계기가 되었다는 점에서 긍정적인 평가를 받았다. (김정남·한인섭 2020, 180~181) 무엇보다 이 사건은 1976년 명동성당에서 있었던 3·1민주구국선언, 이후 노동 문제에 대한 교회의 조직적 관여, 1979년 오원춘 사건에 체계적으로 대응할 수 있는 경험과 동력을 제공했다.

8. 인혁당 관련자 구명운동

전국에서 일제히 유신철폐 시위가 벌어지던 1974년 4월 3일, 박정희는 특별 담화를 발표하며 긴급조치 4호를 발동했다. 박정희는 이 담화에서 "전국민주청년학생총연맹이라는 불법단체가 반국가적 불순세력의 배후 조종하에 그들과 결탁하여 공산주의자들이 이른바 인민혁명을 수행하기 위한 상투적 방편으로 으레 조직하는 소위 통일전선의 초기 단계적 지하 조직을 우리 사회 일각에 형성하고 반국가적 불순 활동을 전개하기 시작했다는 확증을 포착하기에 이르렀다"(민청학련계승사업회 2018, 405~406)고 발표했다.

중앙정보부장 신직수는 1974년 4월 25일 수사결과를 발표하면서 이 사건이 인혁당 재건위가 북괴 지령을 받아 민청학련을 배후에서 조종한 것이라고 사건의 성격을 규정했다. 이에 중정에서 사건을 송치받은 비상보통군법회의 검찰부는 '인혁당 재건위 사건' 관련자 21명을 대통령긴급조치 1호·4호 위반, 국가보안법과 반공법 위반, 내란 예비음모 등의 혐의로 기소했다. (한승헌 2017, 275~276)

비상군법회의는 1974년 7월 21일 1심 판결에서 서도원, 도예종, 하재완,

송상진, 이수병, 우홍선, 김용원에게는 사형(여정남은 이 사건이 아닌 민청학련 사건에서 사형 선고를 받았음), 김종대 외 8명에게는 무기징역, 이창복 외 6명에게는 징역 20년을 선고했다. 민청학련 사건과 인혁당 사건을 병합한 항소심에서는 피고인 진술, 변호인 반대신문, 증거신청이나 이의신청을 봉쇄·묵살하고 김종대, 전재권 두 피고인을 무기에서 20년 징역으로 감형하는 것 외에는 1심 그대로 판결했다. 1975년 4월 8일 대법원 전원합의체(재판장 민복기 대법원장)는 인혁당 사건과 민청학련 사건 피고인 38명 중 2명을 제외한 36명에 대해 상고 기각 판결을 선고해 서도원, 도예종, 하재완 등 8인의 사형 판결을 확정했다. 대법원에서 사형이 확정된 바로 다음 날인 1975년 4월 9일 새벽 8명의 사형수에 대한 교수형을 서울구치소에서 집행했다. 판결 선고 후 18시간 만이었다. (한승헌 2017, 279~285)

이 사건은 군법회의 심리과정에서 관련자들의 혐의를 입증할 만한 법률적 증거가 전혀 없었고 증거라는 것이 고작 일부 피고인의 자백뿐이었다. 이조차도 가혹행위로 조작한 결과라는 의혹이 짙었다. 게다가 재판에서 사형집행에 이르기까지 전 과정이 탈법의 연속이었다. 가족 면회(접견)를 허용하지 않았고 공개재판 권리를 인정하지 않았으며 법정에서 피의자들이 자유롭고 충분히 진술할 기회도 주지 않았다. 검찰이 채택한 증인은 비밀리에 증인신문을 하면서도 변호인이 신청한 증인은 채택하지 않았다. 피고인들이 법정에서 공소 사실을 부인한 대목이 공판조서에는 시인한 것으로 허위기재되었다. 이에 항의한 변호인들(김종길, 조승각 변호사)을 중앙정보부가 연행해 조사했다. (한승헌 2017, 275~278; 최기식 1997, 301) 심지어 시신도 서울 이외 지역 거주자는 서울에서 인도하길 거부하고 각 거주지 시립병원으로 실어 보냈다. 송상진, 여정남의 시신은 가족에 넘겨주지 않고 경찰이 벽제 화장터에서 화장했다. (한승헌 2017, 288)

인혁당 사건 관계자 가족들은 사건의 진실을 밝힐 기회를 봉쇄당하고 정부의 주장만 일방적으로 선전·강요되는 상황에서 답답함과 억울함이 컸다. 정권의 감시와 탄압도 심했고 그나마 이해해줄 것이라 믿은 민청학련 구속자 가족협의회 가족들마저 이들과 연루되는 것을 꺼렸기 때문이다. 친척과 친지들도 마찬가지였다. 이들을 돕다 자칫 빨갱이로 몰릴까 두려웠던 것이다. (김중미 2011, 57; 한인섭·함세웅 2018, 93) 이제 가족들이 의지할 곳이라고는 종교계와 재야인사들뿐이었다.

인혁당 관계자 가족들은 김 추기경을 찾아와 자주 억울함을 호소하곤 했다. 가족들은 천주교에서 진행하는 기도회에도 매번 찾아와 도움을 요청했다. 교회 관계자들은 이 가족들의 절박한 처지를 안타까워하면서도 사건 진상을 정확히 알 수 없었던 터라 이들에게 선뜻 도움의 손길을 내밀지 못했다. 만일 정부의 사건 발표가 사실이라면 이들을 돕는 일이 종교가 용공(容共) 활동에 참여하는 것을 의미했기 때문이다. 당시 이런 분위기를 문정현 신부의 증언을 담은 다음 글에서 확인할 수 있다.

> 1974년 10월 중순쯤 서울교구 사무국장으로 있던 안상인 신부를 만나러 가기 위해 사목국이 있는 복도로 들어서자 복도 한쪽에 앉아 있던 초라한 행색의 부인들이 다가왔다. 신부인 그에게 서명을 받기 위해서였다. 그 부인이 내민 서명지에는 김 추기경, 함석헌, 윤보선 전 대통령, 윤형중 신부의 서명이 적혀 있었다. 문 신부는 이 이름을 보고 망설이지 않고 서명했다. 나중에 그들이 인혁당 재건위 사건으로 구속된 우홍선, 김용원의 부인이라는 것을 알았다. (김중미 2011, 56)

문 신부는 이 서명을 계기로 인혁당 가족들과 만나며 이들의 처지에 서서히 공감하기 시작했다. 스스로를 지킬 힘이 없는 가족들에게 점차 깊은 연민을 느끼게 되었다. 아울러 그는 인혁당 관계자 가족들과 어울리는 과

민주회복국민회의 시기 함세웅 신부와 윤형중 신부

정에서 이 사건의 본질이 유신 정권이 '약자를 볼모로 권력을 유지하려는 시도'임을 간파했다. 이에 그는 인혁당 사건의 진상 규명과 연루자들의 석방운동에 본격적으로 관여하기 시작했다. 이는 그가 중앙정보부로부터 '미행 도청 가택 수색 등'을 당하는 빌미가 되었다. (김중미 2011, 58)

함세웅 신부(이하 함 신부)는 인혁당에 대해 다들 부담스러워하는 분위기 속에서도 1974년 10월 연희동성당에서 '인혁당 사건이 조작'이라고 강론했다. 당시 응암동성당 주임이었던 함 신부는 인혁당 가족들에게 연민을 느껴 지방에서 올라오는 가족들을 성당에서 묵게 하고 방문할 때마다 식사를 제공했다. 함 신부는 성당을 방문하는 가족들로부터 남편과 자녀가 '간첩'으로 조작되었다는 이야기, 조작 과정에서 그들이 가혹한 고문을 당했다는 이야기, 정권이 이 가족들의 진실 규명, 구명 활동을 방해한다는 이야기 등을 듣고 이들과 함께하겠다는 생각을 굳혔다. (한인섭·함세웅 2018, 93)

사제단 소속 서울교구 신부들, 당시 서울에서 지 주교 석방운동을 벌이고 있던 원주교구 신부들, 전주교구 문정현 신부 등이 인혁당 재건위 사건에 주도적으로 관여했는데 다른 회원 사제들은 이들의 선택을 전적으로 신뢰하고 지지했다. 사제단은 이런 회원 사제들의 신뢰와 지지를 바탕으로 진상조사단을 꾸리고 인혁당 재건위 관련자들의 구명 활동을 전개했다. (한인섭·함세웅 2018, 99)

무엇보다 인혁당 재건위 사건 진상 규명과 피해자 구명 활동에는 외국인 선교사들 특히 메리놀외방전교회 회원들이 적극적으로 관여했다. 당시 이 활동에 가장 적극적이었던 메리놀 회원은 진필세(James P. Sinnott) 신부(이하 시노트 신부)와 최분도(Benedict A. Zweber) 신부(이하 최분도 신부)였다. 메리놀수녀회 회원들도 신·구교 미국인 선교사들의 모임인 '월요모임'에 참여하며 인혁당 사건 진실규명과 사건 관련자 구명운동에 앞장섰다. 벨기에 출신 전주교구 신부 지정환(Didier t'Serstevens) 신부(이하 지 신부), 예수회원 일부, 성골롬반외방선교회원 일부도 월요모임에 참여하며 이 사건에 관여했다.

그러자 유신 정권은 이들 선교사들에 대해 이들의 활동이 내정 간섭임을 주장하며 체류 연장 신청을 거부하거나, 심한 경우 이들을 강제 추방할 것이라 경고했다. 유신 당국은 실제 이 말이 빈말이 아님을 보여주기 위해 개신교 목요기도회에서 인혁당 가족을 위해 기도한 조지 오글(George E. Ogle) 목사를 1974년 12월 16일에 추방했다.(기쁨과희망사목연구소 1996a, 192) 그러면서도 선교사 출신국과의 외교 마찰, 선교사를 통해 한국 정치 상황이 외부에 알려지는 것을 두려워해 범위를 더 확대하는 데는 조심스러운 태도를 보였다. 이러한 조건 때문에 선교사들은 내국인보다 상대적으로 인혁당 문제에 자유롭게 관여할 수 있었다.

사제단은 1974년 말에 이르러 이 사건 관련 성명서를 발표하며 집단 대응을 시작했다. 사제단은 1974년 12월 16일 인혁당 재건위 사건에 적극적으로 관여하던 감리교 오글 목사가 목요기도회에서 인혁당 사건과 관련해 유신 정권을 비판하는 기도를 바친 것을 빌미로 출국령을 받게 되자 이를 비판하는 「오글 목사의 추방은 권력의 폭거다」라는 제목의 성명서를 발표했다. 사제단은 이 성명서에서 "현 정권이 오글 목사에게 내린 출국령은 정의와 진실을 두려워하는 패배주의적 속성을 드러낸 것이며, 민청학련과 인혁당도 관련자들을 정치적 희생제물로 삼기 위해 가공의 단체를 조직한

것"이라는 인식을 드러냈다. (기쁨과희망사목연구소 1996a, 192~193)

　사제단은 이 성명에 이어 사제단 내에 진상조사단을 꾸려 구속자 가족들, 관련 인사와 참고인들의 증언, 제1차 인혁당 사건 관련 언론 보도 자료와 조사결과를 담은 기록들을 참고로 1975년 2월 24일 「인혁당 사건의 진상을 밝힌다」는 제목의 성명서를 발표했다. 사제단은 이 성명서에서 구속자 가족과 세간에서 제기하는 '인혁당 사건이 조작'이라는 주장에 대해 당국이 이를 부정하는 증거를 제시하거나 공개재판 요구에 응하지 않는 것을 볼 때 이 사건이 조작이라는 더 큰 의혹을 품지 않을 수 없다고 했다. 또한 인혁당 재건위 관계 인사들에게 수사당국이 가한 고문은 비인간적, 야만적 행위이기에 하느님의 뜻을 따르는 그리스도인이 이를 좌시할 수 없다면서 '관계기관 재야인사 공동의 민청학련 및 인혁당 사건의 진상조사단 구성, 피고인들의 자유로운 접견권 보장, 형사재판 기록 열람 허용, 공개 재판'을 요구했다. (기쁨과희망사목연구소 1996a, 316)

　사제단은 이 성명서에서 정부 발표 내용을 여전히 의혹으로 표현하면서도 피해자 가족들과 민주화운동 진영에서 제기한 '유신 정권의 조작 의혹'이 사실이라는 점을 확신했음을 "조작에 대한 의혹을 짙게 풍기고 있음"이라는 문구를 통해 드러냈다. (기쁨과희망사목연구소 1996a, 315)

　사제단, 외국인 선교사, 민주화운동 진영의 줄기찬 의혹 제기와 요구에도 불구하고 유신 정권은 1975년 4월 9일 인혁당 관계자 8명을 전격 사형을 집행했다. 그러자 사제단은 「인혁당 피고인들의 사형집행을 보고」라는 성명서를 발표했다. 사제단은 이 성명서에서 "인혁당 사건은 담당 변호사 자신이 재판 기록이 사실과 다르게 기록되어 있음을 확인했을 정도로 많은 의혹을 가졌던 사건이다. 그 의혹이 여전히 불식되지 않은 채 이들 8명에 대한 사형이 이와 같이 빨리 집행된 것에 대하여 우리는 납득할 수 없다"(기쁨과희망사목연구소 1996a, 370; 최기식 1997, 302)며 정권의 처사를 비난했다.

인혁당 관계자 사형에 가장 비판적인 태도를 보였고 가장 적극적으로 경찰과 정보부원을 성가시게 했으며 외신에 이 사건이 보도되는 데 주도적 역할을 한 시노트 신부에게 유신 정권이 강제 출국을 명령하자 사제단은 1975년 4월 28일 「사제들의 연행은 종교탄압이다」라는 제목의 결의문을 발표했다. 사제단은 이 결의문에서 "시노트 신부의 강제 출국 지시는 분명히 종교와 신앙의 자유에 대한 침해이며 시노트 신부의 일체의 행동은 하느님의 뜻과 양심에 입각한 것이었음을 확인한다"며 시노트 신부의 강제 출국 지시를 규탄하는 종교행사를 열 때 명동성당을 포위하고 신자들에게 공포 분위기를 조성한 것도 종교탄압이라며 비판했다.

최기식 신부는 사제단이 인혁당 사건에 관여한 일에 대해 "다만 장례식에 참여하고 장지에 따라가는 일이 고작이었다"고 평가했다. 그러나 이 사건이 개인적 차원에서는 "하느님 안에서 사랑을 사는 최선의 순간"이었다고 고백했다. (최기식 1997, 308) 그러나 천주교의 관여는 최기식 신부의 겸양에 가까운 평가 이상으로 민주화운동에 기여한 바가 컸다.

당시 사제단 진상 조사결과보고서는 진실을 밝혔으면서도 정부 관계자들을 직접 조사할 수 없어 의혹으로 표현할 수밖에 없었다. 그러던 이 사건은 2002년 9월 대통령 직속 의문사진상규명위원회에서 "중정에서 정권 안보를 위해 고문 등에 의하여 조작한 것"이라 발표하며, 당시 천주교와 민주화운동 진영에서 제기한 의혹이 사실임을 확인했다. (한승헌 2017, 290)

중앙정보부 후신인 국가정보원도 2007년 『과거와 대화 미래의 성찰: 주요 의혹사건 편 상권』에서 '민청학련' 사건, '인혁당 재건위' 사건을 유신체제 출범 직후 학생들의 거센 저항에 직면한 가운데 발생한 '대형 공안 사건'으로 성격을 규정했다. 아울러 이 사건이 반독재민주화운동의 여러 형태 가운데 '가장 치열하거나 진보적 입장을 견지한 경우' 북한과 직접 연결되었다거나 조총련 등 국외공산계열의 배후 조종을 받는 반국가 단체로 정보부가 몰고 간 사건 유형에 속하며, 수사도 제대로 하지 않은 상태에서 "대통령 또는 중앙정보부장이 사건의 실체를 매우 과장하여 발표한 사건"으로 결론 내렸다.(국가정보원 2007, 288) 또한 인혁당 재건위 관련자 8명을 사형시킨 것은 "국가형벌권의 남용이며, 이는 정당성을 결여한 독재정권의 유지를 위한 공포 분위기 조성을 위한 필요성 때문이었다고 결론 짓지 않을 수 없다"(국가정보원 2007, 288)고 했다.

당시는 긴급조치 4호가 발동되던 상황이어서 천주교의 인혁당 재건위 사건에 대한 의혹 제기는 최고 사형 선고를 받을 수 있는 목숨을 건 행동이었다. 그럼에도 이 사건에 관여한 사제와 수도자들은 순교를 각오하고 양심에 따라 진실을 밝히는 일에 앞장섰다. 이 과정에서 활동을 주도한 사제단 소속 사제들과 수도자들은 미행, 감시, 가택 수색, 강제 출국 위협에 시달렸다. 기도회가 열리는 성당은 참석자보다 몇 배나 많은 경찰과 정보부원이 둘러쌌고 출입자들의 사진을 찍으며 공포 분위기를 조성했다. 참석한 신자들은 나중에 경찰로부터 채증 사진을 증거로 협박을 당했다.(시노트 2004, 363) 무엇보다 반공을 국시로 하는 정권에서 금기에 도전하며 누구에게도 도움을 받을 수 없었던 공안 사건 피의자와 그의 가족들과 함께한 것은 큰 용기가 필요한 행동이었다. 이들의 순교를 각오한 행동이 마침내 '어둠은 빛을 이길 수 없다'는 단순한 사실을 확인시켜준 셈이다.

9. 천주교정의평화위원회 창립

정평위 설립은 제2차 바티칸 공의회 정신을 실천하기 위한 것으로 공의회를 주관했던 교황 바오로 6세의 회칙 「민족들의 발전」에서 바티칸은 물론 각 지역교회에 정평위 설립 필요성을 역설한 데서 배경을 찾을 수 있다. 이에 따라 한국천주교 주교회의는 1969년 10월에 개최된 정기총회에서 정평위를 설립하기로 결의했다.(한국천주교정의평화위원회 편 1994, 3)

당시 주교회의는 평양교구장 캐롤 안(安) 몬시뇰에게 정평위 결성 임무를 위임했다. 1968년 창립 이후 활발한 활동을 전개해 오던 전국 평협과 긴밀한 관계 속에서 정평위 설립 논의가 이뤄지면서, 1970년 8월 24일 전국 평협 제3차 정기총회와 때를 맞추어 창립했다.(한국천주교평신도사도직협의회 편 1988, 110~111) 정평위가 결성되던 1970년은 박정희 독재정권에 대한 지식인, 학생, 노동자들의 저항과 인권운동이 거세게 일어나기 시작한 해였다. 따라서 정평위 결성은 민주주의를 갈망하던 시대적 요청에 대한 교회의 응답이라는 점에서 운동사적 의미가 크다.

그러나 정평위는 1974년까지 국내에서 교회법적 지위가 모호한 채로 있었다. 창립 당시 정평위의 인적 구성은 성직자와 평신도가 동등한 자격으로 참여하는 등 한국평협 창립과 더불어 새롭게 부상하는 평신도 위상에 부합하는 것이었다. 정평위는 애초 교황청 정평위 소속기구라는 인식으로 출발했으나, 평협과 인적 구성이 겹치는 문제, 평협 위상이 교회 안에 아직 불확실했던 상황 등의 이유로 독자적인 활동을 전개하지 못했다. 또한 1973년 10월 주교회의 추계총회에서 정평위 총재 주교로 선출된 지 주교가 1974년 정보부에 강제 연행 후 구속되는 일련의 사태도 독자적인 활동을 전개하기 어렵게 만들었다.

1975년 2월 열린 주교회의 춘계총회에서 정평위 헌장 인준이 보류되는 한편 원점으로 돌아가 같은 해 12월에 재발족 총회를 개최하면서, 명칭도 '한국정의평화위원회'에서 '한국천주교정의평화위원회'로 변경되었다. 이는 1974년 지 주교 강제 연행과 구속을 전후로 한국천주교회가 유신 정권과 반년 이상 정면충돌하면서 교회의 사회참여를 둘러싼 논쟁에 대한 주교회의 차원의 대응이었다. 당시 교회 전체적으로는 사회참여를 지지하는 분위기였지만, 정부와 교회 일각에서는 정교분리론에 입각해 종교가 국가의 영역을 침범한 것으로 보고 있었다. 1975년 2월 28일, 춘계총회 직후 발표된 주교회의 특별 메시지 「교회의 사회참여」는 교회의 민주화운동 참여에 대한 교회 내 구성원이 지닌 인식의 차이를 보여주었다는 점, 교회의 사회참여 활동과 관련해 공식기구로서 정평위를 강화하려는 의사를 분명히 했다는 점에서 교회 안팎의 관심을 모았다.

이 특별 메시지가 밝힌 행동 지침은 네 가지였다. "첫째, 인권 보장과 사회정의구현을 위한 기도는 복음적 방법으로 이루어져야 할 것. 둘째, 교회의 사회적 소명을 다하기 위하여 바티칸과 각국 주교회의 안에 정의평화위원회가 조직되어 있으므로 성직자, 수도자, 평신자들은 이 공식기구에 가입하여 교회의 가르침에 입각해 정치활동과 엄격히 구별되는 교회 고유 사명을 다할 것. 셋째, 사회참여에 있어 교회는 외부의 정치세력과 제휴하는 일이 없고 모든 정치세력에 초연하는 입장을 취할 것. 넷째, 신자의 정치단체 선택과 활동의 자유는 인정하지만 교회의 공식기구인 평신자 단체가 특정 정치단체에 가담하는 것은 용인될 수 없음" 등이었다. (한국천주교주교회의 가톨릭사목연구소 2019, 104~106) 다음은 이 메시지에 대한 사제단의 반응이었다.

> 정의구현전국사제들을 난처케 한 일은 2월 28일자 주교회의 담화문 발표 내용이었다. 담화문은 현실적 아픔을 외면한 내용으로 결과적으로 사제단의 활동에 제동을 거는 인상을 주었다. 주교들의 현실인식 결여와 안주적 태도를 보여준 문서였다. …… 이에 "현실에 투신하고 나름대로 증언적 삶을 실천하려는 신자들과 사제들을 격려하고 밀어주지는 못할망정 그것을 방해하지는 말아야 하지 않는가?"라는 강한 비판이 제기되기도 했다. (기쁨과희망사목연구소 1996a, 254)

사제단은 1974년 지 주교 구속을 계기로 전 교회 차원의 민주화운동이 분출되었던 것과 달리 지 주교를 포함 민청학련 사건 관계자가 모두 석방되면서 주교들은 이제 할 만큼 했으니 '그만하자'는 식의 분위기를 조성하

려는 의도로 주교단 메시지를 평가했다. (기쁨과희망사목연구소 1996a, 255)

이러한 가운데 1975년 5월 5일 주교회의 상임위원회는 성명서(「난국에 대처할 우리의 자세」)를 발표했는데, 그것은 2월 28일 발표한 특별 메시지의 연장에서 사제들의 활동을 단속하려는 의도가 엿보이는 문서였다.

국민의 신뢰를 받는 정부와 정부의 따뜻한 보호를 받는 국민이 일치 단결하여 임박한 공산 위협을 물리쳐야 할 현 시점에서 국가 안보에 해로운 온갖 사회 부조리와 불안을 제거하고, 건전한 비판 세력인 성직자, 지식인, 언론인들의 투옥, 연행, 추방 등의 희생을 막기 위하여 한국 주교단은 그동안 사제들이 중심이 되어 자발적으로 전개하던 현실 비판과 인권 옹호 운동을 주교단이 책임지고 차원을 높여 정부와의 직접 대화로써 해결할 수 있기를 소망합니다. …… 이같은 우리의 사명을 다하기 위하여 천부의 인권을 최대한으로 보장하고 온갖 사회부조리를 제거하는 일에 정부와 국민은 다같이 최선을 다해야 할 것입니다. 그래야만 정부는 국민의 지지를 받고 국민은 정부의 고마움을 느낄 수 있을 것입니다. 이러한 대동단결이 이루어져야만 반공 투쟁에 승리할 수 있으며, 그래야만 이 나라가 대대로 융성할 것입니다. 이것이 우리의 소망이며, 우리의 신념입니다. (한국천주교 주교회의 상임위원회 1975, 131~132)

1975년 2월 특별 메시지에서 주교들은 교회 공식기구인 정평위를 통해 교회의 사회적 소명을 다할 것이라 천명했지만, 구체적인 후속 조치는 따로 없었다. 이제 5월의 성명서는 많은 이의 희생을 막기 위해 "그동안 사제들이 중심이 되어 자발적으로 전개하던 현실 비판과 인권옹호운동을 주교단이 책임지고 차원을 높여 정부와의 직접 대화로써 해결할 수 있기를 바란다"는 언급을 통해 교회의 대 사회 발언 창구가 정평위로 일원화되어야 한다는 점을 강조했다.

두 번에 걸친 주교들의 메시지와 성명서는 뜻있는 지성인들과 사제들의 불신을 자아냈고 그나마 현실 참여에 관심이 많았던 사제들을 주저앉히는 빌미를 제공했다. 어려운 여건에서 나름의 결단으로 희생의 현장에 뛰어들었던 사제들 가운데는 주교들이 차원 높게 한다 했으니 지켜보자는 식으로 그 자리에 주저앉기도 했다. (기쁨과희망사목연구소 1996a, 255~256) 물론 주교들이 취한 일련의 조치가 1970년대 중후반으로 이어지는 천주교 민주화운동에서 정평위 위상이 더 높아지는 계기로 작용한 측면이 있다. 실제로 정평위는 민주화운동 과정에서 사제단과 긴밀한 협력관계를 유지했고 인적으로도 중첩되어 있었다. 일례로, 1975년 12월 당시 정의구현사제단 소속 김병상 신부가 정평위 부회장으로 선출되었고, 그 이후에도 정평위 신부 몫 부회장은 대부분 사제단 신부로 채워졌다. (민주화운동기념사업회 2009, 392)

제3절 평신도의 자각과 연대

1. 한국천주교평신도사도직협의회

1) 평협의 출발

평신도운동이 활성화되는 데 큰 계기가 되었던 사건은 제2차 바티칸 공의회였다. 특히 세계와 지역 차원에서 전개된 제3차 세계 평신도대회(1967.10)가 중요한 계기였다. 제3차 세계 평신도대회의 영향으로 1968년 7월 23일, 전국 평협(한국 가톨릭 평신도사도직 중앙협의회, 이하 한국평협)이 창립되었고, 이후 교구별 평협이 조직되기 시작했다.

한국평협은 창립 때부터 국제 교류를 통해 인식의 지평을 넓혀갔다. 1970년 7월 14일부터 22일까지 일본 도쿄에서 가톨릭과 개신교의 국제 조직인 '사회개발 평화합동위원회(Joint Committee for Society Development

and Peace, SODEPAX)'와 '동아시아 그리스도교 회의(East Asian Christian Conference)'
공동 주최로 열린 '그리스도교 아시아 개발회의'에 참석했다.

이 회의는 농촌과 농업개발, 도시의 공업개발, 교육과 매스컴, 발전을 위한 세계적 협력, 중요한 조직적, 제도적 전환, 건강과 인구 증가와 개발, 신학적 전망 등 7개 분과별 토의를 거쳐 "비록 경제적으로 빈곤한 국가라도 국민이 필요로 하는 것은 빵만이 아니라 자유와 인권, 정의와 참여임을 깨닫고 이의 실천을 위하여 함께 일할 것을 다짐한다"는 요지의 결의문을 채택했다. (한국평신도사도직협의회 1988, 110~111)

이 회의에 참석했던 한국 가톨릭과 개신교 대표들은 귀국 후 자주 모임을 갖고 도쿄 회의의 결의 사항을 실천에 옮기기 위한 방법을 협의한 끝에, 1971년 2월 22일 서울 YWCA 강당에서 '사회개발·평화 한국위원회(SODEPAX Korea Committee)'를 결성했다.

1971년 7월 개최된 전국 평협 제4차 정기총회는 8개 논의 안건 가운데 "타교파와 손을 잡고 사회개발 평화운동 및 신용협동조합운동 등을 일으키는 데 앞장설 것"을 결의했다. 같은 해 9월에는 바티칸 정의평화위원회 부총무가 내한하여 한국천주교 정평위 및 2월에 결성된 '사회개발·평화 한국위원회' 임원들과 만나 양 위원회 활동 현황과 문제점을 주제로 이야기를 나누었다. 10월에는 바티칸 평신도 위원회 자문위원인 일본인 안사이 노부루 교수가 동 위원회 의뢰로 아시아 각국에서 전개하는 평신도운동의 공동 이슈를 모색하기 위한 '아시아지역 평신도대회' 개최 문제에 관한 한국 측 의사를 타진하기 위해 내한하여 전국 평협 회장단과 간담회를 가졌다. 또한 12월에는 주교회의 정기총회에 4차 평협 정기총회에서 결의한 타 교파와의 연대사업 계획안을 건의했다.

1970년대 민주화운동의 진원지는 원주였다. 1971년 원주교구에서 전개된 부정부패 추방운동은 일개 방송국 문제의 범위를 넘어 사회정의구현운동 차원에서 교구와 교파를 초월해 확산되었다. 주교단도 사태의 심각성을 인식, 제4회 평신도의 날인 11월 14일 공동 사목교서 「오늘의 부조리(不條理)를 극복하자」를 발표했는데, 이는 전국 평협을 비롯한 교회 단체는 물론 일반 지식인들로부터도 큰 호응을 받았다.

한편 교회 일각에서는 교회가 사회를 향해 도덕성의 회복을 외치기 전에 교회 내부에서부터 인권을 존중해야 한다는 소리도 나왔다. 이 연장에서 가톨릭노동청년회와 같이 노동자 인권 문제에 민감한 단체들은 주교단 공동교서 지지 성명에서 교회는 우선 교회 기관에 종사하는 노동자들에게 근로기준법에 준거하여 처우를 개선하고 신분을 보장해줄 것을 요청했다. (한국평협 1988, 121)

박정희 독재 체제하에서 가톨릭 평신도 지식인의 수난도 이어졌다. 박 정권의 언론 통제는 제7대 대통령 선거(1971. 4. 27)를 앞두고 더욱 극심해졌다. 가톨릭 문우회(文友會) 회원인 임중빈(베드로)은 월간 《다리》에 기고한 그의 글 「사회참여를 통한 학생운동」이 반공법을 위반했다는 혐의로 대통령 선거를 두 달 앞둔 2월 12일에 구속되었다. 임중빈의 글 가운데 반공법 위반으로 문제가 된 대목은 다음과 같다.

> 침묵이 미덕이며 안정만이 특효약이라는 기만적 발상, 희망의 좌절, 욕망의 좌절, 지성의 좌절 속에 좌절은 기교를 낳고 그 기교 때문에 다시 좌절하는 이 나라 사이비 지식인 작태나 언론인의 곡필, 한낱 오락 산업에 동원되고 있는 문화예술인의 추태. …… 아메리카의 문화혁명은 단순한 광기의 발산 ……. (김충식 1992, 303~304)

사실 이 글은 《다리》 1970년 11월호에 실렸다. 그런데 석 달이나 지나 뒤늦게 문제 삼아 구속한 건 이 사건이 대통령 선거를 앞두고 주도면밀하게 기획된 정치 공작이었음을 말해주는 것이다. (강준만 2017, 122) 한편, 풍자시 「오적」을 《사상계》 1970년 5월호에 발표해 반공법 위반으로 1개월 옥살이를 한 김지하는 원주교구에서 장일순을 도우며 지내던 중 월간 《창조》에 발표한 풍자시 「비어(蜚語)」로 반공법 위한 혐의로 다시 구속되었다. (1972.5.1)

2) 평신도 사도직 운동에 대한 시각 차이

한국평협 창립 이래 한국교회 평신도 사도직 운동은 새로운 전기를 맞았지만, 평협의 교회 내 관계에서 주교회의 등 교계로부터 완전히 자유로운 것은 아니었다. 창립 이후 평협은 교구청이나 각 본당의 냉담한 반응 속에서 고군분투하는 입장에 처하기도 했다. 평협 활동을 가장 선두에서 뒷받침해야 할 서울대교구의 경우만 해도 1970년 10월까지 전체 56개 본당 중 14개 본당만 사목협의회를 구성했다. (서울대교구 1984, 876) 급기야 1972년 전국평협 제5차 정기총회에는 서울대교구 평협이 교구 방침에 따라 활동이 중지되어 총회에 불참하는 일이 벌어졌다. 이러한 서울평협의 해체 위기는 단순한 외형적 조직구조상의 문제라기보다 본당 사제 중심의 성직자들이 기존 사고에 젖어 평신도 사도직 활동에 반발한 측면이 컸다. 당시 서울평협 정일천 회장의 다음과 같은 회고는 그때의 상황을 잘 전해주고 있다.

성직자나 평신도나 제2차 바티칸 공의회 정신을 올바로 인식하지 못한 데서 문제가 발단했다. 평신도는 공의회의 영향으로 성직자와 대등한 입장이 되었다는 인식들이었고, 성직자는 그동안 교회 내에서 확고부동했던 우위 전통이 무너지는 게 아니냐는 기우를 갖게 되어 평신도사도직 운동을 좋지 않게 보았다. 성직자들의 반발을 살 수밖에 없었던 것은 성직자들의 탓으로 돌리기 이전에 진보주의자로 자처하는 일부 '과격파 신자'들의 월권행위에도 그 원인이 없지 않았다. 그들은 본당 신부는 사목만 담당하고 본당 재정은 평신도에게 넘기라고 주장했으며, 실제로 그것이 시행된 본당도 있었다. 일이 이렇게 되자 김수환 추기경은 신부 대표와 평신도 대표를 한 자리에 초청하여 공의회 문헌에 정통한 신부로 하여금 평신도 사도직 운동이 본당 재정에 간섭하는 것이 아님을 규명케 하기도 했다. (한국평신도사도직협의회 1988, 307~308)

평협 초기 서울평협 활동중단 사태는 평협 정체성 확립에 큰 어려움을 주었고, 평협 활동을 크게 위축시켰다. 1974년 10월 주교회의 추계 정기총회에서 평협 조직 재정비를 논의하고 1975년 9월 교구평협 총회를 개최하기까지 서울평협 활동 중단 사태는 4년간 계속되었다.

주교회의는 1973년 10월 개최된 주교회의 추계 정기총회에서 원주교구장 지 주교를 제2대 전국평협 총재 주교로 선임했다. 이미 교구에서부터 평신도들과 적극적인 협력 관계를 유지하던 지 주교는 총재 취임 후 처음 맞는 제6회 평신도 주일(11. 18)에 즈음해 평신도 사도직에 관한 소신을 다음과 같이 밝혔다.

평신도의 날을 제정한 이유는 교회를 지금까지 너무 성직자 위주로만 생각해서 …… 평신도가 교회 안의 중요한 일원이며, 교회 활동에 적극적으로 참여할 의무도 있고 권리도 있다는 것을 실제로 나타내기 위한 것이다. …… 성직자와 평신도가 서로 조화있게 융합된 것이 교회이다. …… 성직자들은 평신도들의 교회 활동을 대폭적으로 받아들이고 최대한 뒷받침을 해야 할 것이며, 그들의 권리를 최대한으로 인정하고 그들의 의무를 최대한으로 활용해야 할 것이다. …… 참된 평신도 활동이란 넓게는 온 인류, 혹은 한 민족, 한 국가, 좁게는 자기가 처해 있는 주변 사회의 모든 사람이 하느님의 사랑과 진리를 알아 정신적, 물질적으로 사람답게 살 수 있게 해 주는 데 노력하여 더 많은 사람이 이 세상에서 행복하고 마침내는 저 세상에서 하느님의 사랑과 행복에 참여할 수 있

게 하는 자세라야 한다. (한국평신도사도직협의회 1988, 130~131)

전국평협은 지학순 총재 주교 시절 평신도의 사회참여 문제를 주된 과제로 삼지 않을 수 없었다. 총재 주교가 민청학련 사건 관련 혐의로 옥고를 치르는 등 독재정권으로부터 숱한 핍박을 받았기 때문이다. 평협 제7차 정기총회는 연수회를 겸하여 1974년 8월 30일부터 9월 1일까지 2박 3일간 개최되었다. 이 시기는 지 주교 구속으로 교회의 사회참여 문제가 큰 이슈로 등장한 때여서 연수회 주제도 관련 내용들로 다뤄졌고, 총재 주교를 위한 기도회와 아울러 평신도의 사회참여 문제를 광범위하게 토의, 시국에 관한 선언문을 발표하기로 했다. 1974년 9월 11일 명동대성당에서 개최된 고통받는 사람들을 위한 기도회에서 평협의 선언문과 결의문이 정의구현전국사제단 결의문과 함께 낭독되었다. (명동천주교회 1984, 128~133)

2. 가톨릭 대학생회

1970년 4월부터 매년 '대한가톨릭학생총연합회'(이하 총연)는 기독학생연맹(KSCF) 등 개신교 단체들과 공동으로 '부활과 4월 혁명' 행사를 개최하며 시국 문제를 다루었다. 1958년 7월부터 1970년 7월까지 약 13년간은 가톨릭 대학생과 지성인이 참고할 수 있는 「에큐메니컬운동」 같은 소책자를 꾸준히 출간했다. 이는 1964년 제10차 전국대회에서 '에큐메니칼'을 주제로 다룬 이후 개신교와 교류가 늘어난 상황에서 구상된 것이었다.(《가톨릭시보》 1964.7.12) 이 행사는 그리스도교에서 행해진 최초의 4·19 행사였고 1980년대 말까지 4·19혁명을 기념하는 대표 행사로 자리매김했다.

특히 한국의 대학생운동에서 평화시장 근로기준법 준수를 요구하며 분신한(1970.11.13) 노동자 전태일이 "내게도 대학생 친구 한 명만 있었으면……"이라고 쓴 일기 내용은, 당시 정치적인 반독재, 민주화 투쟁을 주로

하던 대학생과 지식인에게 큰 충격을 주었고, 노동자와 도시 빈민 등 소외 계층의 삶에 주목하게 만들었다. 이후 학생들은 노동 현장에 위장 취업형 식으로 뛰어들어 노동자와 생활을 같이하면서 노동자를 의식화, 조직화하는 노동운동을 시작했다.

1971년 9월 '총연'은 한국가톨릭노동청년회(J.O.C.), 도시산업선교회 등 가톨릭과 개신교의 노동단체와 학생단체가 함께 '크리스챤사회행동협 의체'를 결성해 사회정의구현 세미나를 개최했고, 개신교 학생회와 합동 으로 청계천에 살던 100여 가구의 철거민을 경기도 고양군 원당면으로 이 주시키는 사회 활동도 전개했다. 이 협의체는 정관 목적에 밝힌 대로 "도 시 산업사회에서 하느님의 선교 사명을 다하려는 교회(천주교와 개신교)가 현대 사회에서 생활하고 있는 모든 이들로 하여금 개인 생활과 직장 및 지 역 사회 속에서 자신들의 문제와 사회의 문제를 자주적이고도 자율적으 로 해결하여 정의롭고 균형된 사회를 이룩하도록 행동한다"는 데 초점을 두었다. (크리스챤사회행동협의체 1972, 1) 협의체는 당시 여건과 상황을 고려 해 활동에 들어가기 전 회원단체 및 실무자들에게 활동의 세 가지 기본 전 제를 인식시켜 오해를 극복하려 했다. 첫째는, 우리의 사회적, 정치적 상황 을 고려하여 조심성 있게 활동을 전개해야 하며, 둘째는 교회적 현실이 협 의체가 지향하려는 성격과 내용을 받아들이기에는 너무 먼 거리에 있다는 사실을 이해하고 행동해야 하며, 셋째는, 다만 지원 협력의 필요가 있을 경 우에 실제적인 방법과 자료를 제공하는 방법 등을 통해 공동 협력토록 한 다는 것이었다. (크리스챤사회행동협의체 1972, 1~10)

[표3]은 당시 크리스챤사회행동협의체에 가입한 단체들에서 수행했던 사업을 대략 정리한 것이다. 팍스 로마나(PAX ROMANA)로 표기된 가톨릭 대학생회는 개신교 학생 단체와 함께 시민아파트 철거민 이주 지원 활동에 참여한 것으로 확인된다.

[표3] 크리스챤사회행동협의체가 1972년에 진행한 재정 지원 및 공동행동 사업

구분	회원단체	지역명	비고
1	감리교	인천지역	주민조직과 분진 문제
2	가톨릭	성동지역	차장들의 문제
3	장로교(예장)	사근동	대지와 가난 문제
4	장로교(기장)	중부시장	세금 및 노조조직 문제
5	감리교	남대문 시장주변	영세상인들의 문제
6	장로교(기장)	종로지역	영세민의 문제
7	감리교	아파트의 문제	아파트 주민 문제
8	YWCA	중부시장	일정 지역을 선정, C.O. 활동
9	KSCF	시민 아파트	
10	안양근로자회관	안양반달 지대	
11	YMCA	신촌 및 연회동	
12	PAX ROMANA	시민 아파트	
13	기독교도시산업선교위원회	민서동, 화수동 지역	
14	JOC	평화시장 및 근로재건대	문제발굴, 조직 및 순회 교육

(박정세 1996, 205)

당시 총연을 지도했던 박홍 신부●는 "이 당시 학생들이 사회 문제 의식
이나 교회의 가르침에 대한 열의가 대단했으나, 이 무렵부터 가톨릭 학생
운동이 전통적인 범위를 벗어나 일반 학생운동 방식으로 사회참여를 다루

● 1941~2019. 예수회 사제로 1970년 가톨릭 지성인협회 전국지도신부, 가톨릭 대학생회 전국지도신부, 크리
스챤사회행동협의체 초대 이사장 등을 지냈다.

[표4] 1970년대 전반기 가톨릭 대학생들의 민주화운동 참여 현황

시기	활동 내용
1971.10.8	크리스찬사회행동협의회 기도회 개최: 오전 10시 20분, 가톨릭학생관에서 신·구교 2개단 체 대표 26명이 기도회를 개최하고 박홍 신부 집전으로 미사 봉헌 후 선언문 낭독 후 경찰서 연행
1971.10.12	광주가톨릭대 신학생 시위: 오전 8시 20분, 신학교 성당에서 특별 기도회와 호소문 낭독 후 가두행진을 시도, 경찰과 대치 후 오후5시까지 농성
1973.11	단식농성: 서강대 학생회 50명, 가톨릭대 의학부생 200명, 대구효성여대 40명 구속학생 석방 단식 농성
1973.12.5	구국철야 기도회: 가톨릭 대학생회 대구교구연합회 학생 30여명, 대구문화회관에서 구국철야 기도회 개최
1974.8.27 1974.8.27	가톨릭 대학생회 대구교구연합회 학생 30여명, 대구문화회관에서 구국철야 기도회 개최
	가톨릭청년회가 정의구현을 위한 각종 행사와 기도회 등을 외면, 왜곡 보도해온 《가톨릭시보》를 규탄하는 결의문이 담긴 선언문 발표
1974.10.8	광주가톨릭대 학생회가 시국에 대한 견해인 '위정자와 교회 장상들에게 보내는 메시지'를 담은 결의문 발표
1974.10.11	철야 기도회: 서울대교구 가톨릭대학 신학부 학생 100여 명은 오후10시부터 국가와 지학순 주교를 위한 철야 기도회 개최
1974.10.24	서울대교구 가톨릭 대학생연합회원 1,000여명이 명동성당에서 '서울대교구 가톨릭학생 성년 기도회'를 개최 후 선언문과 결의문 발표
1974.10.26	가두시위 전개: 11일 철야 기도회에 이어 26일에는 신학생 300여명이 교정에 모여 결의문 낭독 후 혜화동 로터리에서 가두시위 전개
1974.11.17	전주교구 가톨릭 대학생과 중고등부연합회가 전동성당에서 1,000여명이 참가해 기도회 개최 후 성명서와 6개항의 결의문 발표
1974.11.18	가톨릭대학 신학부 학생들 구국 기도회 개최 후 결의문 발표, 가두시위로 학생 33명 연행
1974.12.2	서강대 교수와 학생들이 '정부 지도자와 구속학생을 위한 기도회' 개최
1975.4.18	인천교구 가톨릭 대학생회 주최 4·19 15주년 시국 기도회 개최 / 가톨릭전국학생연맹도 '시국선언문' 통해 유신헌법 철폐 요구 / 전주교구 가톨릭 대학생회가 '부활과 4월 혁명' 주제로 기도회 개최
1975.5·16	명동성당 지하에서 열린 '젊은이를 위한 미사'에 청년, 학생 200여 명이 참가, 미사 후 가두시위 진행

(명동천주교회 1984; 기쁨과희망사목연구소 1996)

기 시작했다"고 평가한다. [표4]는『한국가톨릭인권운동사』와『암흑 속의 횃불』1, 2권에서 확인된 1970년대 전반기 가톨릭 대학생들이 참여한 민주화운동 현황을 시간 순으로 정리한 것이다.

1970년대에 접어들면서 대학 숫자가 급격히 늘어나기 시작했고, 가톨릭 학생회는 13개 교구 연합회와 75개 단위대학생회 안에 1만여 명의 회원을 둔 방대한 조직이 되었다. 회원 수가 급격히 늘어나면서 학생들의 요구도 다양해지고 총연 안에서 새로운 문제들도 나타나기 시작했다.

당시 총연은 실무를 담당하는 사무처와 학생대표인 학생회장단의 이중 구조로 운영되고 있었다. 1967년 오스트리아부인회 도움으로 명륜동에 학생회관을 건립하여 안정적인 공간도 확보했다. 주교회의로부터는 정기적으로 학생회 재정 지원(1967년 중고등·대학 합산 약 9만 원 → 1971년 약 200만 원)을 받았다. 각 학연도 교구로부터 재정 지원을 받기 시작하는 등 조직과 활동이 확장되었다. 그러나 이러한 이중 조직구조와 재정 규모 확대는 시간이 흐르면서 여러 오해와 갈등이 발생하는 원인이 되었다.

1969년 4월 총연 임원단은 학생회 재정 문제로 지도사제인 나상조 신부의 사퇴를 요구하며 총 사표를 제출했고, 이로 인해 나길모 총연 총재 주교는 총연 회장단 사표를 수리하고 1969년 전국대회에서 회칙을 개정하여 총연 임원단을 해산시키고 이 기능을 사무처가 담당하게 했다. 1970년 4월 말 총연에서는 제1차 학생사목지도자 세미나를 열어 학생지도 방안에 대해 논의했고, 1970년 전국대회에서는 총연 지도신부 제도를 폐지하고 전국지도신부회의에서 이를 대신하고 사무처를 학생회 조직에서 분리하여 학생지도신부던 관할로 누고 총연을 담당하는 사제를 사무총장으로 임명했다.

총연은 1969년 10월 자체적으로 발간하는 잡지《빡스》에 3선개헌의 부당성에 대한 논문 기사가 게재되며 기관의 내사를 받게 되었다. '부활과 4월 혁명'행사 후 삼선 반대 가두시위를 벌이는 등 정부와 갈등을 빚자 교회 안에서는 대학생운동을 우려하는 시선이 등장하기 시작했다. 학생들은 이러한 교회 측 태도에 반발하여 공개적으로 성토하기 시작했다. 1971년 4월 김수환 추기경이 대통령 선거를 앞두고 발표한 시국성명서를 두고 서울학연 학생들이 '교회 당국에 드리는 건의문'을 발표한 것이 대표적인 사례다. 이 건의문에서 학생들은 교구장을 잘못 보필한 교회당국자의 사퇴를 요구했다. 이 사건 3개월 후 학생들은 학생회를 탐탁히 여기지 않는 교회 당국자에 대한 성토대회와 농성을 진행하는 등 교회와 학생 사이에 갈등의 골이 계속해서 깊어졌다.

그러던 중 1972년 2월 8차 회장단 회의에서, 사무처에서 학생 측 동의 없이 '크리스챤 문화 운동'을 후원한 문제로 지도신부단과 학생회 사이에 다시 갈등이 일어났다. 이로 인해 지도신부단이 해체되자 정진석 총재 주교는 1972년 제18차 전국대회 일주일 전 대학생 지도신부 회의를 소집했다. 이 회의에서 상설기구인 '총연합회' 제도 대신 교구 연합회 회장으로 구성된 '회장단' 제도로 개편하기로 결정하고 전국대회 때 학생대의원들에게 통보했다. 이 회장단 제도는 기존의 총연 회장단과 성격이 전혀 다르고 상설조직이 아니라는 점에서 실질적으로 총연의 해체를 의미했다. 학생들은 이에 반발했다. 학생들은 서울대교구 학생회 연합회장을 총연합회장 서리로 선출하고 교구 학생회 회장들로 구성된 수습위원회가 다음 해 1월 중에 열릴 동계 회장단 회의까지 사태를 수습토록 하는 타협안을 채택했다. 1972년 10월 1일 열린 학생대표와 지도신부와의 회의에서 회장단 제도를 수용하는 것으로 결정되면서 총연은 해체되었다.

3. 국제가톨릭형제회

A.F.I. (Association Fraternelle Internationale, 국제가톨릭형제회, 이하 AFI)

는 '하느님의 부르심에 응답하여 그리스도를 증거하고 복음적 삶을 이루는데 일생을 봉헌하기로 서약하고 살며 교회와 세상 안에서 다양한 사도직을 수행하는 평신도 공동체'다.(afi.kr) 벨기에 출신 중국 선교사 뱅상 레브(Vincent Lebbe, 1877~1940)의 선교관과 평신도 선교운동에 감명을 받은 벨기에 평신도 이본 퐁슬레(Yvonne Poncelet, 1906~1955)가 1937년 창설했다. 한국에는 1956년 당시 서울교구장 고(故) 노기남● 주교가 요청하여 진출했다. 이탈리아인 회원 안젤라 미스뚜라, 독일인 회원 가비 빌스마이어와 벨기에인 회원 리나 마스가 1956년에 입국하며 첫 팀 활동을 시작했다.

  AFI 회원이 천주교 민주화운동에 처음 관여하기 시작한 분야는 가톨릭 노동운동이었다. AFI 회원 송옥자는 1965~1966년 JOC북부연합회 제4대 여성회장 직무를 마치고 메리놀선교회 소속 전 미카엘 신부 초청으로 강화

● 세례명 바오로. 1913년 뮈텔 주교로부터 건진성사와 함께 용산 예수성심신학교 입학 허락을 받고 1917년 9월 15일 신학교에 입학해 철학과와 신학과를 졸업했다. 졸업하는 해인 1930년 10월 26일에 사제품을 받았다. 서품 후 종현(현 명동성당) 본당 보좌 신부로 부임해 주교품을 받기 전까지 교구장 비서로 일했다. 1939년 5월 일제의 강압으로 결성된 '국민정신 총동맹 경성교구 연맹'의 부이사로, 같은 해 9월 24일 '한국천주교 순교자 현양회' 회원으로 선출되었다. 일제 말기에 이르러 조선 총독부가 광주교구장과 대구교구장에 일본인 신부 임명을 시작으로 외국인 교구장을 모두 일본인으로 교체하려 하자 제9대 서울교구장 라리보(Lairibeau, 元亨根) 주교는 사임을 결심하고 노기남 신부를 자신의 후임자로 임명해 주도록 비밀리에 로마 교황청에 청원했다. 이 청원이 받아들여져 그는 1942년 1월 3일 교황 비오 12세로부터 한국인 최초로 서울교구 및 평양·춘천대목구장 서리로 임명되었다. 1962년 한국교회에 교계제도가 설정되면서 한국인 최초로 대주교가 되었다. 그는 서울(대)교구장으로 재임하던 시절 취했던 정치적 입장과 처신으로 늘 논란의 중심에 섰다. 그는 일제 말기 내내 일제에 저항하는 대신 소극적 협력 태도를 취해 장면과 함께 천주교의 대표적 친일 인사로『친일 인명사전』에 올랐다. 해방 후에는 반공, 친미 노선을 택하며 미 군정을 도왔고 남한만의 단정 수립을 지지했다. 대한민국 정부 수립 후에는 이승만을 지지했다. 1952년 이승만과 관계가 틀어지기 전까지 밀월 관계를 유지했다. 이승만과 결별한 노기남은 장면과 그가 속한 민주당 신파를 지원해 장면 정권 출범에 기여했고 장면 정권 출범 후에는 민주당의 강력한 지지자가 되었다. 이 시기에 그는 사제의 정계 진출은 적극적으로 만류했으나 현실 참여는 지지했다. 물론 이는 친정부 활동에 한정된 것이었다. 그러던 그가 5·16군사쿠데타로 집권한 박정희에게는 침묵을 지켰다. 심지어 쿠데타 세력이 교회의 협조를 요청하자 이에 응하기까지 했다. 이러한 태도는 1967년 교구장직에서 물러날 때까지 계속되었다. 교구장직에서 물러나고 나서도 그는 젊은 주교들이 유신 정권을 비판하는 활동에 나서는 것을 비판하고 경우에 따라서는 이를 직접 막아섰다. 1976년 3·1 명동 사건 때도 "교회는 사회에 봉사하는 구원의 역할만을 맡아야지 정치 문제에 깊이 관여하면 안 된다"면서 사제들의 사회참여에 대해 비판적 입장을 표명했다. 그의 이러한 친정부적 태도는 전두환 군부정권까지 이어졌다. (박도원 1985)

도 지역 JOC 활동을 돕기 위해 1967년 강화성당에 파견되었다. 송옥자는 이곳에 파견되어 JOC 활동을 지원하다 강화 심도직물 사건이 일어났을 때 경찰과 사측으로부터 '사건 배후'로 지목당하기도 했다. 송옥자는 강화도를 떠난 다음에도 1971~1979년까지 전국섬유노조 서울의류지부에서 노동자 권익 옹호 활동에 참여했다.

1974년에는 김 추기경 요청으로 서울 영등포구 시흥동 판자촌에서 약사 최소희, 사회복지사 유송자, 간호사 배현정(마리 헬렌) 등 3명의 회원이 빈민 활동을 시작했다. (이충렬 2014, 474)

AFI는 1974년 4월 민청학련·인혁당 재건위 사건이 일어나고 7월에 지주교가 이 단체에 자금제공 혐의로 구속되고 나서부터는 명동 가톨릭여학생관을 천주교 민주화운동의 중요한 정보교환 공간으로 제공했다. 이 공간이 이러한 기능을 할 수 있었던 것은 두 가지 장점 때문이었다. 첫째, 이 공간은 구속자 가족, 민주화운동 인사들이 경찰과 기관원으로부터 미행당할 위험 없이 비밀리에 김 추기경을 접견할 수 있었다. 여학생관 2층이 계성여고 운동장과 바로 이어져 있어 김 추기경이 명동성당 경내를 벗어나지 않고도 이들과 접촉할 수 있었다. 둘째, 이 장소는 해외로 전달할 필요가 있거나 해외에서 받아온 민주화운동 관련 서신과 자료를 수발(受發)하는 공간이었다. 미혼 여성들만 사는 곳이라 기관원 출입이 어려웠고 회원들이 모두 민주화운동에 우호적이어서 비밀을 지키기 쉬운 측면도 있었다. 오도환 아빠스가 이 공간을 자주 이용한 대표적인 천주교 인사였다. (김정남·한인섭 2020, 243~245)

1974년 10월부터는 독일인 시그리드(Sigrid), 프랑스인 콜렛(Collette), 이탈리아인 안젤라(Angella)가 한국 민주화운동을 지원하는 신·구교 외국인 선교사 모임인 '월요모임'에 시노트 신부와 함께 참여하기 시작했다. (시노트 2004, 125) 이 세 회원은 당시 월요모임에서 추진하던 인혁당 재건위 사건

명동 전진상 센터 정문 사진

진상 규명 활동, 이 사건 관련 구속자 특히 8인의 사형수 가족을 지원하는 활동에 적극적으로 참여했다. 이들은 인혁당 재건위 사건 사형수 가족들을 위해 만남과 휴식 장소를 제공하고 이들과 함께 금식 기도회를 가졌으며 사형수 가족들이 외신기자의 취재와 인터뷰에 응할 수 있도록 도왔다. 국제 사면위원회(Amnesty International)와의 연락 업무도 맡아 주었다. (시노트 2004, 154) 콜렛은 한국 가톨릭교회와 일본 정의평화협의회 간 연락 채널 이른바 '김정남-송영순 라인'이 원활히 작동하도록 도왔다. 자신이 해외에 나가거나 입국할 때 직접 서신과 자료를 전달하기도 했다. (김정남·한인섭 2020, 245) 이 외에도 AFI는 가톨릭 여학생관을 민주화운동에 참여하는 종교인의 비밀집회, 억압받는 노동자와 빈민들을 위한 모임 장소, 수배 인사들의 은신처로 제공했다. 이러한 활동은 AFI 회원들 다수가 정보기관의 감시대상이 되게 만들었다.

1972년 10월 유신헌법이 공포되자 노래를 통해 "민주 수호"를 외치는 젊은 가수들도 나타났는데 AFI는 이들에게 교육관 1층을 기타와 노래로 시대의 아픔을 함께 나눌 수 있는 공간으로 제공했다. 1층을 '해바라기 살롱'으로 만들어 1973년부터 1979년까지 매주 토요일 '젊은이들끼리'라는 행사명을 붙여 해바라기 노래그룹에 속한 김영미, 이정선, 이주호, 한영애, 이광조 그 외 김민기, 김의철, 배화순 등이 공연할 수 있게 도왔다.

제4절 수도회와 사도생활단의 연대

가톨릭 국제 네트워크의 핵심 주체 가운데 하나가 수도회의 존재다. 수도회는 '바티칸이나 교구장 인가를 받은 회헌(會憲, Constitution)에 따라 공동생활을 하는 수도자들의 단체'를 가리킨다. 구성원에 따라 남자 수도회와 여자 수도회(수녀회), 성직 수도회와 평수사회, 설립 주체에 따라 바티칸 설립 수도회와 교구 설립 수도회로 구분한다. 남자 수도자를 수사, 여자 수도자를 수녀라 부른다. 수사가 성품성사(사제서품)를 받으면 성직 수사(또는 수도사제, 수사신부)로, 서품을 받지 않으면 '평(平)수사'로 부른다. •

1970년대 천주교 민주화운동에 관여한 수도회는 대부분 교황청 설립 수도회였다. 당시 한국에 진출한 교황청 설립 수도회는 대부분 창설지가 유럽이거나 비유럽지역인 경우에도 설립자는 서구인이었다. •• 이들은 한국에 진출할 때 외국인 회원만 선교사로 파견하거나 미리 양성한 한국인 회원을 이들과 함께 보냈다.

사도생활단은 "회원들이 수도서원 없이 그 단(團)에 고유한 사도적 목적을 추구하고 고유한 생활 방식에 따라 형제적 생활을 공동으로 살면서 회헌의 준수를 통하여 애덕의 완성을 향하여 정진하는 단체"다. (교회법전 제

• 참조: https://cbck.or.kr/Catholic/Korea/Orders?pageId=14.
•• 교구 설립수도회는 대부분 한국인이 창설했다. 교구 수도회는 외국에서 진출한 것이 아니라 한국에서 창설했다는 점을 강조하기 위해 한국인(방인) 수도회로도 불린다. 한국인 수도회도 외국에 진출하기 때문에 수도회는 대부분 국제적 네트워크 성격을 띤다.

731조 ①) 수도회와 마찬가지로 '축성생활회'에 속하지만 수도서원(청빈, 정결, 순명 서원)을 하지 않는다는 점에서 수도회와 구별된다. 한국교회에서는 이 단체들을 흔히 '외방선교회(혹은 외방전교회)'로 불러왔다.

1970년대 한국에 진출해 있던 남자 사도생활단에는 과달루페외방선교회(멕시코)•, 메리놀외방전교회(미국), 성골롬반외방선교회(아일랜드), 파리외방선교회(프랑스) 등 네 단체가 있었는데 과달루페외방선교회만 1960년대에 진출했고 나머지 세 단체는 해방 전에 진출했다. 민주화운동에는 해방 전 진출한 세 단체의 회원이 주로 참여했다.

1970년에 남자 수도회는 단체수 15개, 회원수 112명(한국인 84명, 외국인 28명), 여자 수도회는 단체 수 32개, 회원수 2,150명(한국인 1,958명, 외국인 192명)이었다. •• 당시 외국인 사제는 전체가 교황청 설립 수도회와 사도생활단 소속이었는데 363명으로 전체 사제 숫자(883명)의 41%에 달했다. (한국교회사연구소 1985, 326~327) 1970년대 말로 가면서 한국인 회원이 급증하자 이들 외국인 사제의 비중도 낮아지게 되었다.

1970년대 민주화운동에 성청 설립 수도회와 사도생활단이 기여할 수 있었던 데는 이 단체들이 모원(母院)의 소재와 파견된 회원(선교사)의 국적이 외국이라는 점이 유리한 조건으로 작용했다. 이는 유신 정권과 해당 수도회, 사도생활단 출신국과 외교적 마찰을 빚을 수 있었고, 이들이 국내 정치 문제에 관여하더라도 가장 큰 처벌이 추방에 불과하여 내국인에 비해 상대적으로 운신의 폭이 컸기 때문이다. 이들을 통해 국내 소식이 해외로 유포되는 것도 정권에는 부담이었다. 가톨릭 선교사들이 공산주의자로 몰릴 가

• 과달루페 외방선교회는 1942년 멕시코에서 창설되어 한국에는 1962년 2월에 진출했다.
•• 이때의 한국천주교회 통계는 성직수사는 사제수에만 평수사는 회원수에만 포함시켰다. 현재는 성직수사를 사제 총수에는 포함시키되 수도회, 사도생활단 소속임을 밝힌다. 그리고 수도회 통계에 성직수사도 회원수에 포함시킨다.

능성은 거의 없었기에 이들이 유신 정권을 비판하면 이는 정권의 도덕성에 타격을 줄 수 있었다. 그리고 이들을 통해 해외에서 원조 자금과 물자가 조달되었고 이는 재정이 부족한 정부에 도움이 되는 것이어서 이들을 무조건 추방하는 것도 능사는 아니었다. 물론 이러한 조건이 상대적 이점으로 작용했다고 해서 이들의 참여가 쉬운 일이었다는 뜻은 아니다.

이들의 민주화운동 참여는 동료 선교사들로부터도 반대에 부딪혔다. 정치참여가 본래 파견(활동) 목적이 아니라는 이유에서였다. 소속 단체도 해당 정부와 마찰이 일어나 철수하게 되거나 탄압받을 것을 염려해 회원에게 타국 내정에 간섭하지 말라고 요구했다. 주한 교황 대사와 출신국 대사관에서도 주재국 정부와 마찰을 우려해 우회적으로 자제를 요청했다. 프랑스와 벨기에 대사관만 자국 선교사들의 민주화운동 참여를 옹호했을 뿐이다.

한국인 수도자 일부도 당시 정치 상황에 대해 비판적 의식을 가졌다. 그러나 그동안 자신들이 받아 온 이원론적 영성에 기초한 양성과 소속 교구장의 제재로 참여 방법을 찾지 못하고 있었다. 참여에 나서기 위해서는 그들이 가진 성속이원론에 기초한 전통적 영성, 수도 생활관과 이를 뒷받침하는 신학, 영성을 넘어설 결정적 계기와 이 행동을 정당화할 이념적(예: 교리와 신학) 기제가 필요했다. 마침 제2차 바티칸 공의회와 일부 주교의 적극적인 사회참여, 그리고 지 주교 구속이 이러한 계기를 제공했다. 여성 수도자들은 이를 계기로 당시 주교들과 사제단이 주관하는 기도회, 시국 미사, 평화 시위에 적극적으로 참여하기 시작했다. 일부 회원은 민주화운동에 깊숙이 관여해 구속을 당하기도 했다.

1. 수도회

1970년 통계에서 볼 수 있듯이 남자 수도회는 단체 수, 회원 수 모두에서 여자 수도회에 비해 규모가 작았다. 특히 한국인 회원 비율이 외국인 회원에 비하여 현저하게 낮았다. 반면 사도생활단은 회원 전체가 외국인이었다. 이 때문에 남자 축성생활회의 기여는 주로 사도생활단 중심으로 이뤄졌다.

1) 여자 수도회

1962년 11월 18일 설립된 여자 수도회장상연합회(Association of Major Superiors of Women Religious in Korea, 이하 장상연)은 1969년 3월 바티칸으로부터 정식 인준을 받고 나서 1970년대부터 활발하게 대외 연대 활동을 전개하기 시작했다. 장상연에서 가장 먼저 시작한 일은 교회일치운동과 소외계층 지원 활동이었다. 1973년부터는 주교들의 요청을 받아들여 민주화운동에도 참여하기 시작했다. 당시 주교들은 수도회 장상들에게 사회의식을 심어주기 위해 세미나와 강좌를 기획하도록 지원했다.

장상연은 1974년 7월 지 주교 구속을 계기로 거행된 시국 기도회, 시국미사, 평화 시위에 주도적으로 참여했다. 그 횟수가 수백 차례, 누적 참가자 숫자도 수만 명에 이른다. 수도회별로 구속자 석방과 민주화를 위해 실시한 '9일 기도'까지 포함하면 장상연이 천주교 민주화운동에 참여한 활동 횟수는 크게 늘어난다.

그러나 여성 수도자들이 장상연 중심으로 벌인 활동은 기존 천주교 민주화운동사에서 짧게 또는 참여자 숫자 정도만 언급되고 있을 뿐이다.(명동천주교회 1984, 119) 이는 장상연이 활동에 대한 기록을 거의 남기지 않은 데서 비롯되었다. 개별 수도회에서도 활동 기록을 거의 남기지 않아 당시 참여했던 회원들의 증언이 유일한 사료다. 그럼에도 당시 사건을 보도한 사진들은 여성 수도자들의 참여와 역할이 상당했음을 증언하고 있다.

여성 수도자들의 본격적인 민주화운동 참여는 1980년 광주 민주화운동을 계기로 본격화되었다. 장상연 공식 기록에 나타난 활동 빈도에서 확인할 수 있듯이 1980년대에 이뤄진 활동은 참여 빈도, 활동 방식, 활동 범위에서 1970년대와 현저한 차이를 보인다. 1980년대가 모든 면에서 더 적극적이었고 활발했다. 그러나 이는 1970년대의 경험이 없었다면 불가능했을 일이다. 그만큼 1970년대의 경험이 이후 장상연의 대사회참여의 출발점이자 활동 범위를 넓힐 수 있는 계기였다.

장상연은 1970년대 초반부터 국제적 네트워크를 구축하기 시작했고 이 연계망을 통해 공의회 정신을 호흡하기 시작했으며 시대 징표에 응답하는 수도회상도 형성할 수 있었다. 이를 계기로 시작된 장상연의 국제 연대활동은 장상연을 한국교회에서 가장 진취적인 JPIC(Justice Peace and Integrity of Creation)운동 주체로 만들었다.

(1) 장상을 위한 사회인식 제고 세미나

장상연은 1973년 2월 이 단체 설립 후 최초로 '사회 인식(social awareness)'을 주제로 세미나를 개최했다. 이 세미나는 장상연 상위 조직인 '아세아 지역 수녀연합회'가 홍콩 회의 결의문 취지에 따라 개최를 요청한 것이었다. 아세아 지역 수녀연합회는 이 세미나의 강사비를 지원했다.

이 세미나는 1973년 2월 25일에서 27일까지 2박 3일간 예수회 수원 '말씀의 집'에서 19개 수도회 최고 장상, 수련장, 유기서원장, 장상연 각 분과위원장 42명이 참여한 가운데 열렸다.(장상연 공문 1972. 11. 20) 이 세미나에는 지학순 주교가 주제 발표를 담당했고, 김 추기경, 두 주교, 도요한 신부(돈 보스꼬 청소년 쎈터), 문동환(한국신학대학 교수), 진덕규(이화여자대학교 정치학과 교수), 전형(숙명여대 정치학과 강사), 김재영(한국교육봉사회 간사, 서강대학교 사회문제연구소) 등 당대 민주화운동 참여 인사들이 강사로 참여했다. 세미나 후에는 참석자들이 복음 정신에 입각하여 사회정의 실현 활동에 참여할 것을 다짐했다.(《가톨릭시보》 1973. 3. 4)

1970년대 초에는 한국 수도회 대부분이 경제적으로 미자립 상태였다. 더욱이 장상연은 회원 단체에서 내는 회비로 운영되는 조직이었기에 재정이 열악했다. 이로 인해 운영자금을 거의 대부분 외원(外援)에 의존해야 했다. 개별 수도회도 대부분 양성을 위해 외원을 받았다.(장상연 공문 1973. 2. 5) 이 같은 수도회의 미자립 상황은 수도회로 하여금 회의 존립을 위한 활동에 우선순위를 두게 했다. 여기에 당시 양적으로 빠르게 성장하던 한국교회를 뒷받침하는 전교 활동도 시급해 사회참여까지 신경 쓸 겨를이 없었다. 수도자들의 사회의식도 여전히 제2차 바티칸 공의회 이전 단계에 머물러 있었다. 이에 비해 '아세아 지역 수녀연합회'와 한국에 진출한 교황청 설립 수도회들은 공의회의 영향으로 사회참여 의식이 상대적으로 높아진 상태였다. 아세아 지역 수녀연합회도 이러한 흐름으로 가고 있는 세계장상연합회 결정에 따라 이 행사를 조직하도록 결정한 것이다.

강사들의 면면, 강의 내용을 볼 때 이는 당시 사회참여에 적극적으로 나서고 있던 주교들의 독려도 영향을 주었던 것으로 보인다. 그러나 이 세미나가 바로 여자 수도회의 민주화운동 참여로 이어지진 않았다. 참여에 나서기 위해서는 더 강력한 계기가 필요했다.

(2) 시국 기도회 참여

시국 세미나 이후 특별한 움직임을 보이지 않던 장상연은 지 주교가 민청학련에 자금을 제공했다는 혐의로 구속되면서 주교단, 사제단과 보조를 맞추기 시작했다. 당시 천주교 민주화운동 진영에서 유신 정권에 맞서기 위해 신택한 평화적 수단은 '시국 기도회'였다. 기도회는 미사와 같이 진행되거나 미사 후 별도로 진행되었다.

장상연은 지 주교가 공항에서 강제 연행될 때부터 개최된 기도회에 적극적으로 참여하기 시작했다. 장상연이 처음 공식적으로 참여한 기도회는 주교 사제 평신도가 함께 진행한 1차 합동 기도회(1974년 7월 22일)였다. 개별 수도회 차원에서도 기도회를 열었다.(장상연 공문 1974.11.8) 서울교구에 본원을 둔 한국인 여자 수도회 회원들이 참가자의 주축이었다.(한국천주교 여자 수도회 장상연합회 사도직 변천사 집필팀 2019, 81)

장상연은 사제단이 주도하는 기도회와 별도로 독자적인 9일 기도회도 개최했다. 장상연에서는 1974년 9월 2일 명동 샬트르 성바오로회수녀원에서 장상회의를 갖고 회원 수도회에서 9일 기도를 시행하도록 결정하고 이를 1974년 9월 14일자 공문으로 발송했다.(장상연 공문 1974.9.4)

이 공문에서 수도회별로 실시하도록 권장한 9일 기도 방식은 다음과 같았다. "(1974년) 9월 18일부터 26일까지 …… 단체 9일 기구(祈求)를 실시하고", "앞으로는 교구별로 나누어 계속 9일 기구를 실시하되 9일 기구 시작 때나 마지막 날에는 일치의 표시로 여러 수도회에서 몇 수녀님이 함께한 장소에 모여 기도하며 이때는 특별히 지 주교님에 대한 관심이 일치되도록 기도하고", "매 주일……우리가 기구 중에 특별히 기억해야 할 분은 너무나 어려운 상황에 처해 계시는 김 추기경님"이라며 기도 지향도 제시했다.

장상연은 이 회의 결과를 구체화하기 위해 1974년 9월 20일 상임위원회를 개최하고 여기서 교구별 '연속 9일 기도'를 1974년 9월부터 1975년 성신강림 대축일까지 시행하기로 결정했다. 또한 1차로 1974년 9월 27일부터 1974년 11월 28일까지의 일정을 확정·공지했다.

이 기도회 안내 공문은 여자 수도회 장상들이 '9일 기도' 실시를 결정하기 전에 당시 시국에 대해 깊이 있는 대화를 나누었고, 당시 한국교회 지도자들이 지 주교 구속 사건을 계기로 민주화운동에 적극적으로 관여하는 데도 깊이 공감했음을 보여준다.

장상연은 1974년 11월 13일 이 기도회의 연장에서 '한국사회의 현실에 관한 세미나'를 성가소비녀회 성당에서 실시했다. 이는 장상연이 지 주교

구속 사건으로 촉발된 사회 문제에 대한 관심을 이어가기 위해 나름의 노력을 경주했음을 보여준다.

(3) 개별 수도회

메리놀수녀회는 시국 미사, 민주화운동 관련 각종 모임, 기도회에 참여하는 활동 외에도 영어권 선교 수도회 대표와 관심 있는 개인들이 모여 정의평화위원회(Intercommunity Justice and Peace Committee)를 조직해 민주화운동에 참여했다. 이 모임은 주 1회 열렸고 수도자들을 위해 정의 평화 관련 주제 세미나를 정기적으로 개최했다.(한국천주교 수도생활 연구팀 2019, 115) 1974년 10월부터는 시노트 신부와 함께 한국 민주화운동을 지원하는 재한 신·구교 외국인 선교사 모임인 '월요모임'에 참여하며 인혁당 재건위 사건 진상 규명과 8명의 사형수 가족들을 지원하는 활동을 전개했다.(시노트 2004, 125)

지 주교 구속 직후에는 가톨릭출판사에 파견되었던 성가소비녀회 소속 회원들과 샬트르 성바오로수녀회 서울관구 서정렬 수녀 등이 관여했다. 특히 서 수녀는 외신기자들에게 나눠줄 지 주교의 양심선언문을 비밀리에 타자를 쳐주었다는 혐의로 정보부에 끌려가 11시간 가까이 조사를 받기도 했다.(함세웅·한인섭 2018, 85; 지학순정의평화기금 2000, 160)

서울에 본원이 있던 여자 수도회들은 기도회와 미사에 적극적으로 참여했다. 이는 교통편의 때문이기도 했지만 주교와 사제들의 적극적인 지원과 협력 때문에 가능했다. 당시 여성 수도자들은 지 주교 구속 이전부터 유신헌법, 유신체세에 대한 문제의식을 가지고 있었다. 그럼에도 수도자 신분 때문에 이를 개인이나 집단으로 표출하기 어려웠다. 그러던 차에 지 주교 구속 사건이 일어났고, 이로 인해 일어난 교회 내의 저항 움직임, 시국 기도회와 미사에서 듣는 강의와 증언 등이 사회의식을 형성하는데 기여했다.

1974년 10월에 있었던 성년대회도 여성수도자들의 각성을 도왔다. (이상구 수녀 구술 2022. 11. 5)

2) 남자 수도회

남성 수도자들의 민주화운동 참여 관련 기록은 여자 수도회에 비하여 현저하게 적다. 이는 1970년대 당시 단체 수, 회원 수 모두가 적었고 경제적으로 미자립 상태였으며 관행적으로 사회현실에 침묵을 지켜왔던 수도 생활관의 영향으로 보인다. 이는 회원 전부가 외국인이었던 사도생활단보다 상대적으로 활약이 적었던 이유이기도 하다.

남자 수도회 가운데는 성베네딕도수도회(이하 분도회)가 적극적으로 참여했다. 이러한 분도회도 1960년대는 한국 정치 현실에 침묵했다. "한국의 정치 현실에 침묵한 것은 선교 활동과 사회 활동을 지키고, 내부의 논쟁을 외부로 노출시키지 않으려는 일종의 자구책이었다."(요한네스 마르 2009, 1722) 그러나 1970년대로 들어서면서 분도회는 두 가지 방향에서 민주화운동에 참여하기 시작했다. 하나는 분도출판사를 통한 출판운동이고, 다른 하나는 1970년대 중반 이후 대구가톨릭신학원을 통한 인권운동이었다.

출판운동은 임인덕(林仁德, 세바스티아노) 신부(이하 임 신부)가 1972년 분도출판사 3대 사장으로 부임하면서 시작되었다. 임 신부는 1935년 9월 22일 독일 뉘른베르크 태생으로 21세 때 분도회 뮌스터슈바르작 수도원에 입회해 1961년에 종신서원을 하고 1965년에 사제서품을 받았다. 그는 이듬해인 1966년 7월 성베네딕도회왜관수도원에 선교사로 파견되었다. 그는 한국에 부임하여 5년간은 한국교회 사정을 익히는 데 도움이 되는 사목 활동에 종사하다 1972년 분도출판사 3대 사장으로 부임했다.

그는 부임 후 분도출판사가 시대의 징표를 정확히 읽고 이에 기초하여 한국사회가 직면한 문제를 해결하는 데 보탬이 되는 책을 만들어야겠다고 결심했다. 그는 이 신념에 따라 당시로선 시대를 앞서간 책들을 기획하고 출판하기 시작했다.『성난 70년대』(1972),『현실에 도전하는 성서』(1973) 등 대부분 사회 비판의식이 강한 책들이 대표적이다. (권은정 2012, 140-147)

임인덕 신부

출판물이 이러한 성격을 띠었던 터라 교회 안팎의 대학생, 지식인, 양심적 시민들로부터 호응이 컸다. 독자들의 호응에 비례하여 유신 정권의 감시와 탄압의 강도도 높아졌다. 심지어 교회 안에서 일부 교구와 고위 성직자들은 분도출판사 간행 서적을 판매하지 못하게 하거나 홍보를 금지시켰다. (요한네스 마르 2009, 1727) 그럼에도 임 신부는 출판사의 손해를 감수하며 시대 비판적인 책들을 간행했다. 분도출판사가 간행한 도서들은 당시 다른 교회 출판사에서는 감히 엄두도 낼 수 없을 만큼 사회 비판 수위가 높았고, 이 때문에 독자층도 교회 안팎을 가리지 않고 넓게 형성되었다. 교회 서적이지만 비신자들이 접근하는 데 어려움이 없을 만큼 시대를 고발하는 내용에 대한 공감대가 넓었던 까닭이다.

다른 한편 오도환 아빠스는 1964년 왜관수도원 첫 수도원장으로 선출되었으나 공의회 정신에 따라 현지화를 촉진하고자 1971년 스스로 아빠스직을 사임하고 이를 한국인에게 넘겼다. "한국사회에서 왜관수도원 독일인 아빠스의 사임은 큰 파장을 불러 일으켰다. 이것은 한국인이 국제적 공동체에서 동등하게 대접받는 계기가 되었다."(요한네스 마르 2009, 1738) 그는 아빠스직 사임 후 독일 총원과 일본 수도원에 거주하면서 비행기로 한국을 드나들 때마다 한국 민주화운동 관련 자료를 해외로 전달하고 해외 관련 자료와 정보를 국내로 반입하는 역할을 담당했다. 1975년 김지하의 양심선언문을 일본 가톨릭정의평화협의회에 전달한 일이 대표적이다. 이러한 행위는 적발되면 유신 정권으로부터 큰 곤경에 처할 수도 있었다. (김정남·한인섭 2020, 207~210) 그의 역할은 1970년대 후반에 더욱 활발했다. 예수회 프라이스 신부는 메리놀 회원들과 함께 한국의 민주화운동을 지원하는 외국인 선교사 모임에 참여했다. 그는 민청학련 사건, 인혁당 재건위 진상규명 활동에 참여했다.

남자 수도회 장상협의회(이하 남장협)는 1974년 9월 25일 서강대학교에서 총회를 갖고 "지학순 주교의 행위가 양심적이고 인권수호를 위한 정당한 것"이었음을 확인하는 결의문을 발표했다. 10월 12일에는 주교단에게 남장협이 향후 현 정권이 자행하는 불의, 권력 남용에 대항하고 피해를 당하는 이들을 옹호할 것임을 천명하는 공개서한을 발송하며 천주교 민주화운동에 참여하는 입장을 밝혔다. (명동천주교회 1984, 180~181)

2. 사도생활단

1970년대 한국천주교회에는 선교를 목적으로 한국에 진출해 있던 남자 사도생활단이 4개 있었다. 한국에 진출한 순서대로 나열하면 파리외방전교회, 메리놀선교회, 성골롬반외방선교회, 과달루페회 순이다. 이 가운데 과달루페회를 제외한 3개 사도생활단 회원이 민주화운동에 참여했다.

이들은 직간접적으로 한국 민주화운동에 참여했는데 대부분 개인 자격으로였다. 단체로 참여할 경우 유신 정권으로부터 선교회 자체가 추방될 위험이 있었고, 진출국 내정에 간섭하지 않는 것을 관례로 여기고 있었기 때문이다. 실제로 유신 정권은 외국인 추방 위협(1976), 거류기간 연장 제한(1978)을 통해 이 단체 회원들이 민주화운동에 참여하는 것을 막으려 했다.

첫 번째로, 파리외방전교회는 안동교구장이었던 두 주교 외에 지부장이었던 최세구 신부가 적극적으로 참여했다. 메리놀외방전교회는 인천교구장이었던 나 주교, 심도직물 사건 때 강화성당 주임이었던 전 미카엘 신부, 외국인 선교사로는 최초로 유신 정권으로부터 추방당한 시노트 신부, 그와 함께 활동하다 1970년대 말 추방 명령을 받았으나 보류되었던 최분도 신부, 이들보다 먼저 월요모임에 참여했고 시노트 신부에게 참여를 권했으며 1970년대 말부터 노동사목에 투신한 나마진(Martin Lowery, 약칭 마티) 신부 등이 참여했다. 당시 한국지부장이었던 코코란(Cocoran) 신부도 월요모임과 별도의 전문가 모임을 조직해 미국 대사관을 통해 미국 정치권에 한국의 인권 상황을 알리려 노력했다.

두 번째로, 골롬반외방선교회는 안광훈 신부를 필두로 파견된 회원 거의 전원이 원주교구 초창기부터 지 주교와 호흡을 맞춰 민주화운동에 앞장섰다. 유신 정권이 교황 대사에게 제시한 '유신 정권에서 경고를 받은 외국인 선교사 명단'에서 가장 많은 숫자를 기록했을 정도였다. 이는 원주교구가 춘천교구에서 분리되었기에 지 주교 구속 사건 때 춘천교구 골롬반 회원들도 석방운동에 적극적이었지만 석방 후에는 대부분 이전 상태로 돌아갔다. 원주교구에 파견된 회원들은 교구장이 구속된 당사자로서 적극적으로 민주화운동에 참여했다. 이들의 공통점은 30대 초중반으로 젊고, 영국의 탄압을 받았던 조국 아일랜드의 처지와 민주화운동에 참여하다 탄압을 받는 한국교회와 자신을 동일시한 점이다. 젊은 회원은 선두에서, 선배 회원은 뒤에서 이들을 지원했다. 이 회의 일부 선교사들은 노동자 야학을 본당이나 기관에 개설해 운영했다.

1) 파리외방전교회

두 주교의 본명은 르네 뒤퐁(Rene Dupont)이다. 두 주교는 1929년 9월 프랑스 오를레앙에서 태어나 그곳에서 고등학교를 졸업했다. 1949년 오를

레앙 대신학교를 졸업하고 곧바로 파리외방전교회 신학교에 입학했다. 1951년 신학교를 졸업하고 다시 로마 그레고리오 신학대학원에 진학했다. 1953년 6월 29일 사제서품을 받고 이듬해인 1954년 대학원을 졸업하며 한국에 선교사로 파견되었다. 1955년 대전교구 대흥동본당 보좌 신부로 시작해 1960년에 대전대목구 대목대리 1962년부터 1967년까지 대전교구 상서국장을 역임했다. 1967년 파리외방전교회 한국지부장을 거쳐 1969년 안동교구 초대 교구장으로 부임했다. (석창훈·문창수 2005)

두 주교는 가톨릭농민회 오원춘 사건(1979년)으로 주목을 받았지만 사실 그는 주교로 임명되었을 때부터 김 추기경, 윤공희, 지학순, 황민성, 김 주교, 나 주교와 함께 한국 노동자의 열악한 현실을 고발하고 그들을 대변하는 일에 앞장섰다. 유신 정권에 저항하는 자리에도 이들과 늘 함께했다. 강론, 강의를 통해 수도자, 성직자들의 사회인식을 제고하는 일도 게을리하지 않았다. 1971년 주교회의 총회에서 구성하기로 결정한 '사회정의촉진위원회'에는 위원으로 참여했다. (한국천주교중앙협의회 1972, 12)

2) 메리놀선교회

시노트 신부는 민청학련 사건이 일어난 1974년 4월 유신 정권의 행태에 비애를 느끼고 같은 회 소속 마티 신부 인도로 1974년 4월 '월요모임'에 참여하기 시작했다. 특히 '인혁당 사건' 피의자들이 정보기관에서 고문과 협박을 견디지 못해 '북한의 조종을 받는 반국가단체를 결성'했다고 군법회의에서 거짓 진술(자백)을 강요당했다는 사실에 크게 분노했다. 시노트 신부는 이 사건 이후 메리놀 신학교 동기이자 친한 친구인 최분도 신부와 함께 유신 정권을 비판하는 일에 앞장섰다. 이때 그는 인혁당 사건이 조작된 것임을 폭로하고, 이 사건으로 사형선고를 받은 8명을 살리기 위해 최선을 다했다. 그의 이러한 노력에 대해 유신 정권은 미사 강론 내용, 기도회에서 한 '유신헌법 철폐와 구속자 석방운동'발언을 빌미로 법무부를 통해 3회 경고했고, 체류연장불허를 적용해 1975년 4월 30일까지 출국을 통보했다. 그는 출국 통보를 받은 그날 오후 6시 30분 서울 명동성당 사제관에서 기자회견을 가졌다. 회견장에서 자신은 종교적 양심에 따라 국민 입장에서 느낀 점을 행동으로 대변했을 따름이며, 정부를 반대한 것이 아니라 정부와 국민이 일치하도록 호소한 것이었다고 밝혔다. 그리고 법무부 출입국에서 정한 강제 출국 시한인 4월 30일 오후 7시 미국행 KAL기 편으로 자진 출국했다. (시노트 2004)

최분도 신부는 1932년 미국 미네소타주 뉴마켓에서 태어났다. 27세였던 1959년 6월 13일 메리놀 신학교를 졸업하면서 사제서품을 받았다. 서품을 받은 그해 10월 한국에 선교사로 파견되었다. 그는 1974년부터 같은 회 소속 시노트 신부와 함께 '월요모임'에 참여하며 유신 정권을 반대하는 활동을 시작했다. (시노트 2004, 75~79) 유신 정권은 1978년 그를 시노트 신부와 함께했던 반정부 활동, 인천 지역에서 노동자들을 지원하는 활동을 빌미로 추방 명령을 내렸다. 그러나 최 신부의 사목 활동을 잘 알고 있던 김수환 추기경이 박정희를 찾아가 "최 신부를 추방하면 최 신부가 미국뿐 아니라 전 세계에 유신헌법에 대해 한국 정부의 잘못을 알릴 것"이라며 만류해 추방 명령이 취소되었다. (김옥경 2017, 238~240)

시노트 신부가 한국의 사회현실을 자각하고 나서 바로 찾아간 사람이 후배인 마티 신부였다. 마티 신부는 민청학련 사건 이전부터 월요모임에 참여하고 있어서 시노트, 최분도 신부를 월요모임에 소개했다. 시노트 신부는 그를 "구속된 목사들의 재판 현장에 늘 참석했던 깨어 있는 사제"로 평가했다. (시노트 2004, 50~51) 마티는 시노트 신부와 함께 인혁당 재건위 사건 진상 규명 활동, 이 사건에 연루된 8인의 사형수 구명운동에 참여했다. (짐스텐츨 2007, 248)

월요모임과 별도 모임을 조직해 민주화운동을 지원한 메리놀 신부로는 빈스 알로코(Vince Alloco), 1974년에 한국지부장이었던 코코란 신부가 있었다.

1975년 3월 17일 동아투위 기자들의 강제 해산에 항의하는 시노트 신부(출처: 민주화운동기념사업회 오픈아카이브00714852)

이들은 미 대사관 인맥을 통해 미국에서 정치인들이 한국에 방문하면 모임에 참여하는 전문가들을 대동하고 이들에게 한국의 인권 상황을 알리려 노력했다. (시노트 2004, 54~56)

나 주교도 1967년 강화 심도직물 사건에서 시작하여 노동자 인권 옹호 활동은 물론 유신반대 운동에도 적극적으로 참여한 메리놀 회원이었다. 두 주교와 함께 한국인 주교들의 민주화운동 참여를 지지하고 활동에도 함께했다. 특히 그는 교구장으로서 인천교구 부주교였던 시노트 신부와 그의 동료 마티, 최분도, 전 미카엘 신부의 활동을 암묵적으로 승인하고 지지해주었다. 시노트 신부는 나 주교를 이렇게 평가했다. "그는 김수환 추기경과 각별한 사이로 교회와 정부 사이의 문제점에 대해 많은 것을 알고 있었으며 우리가 현실 문제에 깊이 관여하고 있는 것을 묵시적으로 동의했다. 그는 우리의 말을 귀담아 듣고 늘 심사숙고했다."(시노트 2004, 72~73)

3) 성골롬반외방선교회

성골롬반외방선교회(이하 골롬반회) 회원들의 민주화운동 참여는 원주교구에서 시작되었다. 골롬반회는 1970년에 춘천교구와 광주대교구를 담당했다. 원주교구는 1965년 춘천교구에서 분할되었다. 이때 원주교구 관내에서 사목하던 회원들이 교구가 분할되면서 원주교구에 남았고 이후 한국에 새로 도착한 젊은 회원이 원주교구에 자원했다. 이로 인해 원주교구에는 젊은 회원이 다수였다. 이들은 선배들과 달리 젊고 진취적이었으며 사회참여에 적극적이었다.

안광훈 신부는 1971년 정선성당에 부임하고 나서부터 같은 뉴질랜드 출신이자 서품 동기인 고 미카엘(Michael Gormly) 신부와 함께 지 주교를 자주 찾아가 중요한 사건이 있을 때마다 사회적 발언을 요청했다. 안광훈 신부는 고 미카엘 신부와 함께 지 주교가 원주교구에서 벌인 대부분의 활동에 석극적으로 참여했다. 이 때문에 경찰의 감시를 피할 수 없었다. 이 감시는 그가 정선성당에서 사목하는 동안 내내 계속되었다. 유신 정권은 경찰을 통해 안 신부에게 언제든 추방할 것이라 협박했고, 2년마다 갱신하는 거류비자를 두 달에 한 번씩 받게 하는 방식으로 괴롭혔다. 전화도 도청했다. 주일 미사 때는 전담 형사가 성당에 신발도 벗지 않은 채 들어와 말씀의 전례가 끝날 때까지 성당 뒤켠에 서 있었다. 그러면 안광훈 신부는 형사가 나간 다음 정부를 비판했다. 일상에서 신자들과 이야기를 나눌 때도 정부 비판을 서슴지 않았다. (안광훈 2021, 137~138)

지 주교가 구속되었을 때 교구 총대리로 교구를 이끌었던 정레오(Lawrence Clark) 신부●는 지 주교가 석방되고 나서 본국으로 정기 휴가를 떠났는데 유신 정권이 그의 비자를 취소하는 바람에 한국에 다시 돌아올 수 없었다. 그가 지 주교와 함께 벌인 반정부 활동 때문이었다. (https://columbans.ie/fr-leo-

---

● 정레오 신부는 1929년 1월 12일 아일랜드 코웨스트미스 델빈(CoWestmeath Delvin)에서 태어났다. 1947년 달간(Dalgan) 성골롬반외방선교회 신학교에 들어가 졸업 후 1953년 12월 21일 사제서품을 받았다. 사제서품 이듬해인 1954년 한국에 파견되어 약 25년간 강원도 소재 춘천교구와 특별히 원주교구에서 선교사로 활동했다. 춘천교구 양양본당 보좌를 시작으로 임당동본당 주임, 안동교구 옹진본당 주임, 원주교구 성내동·학성동·용소막·영월 본당 주임을 역임했다. 특히 지학순 주교가 투옥되었을 때 총대리(부주교)로 봉사하며 원주교구의 지 주교 구명운동과 민주화운동을 지휘했다. 당시 원주교구에는 11명의 골롬반 회원이 선교사로 파견되어 사목하고 있었는데 이들뿐 아니라 사제 경력이 일천했던 한국인 신부들의 구심 역할을 했다. 그는 이 일로 유신 정권으로부터 지속적으로 감시를 당했다. 1978년 본국으로 돌아가 선교회 활동을 하다 1984년 다시 한국행을 희망했으나 신군부가 그의 비자 발급을 거부하여 그곳에 남게 되었다. 이후 7년 동안 아일랜드에서 활동하다 1986년부터 96년까지 중앙 아메리카 벨리즈에서 선교했고, 이후 자메이카에서 활동하다 1999년 귀국해 은퇴자 숙소에 살다가 2019년 1월 30일 선종했다. (출처: https://columbans.ie/fr~leo~clarke/)

clarke; 안광훈 2021, 139)

지 주교가 구속되고 나서 원주교구 소속 골롬반 회원들은 서울, 원주에서 진행하는 기도회와 석방운동에 적극적으로 참여했다. 지 주교가 양심선언을 하던 날 일부 회원은 병실에서 성모동굴 앞까지 지 주교를 호위하다 병실 경비를 담당하던 경찰을 폭행했다는 혐의로 그날 저녁 경찰에 연행되기도 했다. (시노트 2004, 95)

1974년 10월 9일 성년대회에서는 회원 7명이 시위를 주도하고 일부는 시위대 맨 앞에서 경찰과 대치하며 공격적으로 행동했다는 혐의로 법무부로부터 경고 조치를 받았다. 외무부 정보문화국장이 법무부 구아(歐亞)국장에게 보내는 1974년 10월 22일자 「경고조치 대상 외국인 신부들의 명단 송부」라는 공문에는 Liam Patrick McCarron, Brendan Thomas Hoban, Raymond Francis Scanlon, Francis Albert Holececk, Ernest Leo Sullivan, Mortimer Gerard Kelly, Olivier Michael Kennedy 등 7명의 회원 이름을 영어로 적시(摘示)하고 있다. 이 가운데 서울 가톨릭학생회관에 있었던 맥카롱(McCarron) 신부를 제외하고 나머지 6명이 원주교구 소속이었다. 이들 가운데 홀첵(Holececk, 허 프란치스코) 신부는 1974년 9월 26일 있었던 명동성당 시위로 이미 한 번 경고 조치를 받은 적이 있었다. 켈리와 케네디 신부는 지 주교 구속 후 여러 시위에서 경찰에 강경한 태도를 취했다는 혐의를 받고 있었다. 홀첵 신부는 1975년 4월 인혁당 재건위 사건 사형수 송상진의 시신을 경찰이 탈취했던 녹번동 대치 사건에서도 활약했다. (시노트 2004, 386)

1974년 11월 2일 외무부 장관실에서 있던 외무부 장관과 도세나 교황 대사와의 면담에서 외무부가 도세나 대사에게 제시한 '반제체 활동에 관여하고 있는 종교인(외국인) 명단'에는 골롬반 회원이 전체 36명 가운데 3분의 2인 24명이 적시되었다.

원주교구에 파견된 골롬반 회원의 활동이 한국지부 다른 회원들에게 모두 환영받은 것은 아니었다. 한국의 고위 성직자들도 선교회들이 정부와 마찰을 일으키는 것을 달가워하지 않았다. 이러한 태도의 사례로는 1976년 명동 3·1절 미사 이후 제기된 비판, 구국사제단의 비판(1979) 등을 들 수 있다. 이 때문에 선교회 차원에서는 이들을 지지하더라도 그들의 활동을 공개적으로 두둔하기 어려웠다. 무엇보다 당시 선교회들은 보수적 신심을 가진 선교사들이 중심이어서 개인이나 단체 차원에서 정치참여를 의도적으로 회피했다. 한국에서 벌어지는 일이 이해할 수 없는 일이고, 명백히 교회 가르침에 어긋나는 일인 줄 알면서도 선교에만 집중하려고 했다. 따라서 소수였지만 자신의 양심을 따라 유신 정권과 소속 선교회의 압력을 무릅쓰고 민주화운동에 투신한 것은 긍정적으로 평가할 일이다. 교회 안팎으로부터 압력을 견디며 이러한 활동을 한다는 것은 그때나 지금이나 어려운 일이기 때문이다. 누구나 할 수 있을 것처럼 보이지만 아무나 하진 못한 것이 당시 이 영역의 활동이었다.

제5절 민중 연대

1. 가톨릭 노동운동

1) 노동 현장에 뿌리내리는 JOC운동

1968년 심도직물 사건은 JOC 한국진출 초기 계몽 중심의 활동을 벗어나 노동 현장에 밀착하는 대중운동으로 변화하는 계기가 되었다. 1968년 10월, JOC 창립 10주년 행사는 5,000여 명이 참여한 가운데 열렸다. JOC는 10주년 기념행사에서 JOC를 '사회정의를 구현하는 청년 노동자 운동'으로 조직 성격을 규정하고 '노동자들이 기계나 노예로 취급받는 여하한 압력도 용인하지 않을 것'이라며 권력과 자본으로부터 독립된 노동운동을 전개할 것임을 천명했다. 1969년 서울대교구 JOC의 노동자 교실은 연인원 약 2,400여 명이 참여하면서 노동교육의 서막을 열었다. 이어 원주교구는 '탄광 노동자 실태조사'를 통해 광산 지역 노동자의 비참한 노동 현실을 사회적으로 알리고 관심을 촉구했다. 전주, 대전, 대구, 수원, 부산교구 JOC는 '노동자의 밤'에서 강연회와 토론회 등을 통해 지역 노동운동의 중심 역할을 하면서 뿌리를 내리기 시작했다. JOC는 1960년대 후반에 전국 86개 쌕션에서 '일반회'●를 준비했고 약 8,600여 명의 노동자가 참여하면서 전국과 지역 노동운동을 주도할 역량을 축적했다. (민주화운동기념사업회 오픈아카이브 00874302, 2~3)

1969년 10월, JOC 총재 주교 김수환 추기경은 신·구교가 공동주최한 '사회 발전과 노동 문제' 강연회에서 '근로자를 존엄한 인격자로 대우해야 하며 저임금으로 굶주리고 병든 노동자에게 생산 의욕을 요구한다는 것은 모순'이며 '헌법에 보장된 노동3권을 묵살하지 말고 정부가 노동자를 위한 노동정책을 실천해줄 것'을 요구했다. (민주화운동기념사업회 오픈아카이브 00884645, 4) 이어 1971년 주교단은 「오늘의 부조리를 극복하자」(《가톨릭시보》 1971. 11. 14)는 공동교서에서 사회정의와 부정부패청산, 노동자 임금 보장, 노동 조건 개선 등 교회의 사회적 역할을 강조했다. 이후 JOC 전국평의회에서는 호소문을 통해 전국 5,000여 회원에게 "노조 결성에 적극적으로 참여하고 어용노조 지도자 추방"에 나서도록 촉구했다. 김 추기경에 이어 JOC 총재에 취임한 지 주교는 1970년 4월 '버스 여차장의 삥땅에 관한 심포지엄'을 개최하며 노동인권 문제를 제기했다. 지 주교는 1973년 신·구교 연합의 한국노동교육협의회 회장을 역임하면서 노동교육에 힘쓰는 등 노동 문제에 대한 교회 개

● '일반회'는 JOC가 공장 노동자를 대상으로 취미 교실, 노동교육과 문화를 전파하는 공개행사로 노동자 의식 형성과 회원 조직을 목표로 운영되었다.

입과 사회적 참여를 강조했다.

2) JOC의 소모임운동과 공장팀

1970년대 초 JOC운동은 교회 중심 활동에서 공장 중심 활동으로 변화하면서 노조 결성과 소모임 활동으로 노조 활동 전면에 나서게 된다.[•] 특히 각 지역 대규모 사업장 어용노조를 민주 노조화하기 위한 공장 소모임이 늘어나게 되었다. 1972년 JOC 전국평의회 '공장팀' 조직 현황을 보면 전국 74개 공장에 공장팀이 조직되었다. JOC는 주교회의에 공장팀 조직 활성화를 위해 교회 조직의 지원과 재정을 요청했다.(민주화운동기념사업회 오픈아카이브 00480204, 8) 공장 소모임은 서울의 방림방적, 한국모방(이후 원풍모방으로 바뀜), 태광산업, 서울통상, 크라운전자, 평화시장(청계피복노조), 태광산업, 인천의 동일방직, 한국기계, 이천전기, 한국기계, 지엠코리아, 원주 지역의 원주제사, 광주의 일신방직, 호남전지, 전남제사, 대구의 대한방직, 제일모직, 안동의 한국생사, 상주제사, 한국벨브, 마산의 한일합섬, 부산의 경남모직, 태광산업, 한일합섬, 태화고무 사업장 등 섬유·전자 업종을 중심으로 전국적으로 확산되었다.

1970년대 공장 소모임 활동 결과로 원주제사노조, 한일합섬, 춘천 골롬바노 병원, 삼척탄광, 대우실업, 삼일표 양말, 유림통상, 천일무역, 서울통상, 전남방직, 일신방적, 동방제사, 안동벨트. 풍한방적, 장안교역, 삼완산업, 유주산업. 서울직물 등 17개 사업장에 노조가 결성되었다.(천주교 인천교구 노동사목위원회 2016a, 46~65)

긱 노동 현상에서 활동을 전개한 소모임은 노동운동의 기초조직이 되어

[•] JOC는 1968년 「JOC 10주년」 결의문을 통해 '사회정의구현과 노동자운동에 적극 참여할 것'을 선언하고 각 쌕선별로 '공장팀'을 건설한다는 목표를 수립했다. 1971년 전국 평의회에서 '사회참여와 조직활동', 1973년 '공장안에 교회를 세우자'라는 목표를 세우고 현장 활동을 추진했다.

노조 건설, 제도 개선 투쟁 등 1970년대 민주노조운동의 기반이 되었다. 1970년대 초 JOC 활동은 공장팀 조직 외에도 미조직 노동자를 위한 야학 활동과 각 지역 JOC 노동교실, 교양강좌, 강연회 등 다양한 형태의 교육 활동을 통해 노동대중의 참여기회를 확대했다. 이러한 활동은 노동운동 저변 확대에 중요한 역할을 했다.

3) JOC 사회조사

JOC의 일상적인 '사회조사'는 기존 노동운동과 다른 특징이 있었는데 노동 문제를 사회화하는 데 중요한 역할을 했다. 사회조사는 '노동계급 안에 파고 들어가 노동 실태를 파악하여 노동자를 접촉하기 위한 수단'으로 JOC 회원 모두가 참여하는 중요한 실천 활동으로 다양한 직종에 종사하는 노동자들의 현실을 파악하고 노동운동의 외연 확대를 목적으로 했다. 사회조사 주제는 '노동대중들의 생활세계, 광산, 버스 안내원, 섬유, 부두 노동자 등 업종별 노동실태와 노동 환경'을 광범위하게 조사했다. JOC 사회조사는 노동 문제의 원인을 파악하고 조직화의 수단으로 1970년대 JOC 노동운동에서 널리 활용되었다. 1960년대 말 1970년대 초에 이루어진 JOC의 사회조사는 [표5]와 같다.

이외에도 전주 JOC의 서비스 산업·실업자 실태조사, 광주 JOC의 직물 공장 여공들의 퇴직 현상 조사, 대전 JOC의 방직업 종사자 실태조사, 마산 JOC의 버스안내양 실태조사 등이 있었다. (한국가톨릭노동청년회 1986, 202)

[표5] JOC의 사회조사(1965~1975)

주제	연/월	조사 주체 및 대상	조사 내용
광산 노동자 실태조사● (태백 탄광지대)	1969. 12	원주교구 JOC / 황지, 도계, 영월 등 6개 지역 25개 광업소 500명 대상	광산 노동자의 일반 사항, 가정경제, 노동조합, 사회문화관계, 건의 사항 제안
서울시내 버스 안내원 실태조사●●	1971. 02	서울대교구 JOC / 서울시내 12개 버스 회사 안내원 66명 등 93명 대상	안내원의 노동시간, 직업 만족도, 건강문제 등
여성근로자 노동실태조사●●●	1971. 10	서울대교구 JOC / 섬유·화학 등 10개 연맹 3,760 조합원 대상	고용형태, 근속년수, 임금, 노동시간, 작업관계, 복지수준, 노사관계 등
부산 버스 안내원 실태조사●●●●	1972. 6	부산교구 JOC / 부산 지역 버스안내양 453명 대상	노조유무, 노동시간, 몸수색, 임금, 직업만족도 등
가발공장 실태조사●●●●●	1972	서울대교구 JOC / 서울통상 (STC) 공장	근무실태, 임금, 기숙사 환경, 인간 대우 문제 등
부산 부두노동자 실태조사●●●●●●	1972. 02	부산교구 JOC / 부산부도노조 13개 분회	임금, 노동시간. 위생시설, 재해문제, 안전시설 등
성동지역 섬유업종 노동자실태조사●●●●●●●	1975	서울대교구 JOC	성동지역 섬유업종 임금. 노동시간, 산재문제 등

이러한 '사회조사'는 1970년대 노동운동에서 사회과학적인 방법을 도입해 체계적인 노동운동을 전개하려 했다는 점에서 중요한 의미를 갖는다. JOC 사회조사는 임금과 노동 조건, 노동 환경 등 각 업종 노동자의 현실을

● 　　민주화운동기념사업회 오픈아카이브 00884439.
●● 　　《경향신문》 1971. 2. 13.
●●● 　　천주교인천교구 노동사목위원회 2016a, 986~996.
●●●● 　　천주교인천교구 노동사목위원회 2016b, 88.
●●●●● 　　천주교인천교구 노동사목위원회 2016b, 59.
●●●●●● 민주화운동기념사업회 오픈아카이브 00480295.
●●●●●●● 천주교인천교구 노동사목위원회 2016b, 78.

구체적으로 파악하고 노동 문제를 해결하기 위한 대안을 모색했다는 점에서 1970년대 노동운동이 단순히 저항 수준을 넘어 주체적 노동운동을 전개하고자 했음을 알 수 있다.

4) 노동자 공간과 야학

1970년대 가톨릭 노동자 공간은 주로 외방선교회와 교황청 설립 수도회의 원조를 통해 마련되었다.* 이러한 노동자 공간은 초기에는 선교 목적과 이향 노동자 주거공간 제공 등 노동복지 성격으로 출발했다. 그러나 노동자 공간에 모인 노동자들이 자연스럽게 JOC 조직과 연결되면서 대중운동의 토대가 되었다.

영남권의 부산, 대구, 마산, 구미 지역에서는 여성 노동자를 대상으로 하는 여성회관, 각 지역 노동자회관은 노동상담과 교육 기관 역할을 하며 자연스럽게 지역 노동운동의 근거지가 되었다. 이러한 노동자 공간 형태는 야학, 노동교육원, 청소년 기술교육센터, 산업문제 연구소, 여성 근로자 회관, 노동자 기숙사 등의 형태로 다양하게 존재했다.

가톨릭교회가 운영하는 이러한 사회적 공간은 광범위한 노동대중과 연계된 장(Field)** 역할을 했다. 또한 1970년대 노동운동의 저변을 확대하고 JOC 회원을 재생산하는 구조가 되었다. [표6]은 가톨릭 수도회들이 1960~1970년대에 수도권을 중심으로 전국 각 공단에서 이농한 노동자를 대상으

---

* 1970년대 초, 골롬반선교회의 양노엘 신부는 을지로에 '이향노동자의 집'을 건립했으며 오스트리아 그라츠교구의 박기홍 신부는 대구 가톨릭근로자회관(영남교육원), 마산 가톨릭여성회관은 독일 미세레오르 재단과 오스트리아 그라츠 교구의 지원을 받아 건립했다. 안양근로자 회관은 AFI회에서, 부산 영남산업연구원은 메리놀외방선교회에서 운영했다. 살레시오회에서는 청소년 직업교육원을, 성청 설립수도회에서는 주로 여성 노동자 기숙사를 운영했다.
** P. 부르디외는 '장(field)'이란 '독특한 논리와 필연성을 가진 객관적인 관계들의 공간'이며 운동이 생성되기 위해 필요한 '사회적 공간'으로 파악했다. 1970년대 노동운동에서 가톨릭교회가 제공한 사회적 공간은 노동운동이 생성되는 이러한 '장'의 역할을 했다.

로 노동교육, 직업교육, 노동자 주거를 제공했음을 보여준다. 이러한 노동
자 공간은 이후 JOC 회원 숫자를 확대하고 지역 노동자들이 노동자의 정체
성을 정립하는 것을 돕는 역할을 하게 된다.

[표6] 1960~1970년대 가톨릭교회의 노동자 공간

설립년도	관명	지역	운영 주체	성격
1967	서강대 산업문제연구소	서울	예수회	노동교육 전문기관
	안내원 교양센터	서울	노틀담수녀회	버스 안내원 지원
1969	안양근로자회관 ●	안양	A.F.I. (국제가톨릭형제회)	이향노동자 남녀 기숙사, 교양교실, 노동법 강좌
1969	요한 보스코 기술교육원	성산동	살레시오수도회	청소년 직업기술
1970	마자렐로(Mazzarello) 청소년센터	영등포/ 마산수출 자유지역	살레시오수녀회	여성노동자 기숙사, 교양교실
1972	대구 근로자회관 (영남노동교육원)	대구	박기홍 신부 (오스트리아), 대구대 교구	노동자 교육/ 노동 대학
1973	구미 근로여성복지관	구미공단	베네딕도수도회	여성노동자 교육
1975	영남산업연구원	부산	메리놀수도회	노조교육
1976	마산 가톨릭여성회관	마산	마산교구	노동자 취미교실
1977	마리아자매원	성수동	착한목자수녀회	여성노동자기숙 교양교실
1979	선화기숙사	구로공단	마리아의 전교자 프란치스꼬수녀회	여성노동자 기숙사 교양교실
	아욱실리움(Auxilium) 청소년 센타	마산	살레시오수녀회	여성노동자 기숙사 교양교실

(민주화운동기념사업회 오픈아카이브 00883724, 19~22쪽)

● 초기 JOC운동에서 '한국 JOC 국제담당자'로 활동한 독일 출신의 서정림(Wilgefort Sommer)은 AFI 회원으
로 오스트리아 가톨릭 부인회의 후원을 받아 1968년 '안양근로자회관'을 개원했다.

1970년대 가톨릭 노동 야학은 주로 공단지역 근처 성당을 중심으로 개설되었다. 1968년 돈암동 성당의 '옐로우 선' 야학,[*] 1972년 을지로 '이향 노동자의 집'의 '까르댕 야학', 1974년 화양동성당의 성심 야학, 동대문성당의 이바돔 야학(민주화운동기념사업회 오픈아카이브 00884655, 12)은 노동운동의 저변을 넓히는 데 중요한 역할을 했다. 특히 1975년 '노동대학'은 성수 지역의 태광산업, 인선사, 모나미볼펜, 유림통상, 동방섬유 등의 노동조합 지도자를 양성하며 노동운동 주체 형성에 기여했다. '노동대학'은 전 미카엘 전국 지도신부, 이철순, 이경심, 황 골롬바, 이창복, 박문담 등이 준비팀으로 활동했고 1년 가까이 진행되었다.[**]

5) 1970년대 초 JOC가 관여한 사건과 참여 주체

1970년대 초 JOC는 크게 '공장팀 조직'에 기반한 노조 건설, 가톨릭교회의 다양한 네트워크를 활용한 사회적 공간 확대, 지역에 기반한 전국 활동, 가톨릭 제도교회의 적극적인 지원과 참여를 통해 1970년대 노동운동에 구체적으로 개입했다. [표7][***]은 1970년대 초 JOC 각 현장 활동에 참여한 주체, 개입 방식, 지역분포, 산업선교회 등과 연대해 노동 문제에 적극적으로 개입했음을 보여준다. JOC가 개입한 노동 현장은 서울지역 외에 인천, 부산, 광주, 대전 등 전국적 범위로 이루어졌으며 소모임 활동을 통해 단련된 JOC 핵심 리더들이 주도했다.

---

[*] '옐로우'는 Young(청년) Education(교육) laborer(노동자) Organization(조직) Work(일) Sun을 가리키는 말의 첫 글자들을 모아서 만든 것이다.
[**] 이철순 구술(2022. 10. 13).
[***] 가톨릭노동청년회 1986, 163-170.

[표7] 1970년대 유신체제 전기, JOC가 관여한 노동 현장과 참여 주체

주요사업장	참여자	개입방식	지역	연도
한영섬유	JOC 전국본부	김진수 사망 사건 대책위 구성	서울	1970
영창실업	JOC 전국본부	노조 결성 지원	서울	1971
청계피복노조	정인숙(부녀부장) 심봉순(아카시아회장)	노조활동	서울	1972
한국모방	JOC 전국본부	퇴직금 체불 사건	서울	1972
대우자동차 지부장	이진엽	노조간부	인천	1973
남한제지 지부장	변순옥	지부장	신탄진	1973
유림통상	이창근	지부장	서울	1973
삼립식품	JOC 전국본부	어용노조 민주화	서울	1973
태광산업 (서울)	박문담(분회장)	분회장	서울	1973
태광산업 (부산)	이정숙	노조 결성	부산	1974
전남제사	정향자	노조건설, 지부장	광주	1975
대동화학	이철순	JOC 본부/퇴직금 받기 운동	서울	1975
동방섬유	이경심	노조 지원	서울	1975
YH	이철순	소모임 활동 지원	서울	1975
서울통상	JOC 회원	해고반대 투쟁	서울	1975

6) 린츠(Linz)회의와 JOC의 변화

1975년 4월, 국제 JOC는 린츠 총회 ● 에서 'JOC 기본원칙선언'을 통해 '(자본) 착취의 상황으로부터 인간을 자유롭게 하고', '인간으로서 인간의 완전

● 1975년 4월 7~20일 오스트리아 린츠에서 제5차 국제평의회가 열렸다. 이 회의는 JOC에서 정인숙과 신현도, 남녀 회장과 전 미카엘 전국지도신부가 참여했다. 이 회의에서 JOC는 "기본 원칙 선언(The Declaration of Principles)"을 제시하며 JOC운동의 변화를 시도했다.

한 실현을 확보할 수 있는 사회', '계급없는 사회 실현', '새로운 문화적 혁명'을 추구할 것[*]을 결정했다. (서울대교구 노동사목위원회 2008, 46~47) 그리고 다양한 업종 노동자들을 조직하기 위해 각국 JOC는 '분야별 조직'을 통해 '사회 저변 조직을 확대'하고 '국제적 차원의 노동자 단결'을 촉구했다. 린츠 총회 개최는 JOC가 향후 저개발 국가의 노동자 빈곤과 차별 문제를 중심으로 활동하게 된다는 것을 의미했다. (민주화운동기념사업회 오픈아카이브 00884655, 2~3)

이러한 국제 JOC 결정에 따라 한국 JOC 전국본부는 JOC 조직을 '분야별 모임'(민주화운동기념사업회 오픈아카이브 00874434, 4~12)으로 전환했다. 분야별 모임은 1975년 9월, 섬유 분야 모임을 시작으로 이후 전자, 화학, 사무직, 간호사 등 모임으로 확대되면서 전국적으로 추진되었다. (천주교 인천교구 노동사목위원회 2016b, 411~415). JOC운동에서 '분야별 조직'은 장기적으로 산별 체계 노동운동을 지향하고 국가권력에 귀속된 한국노총을 대체하는 대안적 노동운동을 모색했다는 점에서 중요한 의미가 있다.

2. 가톨릭 농민운동

1960년 244만 명(전체 인구의 10%)이던 서울 인구는 1970년 543만 명(전체 인구의 18%)으로 급증했다. 이 대규모 인구 이동은 도시 공업 부문의 유입이 아니라 농촌경제 파탄이 원인이 되어 일어났다. 경제 수탈의 큰 고통을 짊어지면서도 이를 감내해야 했던 농민들도 1970년대 들어 자기 목소리를 내기 시작했다. 이들이 목소리를 낼 때 가톨릭농민회의 역할이 컸다.

가톨릭농민회는 1964년 10월 '가톨릭노동청년회 농촌청년부'로 첫발을

---

[*] 두봉 JOC 총재 주교와 서울대교구 남부 JOC 도요한 지도신부는 린츠회의의 결정 내용이 마르크시즘에 경도된 것이라는 비판과 '린츠선언' 번역을 금지했다. 린츠회의 이후 국제 JOC는 찬성파와 반대파로 대립했으며, 제도교회와 갈등을 겪으며 실제 두 개의 조직(CIJOC과 JOCI)으로 분열하게 된다.

떼었다. 성베네딕도수도회 오도환 아빠스 제안으로 농촌청년부 활동이 활발해지자 1966년 10월 17일 일개 부서에서 독립해 '한국가톨릭농촌청년회'로 출범했다. 이후 1972년 개최된 제3차 전국대의원총회에서 '한국가톨릭농민회'로 명칭을 변경했다. 이는 대량 이농에서 비롯된 조직 확보의 어려움과 한계, 입회자격을 17~35세로 하는 연령 제한, 농촌 청년들의 지도력 부족, 더욱이 농업을 희생하는 공업 위주 성장정책으로 농·공간 불균형이 심화하여 종래 가톨릭농촌청년운동만으로는 농업 문제의 근본적인 해결이 난관에 부딪혔기 때문이다. (가톨릭농민회 2017, 77) 1972년 명칭 변경 후에는 1982년 기독교농민회가 창립될 때까지 국내 유일 농민운동 조직으로 한국농민운동 전체 발전을 이끌었다. 가톨릭농민회가 천주교 신자가 아닌 농민도 회원으로 받아들인 것은 이 단체의 영향력이 천주교를 넘어 농촌 전역으로 확대될 수 있게 만든 주요인이었다.

농민 권익을 옹호하기 위한 가농 활동은 처음부터 민주화운동 성격을 강하게 띠었다. 1972년 가톨릭농민회로의 전환과 함께 진행한 주요 사업이 '농협 민주화'였다. 당시 농협은 정권에 의한 조합장 임명제 등으로 농협의 농민자치 기능이 사실상 마비된 상태였다. 이에 가농은 이러한 반농민적 성격을 규명하기 위한 토론회를 전국적으로 개최하며 농민교육에 집중했다. 1972년 5월에 왜관 분도회에서 교회 역사상 처음으로 농촌전교사훈련회를 열고 농촌사회개발을 위한 전교사 역할과 그들을 통한 교회 참여의 길을 모색했다. 이 훈련회를 통해 전교사들이 농촌 문제를 올바로 인식하는 계기가 되었고, 농촌 문제 해결이 곧 그리스도의 뜻을 이 땅에 실천하는 길임을 자각하게 되어 농촌 전교사와 농민회가 더 긴밀한 관계를 맺을 수 있었다.

1973년에는 사업목표를 '농업협동화와 조직의 강화'로 설정했다. 이에 따라 각종 협동사업과 농민의 협동조직활동을 조직·육성해 농가 소득증대와 농민의 자주적 협동 생활의 기틀을 구축함과 동시에 조직력의 질적 향상과 확대를 기도했다. 이러한 지향 아래 이뤄진 대표적인 사업의 예가 낙동강 유역 수재민 복구사업이었다. 이 사업은 1972년 낙동강 수해지역인 경북 칠곡군 일대 영세농민을 대상으로 성베네딕도수도회의 350만 원 지원과 협력을 받아 실시되었다. 이 사업을 통해 수해지구 내 2개 마을을 선정 생산협동사업으로 양돈조합을 설립하여 운영했고 지역민 숙원사업을 7개 지역에서 추진해 지역개발에 기여했다.

1974년에 진행한 사업 가운데 가장 큰 비중을 차지한 것이 '농지임차관계 실태조사'였다. 1970년대 한국농업의 기본 특성과 문제점은 영세소농 경영문제와 소작농 문제였다. 이에 2~8월까지 7개월에 걸쳐 9개 시도 62개 군 70개 마을 총 4,554 농가를 대상으로 조사를 실시했다. 조사결과에 따르면 소작농은 전 농가의 29.1%로 증가 추세를 보였다. 또한 소작 면적과 소작료, 생산량 등이 소작 농가에 큰 부담이 되었음도 확인했다. 이 조사는 해방 후 최초로 민간단체가 실시한 전국 규모의 농지조사였다. 조사결과가 발표되자 언론계, 학계, 정계의 비상한 관심을 끌었다. 《동아일보》는 1면에 이 결과를 대서특필로 보도했고 다른 일간지에서는 사설, 중요기사로 다루었으며 통일사회당에서는 성명서까지 발표했다.

1975년도에 가톨릭농민회가 실시한 '쌀 생산비조사'는 농가 경제의 근본 문제라 할 수 있는 적정미가(米價)를 보장받기 위한 농민운동의 주요 과제로 삼아 진행한 민간단체 최초의 농산물 생산비 조사였다. 그동안 정부에서 매년 조사·발표해온 추곡수매 가격이 실제 생산비보다 낮게 책정되고 적정 가격인 양 농민을 우롱했지만, 이에 대한 부당성을 반박할 만한 과학적 근거와 자료를 갖고 시정을 요구하는 일은 없었다. 하지만 가농의 쌀 생산비 조사를 통해 농민들은 독점자본의 최대이윤을 보장하는 저농산물 가격 정책의 본질을 인식하기 시작했다. 실제 가농은 농산물 생산비 산출자료를 바탕으로 정부의 농업정책의 허구성을 폭로했고 농민운동의 질적 발전에도 크게 기여했다.

1975년 정부 추곡수매방침이 11월 3일자로 발표되자 전국의 신문, 방송, 잡지들이 쌀 생산비에 관한 가농 조사결과를 경쟁적으로 인용 보도했다. 1975년 정부가 발표한 쌀 수매 가격은 한 가마니 당(80kg) 일반벼와 통일벼 구분 없이 1만 9,500원이었다. 이것은 가농의 쌀 생산비 조사결과와 비교할 때 통일벼는 한 가마니 당 9,227원, 일반벼는 1만 3,114원이나 농민이 손해를 보고 팔아야 하는 농업 희생 정책의 단면을 여실히 보여주었다. (가톨릭농민회 50년사 편찬위원회 2017, 99~100) 조사결과는 국회에서 야당이 정부 농업정책을 공격하는 주요 자료가 되었다. 나아가 학계는 그동안 농업 문제에 관해 추상적, 현학적 언어유희에 그치던 풍토에서 실증 자료를 통해 농업, 농민 문제에 대해 구체적이고 실제적으로 접근하기 시작했다.

가농에서 진행한 회원과 농민 대상 교육 활동으로는 일선 지도자 훈련회, 조사원 교육, 중견간부 연찬회, 농민강습, 농촌 청년 훈련회 등이 있었다. 1974년에는 이 교육에 780여 명이, 1975년에는 1,481명이 참가했다. 홍보, 출판사업도 활발히 전개했는데 소식지《농촌청년》을 1974년까지 발행하고 1975년부터《농민회 소식》으로 이름을 바꿔 발행했다. 농민회 소개 팸플릿도 발행하고, 「농지임차관계 실태조사 연구보고서」와 「쌀 생산비조사 연구보고서」 등도 출판했다.

이렇게 1970년대 전반기 가농 차원의 전국 교육과 조사사업 등이 가능했던 이유는 경북 왜관 분도회가 적극적으로 후원했기 때문이다. 실제로 분도회는 가농의 법적 보호자인 동시에 경제적 후원자라는 내용의 정식 협약을 체결했다. 그 기간은 3년간이었으며 한국천주교주교회 인준을 받기 전까지 계속해서 연장하고 인준을 받을 때 해약한다는 조건이었다. 이로써 가농은 농민운동에 절대적으로 긴요한 재정문제를 해결할 수 있었고 연간

쌀 생산비조사 보고대회(1975.11.20~21, 대전 기독교연합봉사회관)_가톨릭농민회 제공

사업 목표도 계획대로 추진할 수 있었다. (가톨릭농민회 50년사 편찬위원회 2017, 1.88)

　분도회의 재정 지원 외에도 가농은 초창기부터 국제가톨릭 농민운동 조직과 긴밀한 연대 활동을 전개했다. 이 역시 외국인 선교사들의 역할이 중요했다. 가농은 1970년 9월 교황 대사관에 「한국가톨릭농촌청년회 소개 보고서」를 제출했고, 전국본부의 한 마리아가 서독 농촌청년운동의 시찰과 운동단체와의 연대를 위한 섭외를 진행했다. 이를 통해 1970년 9월 캐나다에서 열린 제7차 국제가톨릭농촌청년연맹(Movement International de la Jeunesse Agricole et Rurale Catholique, MIJARC) 총회에 한영일 신부(전국농촌사목협의회 총무)와 엄영애가 참가하여 한국가톨릭농촌청년회가 정식 회원국으로 가입함으로써 한국농민운동이 국제 연대를 강화할 수 있는 계기를 마련할 수 있었다. 이후 미작(MIJARC)의 지원으로 1971년 9월 15일부터 29일까지 홍콩에서 '가톨릭농촌청년운동 아시아 지도자 세미나'를 주관하는 등 국제 가톨릭 농민 농촌청년운동 흐름의 영향을 받았다. 당시 미작은 유럽의 신좌파와 남미의 농민혁명 지도자들이 국제본부의 지도적 위치에 있었다. 바티칸에서 우려할 정도로 운동 방향이 급진적 투쟁 노선을 취하고 있었다.

3. 도시빈민운동

1) 빈민운동의 시작

1960년대 산업화 과정에서 도시화 속도가 빨라지면서 서울은 대규모 도시빈민층이 형성되기 시작했다. AFI 회원인 김혜경●은 1967년부터 2년 동안 인왕산 자락 홍제동 개미마을의 넝마주이●●들이 집단생활을 하는 '재건대'에서 가톨릭 교리를 가르쳤다. 김수환 추기경은 김혜경의 부탁으로 성탄절에 개미마을 재건대원에게 영세를 주었다.(《오마이뉴스》 2017.9.1)

1969년 1월 김혜경은 김수환 추기경 추천으로 연세대학교 도시문제연구소에서 진행하는 주민조직(Community Organization, CO)훈련을 받았다. CO 프로그램은 미국 빈민 지역에서 활동하던 사회운동가 사울 알린스키(Saul D. Alinsky)●●● 이론에 따라 한국에 파견된 화이트(Herbert D. White) 목사가 지도했다.(가톨릭평론 편집부 2019, 151) 가톨릭과 개신교 신자들이 참여한 1기 CO 훈련에는 모두 6명이 참여했고, 가톨릭에서는 김혜경이 참여했다. 그녀는 훈련생 중 유일한 여성이었다. CO 훈련 참가자들은 6개월 동안 빈민 지역 현장에서 주민과 함께 생활했다. 김혜경은 창신동 지역에 거주했다. 1960년대 후반, 서울시는 창신동과 청계천 등 서울 변두리에 사는 20만 명의 도시빈민을 경기도 광주로 집단이주시키는 계획을 추진했다. 김혜경과 주민들은 광주대단지를 방문하고 이주 예정지역의 열악한

● 김혜경(1945~)은 1967~1969년 국제가톨릭형제회(A.F.I) 회원, 1969~71년 연세대도시문제연구소 현장활동가, 1971~1973년 수도권특수지역선교위원회 실무자, 1973년 천주교 서울대교구 산업사목위원회 총무, 1976년 난곡희망의료협동조합설립, 1988~1992년 천주교도시빈민회 회장을 역임했다.

●● '넝마주이'의 정의는 헌 옷이나 폐지, 폐품 등을 주워 모으는 일이나 그런 일을 하는 직업인. 양아치를 말하며 산업화 시기 도시외곽의 다리 밑에 모여 살았다. 초라한 옷차림으로 폐품을 수집하는 살아가는 사람으로 대중의 기피대상이 되었고, 잠재적 범죄자로 취급 받았다.(한국민족문화대백과사전; https://encykorea.aks.ac.kr/Article/E0068876)

●●● Saul David Alinsky(1909~1972)는 미국의 사회운동가이며 빈민운동의 선구자로 1930년대 미국 대공황 이후 지역공동체 조직운동가를 위한 교육프로그램을 운영하였다.

환경과 생계 문제로 이주가 어렵다고 판단해 창신동 철거반대 투쟁을 시작했다.

1969년 2월, 창신동 지역에 철거계고장이 나오자 주민들은 '국민 없는 정치 없다'고 쓴 플래카드를 들고 서울시청으로 몰려가 시위를 전개했다. (《조선일보》 1969. 2. 26) 주민 600여 명은 서울시장과 면담을 요구했다. 100여 명이 종로경찰서와 동대문경찰서에 구인될 만큼 강력한 투쟁이었다. 주민의 저항에 서울시와 구청이 협의에 나섰고 이후 주민들은 낙산시민아파트 28개동(1동에 48세대)에 입주할 수 있었다. (《오마이뉴스》 2017. 9. 1) 경찰은 주민들에게 '미스(Miss) 김(김혜경)이 간첩이다. 절대로 그녀를 가까이 하지 마라. 그녀는 국제적인 간첩'이라는 소문을 냈지만 주민들은 김혜경을 신뢰했고 경찰에게 '그 여자가 고정간첩이고 국제간첩이면 우리는 뭐냐, 우리도 잡아가라'고 했다. (민주화운동기념사업회 2011, 김혜경)

창신동 철거문제가 정리되면서 1973년 여름, 김혜경은 서울의 대표적 달동네인 신림7동 난곡(낙골마을)으로 이주했다. 김혜경은 1973년 10월, 서울대교구의 도시산업사목위원회(산사위) 총무와 공동체 조직(Community Organization, CO) 분과위원으로 참여하여 신학생들에게 CO 프로그램을 지도했다. '산사위'는 산업사목팀의 메리 루 수녀를 파견하여 주민 활동을 지원했고 서울대 의대 가톨릭학생회를 연결하여 의료봉사를 했다. (천주교 서울대교구 노동사목위원회 2008, 216~217) 김혜경은 먼저 난곡 지역에서 주부들과 국수 클럽을 만들었다. 국수 클럽에 모인 주부들을 대상으로 '여성의 사회참여', '건강교육', '어머니 양재교육'을 실시했다. 주민을 위한 생필품 공동 구매, 공동화장실 설치, 하수시설 개선 등 난곡 주민이 주체가 되어 지역 문제를 해결해 나가는 운동을 전개했다. (민주화운동기념사업회 구술오픈아카이브, 2011, 김혜경)

2) 제정구, 정일우 신부와 도시빈민공동체운동

1972년 4월, 서울대에서 교련 반대운동으로 제적된 제정구[*]는 청계천 판자촌에 있는 송정동 활빈교회 '배달학당'에서 교사 활동을 시작으로 빈민운동에 뛰어들었다. 제정구는 활빈교회 주민조직 담당을 맡아 지역사업에 참여했다. 넝마주이와 단무지 행상을 하면서 주민운동 속으로 파고들었다.(민주화운동기념사업회 오픈아카이브 00440512) 1973년 하반기 제정구는 연세대 도시문제연구소의 CO 전문가 훈련 프로그램에 참여했다. 그러나 곧바로 1974년 4월 민청학련 사건으로 구속되었다.

정일우 신부[**](이하 정 신부)는 서강대 교수 시절이던 1969년 3선개헌 반대운동으로 학생들이 잡혀가자 단식을 하며 중앙정보부장에게 편지를 써이들의 석방을 요구했다. 정 신부는 언론자유가 없는 한국 현실에 저항하는 의미로 명동거리에서 상복을 입고 시위를 벌였다. 정 신부는 이 사건으로 중앙정보부에서 조사를 받았다. 중앙정보부는 정 신부를 추방하겠다고 위협했다. 1973년 11월 청계천 판자촌에 들어간 정 신부는 그곳에서 활빈교회가 운영하던 '배달학당' 야학에서 교장으로 활동하던 제정구를 처음 만났다. 1974년 긴급조치가 발동되고 김진홍 전도사와 제정구가 구속된 이후 중앙정보부는 주민들을 협박하여 정 신부를 청계천에서 추방하라고 요구했다. 주민 피해를 우려한 정 신부는 청계천 판자촌을 빠져나올 수밖에 없었다. 민청학련으로 구속된 제정구는 1975년 2월 형집행정지로 출소해 판자촌으로 다시 돌아왔으나 마을은 발부된 철거 계고장 탓에 주민들이 동요

---

[*] 제정구(1944~1999)는 1966년 서울대학교 정치학과에 입학했고, 1972년 청계천 판자촌에서 야학교사를 했다. 1974년 민청학련 사건으로 구속되었다. 1977년 시흥 복음자리 마을 건설에 앞장섰고, 1985년 천주교도시빈민회 회장을 역임했다.

[**] 정일우 신부(John Vincent Daly, 1935~2014). 미국 일리노이주 출신으로 1966년 예수회에서 사제서품을 받고 서강대에서 교수로 재직했다.

하고 있었다. 활빈교회는 철거민 중 일부가 남양만 간척지로 입주권을 얻어 이주했고 다수 철거민은 다시 서울 변두리로 쫓겨났다.

청계천 철거민 가운데 56세대가 방이동으로 집단이주를 시도했으나 정보기관과 서울시 방해로 무산되었다. 제정구는 주민들과 석 달 동안 농성을 하며 집단이주를 요구했으나 결국 좌절되었다. 제정구와 정 신부는 청계천 판자촌 활동을 되돌아보면서 주민이 교회에 의존하는 것이 아니라 자립을 통해 빈민 지역 문제를 해결해야 한다는 원칙을 세우게 되었다. 새롭게 살아갈 빈민 지역을 찾던 1975년 11월, 제정구와 정 신부, 주민들은 양평동 지역으로 집단 이주했다. 두 사람은 7평짜리 집을 개조하여 2평을 자신들의 방으로 사용하고 나머지 5평은 지역주민 '사랑방'으로 만들었다. '사랑방'은 아이들의 공부방, 노인정이 되기도 했다. 김 추기경은 이 사랑방에 '복음(福音)자리'라는 이름을 붙여주었다. 양평동 판자촌에 살면서 제정구와 정일우 신부는 다음과 같은 약속을 했다.

첫째, 프로젝트는 하지 않는다.
둘째, 그냥 산다.
셋째, 이웃으로 살면서 우리를 필요로 할 때마다 앞장선다.
넷째, 그들 스스로 하는 일에 함께하고 거든다. ●

이 약속은 빈민운동에서 주민을 대상화하지 않고 온정주의적이거나 보상적인 접근이 아니라 주민 스스로 생존 방법을 찾는 자주적 운동이 되어야 한다는 원칙이 되었다. 제정구와 정 신부는 주민들이 함께 이웃으로 자발적 공동체를 형성하여 살아가는 것을 빈민운동의 목표로 삼았다.

● https://www.kdemo.or.kr/d~letter/world/page/1/post/216(검색일 2023.11.18).

이러한 방법은 이후 천주교 도시빈민운동의 중요한 방법론이자 정체성이 되었다.

제4장

교황청의 관여

교황청은 지 주교가 민청학련 사건에 연루되었을 때 세 채널을 통해 해결을 시도했다. 첫째, 교황청 국무성이 미국 국무부에 직접 연락을 취해 미국이 한국 정부에 영향을 행사하게 하는 방식이었다. 둘째, 주한 교황 대사를 통해 주한 미국 대사가 한국 정부와 교황청 사이에 중재 역할을 하도록 하는 방식이었다. 셋째, 주한 교황 대사가 한국 외무부와 직접 접촉하는 방식이었다. ◆

한국 정부는 지 주교 구속을 계기로 한국천주교회가 해외교회에 유신 정권을 고발하는 내용과 지 주교가 정권으로부터 부당하게 탄압받고 있다는 정보를 유포하자 이에 대응하는 차원에서 해외 공관에 이를 반박하거나 지 주교를 모함하는 문건을 만들어 배포하고 대사들을 통해 해당 국가 주무장관을 만나 정부 입장을 전달하게 했다. 한국교회에 직접 영향을 행사할 수 있는 위치에 있는 교황청에는 외무부 장관, 여당 소속 고위 천주교 인사, 사

◆ 첫째와 관련된 자료는 국무부 실무자가 교황청 관계자와 소통한 내용을 간략히 요약하는 방식으로 작성되었는데 미국국립문서보관소(NARA)에 보관돼 있다. 둘째, 주미 대사가 본국에 보고하는 '전문(telegraph)' 형식으로 교황청 대사와 미 대사관 실무자 간 소통 내용을 간략히 요약하는 방식으로 작성되었고 역시 NARA에 보관돼 있다. 셋째와 관련된 자료는 외교통상부가 2006년 공개한 외교문서 마이크로 필름에 들어 있다.

회참여에 보수적 입장을 가진 한국인 성직자를 파견해 민주화운동에 참여하는 고위 성직자와 소장 사제를 제어해줄 것을 요청하게 했다. 주한 교황대사에게는 사회참여에 적극적인 외국인 선교사들을 선교회를 통해 제재해줄 것을 요청했다. 중앙정보부는 고위직원에게 각 교구 교구장을 만나설득과 협박을 병행하게 했다. 법무부는 출입국관리소를 통해 정부에 비판적인 외국인 선교사들의 입국 허가, 체류 연장 허가 불허, 심한 경우 추방조치를 통해 반정부 활동을 제재하려 했다.

이 시기 교황청은 두 사건에 관여했다. 하나는 지 주교 구속 사건이었고, 다른 하나는 천주교 인사 특히 사제들의 '민주회복국민회의' 참여 건이었다. 지 주교 석방운동에 적극적인 외국인 선교사들에 대한 문제는 지 주교 구속 사건의 연장이기에 크게 보면 두 사건이다.

제1절 지 주교 구속 사건

지 주교가 1974년 7월 7일 김포공항에 도착하면서 중앙정보부에 연행되자 김 추기경은 이날 저녁 도세나 교황 대사에게 전화해 연행 사실을 보고하고 향후 처리 방안을 의논했다. 다음 날인 7월 8일 오전 도세나 대사는 노신영 외무차관을 예방하여 면담하고 오후에 중앙정보부로 찾아가 지 주교를 면회했다. 그는 지 주교를 면회하면서 민청학련에 자금을 제공했다는 정부 발표에 대한 해명을 듣고 다시 외무차관을 방문해 정부가 내세운 혐의로 지 주교를 연행하여 구금하고 기소하는 것은 곤란하다는 입장을 밝혔다. 조사도 가택 연금 상태에서 하는 것이 좋겠다고 제안했다. 아울러 현직 교구장 주교에 대한 재판은 교황청에는 중대한 조처이고, 이를 지속할 경우 국제 여론이 한국 정부에 매우 불리하게 돌아갈 것이라 경고했다. 7월

10일에도 대사는 노 외무차관을 면담하고 교황청이 지 주교 석방을 위한 협상안을 구상 중임을 밝혔다. 당시 유신 정권은 지 주교를 원주교구장에서 파면하고 외유(外遊)나 국외추방 형식으로 해외에 머물게 하는 방안을 생각했지만 도세나 대사는 주교관련 사항은 전적으로 교황 권한임을 강조하며 이 제안을 수용하지 않았다. (외교부공개문서 SEOUL 04456, R 100627Z JUL 74)

도세나 대사가 정부와 협상을 벌이는 동안 지 주교가 양심선언을 하고 다시 구금되자 협상이 결렬되었다. 이때 도세나 대사는 지 주교가 한국교회와 유신 정권 사이에 대립을 피하려는 자신의 노력을 무위로 돌아가게 했다며 화를 냈다. (SEOUL 04853 JUL 74) 유신 정권도 강경한 입장으로 선회했다. 중정에서는 고위 간부 두 명에게 모든 주교를 만나 정부의 입장을 전달하게 했다. 이들은 정부의 조치가 단호할 것이고 이 조치는 교회에 큰 해를 끼칠 수도 있을 것이라며 위협했다. 이에 놀란 주교들은 도세나 대사와 함께 정부와 대립을 피할 방안을 강구했다. 도세나 대사는 주교들에게 '지 주교가 정부와 유신헌법을 비난한 것은 교회의 견해가 아니라 자신의 양심에 따른 것이라는 취지'의 성명서를 채택하는 방안을 제시했다. 그러나 주교단은 7월 25일 발표한 선언문 「사회교의 실천은 종교의 의무다」에서 지 주교가 인간 권리를 말한 것이라며 그의 양심선언을 옹호했다. (장영민 2014, 54)

교황청 한국 담당자는 1974년 8월 1일 교황청을 방문한 미국 사절을 맞은 자리에서 이 사태에 대해 다음과 같이 교황청 입장을 피력했다. "많은 주교와 김 추기경이 지 주교를 강력히 지원한다는 보고를 받고 있으나, 다수의 한국 성직자들은 지 주교의 입장에 강하게 동조하고 있지는 않은 것으로 본다. 지 주교가 불의를 공격한다는 것을 천주교 신자와 성직자가 알고 있어도, 그 방법이 천주교회에 돌이키지 못할 손해를 입힌다면 그 투쟁을 지지하지 않을 것이라 믿는다. 또한 최근 박 대통령이 김 추기경에게 지 주교 사건이 서로 만족스럽게 해결될 것이라 말한 것으로 알고 있다."(ROME

10573 AUG 74) 그러나 교황청은 지 주교 사태와 관련해 담당자인 도세나 대사에게 묻는 대신 미 국무부에 직접 문의했다.

지 주교 재판이 시작된 1974년 8월 1일 도세나 대사는 외무부 정무차관보 김정배를 방문했다. 그 자리에서 도세나 대사는 자신의 중재 노력에도 지 주교 재판을 개시한 것은 유감이며 이 재판이 국내적일 뿐 아니라 국제적 반향을 일으킬 것이고 교황청에서 결정을 내릴 때까지 한국 신자들을 진정시키려 했는데 이 일이 원활하지 않을 수 있음을 에둘러 강조했다. 이에 차관보는 지 주교를 원주교구장에서 해임하는 등의 조처가 있으면 외무장관이 설득력 있는 노력을 할 수 있을 것이라 제안했다. (외교부공개문서 Re-0022-01/6656, 100~103)

지 주교의 1심 재판이 끝난 뒤인 1974년 8월 5일 교황청 국무성 부장관실베스트리니(Silvestrini)가 주교황청 한국대사 신현준을 국무성으로 초치했다. 부장관은 한국대사에게 다음과 같이 교황청 입장을 밝혔다. "교황청은 지 주교 건에 관하여 진상 청취를 원하고, 재판 결과에 경악과 불안을 느꼈으며, 지 주교를 도울 수 있는 조치를 요망하는 세계 여론을 무시할 수 없고, 사건이 원활히 해결되기를 희망하며 동시에 한국교회가 반한(反韓)활동을 취하지 않도록 모든 노력을 경주할 것이다. 지 주교에게 유죄 판결이 내려지는 것을 우려한다."(외교부공개문서 Re-0022-01/6656 VTW-0801)

1974년 8월 6일 교황청 라디오 방송은 14시 30분 정규 뉴스 시간에 지 주교 문제와 관련된 뉴스를 내보냈다. 이 방송에서는 지 주교가 재판을 받는다는 사실과 관련 혐의를 열거하고 "지 주교의 체포와 재판은 국제 언론 기관에 반영되고 있는 바와 같이 많은 국가들의 항의와 경악을 낳았고 한국 카톨릭 주교들 및 카톨릭 사회에 큰 우려를 낳게 하였다. …… 이러한 중대한 사건이 가급적 조속히 해결되어 모든 사람들이 인정하는 지 주교의 애국심과 성실성이 재확인되기를 바라는 바"라며 해결을 촉구했다. (Re-0022-01/

6656 VTW-0802)

1974년 8월 11일에는 실베스트리니가 주교황청 한국 대사관을 방문해지 주교에 대한 15년 구형설에 대해 다음과 같이 교황청의 의견을 전달했다. "교황께서 이 사실을 보고 받고 놀라움과 심각한 우려를 표현하고 있다. …… 교황청은 지금까지 이 문제가 원만히 해결되기를 바라고 사건의 진전을 주시하여 왔으나 사태가 악화되면 더 이상 방관만 하기 어려운 입장에 있다."(Re-0022-01/6656 VTW-0804)

1974년 8월 14일 교황청 국무성 차관 카사롤리 대주교는 신현준 대사를 국무성으로 초치해 "교황은 지 주교의 재판 결과와 그로 인해 야기되고 있는 심각한 반응을 마음 아프게 여기고 있다. 교황은 지 주교의 건강을 고려하여 '모종의 특별 배려'를 베풀어주기를 희망하며 그러한 조치는 양국 간의 기존 우호 관계를 증진시키는 데 크게 기여할 것"이라고 했다. (Re-0022-01/6656 VTW-0806)

1974년 10월 11일에는 김동조 외무장관이 교황청 국무성장관 빌로(Villot) 추기경을 방문했다. 이 자리에서 외무장관은 빌로 추기경에게 지 주교가 국내법 질서에 어긋나는 종교 이외 목적의 활동 때문에 재판을 받고 있고 현재 공정하게 재판을 받고 있음을 강조했다. 이에 대해 빌로 추기경은 "교황청이 한국의 국내 문제에 관여할 의도가 없고 지 주교 문제가 잘 수습되기를 바랄 뿐"이라는 입장을 밝혔다. (Re-0022-01/6656, 227)

1975년 1월 21일 교황청 한국 담당은 한국천주교회가 지 주교에게 건강상 이유를 들어 석방을 요청하도록 권고했으나 지 주교는 거부하고 감옥에 갇혀 있기를 택했다고 보고했다. (ROME 00906 JAN 75) 그리고 변호인들이 상고했으므로 교황청은 대법원에서 재판이 진행되는 것을 지켜볼 수밖에 없고, 현재로서는 아무런 대처 계획이 없다고 했다. 그렇지만 교황청은 지 주교가 모든 재판은 불법적이므로 상고를 포기했다는 것을 알고 있었다.

이에 교황청은 변호사들이 지 주교 이름으로 상고한 것을 이해한다는 입장을 밝혔다.

제2절 사제들의 민주회복국민회의 참여

1975년 1월 21일 한국 외무부에서는 도세나 대사를 초치해 민주회복국민회의의 윤형중 신부 발언과 함세웅 신부가 동(同) 단체 대변인으로 임명된 건에 대해 항의했다. 두 신부의 국민회의 참여가 가톨릭교회와 정부가 대결한다는 인상을 주고 있으니 적절한 조치를 취하라는 것이었다. 이에 대해 도세나 대사는 "윤 신부와 함 신부의 행동은 가톨릭교회의 승인이나 지지를 얻은 것이 아닌 개인적 활동이며 많은 신부가 두 신부의 행동에 회의를 느끼고 있다"고 답했다. 그리고 이에 대한 대책으로 "교구장 회의(주교회의)에 제안하거나 교황청 국무성 관계자와 의논하여 이러한 건에 대한 의견을 청해보는 방안을 강구하겠다"고 밝혔다. (B-0026-05/9035/701 면담요록)

그러나 교황청은 민주회복국민회의에 사제들이 참여하는 건에 대하여 성직자의 활동을 저지하기 어렵다는 점을 관련 성직자들을 통해 확인했다. 이에 1975년 3월 외무장관 김동조가 교황 바오로 6세를 다시 방문해 교회와 정부의 관계에 대해 토의했다. (《경향신문》 1975. 3. 24)

교황청은 지 주교 구속을 막기 위해 미국 국무부를 움직여 한국 정부에 압력을 행사하려 했다. 그러나 미국 정부는 "한국 민주주의보다 안보를 중시해 내정불간섭주의 노선을 취하며 교황청 요구에 소극적 태도를 보였다."(장영민 2014, 51) 한국 정부도 지 주교 구속이 박정희의 뜻이었기에 천주교 측이 정부 요구를 대폭 수용하지 않을 경우 풀어줄 의사가 없었다. (SEOUL 04439, P R 090933Z JUL 74) 더욱이 주교단도 지 주교 구속 사태에 대해 일치된 견해를 보이지 않아 미국 정부나 한국 정부 모두 한국 문제에 적극적일 필요가 없었다.

교황청은 지 주교 구속 전에는 구속을 막기 위해 구속 후에는 석방을 위해 노력했으나 지 주교를 지지한다는 입장은 끝내 표명하지 않았다. 오히려 지 주교의 입장과 행동이 한국교회와 무관한 개인적 선택임을 강조하고자 했다. 심지어 도세나 대사의 경우는 지 주교의 행위를 일탈로 간주하기까지 했다. 이는 교황청이 외교적 노력은 경주하면서도 유신 정권을 비판하거나 반대하는 의사를 표명하지 않는 모습으로 이어졌다.

◆ 제5장 ◆
해외교회의 연대

제1절 일본 가톨릭교회

일본 가톨릭교회는 1967년 교황 바오로 6세의 정의평화위원회 설립 요청에 따라 1970년에 '정의와 평화 주교위원회'를 조직했다. 1974년에는 이 주교위원회에 사제, 수도자, 평신도를 참여시켜 '일본 가톨릭정의와평화협의회'(이하 정평협)를 정식 출범시켰다. (古屋敷一葉 2018, 17) 협의회 초대 담당 주교는 향후 한국천주교 민주화운동에 큰 도움을 주게 되는 소마 노부오(相馬信夫)가 맡았다. ◆

정평협이 처음 한국 민주화운동에 관여하게 된 계기는 1974년 7월 6일 일어난 지 주교 강제 연행 사건이었다. 일본 가톨릭교회 고위 성직자들은 이 사건 이전부터 개인 자격으로 한국 민주화운동 지원 활동에 관여하고 있었다. 신·구교(新舊敎) 협의체인 '한국문제기독교도긴급회의'(이하 긴급회의)를 통해서였다. 긴급회의는 "1973년 12월 신구 교회지도자 84명이 호소

◆ 1916년 동경 출생. 동경제대 졸업 후 동경가톨릭신학대학교에서 공부하고 1960년 사제서품을 받아 1969년 나고야교구 주교에 임명되었다. 1974년에서 1993년까지 일본 가톨릭정의평화협의회 담당 주교를 역임했다.

인으로 나서 1974년 1월 15일 동경 신주쿠구에 위치한 일본의 기(基)교단 소속 시나노마치(信濃町) 교회에서 한국민주화운동을 지원하기 위해 출범했다." 이 모임에는 당시 동경대교구장 시라야나기 세이치(白柳誠一)● 대주교가 가톨릭 대표로 참여했다. 긴급회의는 창립 이후 일본기독교교회협의회(NCCJ)와 정평협 간 상설연대기구 역할을 담당하며 한국 민주화운동의 주요 계기에 함께했다. (류상영 외 2021, 177~178)

긴급회의와 정평협은 일본 지성인과 시민이 조직한 '한일련대연락회의'(이하 한일련)와도 연대하며 한국 민주화운동을 지원했다. 한일련이 정세분석과 관공서와의 관계를 담당하고 긴급회의와 정평협이 실행을 분담하는 방식이었다. 이 세 단체는 공동으로 기자회견, 집회와 가두시위를 조직하고 실행하는 한편 공동명의로 성명서, 각종 요청문 발표와 자료집을 발간했다. 1974년 9월에는 온건한 신자들까지 참여할 수 있는 대중조직으로 '한일기독교인 연락협의회'도 출범시켰는데, 정평협 담당주교인 소마 노부오 주교가 대표를 맡았다. 이 연락협의회는 한국 관련 강연회, 한국기독교인과 연대하는 기도회와 촛불시위를 주최했다. (류상영 외 2012, 182~183)

1. 지 주교 석방촉구 활동

시라야나기 대주교는 지 주교 연행 소식을 듣고 1974년 7월 11일 열린 정평협 제1차 정기회의에 이 사실을 보고했다. 회의 참석자들은 시라야나기 대주교의 보고와 제안에 긴급동의를 표명하고 성명서 발표와 기자회견 준비를 결정했다. 이에 정평협은 11일 호소문을 작성하고 12일 동경대교구청에서 일본기독교협의회와 공동 기자회견을 열어 "현재 한국에서 자행되

● 1928년 동경 하치오지시(八王子市) 출생. 1954년 사제서품을 받았고 1960년 로마 우르바노대학교에서 교회법 전공으로 신학박사 학위를 받았다. 1966년 동경대교구 보좌주교에 임명되었다. 1970년에 동경대교구 대주교로 승품하여 교구장좌에 올랐다. 1994년에 추기경에 서임되었다.

고 있는 심각한 인권 침해에 깊은 우려를 표시"하는 호소문을 발표했다. (古屋敷一葉 2018, 26~27; 명동천주교회 1984, 159)

시라야나기 대주교는 7월 19일 교황청 국무성 장관 로씨(Rossi) 추기경에게 지 주교 사태와 관련하여 지원을 요청하는 편지를 발송했다. (민주화운동기념사업회 오픈아카이브 0577289-0002)

1974년 7월 21일에는 '정의와 평화를 구하는 가톨릭 유지(有志)자 모임' 명의로 지 주교 사건 관련 결의문을 발표했다. 다음은 결의문 3항 내용이다.

우리는 한국 정부에 하느님의 사명을 완수하려다 체포된 지 주교의 즉각 석
방을 요구한다. 우리는 자유와 정의의 가치를 아는 가톨릭 신자로서 이웃 나
라의 불행한 현상에 대해 더 이상 무관심할 수 없다. 현 정권의 압정에 시달
리는 모든 사람에게 진심으로 연대의 인사를 보내고 한국에 자유와 민주주
의가 회복되는 날까지 이웃으로서 강한 관심과 스스로 가진 의식을 계속 지
켜나갈 것이다. (正義と平和を求めるカトリック有志の会 1974.7.21)

정평협은 1974년 7월 22일 미국, 영국, 독일, 벨기에, 프랑스, 네덜란드, 스위스 소재 팍스 로마나(Pax Romana, 가톨릭대학생연합회) 등에 한국 인권 상황을 고발하고 김수환 추기경의 인권수호 노력에 지원을 요청하는 서한을 발송했다. 이 서한에서 정평협은 유신 정권이 자행한 대표적 인권 탄압 사례로 김지하 시인과 지학순 주교 구속 사태를 들고 한국 인권 상황이 심각한 수준에 이르렀다며 고발했다. 그리고 이러한 상황에서 김수환 추기경이 유신 정권을 대상으로 벌이는 인권수호 노력을 지원하기 위해 서한을 수령한 정평위가 해당국 정부에 한국 정부에 대해 정치 경제적 압력을 행사해줄 것을 요청했다. (정평협 민주화운동기념사업회 기증 자료: 0577296) 같은 날 시라야나기 대주교는 한국 국방부, 김수환 추기경에게도 전보를 보냈다. 이날부

시라야나기 대주교의 메모

터 23일까지 연속으로 동경대성당에서 한국교회, 지 주교와 구속된 종교인들을 위한 기도회를 개최했다. 1974년 8월 2일에는 일본 주재 한국대사에게 편지를 보내 지 주교 구속에 대해 항의하고, 8월 15일에는 각국 정의평화위원회에 지속적으로 한국천주교회의 민주화운동을 지지하는 발언을 해줄 것을 재(再)촉구하는 메시지를 발송했다. (민주화운동기념사업회 오픈아카이브 0577289)

시라야나기 대주교는 지 주교가 구속되자 김수환 추기경 조카사위인 송영순●을 정평협 간사로 채용하여 한국천주교회와 연락을 담당하게 했다. 당시 한국천주교회에서는 김정남●●이 연락을 담당했다. 이 비밀연락망은 1987년까지 유지되었다. 이 기간 동안 둘 사이에 한국 민주화운동 소식을 전하는 200여 통의 편지가 오갔다. 1974년에는 지 주교 구속 사건, 1975년에는 김지하의 재구속 사건과 관련된 정보가 중심이었다. 이 비밀연락망을

● 송영순(1930~2004). 송영순의 아내인 김애자가 김수환 추기경의 조카였다. 송영순은 원래 대전 사람으로 해방 이후 일본으로 건너간 재일교포다. 지 주교 구속을 계기로 지학순 주교 구명운동을 하며 일본가톨릭 정의와평화협의회 간사로 김정남이 서울에서 보내는 각종 민주화 투쟁 자료를 전달받아 일본 신문에 배포하거나 미국으로 보내는 일을 했다. (김정남·한인섭 2020, 233~238)

●● 김정남. 1942년생. 재야 운동가로 40여 년간 재야민주화운동을 막후에서 뒷받침해왔다. 지 주교 구속 사건 때 천주교와 연결되어 천주교 민주화운동을 지원하는 역할을 담당했다. 1975년 민주회복국민회의를 통해 양심선언운동을 제창했다. 1974년 말부터 송영순과 한국 민주화운동 소식을 전하는 편지를 주고받았다. 1988년《평화신문》편집국장으로 창간에 참여했고 문민정부 시절 청와대 교육문화수석비서관을 역임했다. (김정남·한인섭 2020 참조)

통해 한국천주교 민주화운동 소식과 한국 민주화운동 관련 소식이 전 세계로 전파될 수 있었다. 당시 이 비밀연락망은 개신교 연락망과 더불어 해외로 통하는 유일한 소통 채널이었다.

시라야나기 대주교의 한국교회에 대한 이러한 관심은 그와 지 주교 사이의 각별한 인연도 작용했다. 그는 지학순 주교와 함께 이탈리아 우르바노 대학교에 유학했고 전공도 교회법으로 같았으며 무엇보다 같은 기숙사에 살며 친구로 지냈다. 이러한 유학 시절 인연으로 지 주교는 일본 방문이나 해외 출장에서 돌아올 때 동경대주교관에서 자주 묵었다. 지 주교는 귀국 전날도 동경대주교관에서 묵었다. 그리고 이후 활동 궤적을 볼 때 시라야나기 대주교도 공의회를 통해 사회참여의 필요성을 자각하고 이에 기초하여 한국천주교 민주화운동을 지원했음을 알 수 있다.(古屋敷一葉 2018, 26~27)

2. 김지하 구명운동

정평협은 일본 시민사회에서 1970년대 초부터 전개했던 김지하 구명운동에도 동참했다. 여기에는 '김정남-송영순' 라인을 통해 한국에서 일본으로 전달된 김지하의 양심선언, 그의 작품 등이 영향을 주었다.

정평협은 1974년 5월 14일 동경대성당에서 개신교와 합동으로 '한국 그리스도인의 고난에 동참하는 합동 기도회'를 개최했다. 약 600여 명이 참가했고, 프랑스와 독일에서도 지지 메시지를 보내왔다. 김지하를 비롯 구속된 개신교 성직자들의 석방과 한일 정치 유착으로 인한 무관심과 이웃 나라 형제들에게 그동안 저지른 죄과를 생각하며, 자신들의 이런 선택이 회개의 열매가 되기를 위해서도 기도했다.(古屋敷一葉 2023, 5)

1975년 5월 19일 열릴 예정인 김지하의 첫 공판을 앞두고 5월 11일 성명서를 작성해 이를 12일 기자간담회에서 발표했다. 다음은 성명서 내용이다.

지난 3월 이후 재차 체포되어 구금된 한국의 시인 김지하가 반공법 위반 혐의로 기소되었다는 소식을 접했다. 우리가 입수한 믿을 만한 정보에 따르면, 김 시인에 대한 이번 조치는 근거 없는 '인민혁명당' 사건의 무고한 피고인들을 위해 그가 목소리를 낸 결과이다. 김씨가 공산주의자라는 주장은 그를 아는 사람들은 '정당한 절차'에 의해 얻어진 증거에 근거한 것으로 믿지 않는다. 우리는 그리스도인으로서 김지하의 신앙에 뿌리를 둔 행동에 깊은 지지와 경의를 표하며, 그의 즉각적인 석방을 간절히 요청한다. ●

정평협은 이 성명서를 박정희 대통령, 교황청 정의평화위원회 및 각국 교회에 전달했다. 이후에도 '정평협'은 여러 차례 기자간담회를 열어 성명서를 발표했다. 기자회견은 단독 또는 김지하를 돕는 모임 등 다른 단체와 함께 열었다. 기자회견에서는 한국교회 측에서 발표한 문서와 함께 성명서를 발표하기도 했다. 1975년 8월에는 '김지하를 돕는 모임'과 함께 기자회견을 열어 김지하의 양심선언 내용을 발표했다. 정평협은 이 양심선언의 일본어, 영어 번역본을 일본의 여러 정보센터와 80개국 정의평화위원회에 전달했다. (古屋敷一葉 2023, 5)

제2절 유럽 가톨릭교회의 연대

지 주교 연행 이후 일본 정평협, 교황청 요청으로 각국 정평위는 자국 대사관을 통해 한국 정부에 의견을 제시하거나 항의했다. 이 요청은 1974년 7월 말에서 8월 말까지 이어졌다. 해당국 대사는 한국 외무장관을 예방하

●「김씨를 구하기 위한 성명문을 보냄(金氏救えと声明文送る)」《가톨릭시보》 1975. 5. 25.

거나 외무부에 의견서를 제출하는 방식으로 한국 정부에 의사를 전달했다.

주한 이태리 대사 베르투치올리(Giuliano Bertuccioli)는 1974년 7월 27일 한국 외무장관을 만난 자리에서 자신의 방문이 "한국의 내정을 간섭하려는 의도에서 행하여지는 것은 결코 아니며, 다만 민청 사건에 관한 형이 과중한 데 대한 정부의 관심을 전달하기 위한 것"임을 강조했다. (Re-0022-01/6656 면담요록)

주한 영국 대사관 측에서는 7월 29일 정보기관에 연행되어 조사를 받는 원주교구 소속 성골롬반외방선교회 선교사 폴리(M. Foley)와 케네디(Oliver Kennedy) 신부의 신병에 대하여 외무부 구주(歐洲)과에 문의하고 두 사제에 대한 면담을 요청했다. (Re-0022-01/6656 면담요록)

주한 독일대사는 1974년 8월 1일자 《쥐드도이치 차이퉁(Süddeutsche Zeitung)》에 실린 지 주교 재판 관련 기사를 한국외무장관 수신(受信)의 전보로 보내 지 주교 구속과 재판에 대한 관심을 표명했다. (외교부공개문서 Re-0022-01/6656 기사 내용) 비슷한 시기에 김수환 추기경의 스승 요셉 회프너(Joseph Höffner) 쾰른 대주교는 한국 정부의 인권 침해에 유감을 표하는 내용을 담은 기고문을 독일 가톨릭 통신(KNA)에 게재하는 한편 김수환 추기경에게 지 주교 사건에 대해 '용기있는 개입'을 한다며 격려 편지를 보냈다. (외교부공개문서 Re-0022-01/6656 GEW 0824)

이 세 나라 외에도 비슷한 방식으로 한국 정부에 의사를 표명한 나라는 프랑스, 스웨덴, 덴마크, 노르웨이 핀란드, 네델란드, 벨기에 등이었다. 특히 주한 벨기에 대사와 프랑스 대사는 가장 적극적으로 한국 외무부에 의사를 표명하고 지 주교가 양심선언을 하는 날 명동성당에서 열리는 시국 미사에도 참여하는 성의를 보였다. 이들의 참여는 자발적인 면도 있지만 각국 정평위의 요청에 따른 것이기도 했다. (Re-0022-01/6656 민청학련 사건에 대한 구주제국 정부의 반응)

◆제6장◆
교회 내 이념 논쟁

1970년대 초 한국천주교회의 사회참여는 박정희 정권과의 정면충돌로 이어졌다. 천주교의 사회참여는 이례적 사건이었기에 처음에는 정권, 교회 모두 조심스럽게 서로를 예의 주시했다. 그러다 지 주교가 활발하게 정권을 비판하는 활동을 벌이고 원주에서 반정부 시위를 주도하자 유신 정권이 본격 대응에 나섰다.

유신 정권은 당시 반정부 활동에 앞장선 지 주교와 원주교구의 움직임에 대해 물리적 탄압과 이데올로기 선전으로 대응했다. 특히 이데올로기 측면에서 원주교구와 지 주교의 반정부 활동을 공산주의와 연계하여 이들을 지역민, 신자로부터 고립시키려 했다. 이런 상황임에도 정부와 교회 간 직접적인 이념 논쟁은 벌어지지 않았다.

정권 측의 이러한 이념 공세에 대해 지 주교는 강론, 강연, 언론과 잡지 기고문을 통해 대항 이데올로기를 전파하는 데 주력했다. 김 추기경도 강론, 대 사회 메시지를 통해 지 주교와 같은 동기로 정권의 이념 선전에 대응했다.

둘째는 경제개발(발전)을 위해 민주주의를 유보하자는 '개발주의' 이데올로기와 민주화를 동시에 진행해야 한다는 '병행론'이 대립했다. 박정희 정권의 지배 이데올로기였던 개발주의는 안보 우선주의와 결합하여 각종 사회갈등을 억압하는 수단으로 활용되었다. 민주화운동 진영은 민중 생활의 파탄, 각종 권력형 부정부패와 비리가 오히려 경제발전을 저해하고 궁극에는 국가 안보도 위협하는 것이라는 대항 담론을 전개했다. 그런데 이 개발주의는 교회에서도 폭넓게 지지를 얻고 있었다. 특히 경제성장의 수혜자들은 이런 입장을 강하게 지지했다. 정권의 지배 이데올로기에 설득된 신자도 다수였다. 따라서 소수가 다수를 위해 희생할 수 있어야 하고 민주주의도 경제성장 이후로 유보해야 한다는 생각이 교회 안에도 널리 퍼져 있었다.

셋째는 교회의 사회참여 당위성, 사회참여 방법의 타당성 문제를 둘러싼 논쟁이었다. 정부와 교회 일각에서는 교회의 사회참여를 정치참여로 해석했고, 이 행위를 정교분리론에 입각하여 종교가 국가 영역을 침범한 것이라 보았다. 국가가 어떤 정책을 펴든 침묵을 지키고 영혼 구원에만 치중하는 것이 정교분리론의 핵심이고 이것이 종교 본연의 역할이기 때문이라는 것이었다. 이 갈등에는 정치를 바라보는 관점 차이도 존재했지만 기존 신앙생활 패러다임과의 충돌이라는 측면도 포함돼 있었다.

이 세 가지가 확연히 구별되었던 것은 아니다. 서로 맞물려 있었다. 이 논쟁은 교회와 국가 사이에, 교회 내에서는 민주화운동 진영과 보수 진영 사이에 1970년대 내내 계속되었다.

제1절 공산주의 대 예언자적 그리스도교

박정희 정권은 정권과 국가를 동일시하며 정부 비판 세력을 반국가세력으로 몰아 탄압했다. 반정부 인사를 공산주의자(빨갱이)로 몰거나 용공 혐의를 씌워 사형시키기도 했다. 유신 정권은 공산주의와 거리가 먼 천주교 성직자도 같은 방식으로 다루려 했다. 이런 유신 정권의 처사에 대해 지 주교는 다음과 같이 비판했다.

어찌된 셈인지 우리나라에서는 이상하게도 억압받고 고통받고 소외된 사람들을 도와주기 위하여 일을 하면 그런 사람들을 빨갱이라 하는 사람들이 있다. …… 이런 사람들의 말대로 하면 교황님들도 빨갱이일 것이다. …… 권력을 가지고 인간을 억압하며 부패를 일삼는 자들은 자기들의 아픈 점을 찌르며 자기들을 반대하는 사람들을 이 세상에서 제일 나쁜 사람의 탈을 뒤집어씌워 세상 사람들이 그들을 미워하도록 해야 자기들의 불의를 변명할 수 있고 자기들이 살아남을 수 있기 때문에 그들을 빨갱이라 한다. …… 빨갱이가 나쁜 것은 무자비한 독재로서 자기들의 권력을 유지하기 위하여 많은 사람들을 가난하게 하고, 고통받게 하고 비천하게 하며 조물주를 부인하고 양심의 자유를 부인하며 인권을 유린하기 때문인 것이다. …… 동시에 민주주의라는 간판을 들고 있는 사람들이라도 공산주의자들처럼 백성을 억압하며 가난하게 하고 비천하게 하는 독재자 행세를 할 때는 교회가 그들을 반대할 수밖에 없다. 이렇게 말하면 '빨갱이가 코앞에 있는데 어떻게 독재를 안 할 수 있느냐' 하는 사람이 있을지 모르나 '빨갱이를 막기 위하여 빨갱이가 되어야 한다'면 빨갱이를 막을 이유가 어디에 있는지 이해할 수 없다. (지학순 1983, 33~34)

사실 지 주교의 이 발언은 애초 교회 지도자를 겨냥한 것이었다. 이는 교회 지도자 안에도 이런 생각을 가진 이가 있었기 때문이다. 지 주교는 "권력이 민주주의를 표방하면서 독재를 자행하는 것이 결국 빨갱이 같은 짓이고 이런 짓이야말로 공산혁명의 유혹을 불러오기 십상이니 용공 행위"라고 비판한 것이다. 중남미 가톨릭교회의 사회참여 신학인 해방신학을 용공이라 선동하는 정권과 교회 일각의 입장에 대해서도 같은 맥락으로 다음과 같이 입장을 밝혔다.

해방신학은 공산주의에 영합하는 신학이라기보다 우리 가톨릭의 기본원리대로 인권을 유린하는 독재자들의 불의와 부패된 행위 때문에 고통을 받고 억압받고 있는 백성들을 해방시켜야 한다는 원리를 신학적으로 취급하는 학문이다. ⋯⋯ 부패가 심한 남아메리카에서 이 신학은 공산주의에 영합한다기 보다는 오히려 독재적 부패자본주의를 더 비판 배격하는 신학인 것도 우리는 알아야 한다. (지학순 1983, 35)

지 주교의 이러한 생각은 예언서, 교황의 사회 회칙, 제2차 바티칸 공의회의 「사목헌장」, 공의회 이후에 발표된 사회 회칙, 세계 주교대의원회의 문헌 「세계 정의에 관하여」의 핵심 가르침에 충실한 생각이었다. 달리 해석될 여지가 없는 교회의 공식 가르침이었다. 지 주교의 이런 인식은 당시 사회참여에 적극적이었던 고위 성직자 다수가 공유하던 것이기도 했다. 김추기경도 같은 맥락에서 공산주의에 대적할 수 있는 최선의 수단이 정권이 공동선을 실현하는 것이며 이렇게 될 때 비로소 체제가 안전하고 공고해진다고 주장했다.

국민의 의견이 국정에 진실되게 반영되어 나라의 발전에 이바지될 때 국민과 정부 사이의 단결이 이루어지는 것이다. 이러한 지향에서 단결된 사회체제는 외부로부터 어떠한 이데올로기나 체제의 도전을 받더라도 여유있게 이겨낼 수가 있게 된다. (김수환 1975, 3)

제2절 개발주의 대 민주주의

유신 정권은 경제개발을 위해 정부가 국민의 기본권을 제한할 수 있다고 생각했다. 경제개발을 속도감 있게 진행하기 위해서는 소수의 희생이 불가피하다는 생각도 했다. 민주주의는 이 희생을 감수해야 할 소수(또는 가치)에 해당했다. 그러나 이 이데올로기는 박정희 정권에서 벌어진 경제성장 과실(果實)의 불균등 분배, 인간의 기본권에 대한 과도한 침해, 하루가 멀다 터지는 정권의 부정부패와 비리, 무엇보다 국민의 귀와 눈을 가리는 언론 탄압, 정치적 반대자들에 대한 가혹한 탄압으로 빛이 바랬다. 민주화운동 진영에서 볼 때 이 이데올로기는 그저 장기 독재를 위한 허울 좋은 명분에 불과했다.

이 개발주의도 천주교 신자에게 널리 수용된 이데올로기였다. 심지어이를 수용하고 전파하는 고위 성직자도 있었다. 이 입장을 대변하던 대표적인 고위 성직자 가운데 한 명이 1970년에 한국천주교중앙협의회 사무국장이었고 1974년에 수원교구장에 착좌한 김남수 주교였다. 그는 다음의 생각과 경제 발전을 위해 민주주의의 지연이 불가피하다는 생각을 1970년대초반 여러 교회 강연회에서 드러냈다.

> 우리나라와 같이 노동력이 국가 발전의 동력이 되는 경제적 후진국에서는 노동자의 처우 개선만을 강요할 수는 없다고 봅니다. 물론 최저 생활 유지에 필요한 대우는 해줘야 하겠지만……. (경향잡지 편집부 1970, 28)

이처럼 교회 안팎을 가리지 않고 당시 널리 수용되던 이데올로기가 이 개발주의였다. 이런 실정에서 김 추기경은 다음과 같이 민주주의의 중요성을 역설했다.

오늘날 우리나라에서 절박하게 요구되는 것은 정권 담당자들의 사리와 아집이 아니고, 민주적 양심세력의 성장이다. 시대와 상황에 따라서는 부당하게도 양심세력이 봉쇄당하는 비극을 보게 되는데 이것이 바로 하느님이 용납하시지 않는 불의이다. (김수환 1975, 3)

김병도 몬시뇰도 이를 안보와 연결하여 다음과 같이 민주주의의 중요성을 강조했다.

사회안보의 수단으로 전방에 신뢰할 만한 군사력이 있으므로 후방에서는 하느님의 진리에 일치하는 진정한 자유민주주의를 키워야 하며, 그렇게 함으로써 끝내는 북쪽에 버려둔 교회와 동포들을 향해 평화적으로 통일을 선도할 능력을 갖추게도 될 것이다. (김병도 2007, 21)

이처럼 천주교 민주화운동 진영은 경제발전이 민주주의 성장과 함께 가야 하며, 이렇게 될 때 정권이 중시하는 안보도 실현될 것이라 보았다.

제3절 정치참여 대 사회참여

박정희가 지 주교 연행 건으로 김 추기경을 만났을 때 그가 가진 종교관의 일단을 드러낸 적이 있다. 당시 박정희는 종교가 어떤 상황에서도 정부가 하는 일에 관여하면 안 된다는 입장을 피력했다. 이는 그의 생각이기도 했고 유신 정권의 공식 종교통제 이데올로기이기도 했다. 박정희 정권은 이 정교분리론에 입각해 사회참여에 나선 성직자를 상위권력인 교황청을 이용해 제어하려 했다. 지 주교 사건 이후 유신 정권이 몰락할 때까지 이 기계적인 정교분리론은 민주화운동에 참여하는 사제들을 탄압하는 이데올로기였다.

그러나 유신 정권이 이해한 정교분리론과 민주화운동 진영의 사회참여론 사이에는 큰 차이가 있었다. 지 주교의 다음 발언이 이를 잘 보여준다. 지 주교의 이 발언은 박정희 정권의 이데올로기에 대한 답변이기도 했지만 그와 반대 입장에 있던 교회 인사에 대한 설득 논리이기도 했다.

> 가끔 우리는 종교(교회)가 정치에 참여해선 안 된다는 말도 듣는다. 너무나 지당한 말이다. 그러나 종교가 정치에 참여하는 일과 종교가 사회에 참여하는 일과 분별하지 못하고 종교는 교회 안에서 기도나 하지 왜 사회 일에 관여하려 하느냐고 자못 고자세로 종교의 사회참여를 비난하는 이들을 볼 수 있다. 이는 종교의 기본 개념도 갖지 못한 얼마나 무식한 사람들의 태도인가! 종교가 정권을 담당하는 일을 해선 안 되겠지만 종교가 사회의 모든 악을 몰아내고 올바른 사회를 건설하기 위해 잘못된 정책 시정을 촉구하며 정치 체제를 감독하고 올바른 시책을 제시하는 일은 종교의 당연한 의무 중 하나다. (지학순 1983, 36~37)

정하권 몬시뇰은 지 주교와 같은 맥락에서 교회의 정치참여와 사회참여의 차이를 구분하며 사회참여를 옹호했다.

> 오늘 한국교회가 사회의 부정 부패와 지나친 인권 유린과 정치 권력의 남용에 대하여 규탄하고 그 시정을 요구하는 것은 결코 정치의 고유한 기술적 분야에 부당하게 간섭하는 것이 아니고 사회에 대하여 교회의 복음적 사명을 수행하는 것이고 일종의 공동 신앙고백행위이다. (정하권 1975, 11)

이는 유신 정권의 정교분리론에 대한 사회교리적 응답이었다. 그럼에도 유신 정권은 마지막까지 기계적 정교분리론을 따라 천주교의 사회참여를 반대하고 억압했다.

정교분리론은 교회의 사회참여 정당성 여부 논의와 직결되는 논리였는데, 당시 천주교 성직자 다수는 이 논리를 거부하기 어려웠던 것 같다. 그래서인지 사회참여를 불편해하는 일부 성직자들은 사회참여를 직접 거론하며 비판하기보다 사회참여 방식이 비교회적이라 비판하는 우회적 방식을 택했다. 이는 1975년 2월에 있었던 백민관 신부와 함세웅 신부 간 대담에 잘 드러난다.

이 대담은 가톨릭시보사가 마련한 것으로 소장 사제들이 주축인 사제단의 핵심 멤버 함세웅 신부와 사제단과 거리를 두려는 노장(老壯) 사제● 대표 백민관 신부 간의 대화라는 상징적 의미가 있었다. 이 대담에서 노장 세대를 대변하는 백민관 신부는 교회 특히 사제단의 사회참여를 긍정적으로 평가하면서도 참여하는 방식에는 비판적 입장을 보였다.

사제단은 순수성을 가졌으면 좋겠습니다. 언론자유가 탄압받고 인권이 억압당하고 부당한 재판이 있다면 신부로서 관심을 안 가질 수 없습니다. 당연한 일입니다. 그렇다고 모든 신부가 거기에만 관심을 가져야 되겠습니까? 교회에서 누군가가 관심을 표명하면 됩니다. …… 언제든지 할 수 있는 말을 지금 해야 하고, 정치에 개입한다는 인상은 피해야 합니다. …… 솔직히 말해 기도회에서 성명서를 발표하는 것은 뭔가 좀 걸맞지 않는 것 같습니다. 성토대회나 토론회 같은 걸 열어서 누구한테도 떳떳하게 하면 몰라도 제의를 입고 성명서를 발표하는 것은 인상이 좋지 않습니다. 밖에서 볼 때, 김대중 씨나 김

● 당시 연령으로 50세 이상의 사제들을 노장 사제 또는 연장 사제라 불렀다.

영삼 씨의 대중 강연장 같아요. 순수하게 보이지 않으면 효과도 없으니 교회
의 품위를 지켜가면서 해야 합니다. 정의구현 운동도 이젠 좀 정리해야 할 단
계라고 봅니다. (《가톨릭시보》 1975. 2. 16)

백 신부는 사회참여의 필요성은 인정하지만 성직자가 정치에 개입한다
는 인상은 피해야 하고, 기도회에서 성명서를 발표하는 것은 정치집회라는
인상을 주니 지양해야 하며, 정의구현운동도 이젠 정리해야 할 단계라고 주
장했다. 이에 대해 함 신부는 유신 정권이 정보 정치로 국민의 말문을 막고
있는 상황이고 자신들이 아니면 진실을 말할 사람이 없기에 사회참여가 불
가피한 선택이라 답변했다.

이 제도 자체가 원천적으로 비인간성을 띠고 있으니 이를 먼저 지탄하고 고
치는 작업이 선행돼야 그 다음 작업이 쉽기 때문입니다. 현 정권을 규탄하는
것은 구체성을 띠지 않고서는 의미가 없기 때문입니다. 구체적인 상황 속에
서 하게 되니 정치성을 띠게 됩니다. 인간이니까 사회성 정치성을 띠지 않을
수 없습니다. …… 다소 과열되는 소요가 있음을 알고 있지만 정보정치 등으
로 기기묘묘하게 국민들의 말문을 막고 있으므로 우리가 아니면 할 수 없는
상황이라 어쩔 수 없습니다. (《가톨릭시보》 1975. 2. 16)

기도회 중에 성명서를 읽는 것은 이전 시대에 교회에서 볼 수 없었던 방
법이고 당시에는 정치 집회에서만 하던 방식이니 이런 방식을 노장 사제들
이 불편해하는 것은 어느 정도 이해할 수 있는 일이다. 다만 백 신부가 정의
구현운동을 정리할 단계라 한 것은 사제단이 민주회복국민회의에 가입한
일을 우회적으로 비판한 것이었으므로 그의 사회참여 반대 입장이 비교적
분명하게 표현된 셈이었다.

정의구현 사제단으로서 충분한데 민주회복국민회의를 따로 할 필요가 없다
고 봅니다. 무슨 정당에 이용당한다는 오해가 있을수 있지 않습니까? 국민회
의 이름으로 할 수 있는 일을 사제단 이름으로 할 수 있을 것입니다. (《가톨릭
시보》 1975. 2. 16)

백 신부의 이 주장에 대해 함 신부는 자신의 참여가 교회의 예언직무에
해당하므로 마땅히 할 수 있는 일이라 응수했다.

민주회복국민회의 대변인이라 하면 정치적인 뜻도 있지만 성서에서 말하는 예
언직의 뜻도 있습니다. 말을 할 수 없는 사람들을 대변해주는 것은 우리가 받은
사제직 왕직 예언직 중에 하느님의 뜻을 전달해주는 예언직을 수행하는 것과
같다고 봅니다. …… 그리스도의 진리와 정의와 사랑을 말하는 데 있어 제의를
입고 하든 벗고 하든 별문제가 아니라고 생각합니다. (《가톨릭시보》 1975. 2. 16)

무엇보다 백 신부는 당시 사제단이 참여하는 그룹과 참여하지 않는 그
룹으로 나뉘어 특히 소장 그룹이 선배 세대의 불참과 소극적인 태도를 비
난하는 것에 불만을 품었다.

나보고 참여 안 했다고 했는데 나 같은 사람이 참여할 수 있는 모임이 돼야
합니다. (《가톨릭시보》 1975. 2. 16)

이런 면만을 살펴보면 백 신부는 교회와 사제의 사회참여에는 원칙적으
로 동의하나 참여 방식에만 이견을 가졌던 것처럼 보인다. 하지만 전체 대
담 논조와 이후 그가 구국사제단의 핵심 멤버로서 사제단을 비판하는 데 앞
장선 것을 보면 사제들의 사회참여 자체를 반대했던 것 같다.

제3부

교회와 유신 정권의
정면 대결

◆ 제1장 ◆
민주화운동

제1절 학생과 지식인 운동

1. 학생운동

　긴급조치 9호가 발령되자 학생운동은 침체 국면으로 들어갔다. 이로 인해 3·1민주구국선언 사건으로 재야 민주인사 수십 명이 구속되는 상황에서도 이렇다 할 저항의 움직임을 보일 수 없었다. 그러다 1976년 10월 서울대 학생 시위(10.15)와 12월 서울대 법대 4학년생 시위(12.8)를 통해 점차 유신반대 투쟁을 전개할 힘을 회복하기 시작했다. 1977년 봄 각 대학에서 민주화 요구·시위가 이어지면서 유신반대 시위가 본격화했다. 1977년 후반에는 유신반대 투쟁이 더 격렬해졌다.

　그러나 1978년 초 유신 정권의 탄압으로 학생운동은 서울대 농대(3.15)와 이화여대(4.12), 부산대(4.17) 등과 같이 학내에서 유인물을 배포하는 정도에 그쳤다. 5월에 접어들며 학생들이 시위를 재개했다. 이 시위는 점차 빈도가 늘어나며 6월에는 서울 소재 대학 전체로 확산했다. 6월 26일 함석헌·박형규 등 민주인사와 서울대·고려대·이화여대·숭전대 등 대학생 1,000여 명이 경찰 통제를 뚫고 광화문에서 연합시위를 전개했다. 이날 시위는 경찰이 철저하게 통제하였음에도 서울 도심에서 벌어진 대규모 시위라는 면에서 유신 정권에 큰 충격을 안겼다. 6월 말로 가며 시위 범위가 전국화하기 시작했다.

이에 1979년 유신 정권은 공안정국을 조성하며 민주화운동을 강력히 탄압하기 시작했다. 이에 따라 학생운동도 숨 고르기에 들어갔다. 1979년 전반기에 고려대생 1,000여 명이 카터 방한 반대 시위(6. 26)를 한 것이 유일한 시위일 정도였다. 그러나 8월 YH 사건으로 정국이 급변했다. 9월부터 학생들은 YH 사건을 주요 이슈로 유신철폐운동과 학원민주화를 위한 대규모 시위를 전개하기 시작했다. 이 시위는 전국 각 지역으로 퍼지기 시작해 10월 부산 지역 대학생들의 대대적 유신철폐투쟁(10. 16)으로 이어졌으며 결국 부마항쟁으로 절정에 이르렀다.

2. 지식인운동

긴급조치 9호 발령 초기 지식인도 침묵과 동조를 강요당했다. 소수 지식인만이 분단 체제와 독재가 만든 우상을 타파하는 인식을 학생·대중에게 심어주며 발언할 수 있었다. 유신 정권은 이들의 활동을 강력히 탄압했다. 유신 정권은 1976년 4월 예수회 수사 김명식이 쓴 장시 「10장의 역사 연구」를 문제 삼아 긴급조치 9호 위반으로 5명을 구속했다. 1977년 6월 장편시 「노예 수첩」을 작성하고 일본 잡지 《세카이(世界)》(1976년 6월호)에 게재한 시인 양성우와 그의 시집을 『겨울 공화국』으로 출판했던 고은·조태일을 긴급조치 9호 위반으로 구속했다.

1977년 9월에는 강의 시간에 경제 현실과 사회정의를 언급한 조선대 국문과 임영천 교수를 반공법·긴급조치 9호 위반 혐의로, 10월 박양호가 월간 《현대문학》 10월호에 유신체제하에서 철저히 통제되고 있는 한국사회를 우화적으로 그린 단편 「미친 새」를 게재했다는 이유로 그와 편집장 김국태를 긴급조치 9호 위반으로 구속했다. 1977년 11월 『우상과 이성』과 『8억인과의 대화』에 담긴 내용을 문제 삼아 한양대 해직 교수·언론인이었던 리영희를 구속하고 서울대 해직 교수·창작과비평사 사장 백낙청을 불구속 기소했다.

유신 정권이 동아와 조선 양 신문사 기자들을 대량 해고하며 언론에 대한 통제기반을 구축하고 긴급조치 9호마저 선포된 상황에서 언론자유는 철저히 억압되었다. 1977년 10월호 《대화》에 유신체제에 굴종하며 무기력한 모습을 보이는 제도 언론을 비판한 동아일보 해직 기자 정연주는 편집장 임정남과 함께 중앙정보부에 연행됐다. 《대화》는 무기한 휴간되었다. 유신 정권은 1978년 9월 《월간중앙》이 해직 교수 한완상의 글을 게재한 것을 빌미로 기자 5명의 사표 제출을 압박하고 자진 휴간도 강요했다.

1977년 12월 유신 정권이 해직한 교수 13명이 '민주교육선언'을 발표했다. 이들은 대학의 자율성 상실과 학문의 자유 부재를 개탄하고 대학의 획일화·어용화를 강력히 비판했다. 학도호국단을 통한 대학 병영화와 대학 경영자들의 교수재임용제도 악용 등을 비판하면서 양심적인 학생들을 즉시 석방·복교시키고 민주인사들을 석방·공민권 회복, 해직 교수 석방·복직 등을 시킬 것도 강력히 요구했다. 이들의 활동은 1978년 3월 해직교수협의회 결성으로 이어졌다. 이들은 해직교수협의회를 통해 적극적인 지식인운동을 전개하였다.

제2절 부마항쟁

1979년 8월 신민당사에서 농성 중인 YH 여공들을 경찰이 무자비하게 강제 해산하고 연행(8.11)했다. 이 자리에 같이 있던 국회의원·신문기자들도 구타·폭행했다. 이 과정에서 여공 김경숙이 4층에서 떨어져 사망하였다. 이 사건은 독재 권력 연장을 위해 인권을 유린하던 유신 정권의 폭력성을 널리 알리고 국민에게 유신 정권에 대한 분노와 저항을 불러일으키는 계기가 되었다. 9월 법원이 신민당 총재단 직무집행 정지 가처분 결정을 내리면서 김영삼은 총재직을 박탈당했다. 10월 공화당은 김영삼을 의원직에서 제명하며 야당과 민주주의를 드러내놓고 말살하려 했다.

부마항쟁은 1979년 10월 부산대 교내시위(10.16)가 발단이었다. 이후 부산 시내 중심가 가두시위로 발전하면서 규모가 커지기 시작했다. 16일 오전 11시 부산대 학생 2,000여 명이 도서관 앞에 모여 교내시위를 전개했다. 4,000여 명으로 불어난 학생들은 경찰 봉쇄를 뚫고 시내로 진출했다. 오후 4시경부터는 도심지 민중항쟁으로까지 발전했다. 저녁에는 직장인·노동자까지 합세하면서 시위대가 수천 명으로 불어났다. 시위 주도권은 점차 시민에게 넘어가고 시위 양상도 격렬해지면서 본격적인 민중항쟁으로 발전했다. 7시경이 되면서 도심 대로는 수만 명의 시위대로 넘쳐났다. 시위대는 경찰 진압대에 격렬히 저항했다. 17일 오전 임시휴교 조치와 완전무장한 기동대 출입 통제에도 1,000여 명의 부산대생이 구(舊)정문 앞에 모여 시위를 벌였다. 동아대 2,000여 명의 학생은 교내시위를 벌이다 경찰 봉쇄를 뚫고 시내로 진출했다. 저녁 무렵 곳곳에서 시위대열이 형성되며 맹렬한 가두시위가 벌어졌다. 새벽 1시 30분까지 계속된 항쟁에서 21개 파출소가 파손되거나 불탔으며, 경남도청·중부세무서·KBS·MBC·부산일보사 등이 파괴됐다.

시위가 통제할 수 없을 정도로 확산하자 유신 정권은 10월 18일 0시를 기해 부산 지역에 비상계엄을 선포하고 2개 여단의 공수부대를 투입했다. 그럼에도 18일 저녁 8시경 남포동 동명극장 앞에 모여 있던 학생·시민들은 시위를 멈추지 않고 시청을 향해 전진했다. 시청을 방어하던 공수부대가 최루탄을 터뜨리고 총에 대검을 꽂은 채 시위대 앞으로 돌진하고 닥치는 대로 총대를 휘둘렀다. 그날 밤 시위대는 남포동·광복동 거리로 뿔뿔이 흩어졌고 시위는 소강상태에 들어갔다.

10월 17일에 있었던 이 민중항쟁 소식은 마산과 경남대 전역으로 퍼져 시위를 준비하던 학생들의 분위기를 고무했다. 18일 오후 2시 휴교 결정이 내려지고 사복경찰의 감시 속에서도 경남대 불교학생회장 정인권의 연설을 시작으로 1,000여 명의 시위대가 교내시위를 시작했다. 오후 5시경 경찰 봉쇄에도 '3·15의거 기념탑' 근처에서 수백여 명의 학생이 가두 행진을 하며 시위를 벌였다. 경찰은 이미 1,000여 명으로 불어난 학생·시민 시위대를 해산시킬 수 없었다. 저녁 무렵 마산 중심가인 창동·부림시장·오동동·불종거리 일대에서 학생들이 시위를 벌이고 남성동 파출소를 공격하자 수많은 군중이 합류했다. 이들 시위대는 공공 건물을 공격·파괴·방화하며 새벽 3시까지 시위를 이어갔다. 시위가 계속 확산·격화하고 경찰 병력만으로 진압이 어렵게 되자 유신 정권은 창원소재 보병 제39사단 병력 약 1개 대대를 18일 밤 10시 30분경 마산에, 19일 저녁 제5공수여단을 마산으로 급파했다. 그럼에도 19일 저녁 청년 실업자·노동자들·고등학생 등이 시내 중심가로 모여들었다. 저녁 8시경 창동 네거리에서 수십 명의 청년이 대열을 형성하고 불종거리로 몰려갔다. 분수 로터리에 이르러 북마산 방면에서 온 시위대와 합류한 군중들은 마산MBC를 향해 돌을 던졌다. 분수 로터리 일대에서 수천 명의 군중이 연좌 농성을 벌였고, 북마산·마산역·산복도로·오동동 등지에서 산발적 시위를 새벽까지 이어갔다.

그러자 유신 정권은 1979년 10월 20일 정오를 기해 마산·창원 일대에 위수령을 발동했다. 민중의 반독재 투쟁을 '일부 학생과 불순분자의 난동'으로 몰아세웠다. 그럼에도 부마항쟁의 불길이 인근 대구로 북상할 조짐을 보이던 중 중앙정보부장 김재규가 대통령 박정희를 시해한 '10·26사태'가 일어났다. 이로써 유신 정권은 막을 내렸다.

◆ 제2장 ◆
천주교 민주화운동

제1절 민주화운동의 재점화

1. 원주 교회일치 기도회와 원주선언

1975년 5월 13일 대통령긴급조치 제9호가 발령되었다. 유신헌법을 부정, 반대, 왜곡, 비방, 개정 및 폐기 주장, 청원, 선동하는 행위, '학생의 집회 시위, 정치 관여 행위', 긴급조치 비방 행위, 이에 대한 보도 모두를 금지하는 내용이 담겼다.(《경향신문》1975. 5. 14) 긴급조치 9호는 위반자를 법관 영장없이 체포 구금 압수 수색이 가능하게 했다. 실제 유신 정권을 비판하던 시민들이 이 긴급조치 9호 위반 혐의로 대거 수사기관에 체포돼 가혹 행위를 당했고 법원에서 정찰제 판결을 받았다.(《경향신문》2022. 8. 30)

긴급조치 9호가 발령되자 민주화운동 진영의 움직임이 크게 위축되었다. 신·구교가 주관하는 기도회만이 겨우 명맥을 유지하는 상황이었다. 그나마 기도회를 주관하고 이에 참여하는 신부, 목사들의 활동도 정보부와 경찰의 도청, 미행, 동행, 연금, 감금 등으로 결코 자유로운 상황이 아니었다.(김정남 2015, 306)

이러한 상황에서 신·구교 주요 인사들이 1976년 1월 23일 원주에 모였다. '교회 일치 주간'●을 기념하기 위해서였다. 이들은 민청학련 사건에 대한 공동 대응, 민주회복국민회의 참여, 개신교 목요기도회 등을 거치며 친해졌다. 1976년 교회일치 주간은 1월 18일에서 25일까지였는데 이들은 1월 23일을 '교회일치 기도회 날'로 정했다.

> 이 기도회는 치밀하게 준비되었고 개신교 목사들에게도 정중하고 비밀스럽게 참석을 요청하였다. 단순한 기도회가 아니었다. 긴급조치 9호 아래 모두가 숨죽이고 있던 당시 현실을 어떻게 해서든 흔들어 깨울 계기가 필요함을 다들 느끼고 있었다. 그렇게 준비된 것이 이 기도회였다. (김정남·한인섭 2020, 145)

이 기도회 계획은 지학순 주교에게도 보고되었다. 지 주교는 "자신이 감옥에 있는 동안 민주회복운동을 대신해 준 신·구교 관계자들에게 감사와 격려의 뜻을 전하고 싶었고 한 번쯤은 원주로 모시고 싶어 했다. 원주 모임은 이러저러한 사연을 담아 이루어진 것이었다."(김정남 2016b, 306~307)

이 모임을 위해 신현봉 신부는 강론을, 사제단의 다른 신부들은 선언문을 미리 준비했다. 강론은 신현봉 신부와 김정남이 함께 썼다. '선언문'은 조영래가 초안을 쓰고 사제단 신부들이 토론을 거쳐 완성했다. 기도회 준비 과정에서 강론 원고와 편지가 서울과 원주를 오갔는데 김지하의 어머니 정금성 여사가 위험을 무릅쓰고 이 역할을 자임했다. (김정남·한인섭 2020, 354~355)

이날 1부 공식 기도회 강론은 안동교구장 두 주교가 맡았다. 2부 순서에서 신현봉 신부는 '누가 우리의 주인입니까'라는 제목으로 강론했는데 이

● 가톨릭에서는 매년 1월 25일을 바오로 사도의 개종 축일로 지키는데, 그날 전후 일주일 동안 가톨릭교회와 개신교의 일치를 위한 기도를 바친다.

원주선언 30주년 기념 미사(2006년 1월 23일, 원주 원동성당)

강론 원고는 이미 1월 12일 이전에 준비해 놓은 것이었다. (김정남 2016b, 307) 신현봉 신부는 강론에서 참된 국민총화와 일치가 무엇인지 다음과 같이 설파했다.

> 정부가 '총화' 소리만 하면 국민은 단 한 마디도 못하고 죽은 듯 조용히 있어야 하는 것이 오늘날 이 나라의 총화입니다. 일치는 이런 총화가 아니라 하나가 되는 것입니다. 그러므로 참된 일치를 방해하는 사람은 총화를 내세우는 사람입니다. …… 하느님의 모상으로 창조된 인간의 기본권에 대한 박해는 한 나라의 문제가 아니라 온 인류의 문제입니다. 인권 유린은 하느님에 대한 거역입니다. …… 우리가 불의를 거부하고 저항하는 것 또한 우리와 더불어 그들의 인간성을 회복시키기 위한 것입니다. …… 이제 우리는 다시 한번 일치할 것을 다짐합시다. 하느님의 뜻과 그리스도의 가르침에 일치하기 위해서 모든 고통받는 이웃들과 일치합시다. (기쁨과희망사목연구소 1996b, 55~62)

기도회 후 참가자들은 원주 개운동 소재 원주교구 교육원으로 자리를 옮겨 시국에 관한 의견을 나누는 시간을 가졌다. 이때 신현봉 신부가 준비한 성명서 문건을 대전교구 이계창 신부가 낭독하고 바로 이어 성명서 뒤에 첨부된 종이에 서명을 받았다. 먼저 손님으로 온 개신교 목사들부터 서명했다. 서남동, 문익환, 문동환, 함석헌, 조화순 목사에 이어 함세웅, 신현봉, 김택암 신부 순으로 서명했다. (김정남 2016b, 309) 당시 이 성명서에는 제목이 없었는데 나중에 '원주선언(The joint Declaration of the Protestant and Catholic church men for the unity of Democracy and Public Affairs)'이라 이름 붙였다. 그리고 다른 인사들의 서명을 계속 받을 요량으로 백지도 뒤에 첨부했다. (김정남 2016b, 310) 다음은 선언 요지다.

> 안보를 위하여 민주주의를 유보 내지는 사실상 포기하여야 한다는 주장은 '절도를 피하기 위하여 가진 재산을 모두 불태워 없애야 한다'는 주장과 같다. …… 하나의 정치 제도가 민주주의로 불려지기 위해서는 반드시 지켜져야 할 근본이념이 있고 또한 최소한의 원칙이 지켜져야 한다. …… 국민총화란 국민 각자가 평등하고 자유롭고 인간다운 삶을 누리는 가운데서 저절로 우러나오는 화해정신을 기초로 하여 평등과 자유와 인간다운 삶의 실현을 보장하는 정치적 사회적 질서를 지키겠다는 자발적 의지로 뭉치는 것을 말한다. …… 근래 민주인사들에 대한 현 정권의 탄압은 이성의 한계를 벗어나고 있다. …… 오늘날 우리 민중의 생활은 국민 경제의 대외예속, 관료 독점자본주의의 부패성과 특권성, 그리고 이들로 인한 필연적 귀결인 물가고와 저임금, 중과세를 기초로 한 대중 핍박 정책으로 도탄에 빠져 있다. …… 외세에 의해 갈라진 조국을 재통일하기 위해서는 민족적 존엄과 화해의 정신에 입각한 자주 외교를 펴야 한다. …… 한반도에서의 핵전쟁은 어떠한 일이 있어도 방지되어야 한다. …… 평화에서 패배하면 우리는 모든 것에서 패배한다. 우리는 먼저 우리 안에서의 진정한 화해와 평화의 정신만이 현재의 안보위기를 극

복하는 첩경이며 국제적 고립을 벗어나 자주와 자립의 길을 찾는 정도이며 실추된 민족적 긍지와 자부를 되찾는 길임을 거듭 확인하는 바이다. (기쁨과 희망사목연구소 1996b, 62~65)

개신교 목사들은 행사를 마치며 일치 주간 행사를 주최한 가톨릭 측에 경의를 표하고 신현봉 신부 강론, 원주선언 추진과 그 내용에 깊은 감명을 표시했다. (김정남 2016b, 310) 행사 후 일부 개신교 목사들은 개신교 쪽도 따로 이 같은 시국선언을 준비해 서명을 받으려 한다며 선언문 사본을 가지고 갔다. (김정남·한인섭 2020, 355) 특히 서남동 목사는 선언문에 깊은 공감을 표시하며 개신교 책임 아래 가톨릭과 함께 다가오는 3·1절에 무엇인가 역사적인 일을 해야겠다고 말했다. 그의 이 생각이 개신교 쪽에서 준비해 3월 1일 명동성당에서 발표한 이른바 '3·1민주구국선언'으로 이어졌다. (김정남·한인섭 2020, 148)

유신 정권은 원주 교회일치 기도회의 내막을 속속들이 파악하고 있었음에도 당장은 그날 일이나 강론과 성명서 내용을 문제 삼지 않았다. (함세웅·한인섭 2018, 130) 하지만 이날 서명에 참여했던 인사들은 '3·1 명동 사건'으로 대부분 보복을 당했다.

신현봉 신부님은 1월 23일 원주선언, 즉 개신교와 가톨릭의 일치운동에서 종합 발표한 성명서를 문제 삼았습니다. 문정현 신부님은 인혁당 관계자들의 처형 전후로 애를 썼고, 김지하 석방을 위해 뛰었다는 내용"이 문제가 되었습니다. (함세웅·한인섭 2018, 146)

이 기도회 개최 사실과 원주선언은 국내 언론에 전혀 보도되지 않았다. 2월 중순경 사제단 이름으로 발표되고 외신에 보도되면서 비로소 널리 알려졌다. (김정남·한인섭 2020, 149) 이 행사는 '교회일치 기도회'라는 명목이었지만 종교 색채보다 유신 정권을 반대하고 거부하는 시위 성격이 강했다. "일치주간행사를 계기로 신·구교의 성직자들이 만나고 그런 공식적 모임을 통해 시국선언에 합의한" 행사라는 성격이 강했다. (김정남 2016b, 302)

2. 3·1민주구국선언

1) 원주선언과 3·1민주구국선언의 연계 과정

1976년 3·1절이 가까워지자 재야 민주화 진영 내 두 흐름에서 3·1절에 즈음하여 성명 또는 시국선언을 하는 방안이 모색되고 있었다. 정치권에서는 김대중 전 신민당 대통령 후보와 정일형 의원 등이 중심이 되어 준비하고 있었다. 원주선언에 참여했던 개신교 측 인사들도 비슷한 선언을 준비하고 있었다. 양측 모두 문서의 권위와 만약에 모를 유신 정권의 공격으로부터 보호받기 위해 윤보선 전 대통령의 서명을 받고 싶어 했다. 이에 윤보선 전 대통령이 양측 문서를 보고 자신의 의사에 가까운 문서를 하나 선택하고 여기에 '유신반대와 긴급조치철폐 입장이 더 분명하게 드러나도록 수정하여' 완성했다. 이것이 '3·1민주구국선언'이었다. 문익환 목사가 이 선언을 주도했다. 그는 선언문의 초안을 작성하는 일에서부터 발표에 이르기까지 중심적인 역할을 담당했다. (김정남 2021, 149) 사제단에서는 3·1절에 이와 별도의 미사를 계획하고 있었다. 함세웅 신부는 당시 상황을 이렇게 기억한다.

> 이제 3월이 다가오니까 명동에서 미사를 봉헌해야겠다고 의견을 모아, 제가 명동성당에 가서 구속된 분들의 석방과 인권 회복을 위해 3·1절 기념 미사를 하겠다고 했습니다. 김몽은 신부님께서 승낙해주셨고 저는 준비 실무를 맡았습니다. (함세웅·한인섭 2018, 130)

함세웅 신부는 미사 일주일 전 준비를 위해 명동을 오가던 중 우연히 문익환 목사를 만나 개신교 인사들이 선언문 발표 장소를 찾지 못해 어려움을 겪고 있다는 이야기를 들었다. 문 목사는 함 신부를 만나기 전 원주의 신현봉 신부에게 천주교에 협조를 구했고 이에 신 신부는 문 목사에게 함 신부를 만나보라고 조언해준 상태였다.

그래서 제가 "저희는 명동성당에서 3월 1일 오후 6시에 미사 보기로 했습니다." 그랬더니 목사님이 혹시 같이 할 수 있느냐 해서 제가 "저희가 미사를 봉헌하고 2부에 목사님께 시간을 드리겠습니다. 2부에 설교와 행사를 하십시오"라고 제안했습니다. 문 목사님과 그렇게 하자고 약속했습니다. …… 그러고 나서 3월 1일 미사 강론을 김승훈 신부님께 부탁하러 신림동성당에 갔습니다. 여기서 "3·1절 미사 봉헌을 계획했는데, 이번에는 신부님이 주례하고 강론해주시면 좋겠습니다"라고 청했는데 기쁘게 수락하였습니다. 그래서 "유신헌법의 부당성도 언급해달라"고 요청하였습니다. (함세웅·한인섭 2018, 130~131)

2) 행사 경과

1976년 1월 23~24일 원주에서 열린 교회일치 기도회에 모였던 신·구교 인사들은 '3·1절 합동 기도회'를 위해 다시 명동성당에 모였다. 1976년 3월 1일 오후 6시에 예정대로 명동성당에서 신·구교 합동 3·1절 기도회가 시작되었다.

1부는 가톨릭 미사로, 2부는 합동 기도회로 진행되었다. 이 행사에는 700여 명의 신·구교 인사와 신자가 참석했다. 이 기도회는 사제단의 1월 원주, 2월 전주 기도회에 이은 3월 월례 기도회였다. (기쁨과희망사목연구소 1996b, 71)

이날 1부 미사는 전국에서 올라온 20여 명의 사제단 소속 신부들이 공동 집전했고 강론은 김승훈 신부가 맡았다. 김승훈 신부의 강론은 당시 정부에서 작성한 「천주교 3·1절 미사 실상」이라는 문건에 다음과 같이 요약돼 있다.

△ 요즘 신문이 글자를 잃어버렸다. 3·1운동 당시도 우리나라는 신문을 볼 수 있었다. △ 대학교수를 내쫓는 것이 惟新이며 요즘 헌법을 維新憲法이라고 하는데 빨갱이 나라의 법이 아니라 바로 우리나라의 법이다. △ 體制라는 것은 묶어 매어 두는 것인지 체제가 인간의 생존권을 받아드려지지 않으며 말 못하게 하는 것이 維新理念인가. △ 유정회 의원은 100만 원짜리 월급쟁이고 국민들은 이들을 위해 세금을 내야 하는데 우리 헌법에 모든 납세권은 국민에게 있다는 귀절이 있다. △ 그러나 납득하기 힘든 일이다. 이런 것이 維新體制라고 하면 잘못이다. △ 일본이 사용한 明治維新을 빌린 것은 너무나 가련하며 우리나라의 주인은 大統領도 아니고 長官도 國會議員도 아닌 바로 國民이다. (B-0026-01/9031/701, 5~6)

강론 후 보편지향 기도는 다섯 명의 신부가 각기 다른 지향으로 바쳤다. 송기인 신부가 '민족을 위하여', 최기석 신부가 '감옥에서 고통받는 이들을 위하여', 노동환 신부가 '성교회를 위하여', 박노헌 신부가 '평화를 위하여', 최기식● 신부가 '김지하를 위하여'를 지향으로 바쳤다. (B-0026-01/9031/701, 6~7) 2부 기도회에서는 문동환 목사가 설교를 맡았다. (김정남 2021, 150)

2부에서는 문동환 목사님의 기도와 설교가 있었습니다. 목사님의 설교 주제는 모세의 죽음과 교훈이었습니다. 신명기 34장 7절 말씀에 대한 해석, 묵상,

---

● 이 문건에는 최기식 신부를 최기석 신부로 잘못 적고 있다.

그리고 시대적 성찰과 고발이 있었습니다. 이 설교에서 문 목사님은 모세의 죽음에 관한 성경 말씀과 박정희를 연결시켰습니다. 박정희가 '눈도 흐리고 끝까지 권력욕에만 사로잡히고 혼자 살려고 한다. 이건 안 된다'라고 하면서 모세에 빗대어 박정희를 고발한 겁니다. 중앙정보부에 가서 당시 행사를 기술할 때 문 목사님의 설교를 제가 제일 정확히 썼습니다. 그날 주제가 성경을 중심으로 한 말씀 선포임을 강조하기 위해 자세히 기술했습니다. (함세웅·한인섭 2018, 132)

2부 설교에 이어 전주교구 문정현 신부가 1976년 2월 16일 전주에서 있었던 월례 기도회 경과보고 형식으로 김지하 어머니의 호소문을 낭독했다. 그리고 마무리에 기도형식을 빌어 서울여대 이우정 교수가 재야인사 10여 명이 서명한 '3·1민주구국선언'을 낭독했다. (함세웅·한인섭 2018, 133)

이 선언문 작성 과정과 내용은 천주교 인사들도 소수만 알고 있어 당일 미사를 공동 집전한 사제단 신부들 가운데 다수가 이 선언의 존재와 내용을 잘 모르고 있었다. 그러나 이로 인해 발생할 수 있는 사태에 대하여 공동으로 책임을 진다는 사전 약속이 있었기에 문제가 되지 않았다. (기쁨과희망 사목연구소 1996b, 71) 선언문 요지는 다음과 같다.

이 나라는 민주주의 기반 위에 서야 한다. 국민의 자유를 억압하는 긴급조치를 곧 철폐하고, 민주주의를 요구하다가 투옥된 민주인사들과 학생들을 석방하라. 언론, 집회, 출판의 자유를 국민에게 돌려달라. 유신헌법으로 허울만 남은 의회정치가 회복되어야 한다. 사법권의 독립을 촉구한다. 지금 이 겨레의 지상 과업인 민족통일을 어떤 개인이나 집단이 저들의 전략적인 목적을 위해서 이용한다거나 저지한다면 역사의 준엄한 심판을 면치 못할 것이

다. 민족통일의 첩경은 민주역량을 기르는 일이다. (한승헌 2017, 300) •

이우정 교수는 선언문 낭독 후 문건을 함 신부에게 건넸고 함 신부는 이 문건을 고심 끝에 주교관 뒤 소각장에서 태웠다. (함세웅·한인섭 2018, 133) 이 기도회는 예정했던 순서를 모두 마치고 별 사고 없이 끝났다.

3) 유신 정권의 탄압

그런데 유신 정권은 기도회 다음날부터 기도회에 참석한 개신교 목사들과 정치인들을 연행하기 시작했다. 천주교에서는 1976년 3월 2일부터 5일에 걸쳐 8명(연행 일시 순으로 장덕필, 문정현, 김택암, 안충석, 양홍, 신현봉, 김몽은, 김승훈)의 신부들을 서울지검과 중앙정보부 6국으로 연행했다. 함세웅 신부만 따로 도피하다 가장 늦은 3월 7일에 자진 출두했다. (기쁨과희망사목 연구소 1996b, 71) 함세웅 신부는 자진 출두 전 상황을 다음과 같이 전한다.

(3·1절 미사 다음 날) 미사를 끝내고 본당인 응암동성당으로 저녁 미사를 드리러 가는데 수녀님들이 지금 성당에 경찰이 몇백명이 둘러싸고 있다고 하는 거에요. 그런데 달리 갈 데가 없어서 고민하다 길음동에 있는 성가소비녀회 수녀원으로 피신했습니다. 그곳 총장 수녀님이 저와 로마에서 같이 유학하고 시대와 역사에 대한 인식도 같은 분이었습니다. 그래서 총장 수녀님께 말씀드리고 수녀원에 머물렀습니다. 모든 수녀원을 나를 잡으려 다 수색하

• 외무장관이 3월 6일 자로 해외 공관에 보낸 공문에는 구국선언문 요지를 다음과 같이 싣고 있다. "이 나라는 독재정권의 쇠사슬에 얽매여 있으며 3권 분립은 말살됨. 신앙과 양심의 자유는 없어지고 학원 및 언론의 자유도 말살됨. 긴급조치 철폐하고 투옥 인사, 학생 석방을 요구. 대한민국은 국제사회에서 고립화가 되었고 유일 합법정부는 지난 날의 신화가 됨. 또한 국가는 민주주의 기반 위에 서야 하며, 전 경제정책은 재검토되어야 하고 우리의 지상과제는 민족통일임."(B-0026-01/9031/701, 31)

고 다녀서 결국 제가 버티지 못하고 응암동 산동네 차인현 신부님 어머님 사
시는 곳에 은신했습니다. 여기도 더 숨을 수 없어서 김수환 추기경님께 3·1
절 명동 미사의 봉헌 과정과 목사님들과 함께 연합예배를 하게 된 경위를 잘
정리해 전했습니다. (함세웅·한인섭 2018, 134~135)

　유신 정권은 3월 10일 내외신 기자회견을 갖고 서울지방검찰청 서정각
검사장을 통해 '정부 전복선동 사건' 관련자로 20명을 입건했다고 발표했
다. 이어 유신 정권은 연행된 9명의 신부 가운데 함세웅, 문정현, 신현봉 신
부 등 3명은 구속하고 나머지 6명은 3월 6일에서 10일 사이에 걸쳐 불구속
기소로 모두 석방했다. 이들은 연행한 사제들 가운데 몸이 아팠던 김승훈
신부를 제외하곤 나머지 모두를 주야로 고문했다.
　검찰은 1976년 8월 5일에 열린 서울지법 결심 공판에서 이들에게 대통령
긴급조치 제9호 위반 죄를 적용하여 구속 기소한 세 신부에게는 징역 7년과
자격정지 7년을 구형하고, 김승훈 장덕필 신부는 징역 3년과 자격정지 3년
을 구형하는 등 관련자 18명 전원에게 유죄를 구형했다. (《가톨릭시보》
1976. 8. 15) 이때 검찰이 제시한 기소 혐의는 다음과 같다.

이들 일부 재야인사들은 기회 있을 때마다 반정부 분자들을 규합하여 그동
안 각 계열별로 '민주회복국민회의' 또는 '갈릴리 교회' 등 종교단체 또는 사회
단체를 가장한 불법 단체를 만들어 각종 기도회, 수련회, 집회 등 종교행사를
빙자하여 수시로 회합, 모의하면서 긴급조치철폐, 정권퇴진 요구 등 불법적
구호를 내세워 정부전복을 선동하였다. (《동아일보》 1976. 3. 11)

　정부에서 작성한 「천주교 3·1절 미사 실상」 문건은 교황청에도 전달되었
는데 당일 행사 상보(詳報)와 함께 정부 입장을 다음과 같이 밝혔다.

금번 3·1절 미사 시 발생된 민주구국선언 등 노골적 반체제 발언은 신·구교 연합에 의해 장기간 지하에서 철저한 계획하에 감행된 것으로 이는 국가의 안정기조를 의도적으로 파괴하려는 사전 각본에 따른 것임이 너무나 자명하다.

그간 현실을 부정하고 긴급조치에 위반되는 2차의 연합예배(원주 1.23)를 자행하였음에도 처분의 제재를 가하지 않고 관용을 베푼 것은 정부가 천주교 교단 산하 평화정의위원회(정의평화위원회의 오기)의 권능을 최대한 참작한 것임에도 오히려 이를 악용하여 3·1절에 편승 현 체제에 대해 정면 도전하면서 사실상 반국가적 행위를 한 이상 정부로서는 단호한 대응책을 강구치 않을 수 없다. (B-0026-01/9031/701, 15~16)

서울형사지법 합의 7부(재판장 전상석 부장판사)는 1976년 8월 28일 열린 1심 재판에서 "신현봉 문정현 함세웅 신부에게는 징역 5년, 자격정지 5년을, 김승훈 장덕필 신부에게는 징역 2년 자격정지 2년을 선고하는 등 피고인 18명 전원에게 최고 징역 8년에서 최소 2년까지 실형을 선고했다."(《가톨릭시보》1976.9.5) 그러자 피고인 전원이 1심 판결에 불복해 항소했고, 2심에도 불복해 상고까지 갔는데 1977년 3월 2일 대법원 전원합의체는 명동 사건 관련 피고인 전원의 상고를 기각했다. 그러고는 "항소심 선고 공판에서 징역 3년 자격정지 3년을 선고받은 함세웅 신현봉 문정현 신부와 징역 2년 자격정지 2년 집행유예 3년을 받은 김승훈 신부 및 징역 1년 자격정지 1년에 집행유예 2년을 받은 장덕필 신부의 형량을 확정했다."(《가톨릭시보》1977.3.27)

유신 정권은 언론이 이 사건에 대한 검찰 입장만 보도하게 하고 민주 진영의 입장은 보도를 막았다. 당시 언론은 유신 정권에 길들여 있었기에 정부 입장을 거스르는 보도는 상상하기 어려웠다.

국내 소식이 해외로 전파되는 것을 정부가 철저히 감시했음에도 민주 진영은 비밀 연락망을 통해 일본 개신교와 천주교 기관에 이 소식과 문건을 전달했다. 이 두 기관은 이를 다시 일어와 영어로 번역하여 일본 언론과 각자의 네트워크를 통해 해외 언론과 각국 정부, 교회 기관에 유포했다. 그 결과 200여 개 가까운 해외 언론이 이 사건을 다뤘고 각국 정부도 한국 주재 대사관을 통해 이 사건의 진상 확인을 요청했다. 일부 국가의 대사들은 한국 정부의 처사에 강력히 항의하기도 했다. 그러자 유신 정권은 외무부를 동원해 국내 주재 각국 외교관과 해외 언론에 해명 문건을 보내고 어떤 경우는 직접 방문을 통해 정부 입장을 설득하게 했다. •

"유신 정권은 이 사건을 빙자해 그동안 눈엣가시처럼 여겨왔던 그리스도교계 인사들을 각기 다른 혐의를 씌워 이 사건 하나로 묶었다. 이 사건을 빌미로 재야민주 진영에 비열한 정치보복을 감행한 것이다. 이는 구국 선언 서명자는 10명인데 기소한 인사는 18명이나 되었던 점, •• 제기된 혐의에서 1월 23일 원주 원동성당에서 있었던 신·구교 연합 기도회와 원주선언 사건을 포함시킨 점 등에서 잘 드러난다."(김정남 2021, 153)

4) 민주화운동 진영의 대응

천주교 민주화운동 진영은 유신 정권의 정치탄압에 크게 세 가지 방법으로 대응했다. 첫째, 천주교가 지 주교 구속 사건 이후 가장 잘해왔고 교회의 도덕적 우위를 국민에게 효과적으로 설득할 수 있는 수단인 기도회와 미사 거행이었다. 둘째, 법정 투쟁을 통해 정권의 도덕성에 흠집을 내는 방식

• 이와 관련해 외무부가 한 일에 대해서는 외무부가 작성한 '3·1민주구국선언문 낭독 사건, 1976.3.1. V. 4. 각국 반응 및 조치 일람'(B~0026~04/9034/704)에 상세히 나와 있다.

•• 이 선언문에 서명한 10인은 함석헌, 윤보선, 정일형, 김대중, 윤반웅, 안병무, 이문영, 서남동, 문동환, 이우정이었다. 그러나 기소된 사람은 이들 외에 함세웅, 김승훈, 장덕필, 김택암, 안충석, 안정현 등 천주교 신부 6명과 이해동, 은명기 등 8명이 더 있었다.

민주구국선언 구속자 석방촉구 포스터(출처: 민주화운동기념사업회 오픈아카이브 00053960)

이었다. 여기에는 변호사들의 변론(문)과 재판 과정에서 하게 되는 피의자 공식 발언이 포함되었다. 셋째, 해외 네트워크를 활용해 진실을 알리는 방법이었다. 이는 한국 인권 상황에 대해 국제 여론을 환기하여 한국 정부에 우회적으로 압력을 가하기 위한 것이었다. 이는 언론이 철저히 통제된 상황에서 유일하게 사건을 해외에 알릴 수 있는 방법이었다.

제3부 교회와 유신 정권의 정면 대결

(1) 기도회와 미사

'3·1절 기념 미사'를 주도한 신부들이 구속되자 사제단과 천주교정의평화위원회(이하 정평위)는 신속히 변호인단을 선임하고 구속 사제를 위한 특별미사와 기도회를 열기 시작했다. 수도회는 9일 기도를 바치기 시작했다. 교구별로도 구속자를 위한 미사와 기도회를 속속 개최했다.

이 시기에 거행된 대표적인 기도회 사례로 김수환 추기경이 주관한 1976년 3월 15일 명동성당에서 있었던 '구속자를 위한 기도회'를 들 수 있다. 김 추기경은 이 기도회에서 '사랑의 증거는 십자가의 죽음이다'라는 강론을 통해 가톨릭의 근본 관심사는 정치체제가 아니라 사회정의와 인권 옹호임을 역설했다. 그리고 구속자들을 지탄하는 대신 "그들이 우리들 가운데 누구보다 가난한 자 불우한 자에 대하여 더 많은 관심을 기울였다고 생각하는 것이 마땅하다"며 옹호했다.(기쁨과희망사목연구소 1996b, 73~78)

천주교 주교단은 이날 기도회에서 발표한 「3·1 명동 사건에 대한 우리의 견해」라는 성명서에서 "이 사건에 연루된 사제와 목사, 신자들 역시 권력이 아닌 신앙에 입각하여 현실을 양심껏 고발하면서 더 의롭고 밝은 국가사회 건설을 추구해왔다고 믿는다"며 지지 입장을 밝혔다.(기쁨과희망사목연구소 1996b, 79)

기도회와 미사는 이 사건으로 구속된 신부들이 모두 석방될 때까지 주교회의 정평위와 사제단, 교구, 수도회 중심으로 수십여 차례 거행되었다.

(2) 법정 투쟁

전직 대통령, 직전 대통령 선거의 유력 후보 등 재야 거물들이 이 사건의 피고가 되면서 "긴급조치하에서였지만 국내 이목이 집중되었고 기자들도 법정에 많이 몰려 들었으며 변호사들도 경쟁적으로 변호에 나섰다. 국회의

원도 언론의 스포트라이트를 받기 위해 국회 대신 법정에 나왔다."(홍성우·
한인섭 2011, 170)

김 추기경은 변호사 선임과 변호사들의 변론 지원 활동에 각별하게 신
경을 썼다.(홍성우·한인섭 2011, 173) 변호사들은 변론요지서와 항소이유서
를 통해 유신 정권이 내세운 논리의 허점을 파고들었다.(홍성우·한인섭
2011, 175~176) 변호사들은 증인 채택이 편파적으로 이뤄지면 재판부 기피
신청을 내고 재판 절차가 적법하지 않으면 변호인 전원이 사퇴서를 제출했
다.(한승헌 2017, 312~313) 공판(公判)이 있을 때마다 주교, 사제, 수녀 수십
명이 참관하러 왔다.(함세웅·한인섭 2018, 153) 사제단 신부들은 재판 과정에
서 검찰과 재판부가 사실을 왜곡할 때마다 이를 낱낱이 반박했다.(기쁨과희
망사목연구소 1996b, 92~100)

구속된 사제들은 1심 답변, 항소심 답변, 최후진술을 통해 구속, 재판 절
차의 부당성을 주장하고 자신들이 이 사건에 연루된 배경과 원인이 유신 정
권의 정당성 결여임을 공개적으로 밝혔다.(기쁨과희망사목연구소 1996b, 80
~91) 함세웅 신부의 최후진술 요지가 대표적이다.

> 법관이 양심과 소신을 가지고 판결하지 못하는 현실을 바라보면서 우리는 분
> 노하기 보다는 슬픔을 느끼게 된다. …… 헤로데 왕은 권력 횡포로 무죄한 어
> 린이들을 죽였다. 불의한 권력자의 생리는 늘 같다.(기쁨과희망사목연구소
> 1996b, 89)

(3) 해외 네트워크 활용

천주교 민주화운동 진영은 이 사건도 일본 정평협을 통해 다른 나라 교
회와 해외 언론에 알렸다. 여기서 중심적인 역할을 한 소통 채널은 '김정
남-송영순 라인'이었다. 개신교도 독자 채널을 가동했는데 일본기독교교회

협의회(NCCJ)를 통해서였다.

이처럼 천주교 민주화운동 진영이 2년여 가까이 적극적으로 대응한 결과 1977년 7월 17일 신현봉 신부가 검찰의 형집행정지 결정에 따라 석방되는 것을 시작으로 12월 15일에 함세웅 신부가, 12월 31일에 문정현 신부가 마지막으로 석방되었다. (《가톨릭시보》 1978. 1. 15)

5) 사건의 영향

이 사건은 유신 정권의 의도와 달리 해외 언론을 통해 국제적 사건으로 비화했고 이는 유신 정권의 도덕성과 정당성에 큰 타격을 입혔다. (함세웅·한인섭 2018, 143) 무엇보다 '긴급조치 9호' 발령 이후 침체일로에 있던 민주화운동 세력이 이 사건으로 범재야민주 세력으로 재결집하는 효과를 낳았다. "이 사건이 유신체제의 한가운데 가장 어두운 시기에 일어난 데다 관련된 이들의 면면이 전직 대통령, 제1야당의 대통령 후보, 현역 정치인, 재야 원로와 교수 그리고 신·구교회의 중심인물이었다는 점에서 내외에 미치는 파장이 클 수밖에 없었다." (김정남 2021, 53~54)

천주교 민주화운동도 이 사건을 계기로 다시 활성화되는 계기를 맞았다. 이 사건은 "교회가 힘을 모아 국가의 불의와 억압에 대항하여 어떻게 싸워 가야 하는지 보여주었다. 모든 정치적 저항을 완전히 묵살하려던 악명 높은 긴급조치 9호에 도전했던 것이 바로 결의에 차 있고 헌신적인 교회였다. …… 그 후 학생 시위가 인권운동에 다시 불을 붙이면서 부활하게 되었고, 체포된 양심수 및 정치범 가족들을 중심으로 석방운동이 다시 활성화되었다." (김녕 1996, 268)

그러나 교회 내부에서는 이 사건이 사회참여를 둘러싼 갈등을 표면화하는 계기가 되기도 했다. 《가톨릭시보》는 「주교회의 결정」이라는 사설에서 "주교단은 기도회를 복음적 방법으로 하라는 지침을 내더니 다시 전국

기도회는 주교단이 하도록 했다. 이번 주교회의에서는 담화문이 나왔다. 시국 문제에 관한 일부 선교사의 비판적 견해 표시에 대한 일부 한국 신부들의 비판적 반응을 우려하며 교회의 분열을 초래하지 않도록 자중하라는 내용이었다. 어떠한 연유에서 이러한 일련의 결정이 주교회의에서 발표되었는지 정확히 알 수 없으나 간단히 생각하면 복음적인 방법이 아닌 것이 교회의 사회참여라는 명분하에 자행되었기 때문일 것임은 짐작할 수 있는 일"이라며 사회참여에 적극적인 인사들을 우회적으로 비판했다.(《가톨릭시보》 1977. 10. 9) 이 사건 이전부터 조짐이 나타나기 시작했던 교회 내 갈등이 이 사건을 통해 표면화되었고 10·26 직전까지 계속되었다.

6) 사건의 성격

긴급조치 9호 위반 판결을 받은 이 사건은 사건이 일어난 지 35년여 만에 무효 판결과 재심 무죄 판결을 받았다. 대법원은 2010년 12월 16일 대통령긴급조치 1호에 대해 위헌 무효 판결을 내렸다. 긴급조치 9호에 대해서도 위헌 무효 판결을 내렸다. "유신헌법 제18조가 규정한 표현의 자유를 제한하고 영장주의를 전면 배제함으로써 신체의 자유를 제한했을 뿐 아니라 허가받지 않은 학생의 모든 집회와 시위, 정치 관여 행위를 금지하는 것은 학문의 자유를 제한한 것이어서 해체 내지 실효되기 이전부터 유신헌법 자체도 위반한 것이라는 근거에서였다."(한승헌 2017, 317) 이에 3·1민주구국선언 사건으로 유죄 판결을 받은 인사들이 법원에 재심을 청구했다. 서울고등법원 형사8부(재판장 이규진 부장 판사)는 2011년 7월 3일 대법원 판결 취지에 따라 재심 청구인 전원에 무죄를 선고했다. 이 판결로 이 사건이 유신 정권의 대표적인 종교계 탄압 사건임이 확인되었다.

제2절 천주교와 유신 정권의 대립

1. 주교회의 정의평화위원회 활동

1970년 8월 창립되었지만 대외 활동을 거의 하지 못하던 정평위는 1975년 12월 10일 제5차 총회에서 주교회의 상임위원회 직속 기구로 재발족하며 총재 주교에 윤공희 대주교, 회장에 문창준, 부회장에 김병상 신부와 최상선을 선임하면서 민주화운동에서 중요한 역할을 담당하기 시작했다. 정평위는 천주교 공식기구였기에 주교회의 직속 기구로 재출발하는 것은 한국 천주교회가 민주화운동 참여를 공적으로 천명한 셈이었다. 1970년 창립총회 때 성직자와 평신도가 동등한 위원 자격으로 참여하기로 한 원칙은 재발족 과정에서도 이어졌다. 이러한 조직형태는 1987년까지 주교 총재, 평신도 회장, 평신도와 신부가 공동 부회장, 평신도 사무국장 체제를 유지했다. 총재 주교 역시 주요 결정의 대부분을 회장단이나 위원들에게 일임하는 방식으로 평신도의 주도성을 인정했다. 1976년 3월 정의구현사제단 주도로 '3·1 명동 사건'이 발생해 7명의 사제단 신부들이 구속 혹은 불구속 입건되고 뒤이어 이들에 대한 재판이 진행되자, 정평위는 1976년 11월부터 1977년 6월 주교단이 제동을 걸기까지 8개월 동안 매월 시국 기도회를 개최했다. 1977년 6월 이후에도 서울대교구를 비롯한 일부 교구 정평위는 시국 기도회를 계속 이어갔다.

> 주교회의 임시총회는 정의평화위원회가 주관해온 시국 기도회의 지속 여부를 토의한 끝에 "사회정의와 평화를 위한 기도회는 계속되어야 하되, 교구별 기도회는 교구장 주관하에 하고 전국적인 기도회는 1년에 2회 이상 주교단이 주최하기로 결정"함으로써 정의평화위원회가 기도회를 주관하도록 한 종전의 조치를 취소했다. (《가톨릭신문》 1977.7.3)

정평위는 1977년 3월 '3·1 명동 사건에 대한 대법원 선고공판'에 대한 성명을 발표하며 주교단이 일치된 견해를 공식 표명해줄 것을 주교회의에 건의했다. 같은 해 10월에는 정부와 여당이 추진하는 '출입국 관리법 개정' 움직임이 시노트 신부를 비롯 외국 선교사들의 선교와 인권 옹호 활동을 억압하기 위한 것이라는 취지의 개정 반대 성명을 발표했다. 1978년 3월에는 동일방직 사건과 관련하여 노동자들의 생존권 보호와 교권 수호를 위한 성명서 발표와 기도회를 이어갔고, 5월에는 홍보주일을 맞아 사실 보도를 외면하는 언론에 대한 질타와 언론 정의를 요청하는 담화문을 발표했다. 같은 해 7월에는 전주교구에서 7월 6일 발생한 유신 정권의 사제 폭행 사태*에 대한 항의 성명을 발표했다.

1979년에는 '안동교구 오원춘 사건 대책위원회'를 구성해 농민 생존권과 교권 수호를 위한 활동을 전개했다. 1979년 3월에는 '민주주의와 민족통일을 위한 국민연합'에 정의구현사제단과 함께 산하단체로 참여했다. 정평위가 1979년 부활주간에 발표한 「오늘의 한국 현실과 교회의 입장」이라는 제목의 백서는 정치·경제·사회·인권 분야로 나눠 한국의 불의한 현실을 고발하고, 이에 저항해야 하는 교회의 사명을 재천명해 민주화운동 진영으로부터 긍정적인 평가를 받았다. 특히 이 문서는 천주교 민주화운동의 정신과 지향을 집약적으로 보여주었다는 면에서 의미가 크다. [표8]은 1975년 12월 정평위 재발족 이후 정평위 이름으로 발표했던 성명서와 메시지, 건의문, 백서 목록이다.

---

* 문정현 신부를 연행하는 과정에서 항의하던 박종상 신부와 문규현 신부에 대한 무차별 폭행으로 박 신부가 혼수상태에 빠졌던 사건이다.

[표8] 1970년대 한국천주교정의평화위원회의 발표문서

발표시기	제목	주요 내용	형식
1976.12.13	인간 최선의 가치인 인권을 선언한다	정부 주관 인권 주간에 구속된 종교계 민주인사를 언급하며 인권의 존엄함을 천명하고 있는 선언문	선언문
1977.2.21	한국 민족 수난사에 도덕적 지원을	각국의 정평위 협조 서신에 대한 답신, 국내외적 현안에 대한 견해와 태도를 표명한 메시지	메시지
1977.3.28	3·1 사건 유죄 판결에 대하여	3·1민주구국선언 구속 조치에 대한 항의 성명	성명서
1977.10.24	출입국 관리법 개정안 철회하라	정부와 여당이 추진하는 '출입국 관리법 개정' 움직임이 외국 선교사들의 선교 및 인권 옹호 활동을 억압할 것을 우려한 반대 성명	성명서
1978.3.20	노동 정의를 실현하라	잇따른 노동자 항의 사태를 중시하여 노동계의 부조리 극복과 가노청, 도시산업선교회 등 그리스도교 노동운동에 대한 박해 중단 촉구 성명	성명서
1978.5.7	오늘의 한국 언론인 여러분에게	홍보주일을 맞아 사실 보도조차 제대로 하지 않는 언론에 대한 질타 및 언론 정의 회복 요청	담화문
1978.7.25	순교에의 부름	1978년 7월 6일 전주교구에서 발생한 성직자 4명 폭행사태에 대한 항의	성명서
1979.3.1	3·1절 선언	3·1운동 60주년을 맞아 현 시국을 돌아보고, 한반도의 자유와 평화, 통일을 향한 선언문	선언문
1979.4	오늘의 한국 현실과 그리스도교회의 입장	교회와 사회에 보내는 정평위 백서로 정치, 경제, 사회, 인권 분야에 대한 교회의 시대상황 인식을 정리	백서
1979.8.20	이 시대의 난국을 염려하며	오원춘 사건, 안동교구청 난입 사건, 통혁당 사건, 크리스찬아카데미 사건 등 사태들의 조속하고 원만한 해결을 위한 요청	성명서
1979.9.6	오원춘 사건에 대하여	8월 20일 성명서 발표와 관련해 연행된 정평위 문창준 회장 석방과 오원춘 사건 관련 구속자 석방 촉구 성명	성명서
1979.11.28	정의로운 헌정 구현을 위한 우리의 견해	10·26 이후 정의로운 민주 회복과 국민화해, 공동선 실현을 요청하는 성명	성명서

(성명서, 메시지, 건의문, 백서 등)

2. 전주교구의 민주화운동

이 시기 지역 교구에서 민주화운동에 가장 활발히 그리고 지속적으로 참여한 교구는 전주교구였다. 지 주교 구속 이전에는 원주교구가 유일했으나 구속 이후에는 교구장이 사회참여에 우호적이었던 교구들이 민주화운동에 적극 참여했다. 이 교구들은 서울·인천·원주·전주·대전·안동교구였다. 그러나 이 교구들 가운데 사제 대부분이 참여한 곳은 원주교구와 전주교구 정도였다. 교구 규모를 고려하면 원주에 비해 규모가 훨씬 컸던 전주교구의 참여가 더 두드러진 사례다.

1) 전주교구의 사회참여 계기

전주교구가 사회참여에 적극적인 교구가 된 데는 두 가지 요인이 있었다. 첫째는 사회참여에 적극적인 교구장 임명이었다. 전주교구는 1971년 7월 한공렬 주교가 대주교 승임과 동시에 광주대교구장으로 임명되어 떠나면서 1년 8개월 동안 교구장 자리가 비어 있었다. 이 공석 상태는 당시 부주교였던 김재덕 신부가 1972년 2월 10일 교구장 주교로 임명되며 끝이 났다.(《가톨릭시보》 1973. 2. 18) 김재덕 주교는 1920년 전북 진안 출생으로 김수환, 지학순 주교와 함께 소신학교 입학 동기였다. 특히 김 추기경과 막역했다. 이 셋은 "1970년대 유신통치에 맞서서 사회정의와 인간 존엄성의 회복을 외쳤던 대표적인 가톨릭 주교들이었다."(이충렬 2016, 419)

김재덕 주교

김 주교는 교구 운영에 제2차 바티칸 공의회 정신을 반영하려 노력한 모범 사례였다.(《가톨릭시보》 1975. 1. 19) 그는 1962년 교구장 한공렬 주교 수행원으로 제2차 바티칸 공의회에 참석했다. 공의회 참관은 그에게 긍정적인 자극을 주었다. 무엇보다 김

주교는 그의 교구장 재임 동안 민주화운동에 적극적으로 투신한 지사(志士)의 모습으로 교구민에게 기억되었다. 그의 이런 면모는 그의 「선종 1주기 추도사」에 잘 드러난다.

고(故) 김재덕 주교는 참으로 어려운 시대에 전주교구의 목자이셨다. 김 주교는 한국천주교회 전국 성년대회의 미사 강론에서 …… 유신 정권에 대해서는 '초긴장상태의 즉각 완화 등 민주 헌정의 실시'를 촉구했다. 그러나 유신 독재로 빚어지는 반민주화의 회오리는 전주교구에서만도 사제들의 연행(1975. 10. 21), 3·1사건에 따른 사제의 구속(1976. 3. 2)과 형의 선고, 사제를 구타 폭행하고 유기한 소위 7·6사태(1978), 정권에 대한 효력정지 가처분 신청을 내야겠다는 김 주교의 강론(1979. 9. 10)이 몰고온 초긴장 파문 …… 등 너무나도 엄청나기만 했다. 그러나 김 주교는 이러한 엄청난 사태 앞에서도 항상 의연하게 교구를 이끌어간 목자였다. (《숲정이》 1989. 6. 4)

그는 교구 사제들이 민주화운동에 참여하는 것을 암묵적으로 인정하고 후원했다. 아울러 사제단 활동도 지지했다. 문정현 신부는 김재덕 주교의 이런 면모를 다음과 같이 회상한다.

(전주교구가) 그렇게 활발하게 활동을 할 수 있었던 데는 …… 김재덕 주교의 암묵적인 지지와 후원이 큰 힘이 되었다. 김재덕 주교는 …… 드러나지 않게 정의구현사제단 활동을 지지했다. (김중미 2011, 53~55)

둘째는 전주교구 사제들의 연학(研學) 배경과 사회참여 의지였다. 김진소 신부는 이 측면에 대해 『전주교구사』에서 다음과 같이 기술한다.

전주교구 사제들의 다수가 사회정의구현 활동에 참여하겠다는 의지가 있었기 때문에 가능하였다. 당시 전주교구 사제단의 평균연령은 40대였으며, 70%의 사제들이 광주 대건신학대학 출신으로 구약 예언서, 공의회 문헌, 해방신학 등을 교육받아 의식이 열려 있었다. 대건신학대학 출신자들은 사회정의구현 운동에 투신할 만한 성향도 가지고 있었다. (김진소 1998, 1152-1153)

이런 특성 외에도 교구민의 사제에 대한 신뢰, 교구 공동체 의식, 사회참여를 하다 받게 되는 고난을 순교 정신으로 받아들이는 신앙 태도 등이 전주교구가 민주화운동에 적극적으로 참여할 수 있는 조건이었다. (김진소 1998, 1153)

2) 민주화운동 참여 계기

전주교구가 민주화운동에 본격적으로 참여하게 된 계기도 지 주교가 민청학련 사건 연루 혐의로 구속된 사건이었다. 전주교구는 1974년 7월 지 주교가 구속되자 '지학순 주교 석방과 사회정의 구현'을 위한 교구 기도회를 개최했다. (《숲정이》 1974. 7. 28) 이어 교구 자체에서 사회정의 구현 세미나를 실시하고, 기도회 후에는 가두시위와 연좌시위를 벌였다. (《숲정이》 1974. 11. 10; 1974. 12. 1) 평신도 사도직 단체, 대학생 연합회 등도 독자적으로 조국을 위한 기도회를 개최했다. (《숲정이》 1974. 11. 24)

민주화운동에 앞장섰던 문정현 신부의 참여 계기도 지 주교 구속 사건이었다. 벨기에 출신 지정환 신부도 민청학련 사건 이후 민주화운동에 참여하기 시작했다. ● 그는 문정현 신부와 함께 기회가 닿을 때마다 서울에 올

● 본명은 디디에 세스테벤스(Didier t'Sestevens)이다. 1931년생으로 벨기에 브뤼셀에서 5남매 중 막내로 태어났다. 1959년 사제 서품을 받고 루뱅 소재 예수회 성알베르토 신학교를 졸업한 뒤 1959년 한국에 입국하여 전주교구 소속 신부로 사목하기 시작했다.

라가 사제단 활동에 동참했다. 교구에서도 유신
정권 반대운동에 문정현 신부와 함께 앞장섰다.
특히 그는 인혁당 조작 사건 진상규명 활동에 적
극적이었다.

지정환 신부

지정환 신부는 "유신 정권으로부터 오글 목
사, 골롬반회 양노엘 신부 등과 함께 가장 반체제
적인 외국인으로 낙인찍혔다. 당시 중앙정보부
가 작성한 블랙리스트에도 이름이 올라 있을 정
도였다."(박선영 2017, 23) 그의 이러한 활동을 주한 벨기에 대사가 옹호하고
지지했다. 그는 한국 주재 외교관들 가운데 유일하게 프랑스 대사와 함께
지 주교 양심선언 직후 열린 명동성당 미사에 참여했다.

문정현 신부는 이 시기 개신교 목요기도회를 모범으로 삼아 개신교 목
사들과 함께 월요 기도회를 조직했다. 개신교 목요기도회를 통해 사회의식
이 성장한 문 신부는 김영신, 김봉희, 김용태, 박종상 박종근 신부 등 전주
교구 사제들과 화산교회 신삼석 목사, 성광교회 김경섭 목사, 남문교회 은
명기 목사, 남산교회 강희남 목사와 함께 월요 기도회를 갖기로 합의하고
전주 가톨릭센터에서 1975년 5월 5일부터 매월 첫째, 셋째 주 월요일에 시
국 기도회를 열었다. (김중미 2011, 57) 1975년 10월 21일에는 기도회 내용이
문제가 되어 문정현 김영신 박종근 신부가 경찰에 연행되었다. (김진소
1998, 1157~1158)

3) 1970년대 후반기의 민주화운동

전주교구 사제들이 1974년 후반부터 민주화운동에 본격적으로 참여하
기 시작하자 유신 정권은 전라북도 행정당국, 중앙정보부 전북지부, 경찰
을 동원해 이를 제지하기 위해 여러 가지 수법을 동원했다. 당시 민주화운

동에 참여하던 사제들에게 유신 정권이 널리 행하던 미사 중 강론 녹음과 기록, 신자 기관원을 이용한 교구청과 사제관 염탐, 개별 감시, 미행, 사제관 침입, 반강제 납치 등의 방법이 전주교구에서도 그대로 사용되었다. 사제 개인과 교회에 대한 흑색선전으로 신자와 사제를, 신자와 교회 그리고 주민을 이간시키려는 공작도 계속하였다. (김진소 1998, 1153~1154)

이런 공권력을 동원한 정권의 압박에도 1976년 1월 9일 가톨릭농민회(이하 가농)은 전북연합회를 창립하고 농민 생존권 투쟁과 민주화운동에 나섰다. 같은 해 3월 2일에는 '3·1명동구국선언' 서명 혐의로 문정현 신부가 체포되었다. 문정현 신부가 구속되자 교구에서는 문정현 신부와 구속 인사들의 석방을 위한 기도회를 열고 영치금을 모금하기 시작했다.(《숲정이》 1976.3.21) 교구 주보《숲정이》에는 이 사건으로 구속된 사제들의 재판이 있을 때마다 방청기를 적어 이들이 석방될 때까지 게재했다. "이 공판 방청기는 재판의 전 과정과 피의자들의 진술을 여과없이 전달하였다."(김진소 1998, 1158)

전주교구는 1976년 정의평화위원회를 설립하고 산하에 교육 인권 사회 경제 홍보분과를 설치했다. 같은 해 10월 3일 "교구 정평위와 평협은 합동으로 순교자 현양대회를 개최하고 문정현 신부 구속과 교회 역할에 대해 순교 정신으로 맞서 나갈 것을 다짐하였다."(김진소 1998, 1158) 같은 해 10월 3일 교구 정평위와 평협은 합동으로 순교자 현양 대회를 개최하고 문정현 신부 구속과 교회 역할에 대해 순교자적인 정신으로 맞서 나갈 것을 다짐했다.(《숲정이》 1976.10.10) 1977년 5월 23일부터는 사제총회 결의에 따라 매월 1회 각 본당을 순회하며 '정의 평화' 미사를 드리기 시작했다. (김진소 1998, 1158)

그러나 1978년 들어 분위기가 나빠졌다. 3·1절을 앞두고 경찰과 정보부원의 사제 감시, 미행, 불법 연행과 감금 정도가 더 심해졌기 때문이다. 이에 교구 정평위에서는 대책 회의를 갖고 전북지사와 경찰국장 앞으로 '인권 침해 및 종교탄압'에 대한 해명 촉구서를 발송했다. 주교회의 정평위에는 사태의 전말을 알리고 전국 차원에서 사태 해결에 협력해줄 것을 요청했다. (김진소 1998, 1158~1159)

점증하는 유신 정권의 탄압에도 저항이 수그러들지 않자 정보당국과 경찰은 초소함을 감추지 못하고 급기야 전주교구 신부들에게 직접 폭력을 행사했다. 이렇게 일어난 사건이 이른바 1978년 '7·6 사태'였다.

전주교구에서 1978년 6월 26일 전후로 모든 사제가 계속 미행, 감시, 연금되는 사태가 발생하였다. 이에 불만을 품은 신부들이 사제서품식(7월 5일)후 가톨릭센터 옥상에서 정권의 탄압에 항의하는 시위를 벌였다. 그러자 경찰은 이날 시위 혐의로 문정현 신부를 연행하기 위해 7월 6일 파티마성당(현 효자동성당)에 난입을 시도하였다. 이 과정에서 경찰 난입을 저지하기 위해 성당에 온 이수현, 문규현, 박종상 신부가 문정현 신부와 함께 연행되었다. 경찰은 이들을 차로 연행하는 도중 입에 담지 못할 폭언을 계속 퍼부었다. 박종상 신부가 이에 항의하자 경찰은 그를 차에서 끌어내 주먹질과 발길질을 하였다. 이 때문에 박 신부가 큰 부상을 입었다. 경찰이 부상한 박 신부를 다시 차에 끌어 올려 좌석에 뉘였으나 미끄러져 차 밑으로 떨어졌다. 함께 연행되던 문규현 신부가 박 신부를 챙기려 들자 경찰이 문 신부 목을 조르며 강제로 자리에 주저앉히고 차를 출발시켰다. 그러다 갑자기 다시 차를 세우고 밖에서 문을 열어 욕 세례를 퍼부으며 박 신부를 아스팔트 위에 내동댕이쳤다. 경찰은 문규현 신부도 내동댕이치고 달아나버렸다. 박 신부는 문 신부의 부축을 받고 성모병원에 입원했고 4시간 동안 혼수상태에 빠졌다. 문정현 신부는 그 사이 진북동에 소재한 중정 안전가옥에 감금당한 채 이수현 신부와 함께 조사를 받았다. (김진소 1998, 1168~1169)

이에 전주교구는 7월 8일부터 정의 평화 미사, 가두 평화 시위, 사제단 단식, 수녀들의 동조 단식, 성명서와 요구서 작성, 호소문 발표로 대응했다. 교회 인사들의 위로 방문이 이어졌다. 사태의 진상을 알리기 위해 전국적인 홍보 활동도 시작하였다. 그러나 교구의 이런 대응에도 당국은 약속과 달리 1년이 지나도록 사과는커녕 불성실한 태도와 책임회피로 일관했다. (김진소 1998, 1168~1171)

1979년에는 '김지하 문학의 밤'을 교구 관내를 순회하며 개최했다. 국제 사면위원회 전주지부 인권 강연회와 근로자의 날 기념 강연회 등도 개최했다. 교구 정평위는 농민회와 함께 '노풍피해 보상운동'을 전개해 나름의 성과를 거두었다. (김진소 1998, 1159) 그해 7월 오원춘 사건으로 문정현 신부가 형집행정지 결정 취소로 다시 수감되는 사태가 벌어졌다. 이에 교구는 대정부 투쟁 수위를 다시 높이기 시작했다. "교구는 각 본당에서 '인권 탄압 중지하고 민주인사 석방하라'는 현수막을 설치하게 하고 교구 사제단과 정평위는 긴급 총회를 갖고 안동 사건과 문정현 신부 재수감에 대처하였다."(김진소 1998, 1159)

1979년 9월 10일 오후 6시 30분 전주 중앙성당에서 교구 사제단과 정의구현전국사제단이 공동으로 주관하는 '인권과 교권 수호를 위한 전국 기도회'가 있었다. 이날 기도회에는 "전국 각 교구의 사제단과 농민회원들, 교구 사제단과 수도자와 평신도, 선의의 시민 등 5,000여 명●이 중앙성당을 꽉 메워 미처 입장하지 못한 5,000여 명은 성당 밖 팔달로변의 인도와 육교 및 차도까지 들어서서 성황을 이루었다."(《숲정이》1979. 9. 16)

이날 기도회에서 교구장 김재덕 주교는 90여 분에 걸친 강론을 통해 "'민주주의란 개인의 존엄성이 보장되고 모든 국민의 자유가 보장되며 모든 국

● 김진소 신부는 이날 참석자 수를 성당 안팎을 합쳐 3,500여 명 정도로 추정했다.

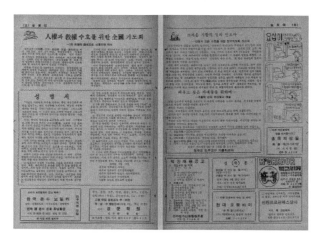

《숲정이》(1979년 9월 16일자)

민이 평등해야 한다'고 강조했다.(《숲정이》 1979. 9. 16) 그리고 경찰의 신민당사 난입 사건, 학원 사태, 신민당 총재단 직무정지 가처분 신청 사건, 경제 실책, 오원춘 사건 등에 관해 현 정권을 신랄히 비판하였다. 특히 김 주교는 현 정권의 직무집행 정치 가처분을 주장하였다."(김진소 1998, 1160)

유신 정권은 다음 날인 11일 김 주교가 전국 기도회에서 정권을 비판한 혐의로 주한 교황 대사에게 김 주교에 대한 구속 방침을 통고했다. 이 소식이 12일 교구에 소문 형태로 나돌았다. 이에 교구 사제단이 12일 대책 마련을 위해 긴급회의를 소집했다. 이어 13일 새벽 김재덕 주교, 김 추기경, 윤공희 대주교와 함께 교구 사제 46명이 승용차를 빌려 주교들을 호위하며 교황 대사관을 향했다. 그날 저녁 전주 시내 신자들 1,000여 명은 중앙성당에 모여 사태 해결을 위한 기도회를 가졌다. 다행히 기도회가 끝나자마자 상경했던 김 주교와 사제단이 교구로 돌아왔다. 9월 13일 정부가 김재덕 주교에 대한 구속 방침을 철회했기 때문이었다.(《숲정이》 1979. 9. 16)

유신 정권은 1970년대 말로 갈수록 날로 거세지는 저항에 당혹해하고 있었다. 공권력을 동원한 거센 탄압에도 저항이 수그러들지 않고 오히려 커지고 있었기 때문이다. 이로 인한 조급함과 초조함이 천주교 민주화운동 진영에 대한 폭력 사태로 이어졌다. 이처럼 전주교구는 교구장에서부터 사제, 수도자, 신자까지 거의 한마음으로 민주화운동에 참여하고 있었기에 지역 행정당국, 정보부서와 경찰이 더 예민해 있었다. 이는 다른 교구에 비해 전주교구가 경찰과 충돌이 잦았던 이유이기도 했다. 무엇보다 전주교구는 결집력, 적극성, 지속성을 통해 이 시기 천주교 민주화운동에 크게 기여하였다.

3. 동일방직 사건

인천 동일방직에서 민주노조운동은 1972년 주길자 3대 노조 지부장이 선출되면서 본격적으로 시작되었다. 동일방직 민주노조운동이 활발하게 전개될 수 있었던 배경에는 감리교 소속 인천도시산업선교회(이하 산선)와 인천교구 화수동 성당 JOC 역할이 컸다. 동일방직노조는 조지 오글 목사와 조화순 목사 등 산선의 지원으로 1970년대 초, 소모임운동을 광범위하게 진행했다. 천주교 인천교구(이하 인천교구)는 1960년대 후반 인천 산선에 JOC 활동가를 파견하며 산업선교 활동에 긴밀하게 협력했다.(민주화운동기념사업회 오픈아카이브 00447108) 동일방직 노조활동에서 JOC 회원과 산선 회원의 소모임이 따로 있었지만 구분하지 않고 함께 협력했다. 동일방직 현장 소모임 조직의 노동교육은 정양숙 JOC 투사와 이화여대 이효재 교수, 산선의 조화순 목사가 집중적으로 담당했다.(70년대 민주노동운동 동지회 2021, 164) 하지만 1975년 이영숙 집행부 때부터 회사 측 탄압이 거세졌다. 경찰과 중앙정보부, 섬유노조는 노조 와해를 끊임없이 시도했다. 이 과정에서 1976년 7월, 이영숙 지부장과 이총각 총무 석방 농성 투쟁 중 여성 조합원들이 '알몸'으로 경찰 연행에 항의했다. 경찰의 폭력으로 40여 명의 노동자가 실신하고 한 여성 노동자가 정신착란을 일으켰다.

> 경찰차가 들이닥치고 군복을 입은 경찰들이 우리에게 다가왔다. 그때 누군
> 가 옷을 벗자는 소리에 망설이지 않고 서슴없이 옷을 벗기 시작했다. 벗은 여
> 자의 몸은 누구도 건드리지 못할 것이라고 생각했기 때문이다. 하지만 그 생
> 각은 순박한 허상일 뿐이었다. 경찰과 한통속이 된 남자 대의원들은 기다렸
> 다는 듯이 뒤에서 벗은 몸으로 투쟁하고 있는 나를 몽둥이로 내리치고 구둣
> 발로 허리를 찼다. 집단폭행의 충격으로 나는 그 자리에서 쓰러져 버렸
> 다.(70년대 민주노동운동 동지회 2021, 173)

1977년 3월 이총각 집행부는 유신독재와 자본, 어용 노총의 조직적 탄압
을 이겨내고 구성됐다. 이총각 지부장은 화수동 성당 JOC 투사 출신으로
동일방직 노동운동 초기부터 활동한 노조 지도자였다. 회사 측은 홍지영의
책『산업선교는 무엇을 노리나』를 현장 노동자에게 배부하면서 '산업선교
는 빨갱이 단체'라고 매도했다. 공장에서 가까운 여관을 빌려 조합원들을
모이게 하여 '노조가 빨갱이 단체와 연결되어 있다'고 유언비어를 퍼트렸
다. 그뿐만 아니라 깡패들을 동원하여, 회사 측에 항의하는 조합원의 머리
채를 휘어잡고 성폭행했다. 1978년 2월 21일 대의원대회 선거에서 회사 측
이 동원한 남성이 여성 조합원을 구타하고 똥물을 던진 사건이 발생했다.

> 회사 측에서 술 먹은 남자들이 각목으로 노동조합 사무실의 기물을 파괴하
> 고 투표함을 부수며 투표하러 온 여성조합원들에게 주먹으로 때리며 고무장
> 갑을 낀 손으로 걸레에 똥물을 발라 옷에 바르고 입에 넣는 난동을 부렸다.
> 치안유지를 위해 동원된 경찰관은 강 건너 불구경하는 사람처럼 구경만 하
> 고 있었다.(민주화운동기념사업회 오픈아카이브 00836969, 7)

이총각 지부장과 조합원은 공장과 가까운 곳에 있는 송현동성당 주임 최분도 신부에게 달려가 지원을 요청했다. 최분도 신부는 동일방직을 찾아가 회사 대표를 만나 항의했고 똥물 범벅이 된 여자조합원들과 성당으로 돌아와 급하게 옷을 구해 갈아 입혔다. 경찰은 노조 간부를 찾는다고 성당으로 몰려들었다. 최분도 신부는 조합 간부들을 성당 뒤 사택인 서재송의 집 다락에 숨겼다. (최분도 신부 추모위원회 2016, 225~232)

유신 정권의 언론통제로 동일방직노조 사태는 국내에 보도되지 않았다. JOC 본부 확장위원 이철순은 '똥물 사건'의 진실을 알리고자 유인물 10만 부를 제작하여 각 교구 사제단과 사회단체를 중심으로 대량 배포했다. (《한겨레》 2013. 7. 23)

1978년 3월 10일 장충체육관에서 열린 노동절 기념식에 참석한 동일방직 노동자들은 "우린 똥을 먹고 살 수 없다", "동일방직 문제 해결하라" 등의 구호를 적은 천을 몸 안에 숨겨 행사장에 입장했다. 그러나 경찰에 진압당하고 곧바로 연행되었다. 이총각 지부장 체포령이 떨어지고 동일방직 노동자들은 명동성당에서 단식농성에 돌입했다. 김 추기경은 농성장을 방문했고 '산선과 JOC가 빨갱이'라는 소식을 들으며 분개했다.

1978년 3월 12일 인천 답동성당에서 1,000여 명이 모인 가운데 노동절 기념 기도회가 열렸다. 이 자리에 참석한 동일방직 조합원 50여 명은 동일방직노조 문제가 해결될 때까지 무기한 단식을 하기로 하고 사제관에서 농성에 들어갔다. 당일 기도회에서 인천교구 JOC 황상근 지도신부는 「노동자의 불꽃」이라는 시를 배포했고 이를 이유로 강제 연행되었다. (황상근 신부 구술, 2022. 10. 17)

이총각 지부장은 "가톨릭 신자라는 것 때문에 공산당으로 몰리고 가톨릭노동청년회가 빨갱이 단체라고 하는 것을 우리나라는 물론 전 세계 가톨릭 교계에 알려 명백히 밝혀주실 것을 신앙의 양심에 따라 밝혀줄 것을 신앙의 양심에 따라 간곡히 호소한다"며 김 추기경과 교회 지도층에 편지를 보냈다. (민주화운동기념사업회 오픈아카이브 00485041) 3월 20일 김 추기경은 명동성당에서 열린 '교권수호를 위한 기도회' 강론에서 "가톨릭노동청년회와 산업선교회를 용공 단체로 보는 것은 가톨릭과 기독교 자체를 용공으로 보는 것과 같다"며 '종교탄압의 음모'라 했다. 주교회의 정평위는 "크리스찬 노동운동을 공산주의 노동운동이라고 부르는 것은 무지몽매한 자들의 소행"이라 대응했다. 정평위는 국무총리에게 건의문을 보내 홍지영의 『산업선교는 무엇을 노리나』 책 판매를 금지하고, 그리스도 교회를 모욕하는 행위를 중단하도록 적극 조처할 것과 동일방직 구속자 석방, 청계피복지부노동교실 사건을 국무총리가 해결할 것을 촉구했다. (기쁨과희망사목연구소 1997, 90) 조합원들은 단식 14일 만에 김 추기경 중재로 농성을 풀고 회사로 복귀하기로 했으나 회사는 무단결근을 이유로 4월 1일 124명을 해고했다.

주교단은 1978년 4월 8일 「근로자들의 고통을 함께 아파하자」는 명의의 성명서를 발표하고 동일방직 사건은 "근로자들의 노동권 박탈과 생존권 위협이라는 중대한 인권 유린으로 민주국가에서는 용납할 수 없는 중대사"로 규정하고 "부당해고자 복직, 노동조합의 정상적 회복, 그리스도교 근로자를 친공분자로 왜곡선전하는 행위를 중단할 것"을 정부에 요구했다. (민주화운동기념사업회 오픈아카이브 00884671) 5월 16일에는 '노동자와 농민을 위한 신·구교연합 특별 미사'를 열어 동일방직 문제에 관한 보고회를 가졌다. (민주화운동기념사업회 오픈오픈아카이브 00834663)

한국천주교회는 전 교회 차원에서 동일방직노조 투쟁에 연대했다. 사제단과 JOC, 가농, 정평위와 서울대교구 노동사목위원회, 서울대교구 평협, 인천교구 사제단, 전주교구 정평위, 광주대교구 등 전 교구 차원에서 동일방직 노동자와 연대하는 기도회를 계속 개최했다. 인천교구 사제단은 특별헌금을 걷어 동일방직 노동자들을 지원했다. 정평위는 동일방직 해고노동자를 위해 모금했다. 동일방직 근로자 문제 대책위원회 위원장 김병상 신부는 일본 정평협과 연대하여 동일방직 사건을 국제적으로 알렸다.(민주화운동기념사업회 오픈아카이브 00486333) 유신 정권은 동일방직 노동자를 옹호하는 가톨릭교회와 JOC를 용공세력으로 몰아갔다.

이러한 이데올로기 공세에 교회도 물러설 수 없었다. 교회는 동일방직 사건을 노동 문제로만 보지 않고 교도권에 대한 위협으로 간주했다. 동일방직 노동 문제는 노사 대립을 넘어 유신 정권과 천주교가 전면적으로 충돌하게 되면서 교회의 대응도 주교단과 사제단. 수도자, 평신도 단체 등 전 교구 차원에서 이루어졌다. 주교단의 노동 문제에 관한 직접 대응은 1968년 심도직물 사건 이후 처음이었다. 이러한 교회의 대응은 1970년대 한국 천주교회가 노동운동과 적극 결합하면서 민주노조운동을 활성화하는 데 큰 기여를 한 것으로 평가할 수 있다. 동시에 교회를 중심으로 재야와 개신교 민주화운동 세력 연대가 형성되었고 유신 정권의 노동탄압에 대한 구체 실상과 노동인권의 중요성을 알리는 계기가 되었다.

4. 함평 고구마 사건

가농은 창립 직후부터 1970년대 내내 농협 민주화운동을 전개했다. 1970년대 전반기 가농에서 진행한 농협민주화 활동이 구체적인 행동으로 옮겨진 중요한 사건이 '함평 고구마 사건'이었다. 이 사건은 농협의 약속 불이행으로 농민이 손해 보는 관행을 좌시하지 않겠다는 함평 농민들의 결단에서 비롯되었다.

1976년 농협 전남도지부는 농민들에게 그해 수확할 고구마를 전량 수매할 것이라 약속했다. 그것도 높은 가격으로 수매할 것이라 약속했다. 그리고 수매할 고구마는 농협에서 나누어준 포대에 담아 도로변에 쌓아 두면 농협에서 모두 수거해갈 것이라 약속했다. 그러나 막상 수확기가 되자 농협

함평 고구마 사건 규탄 기도회(1977.4.22. 광주계림동성당)_가톨릭농민회 제공

은 생산량의 일부만 수매하고 나머지는 모른 척했다. 이 때문에 농협이 수거할 것이라 믿고 농민들이 길가에 쌓아 둔 고구마가 썩기 시작했다. 고구마가 썩어가기 시작하자 농민들은 초조해졌다. 이에 농민들이 농협에 항의하고 썩은 고구마에 대한 피해보상을 요구했다. 하지만 농협은 아무런 반응을 보이지 않았다. 이에 가농 회원들은 11월 17일 함평읍내에서 '함평 고구마 피해보상대책위원회'를 구성하였다. 가농 회원들은 농협에 찾아가 항의하고 함평을 중심으로 9개 마을 160 농가를 직접 조사하여 피해액이 309만원에 이른다는 것을 밝혔다. 이러한 사실이 밝혀지자 농협 측은 피해 농가들을 찾아다니며 회유를 시도했다.

문제가 해결될 기미가 보이지 않자 가농 전남연합회는 다음 해인 1977년 4월 22일 각계에 피해 보상을 요구하는 유인물을 보내고 광주 계림동성당에서 윤공희 주교 집전으로 '고구마 피해 보상을 위한 기도회'를 열어 사태의 심각성을 널리 알리기 시작했다. 그 결과 농수산부에서 피해조사단이 파견되어 피해액을 조사했는데, 오히려 피해액이 가농 대책위원회에서 조사한 것보다 많이 나왔을 뿐 아니라 농협의 약속 불이행만 확인하는 결과가 나타났다. 이에 가농은 1978년 4월 광주 북동성당에서 다시 기도회를 갖고 무기한 단식투쟁에 들어갔다.

이리하여 함평 고구마 사건이 언론에 보도되고 전국적으로 알려지자, 농협은 피해액 309만 원을 보상하였다. 단식 시작 8일 만이었다. 한편 감사원은 1978년 2월 15일부터 4월 22일까지 농협 4개 도지부 등에 대한 감사를 실시함으로써, 단위 농협이 중간상인과 결탁해 상인에게 산 것을 농민에게 수매한 것처럼 해 농협 자금 80억 원을 유용한 사실을 밝혀냈다. 함평 고구마 사건은 관제 농협의 부패상을 폭로하고 피해보상을 받음으로써 농민이 승리한 최초의 사건이었다. (가톨릭농민회 1999, 221~222)

5. 오원춘 사건

1) 사건의 발단

1979년 가농 활동은 분회(分會) 중심의 활동 강화, 쌀 생산비 쟁취, 민주 농협 실현을 목표로 전개되었다. 1979년은 물가가 폭등한 해였다. 이로 인해 농축산물 가격이 폭락하여 파산하는 축산농가가 크게 늘었다. 보리수매가는 18.9% 인상되었음에도 농수산부가 조사한 1978년도 생산비에 크게 못 미쳤다. 쌀수매가 또한 22% 인상에도 가농이 조사한 생산비 평균에 훨씬 못 미쳐 적자였다.

이러한 사정 탓에 이농민(離農民)이 증가했고 이는 농촌일손 부족으로 이어졌다. 식량의 안정공급이 위협받는 지경까지 이르렀다. 유신 정권은 이런 상황에서도 소수 국내외 독점자본에만 일방적으로 유리한 공업화 중심 불균형 성장정책을 지속했다. 당시 정권이 철저하게 통제하던 언론조차 "농정에 농민 불만 극도에 달했다", "농정, 무엇이 문제인가" 등으로 보도할 정도로 농촌경제는 파탄지경이었다.

1979년은 유신독재가 정치적으로 한계에 이른 해이기도 했다. 그동안 누적된 정치 경제적 모순이 한꺼번에 터지면서 국민 불안이 심각한 지경에 이르렀기 때문이다. 이에 유신 정권은 이러한 여론을 잠재우기 위해 가농을 속죄양으로 삼으려 했다. 유신 정권은 대통령특별조사령 발령, 가농 활동가 구속, 가농 활동 전반에 대한 탄압을 통해 한창 고조되던 민중운동의 파고를 가라앉히려 했다. 이러한 배경에서 발생한 것이 오원춘 사건이었다.

일명 오원춘 사건으로 불리는 안동교구 가톨릭농민회 사건은 불량 감자 종자 피해보상운동을 주도한 오씨를 기관원이 1979년 5월 5일 울릉도로 15일간 납치, 폭행한 것을 둘러싸고 가톨릭교회와 유신 정권이 정면으로 충돌하면서 전국적인 관심사가 되었다. 사태가 진실(眞實) 공방으로 전개되면서 이 싸움에서 지는 쪽은 도덕성에 심각한 타격을 받을 수밖에 없었다. 이 사건은 당시 YH 사건과 함께 전국적 투쟁을 불러일으켜 유신독재 종말을 촉진하는 데 기여했다. (《경향신문》 2007. 1. 8)

1978년 경북 영양군 청기면 농민들은 영양군청과 농협에서 알선한 '시마바라종(種)' 감자를 심었으나 싹이 나지 않아 대부분 농사를 망쳤다. 이에 가톨릭농민회 청기분회는 피해 조사를 통해 군(郡)과 농협에 피해보상을 요구하게 되었다. 하지만 군과 농협은 해결에 나서는 대신 갖은 방법으로 피해 농민들을 회유하고 협박했다. 회유와 협박에 시달리다 지친 비(非)회원 농민들은 중도에 보상을 포기했다. 그러나 청기분회는 회원들의 끈질긴 활동과 안동교구 사제단 지원으로 예상보다 빨리 피해액 전액을 보상받을 수 있었다. (가톨릭농민회 50년사 편찬위원회 2017, 166)

안동교구 가톨릭농민회의 청기분회장이었던 오원춘은 이 체험을 가톨릭농민회 기관지 《파종》에 기고했고 사제들 모임에서도 발표했다. (김수환 1996, 33) 1978년 함평 고구마 사건으로 가농으로부터 정치적 타격을 크게 입었던 당국은 오씨와 안동 가농의 이런 활동을 가만두지 않았다. 당국은

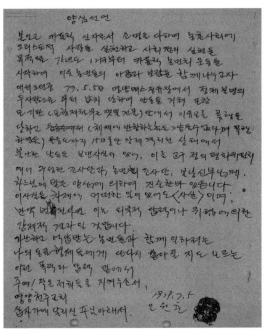

오원춘 양심선언(출처: 민기사 오픈아카이브 00486671)

이 사건 이후 오원춘을 예의주시하며 보복할 기회를 엿보고 있었다. 그러다 1979년 5월 5일 기관원을 시켜 오씨를 영양 버스정류장에서 납치, 안동을 거쳐 포항 모처에서 폭행한 뒤 울릉도로 끌고 가 15일 동안 격리했다.

이 일은 납치 보름 만에 집으로 돌아오게 된 오씨가 영양성당 주임 신부에게 사실을 고백하면서 알려졌다. 오씨는 집에 돌아온 날과 그다음 날 영양성당 주임 정희욱 신부를 만나기 위해 영양성당을 찾아갔으나 정 신부가 부재중이어서 만나지 못했다. 그래서 겪은 일을 함구한 채 농사와 공소 일에만 전념하고 있었다. 그러다 돌아온 지 20일이 지난 6월 13일 영양성당으로 정 신부를 찾아가 자신이 기관원에 납치되어 포항과 울릉도로 끌려다니면서 모진 폭행을 당했다고 고백했다.

제3부 교회와 유신 정권의 정면 대결

당시 영양 읍내에서는 가농 분회장 오씨가 한동안 행방불명 되었다가 돌아왔고, 그의 가출이 여자 문제 때문이었다는 소문이 돌고 있었다. 그렇지 않아도 정 신부는 일개 시골 농부에 관한 소문이 왜 그리 크게 번지는지 의아하게 생각하고 있었다.

오씨가 정 신부에게 고백한 다음 날 견진성사 집전을 위해 안동교구장 두 주교가 영양성당을 방문했다. 이때 정 신부는 두 주교와 사목국장 겸 가농 지도신부인 정호경 신부에게 오씨가 한 이야기를 전했다. 이 말을 들은 정호경 신부는 안동교구 농민회 권종대 회장과 정재돈 총무를 시켜 오씨의 납치 사실에 대해 직접 오씨에게 확인하고 이 사실을 기록해 자신에게 보고토록 했다.(민기사 오픈아카이브 00428857, 2) 이렇게 조사한 내용을 보고받고 이를 사실이라 확신한 안동교구 신부들은 6월 27일 대책위원회를 꾸려 활동을 시작했다.

1979년 7월 5일 대책위원회가 직접 조사한 결과를 발표했다. 오씨 또한 이날 같은 자리에서 양심선언을 했다. 7월 17일에는 안동교구 사제단과 가톨릭농민회, 정의평화위원회가 공동으로 오원춘 사건 진상을 알리는 「짓밟힌 농민운동」이라는 문건을 작성해 전국에 배포했다.(가톨릭농민회 50년사 편찬위원회, 2017, 2, 174~192) 이로써 경북 영양군 청기면 산골에서 일어난 작은 사건은 한국천주교회와 유신 정권이 정면 충돌하는 사건으로 비화(飛火)했다.

2) 유신 정권의 탄압

오씨가 집으로 돌아오면서부터 면(面)에다 오씨에 대해 안 좋은 소문을 퍼트리던 당국은 안동교구가 본격적으로 이 사건에 개입하고 오씨마저 양심선언을 하자 이 파장을 차단하기 위해 적극적으로 대응에 나섰다.

경찰은 먼저 1979년 7월 21일에 진상조사를 위해 현장 검증을 실시할 것이라고 안동교구에 통보했다. 이때 경찰은 7월 21일에는 포항까지만 조사하고 당일 귀가케 하겠다는 조건으로 류강하 신부(안동교구 정평위 위원장)를 참여시켰다. 그러나 경찰은 이러한 애초 약속과 달리 포항에서 류 신부의 제지를 뿌리치고 오씨를 강제로 울릉행 한일호에 태워 울릉도로 데려가 현장조사를 마쳤다.

경찰은 7월 23일 현장조사를 마쳤고 그 결과 오원춘이 납치설을 조작한 사실을 자신들에게 자백했다고 안동교구에 통고했다. (《가톨릭시보》1979. 8. 19) 경찰은 오씨의 이러한 자백을 근거로 류강하 신부에게 이 사건을 조작했다는 혐의를 씌웠다. 이러한 당국의 의도는 「오원춘 납치 조작 사건 진상」에 잘 드러난다.

오원춘 씨는 평소에도 부모나 처에게 아무런 말 한마디 없이 집을 나가 2~3일 간 어디론가 돌아 다니다가 오는 것이 버릇처럼 되어 있었고, 이번 여행도 처음부터 울릉도를 목적지로 떠난 것이 아니라 다방주인 딸과의 복잡한 개인 사정으로 어디든 훌쩍 떠나 돌아다니고 싶은 충동에서 집을 나간 것이 우연히 울릉도까지 가게 된 것임. 오원춘은 귀가 후 오랫동안 집을 비운 데 대한 자기 합리화를 위해서 또 근 2개월 동안 미사에 참석하지 못한 변명으로 거짓말을 한 것을 영양성당 정희욱 신부가 그대로 곧이듣고 안동교구청 두봉 주교에게 보고하고, 천주교내 신부들에게 전파되어 평소 정부기관에 대한 오해와 나쁜 감정을 가지고 있던 사목국장 정호경 신부와 가톨릭농민회 안동연합회장 권종대, 총무 정재돈 등이 이를 수집, 각색하여 유인물 7,000부를 제작 전국 성당에 배포하여 사회물의를 야기시켰음. (민기사 오픈아카이브 00206233, 5~6)

경찰은 7월 24일 자신들이 오원춘을 대동하여 현장 조사를 벌인 결과 납치설이 허위로 밝혀졌다고 이를 두봉 주교에 통보했다. 오씨에게도 자신이 허위 조작한 사실을 울릉천주교회 강 신부에게 고백했다는 내용을 적은 편지를 두 주교에 보내게 했다. (민기사 오픈아카이브 00206233, 6)

그러나 안동교구에서는 경찰의 이러한 조사결과와 해명을 받아들이지 않았다. 1970년대 내내 당국이 정치적 반대자들을 대했던 방식과 함평 고구마 사건에서 당국이 농민과 교회를 내하는 모습을 보았던 터였기 때문이다. 천주교 고위 성직자들은 이 사태에 직면하여 두봉 주교의 인품과 판단력, 안동교구 신부들의 진실함을 절대적으로 신뢰했다. 이로 인해 이 사태의 향방은 오씨 한 사람의 증언에 따라 어느 한쪽이 심각한 도덕적 타격을 받을 수밖에 없는 상황으로 치달았다.

경찰은 안동교구에 대해 '오원춘의 양심선언'을 절대적 증거라 주장하며 경찰 주장을 부인하고 오원춘을 위한 기도회 등을 개최, 사실을 왜곡하고 정부를 비판하며 일반 신자를 선동했다고 공격했다. 그래도 교회가 계속 물러서지 않자 경북도경은 1979년 8월 10일 오원춘 납치설은 허위 조작된 것이고, 그에 앞서 허위사실을 유포한 오원춘과 이 사건에 관한 유인물에 국가 안녕질서를 문란하게 만들 내용을 삽입한 안동교구 사목국장 정호경 신부와 유인물을 배포한 농민회 정재돈 총무 등 3명을 긴급조치 9호 위반 혐의로 구속, 검찰에 송치했다고 발표했다. (《가톨릭시보》, 1979.8.19)

3) 천주교의 대응

안동교구 사제단은 가톨릭농민회 간부에 관련된 이 일련의 사태가 개인 차원을 넘어 유신 정권이 교회의 사목 활동을 탄압한 사태로 판단하고 교권(教權) 수호 차원에서 전면 저항을 결의했다. 이에 "유신 정권과 교회의 대립 구도는 안동교구 차원의 기도회와 미사, 교구별 지지 기도회와 가두 촛불시위, 공정재판 요구 및 집단 재판 방청 활동 등으로 이어지는 한 치의

양보 없는 대결 양상으로 전개되었다."(가톨릭농민회 50년사 편찬위원회 2017, 2. 167)

오원춘 사건이 언론에 대대적으로 보도된 1979년 8월 10일 전후로 천주교계는 다음과 같이 대응해나갔다. 8월 6일 김 추기경, 김 주교, 두 주교를 비롯 사제 120여 명과 1,000여 명의 신자가 참석한 가운데 목성동성당에서 특별 기도회를 열었다. 김 추기경은 미사 강론을 통해 안동교구 농민회 사건은 「짓밟히는 농민운동」에서 지적한 대로 "근본적으로는 농민권익을 위해 헌신하는 농민운동 단체이자 현장교회인 가톨릭농민회에 대한 탄압이요, 그렇게 함으로써 농촌교회의 사목 활동, 현실 참여의 길을 막고 더 나아가서는 정의와 인권에 대한 교회나 사회에서 하는 활동마저 봉쇄해버리자는 데 그 근본 저의가 있다"고 언급하면서 "오원춘 형제의 양심선언은 벗을 위해 자기 목숨을 바치는 복음적 사랑이었다"고 옹호했다. (명동천주교회 1984, 557~564)

1979년 8월 7일에는 안동교구 사제단과 농민회원들이 목성동성당에서 구속자 석방을 요구하며 항의 농성을 시작했다. 농성을 시작하자 정평위 총재인 윤공희 대주교를 비롯 원주교구 지 주교 등 주교들과 타교구 사제, 수도자, 신자들의 격려와 지지방문이 이어졌다.

1979년 8월 9일 경찰이 교구청에 난입한 사건에 대해 안동교구 20개 본당 사목회장들이 성명으로 「안동시민에게 보내는 글」을 발표했다. (명동천주교회 1984, 572~575)

1979년 8월 10일 당국은 《동아일보》를 비롯 주요 일간지에 오원춘 납치 폭행 사건은 "본인이 허위 조작한 것이고, 이에 동조한 정호경 신부 등 3명을 긴급조치 9호 위반으로 구속했다"는 사실을 보도하게 했다. 이에 사안의 심각성을 인지한 주교회의 상임위원회는 8월 10일 오전 10시 서울대교구청 교구장 집무실에서 열린 주교회의 상임위원회의에서 전체 상임위원 주

오원춘 납치 폭행 사건 허위 조작, 긴급조치 9호 위반 3명 구속을 알리는 기사(《동아일보》 1979.8.10)

교가 참석한 가운데 12시간여에 걸친 마라톤 회의를 진행하며 이른바 '안동 사건' 대책을 숙의했다.(《가톨릭시보》 1979.8.19) 이후 전국 교구별로 오원춘 사건에 대해 관계기관에 항의하는 활동과 교구 차원의 대책 모임 논의가 본격적으로 시작되었다.

1979년 8월 14일 전국 사목국장 신부 회의를 개최해 안동 사태에 관한 주교회의 임시총회 개최 건의문을 작성하고 '우리의 결의'를 채택했다.(명동천주교회 1984, 577~578)

1979년 8월 20일 주교회의 상임위원회, 정의평화위원회, 정의구현전국사제단이 「오원춘 사건에 관한 성명서」를 발표했다. 이날 발표한 성명서의 골자는 다음과 같았다. "우리는 오원춘 재납치 이전에 안동교구의 조사 발표와 오원춘의 양심선언을 믿는다. 수사당국이 이 사실을 허위날조된 조작이라면서 교회 측 조사에 혐의를 씌우고 있음에 경악을 금치 못한다. 신도 오원춘을 보호하기 위해 진상조사를 진행한 두봉 주교와 신부, 신도들에게 가해지는 갖가지 부당한 압력에 대해 엄중 항의를 표한다. 향후 당국의 처리를 주시할 것이며, 진실 규명을 위해 전교회적으로 온갖 노력을 다할 것을 다짐한다. 가톨릭농민회와 가톨릭노동청년회가 농민과 근로자의 정당한 권익 옹호와 아울러 나라 발전에 기여하고 있는 단체임을 재천명한다. 이번 사건이 정의롭고 평화스럽게 해결되도록 신자들의 끊임없는 기도를 촉구한다."(민기사 오픈아카이브 00428857, 20)

주교회의 상임위원회 성명서에 언급된 부당한 압력과 관련하여 두 주교가

안동농민회 사건 관련 농성(1979.8.6.~22, 목성동성당)_가톨릭농민회 제공

한국 정부로부터 자진 출국 요청을 받았다는 8월 18일자 외신 보도가 있었다. 이에 대해 법무부는 출국을 권고한 사실이 없다고 밝히고, 다만 두 주교가 입국 목적 외에 어떤 활동을 했는가에 대해 조사한 바는 있다고 해명했다. 또한 외무부는 두 주교의 자진 출국 문제를 두고 프랑스 정부와 협의를 계속 중인 것이 알려져 압력의 실체가 확인되기도 했다.(《가톨릭시보》 1979. 8. 26)

1979년 8월 21일 서울에서 김 추기경과 윤공희 대주교 등 주교 9명, 사제 400여 명, 수녀 1,000여 명, 신자 2만여 명이 참석한 가운데 시국 기도회를 개최했고, 전날 발표한 주교회의 상임위원회와 정의평화위원회 성명서를 낭독하고, 철야 기도와 단식을 시작했다. 1979년 8월 23일에는 가톨릭 농촌여성회가 결의문을 발표했고, 8월 30일에는 대전교구 대흥동성당에서 기도회 개최 및 대전교구 사제단 성명서 발표가 있었다. 1979년 9월 4일 첫 공판이 열렸다. 이 자리에서 오씨는 검찰의 공소사실을 대부분 시인했다. 서돈양 검사 관여로 열린 첫 공판에서 오씨는 검찰의 직접 심문에서 울릉

제3부 교회와 유신 정권의 정면 대결

도 납치 사건은 여자관계 등 개인 사정과 자기 과시 욕구에서 조작한 것이며 정보부원에게 끌려갔다는 것은 허위라 적시한 검찰의 공소사실을 대부분 시인했다.(《가톨릭시보》 1979. 9. 9)

이런 상황에서도 각 교구와 수도회는 계속 기도회를 열고 성명서를 발표했다. 9월 10일에는 전주교구(사제단, 정의평화위원회, 평신도사도직협의회, 수녀연합회, 가농전주교구연합회 명의)가 성명서를 발표했다. 9월 27일에는 한국가톨릭농민회 전국지도신부단이 성명서를 발표했다.

10월 8일 결심 공판에서 검찰이 오원춘에게 징역 3년, 자격정지 3년을 구형했다. 10월 15일 대구지법 형사3부는 오원춘이 항소를 포기하자 그에게 최종적으로 징역 2년에 자격정지 2년을 선고했다.

4) 오원춘의 공소(公訴) 시인 배경

이 사건을 둘러싼 교회와 유신 정권 간 진실 공방의 핵심은 "오원춘이 1979년 5월 5일부터 21일까지 15일간 누구와 어디서 무엇을 하고 왔는 가"(홍성우·한인섭 2011, 309)였다. 이에 대한 사실 확인 여하에 따라 교회와 유신 정권 어느 한쪽은 심대한 도덕적 타격을 받을 수밖에 없는 상황이었다. 이런 상황인지라 유신 정권은 사활을 걸고 강경 대응에 나섰다.

유신 정권은 1979년 8월 22일 대구교도소 소장실에서 경북 일대 사회 각계인사 20여 명을 불러 3개 방송국 카메라를 앞에 두고 오원춘에게 기자회견을 시켰다. 공판 전에는 「오원춘 납치조작 사건의 진상」이란 책자를 발간해 경북 일대 각급 학교에 뿌렸다. 공판이 끝나면 오원춘이 진술한 내용을 자료로 만들어 이 또한 각급 학교에 뿌렸다. 이는 피의사실 공표 정도가 아니라 정부가 주도해 미리 '여론재판'을 해버린 셈이었다. (홍성우·한인섭 2011, 314) 재판 발언에서도 "오원춘이 압력에 굴복해서 맘에도 없는 자백을 한다"는 인상이 역력했다. (홍성우·한인섭 2011, 315)

이 일에 대하여 오원춘은 2007년 《경향신문》과의 인터뷰에서 "재판이 진행될 당시 교도소 고문 과정에서 세 번이나 강제로 약물 주사를 맞았다. 포항이나 대구 대공분실에서 각종 고문을 당할 때도 진실 조작에 저항할 수 있었으나 뭔지 모르는 약물 주사를 맞고 온몸이 오그라든 채 생각이 정지되고 오한이 들면서 죽음보다 더한 공포가 밀려와 견딜 수 없었다. 이 때문에 변호인 심문 때조차 검사만 바라보며 정보부가 짜놓은 검찰 측 시나리오대로 울며 답할 수밖에 없었다. 지금도 이 후유증으로 한 해 두 번은 당시와 같은 극심한 고통에 시달린다. 또 당시 약물 주사로 인해 양심선언을 끝까지 지키지 못했다는 자책도 지금껏 앙금으로 남았다"(《경향신문》 2007. 1. 8)고 고백했다.

5) 사건의 영향과 의의

1979년 작은 농촌 교구에 속한 가톨릭농민회 분회장 납치 사건으로 시작된 오원춘 사건은 유신 정권이 벌인 수많은 조작 사건의 전형이었다. 유신 정권은 노풍 피해 사건, 함평 고구마 사건을 거치며 가톨릭농민회가 전국 조직으로 성장하고 정권의 농정 실패를 폭로하는 활동을 이어가자 가농을 정권 차원에서 파괴하려 마음먹었다. 오원춘 사건은 유신 정권의 가농 파괴공작의 일환이었다. 이 사건으로 가농은 유신 정권으로부터 극심한 탄압을 받았다.

그러나 이 사건은 한국농민운동의 질적 성장을 가져오는 계기가 되었다. 한국천주교회가 일치하여 인권과 교권 회복, 진실을 규명하기 위해 정권에 대응한 역사적 사건이기도 했다. 또한 가톨릭농민회와 한국천주교회에 대해 정부와 언론이 대대적으로 음해에 나선 첫 사건이었다. 이 사건은 노동계의 YH 사건 등 일련의 사건과 함께 유신 정권을 전후로 한 시기에 중요한 사건이었다. 농민 정치투쟁 차원에서는 1970년대 절정을 이루며 농민

운동이 정치투쟁으로 발전할 수 있는 현실적 가능성을 확인하게 해준 사건
이었다.

제3절 평신도의 연대

1. 한국천주교평신도사도직협의회

1975년 2월 전주교구장 김 주교가 전국 평협 새 총재 주교에 선임되었
다. 전임 총재 지 주교가 민청학련 사건에 연루되어 220여 일간 옥고를 치
르느라 평협을 살필 여력이 없었기 때문이다.

전국 평협 8차 정기총회가 개최된 9월까지 각 교구에서 새로운 움직임
들이 일어났다. 수원교구와 대구대교구 등지에서는 중단했던 평신도 재교
육 프로그램이 재개되었다. 부산교구에서는 기존 조직인 신자협의회를 발
전적으로 해체하고 전국 평협이 주장해 온 명칭 통일 방침에 따라 평신도
사도직협의회를 결성했다. 무엇보다 1971년 12월 이후 활동을 정지당했던
서울대교구 평협이 4년간의 휴지기를 거쳐 활동을 재개했다.

'오늘의 평신도'를 주제로 개최된 정기총회에 연사로 참가한 두봉 주교는
"오늘의 평신도는 공동체 의식이 뚜렷한 사람이어야 하고, 양심에 의해서
말할 것은 말하고, 고칠 것은 고쳐야 한다는 신념에서 살아야 한다. 이 사회
를 사람답게 살 수 있는 사회로 만드는 책임은 우리 성직자만이 아니라 평
신도들에게도 있다"면서 정의로운 평신도가 되어 주기를 당부했다. (한국평
협 1988, 144~146)

유신 정권은 1976년 3월 1일 명동성당 3·1절 기념 미사 때 함세웅 신부
를 비롯한 3명의 신부와 김대중 등 11명의 재야인사가 서명한 「민주구국선
언」을 빌미로 이들에게 정부전복 모의 혐의를 씌워 신부 3명을 구속하고

4명은 불구속 입건했다. 정부의 부당한 탄압에 전국 평협은 구속 사제와 고통받는 형제, 교회일치를 위한 평신도 기도문을 작성 배포하고, 연말에는 「평신도 여러분에게 고함」이라는 성명서를 발표했다.

> 오늘날의 악과 불의는 사회적이고 조직적입니다. 한데 뭉쳐진 교회의 힘만이 조직적이고 제도적인 불의를 이겨낼 수 있음은 너무나 당연한 상식입니다. 3·1 명동 사건으로 구속된 성직자들과 크리스찬 인사들은 바로 이 시간, 이 현실을 신앙과 애국으로 고발하다가 옥고를 치르고 있습니다. 이분들에 대한 우리 평신도의 참된 위로와 기도는 세속에 살며 세속에 그리스도의 정의로운 사회를 건설하는 평신도 고유의 사도직 수행에 있어 순교자적인 자세로서 보다 능동적이며 보다 희생적인 것이 되어야겠습니다. (한국천주교평신도사도직협의회 1988, 155~156)

1977년 9월 정기총회에서 평협은 100만 천주교 신자가 가야 할 바에 대한 결의문을 채택했다. 결의문의 주요 내용은 '첫째, 복음과 공의회 정신을 더욱 익혀 이 시대의 징표를 바로 읽어 고통받고 소외된 형제들의 편에 선다. 둘째, 이 시대의 예언자들, 특히 3·1 명동 사건에 관련되어 고통받는 애국 인사와 사제들을 위해 계속 기도한다. 셋째, 이 땅에 만연한 부정과 부조리 척결을 위해 지도자들이 바른 표양을 보여준다'였다. 이 결의문으로 평협은 신자들에게 행동을 촉구하고, 지도자들을 위한 연속 기도를 결의했다. 이후에도 평협은 1978년의 종교탄압 사건, 1979년 오원춘 사건 등에도 적극적으로 나섰다. 서울교구 평협은 1978년 동일방직 사건에, 전주평협은 경찰이 성당에 난입하고 신부와 수녀를 폭행한 1978년 7·6 사건과 오원춘 사건 대응 과정에서 중요한 역할을 담당했다. (강인철 외 2009, 385~386)

2. 가톨릭 대학생회

지 주교 구속과 사제단 출범으로 1970년대 중반 이후 교회의 민주화운동이 활기를 띠었다. 1973년 해체된 '총연'은 해체 이후 교구별 대학생회 활동은 계속했지만, '전국의장단 제도'하에서 전국 모임은 3년 가까이 못 갖고 있었다. '총연' 해체 전후로 유신체제 등장(1972.10), 지 주교 연행(1974.7), 사제단 결성(1974.9) 등이 이어지면서 가톨릭 대학생도 사회정의를 실현하기 위해선 체계적인 조직이 있어야 한다는 판단하에, 1975년 2월 과천 성모영보수녀원에서 3년 만에 전국대회를 개최하며 총연 부활을 선언했다.

> 이번 총연의 재발족은 주교회의 결의와 관계없는 학생들의 일방적인 것인데 앞으로 주교회의의 인준을 받아야 한다. 회장단 회의는 이 문제와 관련 「전국 주교에게 보내는 메시지」에서 73년 총연 해체 후 교구학연은 사실상 기능이 마비된 상태에서 침체에 빠져왔다고 분석, "앞으로 공동체의 사명을 깊이 인식, 총연과 각 교구 학연간의 긴밀한 유대강화로써 발전을 다짐한다"면서 75년 추계주교회의에서 총연 재결성을 인준해줄 것을 요청했다.(《가톨릭시보》1975.3.9)

총연 부활 선언 이후 같은 해 6월 지도신부단은 2년 만에 모임을 갖고 주교회의에서 반대하는 연합회 체제가 아닌 협의체 체제로 학생회를 구성할 것과 '대한가톨릭대학생전국협의회'(이하 전협)라는 명칭을 사용하도록 권고했다. 이에 학생들은 자율권을 최대한 보장한다는 조건으로 이 권고를 받아들였는데, 실제로는 학생들의 독자 결정권 없이 지도신부단과 총재 주교 결정에 따르게 되어 있어 교회 당국과 학생 사이에 마찰이 계속될 수밖에 없었다.

전협은 출범 이후 첫 프로그램으로 '전국 성지순례'를 개최, 이를 과거 해체된 조직기반을 재건하기 위한 우선 사업으로 선정하여 전국 13개 교구 학연을 신앙으로 일체화하고자 했다. 누 사람이 모여 유신체제를 비판해도 긴급조치 9호로 잡아가던 시대에 가톨릭 대학생 200~300명이 모이는 성지순례가 1977년부터 계속 시행되었다. 그리고 점차 운동 이념 형성의 조건을 마련하기 위해 순례 프로그램 내용에 연구 프로그램을 삽입했다. 1978년 성지순례에서는 1박 2일간 연합 심포지엄도 개최했다. 서울 학연은 1978년 이후 매주 금요일마다 '정기 신앙강좌'를 개설해 해방신학, 민중신학 등 진보적 신앙관을 확립하려는 기초작업에 들어갔다. 더 나아가 이를 회원에게 널리 보급하기 위해 '학술 심포지엄'을 개최해 단위 회원들의 의식화 요구에 부응코자 했다. (김영근 1984, 1149~1150)

1970년대 하반기는 가톨릭 대학생회에 속하지 않은 청년, 대학생의 민주화운동 참여도 나타나기 시작했다. 군부독재 시절, 명동성당이 이른바 민주화 성지로 자리매김하는 데는 '명동성당청년연합회'(이하 명청)의 존재를 빼놓을 수 없다. 1978년 결성된 명청의 민주화운동 참여는 주로 1980년 광주항쟁을 지나면서부터였다. 가톨릭 대학생회와 달리 1970년대 본당을 중심으로 모인 청년들은 주로 봉사와 기도, 내부 친목 활동을 하고 있어 민주화운동과 거리가 있었지만, 1974년부터 교회의 사회참여가 빈번해지면서 청년, 학생들도 관심을 갖기 시작했다. 다음은 함세웅 신부의 증언이다.

(1975년) 어느 날, 이명준 학생이 저를 찾아왔습니다. 천주교정의구현전국사제단을 본떠 '정의구현 청년전국연합'을 만들겠다는 것이었습니다. 서울 10여 개 대학에 다니는 가톨릭 신자를 대상으로 모임을 결성해 보다 조직적인 운동을 하겠다는 포부를 밝혔습니다. 저는 '아, 이제 가톨릭의 청년 시대가 열리는구나!'라고 생각하면서 매우 기뻤고, 그 자리에서 좋은 생각이라고 동의했습니다. …… 5월 22일 서울대 학생들이 긴급조치에 반대하며 유신철

폐운동에 나섰고, 이명준이 이끄는 정의구현 청년전국연합도 움직일 계획을 세웠습니다. 그런데 5월 하순, 청년전국연합의 소식이 어떻게 새나갔는지 활동도 해보지 못하고 23명이 체포되고 맙니다. 학생들과 친분이 깊었던 (명동성당) 이기정 보좌 신부와 사무원 데레사는 공범자로 체포되고, 저도 배후로 지목되었습니다. (《한겨레》 2022. 3. 28)

함세웅 신부가 언급한 '정의구현 청년전국연합'은 이른바 '천주교정의구현 전국학생총연맹 사건'으로 5월 25일 18개 대학 학생운동세력이 명동성당에서 시위를 벌이기로 모의했다가 미수에 그쳤는데 관련자 21명은 긴급조치 9호 위반 혐의로 구속되었다. (서울지방검찰청 1975, 8) 이 사건의 영향으로 천주교 학생운동은 침묵기를 보냈으나, 이들의 헌신으로 명동성당은 청년 학생의 집결지가 되었고 1978년 명동성당청년연합회가 출범할 수 있는 토대가 되었다.

3. 국제가톨릭형제회

1) 월요강좌

1970년 AFI의 월요강좌가 처음으로 시작되었다. (《가톨릭시보》 1970. 10. 25) 이 강좌는 마지막으로 개최된 1987년까지 총 17년간 진행되었다.

1970년대 이 강좌에서 개설된 강의는 《가톨릭시보》에 단신이나 행사 게시판에 해당 월(月)에 예고 또는 결과 보도 형태로 게재되었다. 1978년 12월의 경우 세 차례 강의가 있었다. 당시 함세웅 신부는 12월 18일 '그리스도 우리의 희망'이라는 주제의 강의를 맡았다. (《가톨릭시보》 1978. 12. 17)

1980년 3월 2일자 《가톨릭시보》는 월요강좌에 대해 "(가톨릭여학생관의) 대표적 프로그램 월요강좌가 3일로 300회를 돌파하게 돼 더욱 의미를 깊게 하고 있다. 10년 동안 젊은이의 지적·정신적 계발을 위해 연구하고 노력해

월요강좌 1집

온” 프로그램이라 평가했다. (《가톨릭시보》1980. 3. 2)

1970년대 후반기에 실시된 강의 주제와 강사명은 《가톨릭시보》에 간헐적으로 게재된 기사로 알 수 있지만 강의록은 따로 남아 있지 않다. 다만 그 시절 강의에 참여했던 강사들 가운데 일부가 이 강좌 개설 15주년을 맞아 강의한 내용을 녹취(錄取)한 강연록이 1985년 『오늘 우리가 서 있는 자리』라는 단행본으로 출판되었다.

김 추기경은 이 강좌에 대해 “모이는 사람도 많지 않고, 장소도 협소한 위에, 모신 분들께 대접도 제대로 해드리지 못했음에도 불구하고 …… (강사는) 여기에 모이는 많지 않은 형제들에게라도 진실의 목소리를 전해야 되겠다는 성심”이 있었다고 회고했다. (전진상교육관 1987, 15) 이에 “청중들은 그 시대의 진실을 빼놓지 않고 듣겠다는 열성으로 경청했다.”(김정남 2016a, 449)

2) 대화의 광장

AFI는 1977년 가톨릭여학생관에서 ‘대화의 광장’도 열었다. 이 프로그램은 정보와 언로가 차단되었던 시절 전문직 교수들과 젊은이가 만나 삶과 인간에 대해 허심탄회하게 대화를 나누고 소통하며 지혜를 얻을 수 있는 자리였다. 이 프로그램은 1980년까지 계속되었다. 당시 참여한 교수진과 대표 주제는 다음과 같다. 진교훈 교수의 ‘인간학에 대하여’, ‘인간학-성, 인격, 사람다움’, 박성수 교수의 ‘인간관계 속의 자아발전과 회복’, 차풍로 교수의

'인간관계와 성장', 표재명 교수의 '사랑, 거짓, 기다림', '삶의 지혜' 등이었다. (《가톨릭시보》 1978. 5. 14)

3) 해바라기 살롱 운영

1973년부터 가톨릭여학생관 교육관 1층에서 열기 시작한 '해바라기 살롱'은 1970년대 후반에도 이어져 1979년까지 운영되었다. AFI는 이 살롱을 노래로 '민주 수호'를 외치는 젊은이들이 아픔을 함께 나누는 장소로 제공했다. (《가톨릭시보》 1978. 9. 17) 당시 명동, 종로, 시청 일대에도 청년들이 모여 대중가요를 부르는 다방이 있었지만, 이들과 달리 이곳에는 자유와 민주를 추구하는 가수와 청중이 모였다.

4) 민주화운동 지원

AFI 회원 가운데 이 시기 천주교 민주화운동에 주목할 만한 기여를 한 인물은 콜렛(한국명 노정혜)이다. 당시 가톨릭여학생관에 있던 다른 회원들도 이 공간을 드나드는 민주화운동가, 천주교 활동가, 구속자 가족에게 각별히 신경을 썼다. 콜렛은 수배자들을 돕는 일에 적극적이었다. 김정남의 다음 증언이 그녀가 한 활동의 일면을 보여준다.

> 나도 1976년인가 쫓기는 신동수를 원주교구 신현봉 신부를 따라 보낼 때 남대문시장에서 산 닭 털 침낭을 들려주었는데, 그것은 콜레트가 사준 것이었다. (김정남 2016a, 443)

무엇보다 콜렛이 한 가장 큰 역할은 국내 민주화운동 소식을 담은 편지와 문건을 일본에 가는 이들에게 전달하고, 일본이나 기타 지역에서 오는 편지를 받아 관련 인물이나 단체로 전달하는 일이었다. 당시 국내에서는 경찰과 정보당국의 철저한 감시로 민주화운동 인사와 단체들 간 소통이 차단돼 있었다. 이 때문에 국내 소식을 해외로 보내 다시 한국에 들어오는 방식이 활용되는 형편이었다. 유신 정권은 국내 소식이 해외에 유포되어 정권의 위신과 정당성이 손상되는 것을 막고자 정보 유출 차단에 혈안이 돼 있었다. 이 때문에 혹시라도 내국인이 이런 역할을 하다 적발되면 구속을 감수해야 했다. 외국인에게도 이 일은 정보기관으로부터 온갖 시달림을 각오해야 하는 일이었다.

> 김정남과 송영순 간 국내와 해외를 연결하는 통로로써 수백 통의 편지를 가톨릭여학생관에서 주고받았는데 모든 수발을 다 들어준 것이 콜레트였다. (김정남 2016a, 452)

이 수발 업무에는 자신이 해외로 나갈 때 직접 편지를 일본에 전달하는 일, 일본에서 받은 편지를 다시 한국으로 가지고 들어오는 일이 포함되었다. 콜렛도 결국 "1979년 김해 공항을 통해 외국인 선교사가 품고 나가던 자료가 발각되어 조사를 받았고 고려대학교 강사직을 박탈당했다."(김정남 2016a, 452)

천주교 민주화운동에서 AFI와 가톨릭여학생관이 갖는 의미는 김정남의 다음 평가가 잘 요약하고 있다. "가톨릭여학생관은 그때 가족을 감옥에 둔 구속자 가족들이 찾아가 위안받고, 편히 쉴 수 있는 공간이었다. 도심의 한복판에 감추어진 휴식처였다. 어디 가서 위로받을 데 없는 구속자 가족, 특히 인혁당 가족들이 찾아갈 수 있는 유일한 곳이었다. 이 세상에서 버림받은 사람들이 도움을 받을 수 있는 따뜻한 위안처였고 피난처였다."(김정남 2016a, 445)

제4절 수도회와 사도생활단의 연대

1. 수도회

지 주교 석방 이후 유신 정권에 특별한 저항 움직임을 보이지 않던 수도 회들이 3·1 명동 사건으로 사제단 소속 신부들이 구속되자 다시 조직적으로 대응하기 시작했다. 먼저 남녀 수도회가 장상연합회 중심으로 구속 사제들을 위한 수도회 차원의 기도회를 조직하고, 사제단과 주교회의 정평위, 각 교구 사제단이 주관하는 '구속자를 위한 특별 미사·기도회'에 적극적으로 참여했다. 장상연이 1976년 5월 11일 3·1 명동 사건 2회 공판을 앞두고 '구속된 모든 분과 나라를 위한 특별 미사'를 봉헌한 것이 대표적이다. (기쁨과희망 사목연구소 1996b, 44) 개별 수도회는 1970년대 전반기에 시작한 활동을 이 시기에도 이어 나가거나 새로운 활동을 시작했다.

1) 여자 수도회

(1) 장상연

장상연은 이 시기에 "투옥된 민주 인사들을 위해 회원 단체에 기도를 바치도록 요청했고 회원 수도회는 이에 모두 적극 동참했다. 장상연은 불우이웃돕기 기금도 조성해 이 가운데 대부분을 긴급조치 위반 수감자, 동일방직 사건 대책위원회, 철거민 등을 위해 사용하였다."(한국천주교여자 수도회장상연합회 사도직 변천사 집필팀 2021, 297) 장상연은 회원 수도회들끼리의 연합 활동도 주선했다. 이를 계기로 여러 수도회가 현장 노동자들의 인권 의식 함양을 위해 1976년부터 버스회사를 찾아다니며 버스 안내양 대상으로 강의와 오락 등의 교육 프로그램을 진행했다. (한국천주교여자 수도회장상연합회 사도직 변천사 집필팀 2021, 255)

장상연은 1977년 구속자 석방과 민주화운동 참여를 주저하는 주교회의에 적극적인 역할을 주문하는 안건도 상정했다. 이 안건들은 장상연이 당시 민주화운동에 어떤 입장과 태도를 가지고 임했는지 잘 보여준다.

주교회의는 1970년대 중반부터 남녀 수도연합회 장상들과 정기적으로 합동회의를 가졌다. 1977년 4월 11일에도 합동회의가 예정돼 있었다. 장상연은 이를 위해 1977년 3월 2일자 '합동회의 안건'이라는 공문을 주교회의 사무총장 앞으로 발송했다. 장상연은 이 공문에서 네 번째 안건으로 "가) 투옥자들에 대한 비인간적 대우와 자유 제한의 현실에 대하여 주교단이 공식 입장을 밝힐 것과 이의 시정을 촉구할 것, 나) 3·1 사건에 연루된 사제들이 재판에서 부당한 판결을 받았는데, 주교회의가 이 판결에 어떤 공식 입장을 가지고 있는지 태도를 표명해줄 것, 다) 주교단이 투옥된 이들과 천주교가 연대한다는 의미에서 전 신자들에게 특별 단식이나 다른 고행을 실천하도록 결정해줄 것"을 제의했다.

이 안건은 1977년 4월 11일 말씀의 집에서 열린 '주교 및 남녀 선교 수도회 장상 연석회의'에 정식 안건으로 채택되었다. 이 제안 자료에는 "1976년과 1977년에 각각 정부(또는 정부 관련 단체)가 사회참여에 적극적인 개신교, 천주교를 비판하는 책자들을 발행했는데 이에 대하여 주교회의 차원의 공식 대응이 있었는지, 있었다면 입장이 무엇이었는지를 묻는 내용"도 포함돼 있었다. (장상연 공문 1977.4.11)

이 공문은 장상연이 구속된 사제들뿐 아니라 학생, 지식인, 노동자, 농민의 처지에 공감하며 이들의 처지와 석방에 미온적 태도를 보이던 주교단에 적극적 입장 표명을 요구했음을 보여준다. 이는 여성 수도자들이 교회의 민주화운동 참여에 일치된 입장을 가지고 있었고, 이 운동에 일관되고 적극적인 태도로 참여하고 있었다는 사실도 확인해주고 있다.

장상연은 1978년 봄 주교회의 춘계총회에도 대표 2명을 참관시켜 주교들에게 질문과 제안을 하게 했다. 이때 대표로 성가소비녀회 이완영 수녀와 거룩한말씀의회 장화자 수녀가 참여했다. 이 두 수녀가 참여한 당시 주교회의 춘계총회 회의록에는 민주화운동 관련 안건 두 가지에 대한 토론 내용과 이 두 수녀의 발언 내용이 요약·수록돼 있다.

첫째 안건은 '전국 기구 통폐합 문제'였다. 이 안건은 민주화운동에 깊숙이 개입했던 JOC, 한국평협, 정평위 세 기구의 재조직 문제에 관련된 것이었다. 당시 주교회의는 이 사인을 둘러싸고 주교들 간에 의견 일치를 보지 못하고 있었다. 다른 하나는 동일방직 사건, JOC와 관련 사제들을 공산주의자로 모는 친정부 인사들의 선전 책자에 대한 대응 논의였다. 이는 정식 안건이 아니었지만 인천교구장 나 주교의 긴급동의 형식으로 채택되었다. 주교단 토의와 참관인 제안을 거쳐 이 사태에 대한 입장문을 내는 데 주교 18명 중 11명이 찬성했다. 참석 주교 3분의 2 이상이 찬성해야 주교단 명의로 성명서를 낼 수 있었는데 찬성표가 이에 미치지 못해 찬성한 주교들만 이름을 올렸다. 장상연 대표들은 1977년 합동회의 안건 제안의 연장에서 주교단이 현실 문제에 소극적으로 대응하는 태도에 대해 수도회 장상들이 불만스러워하고 있음을 주교회의에 주지시키고자 했다.

장상연은 1979년 8월 8일 안동교구 정의평화위원회, 한국가톨릭농민회 안동교구연합회, 천주교안동교구사제단 명의의 「짓밟히는 농민운동: 가톨릭농민회 임원 납치 폭행 사건 전모」라는 진상 보고서에 대한 응답 차원에서 각 수도회에 기도와 희생을 요청하는 공문을 보냈다. 이 공문은 일명 오원춘 사건으로 경상북도 경찰국이 가톨릭농민회 회원 2명과 정호경 신부를 두봉 주교 앞에서 임의 동행하여 소재 불명 장소에 구금한 사태와 전주교구 문정현 신부의 형집행정지를 취소하고 재수감한 사태에 대하여 장상연합회 차원의 대응이 필요함을 강조하는 내용을 담았다.

이 사태에 대하여 장상연은 "위의 두 사건들을 우리 수도회연합회에서는 관망하고 있을 때가 아닌 것으로 생각됩니다. 아주 중대하고 간과할 수 없는 것으로 우리 모두가 함께 기도하고 희생하며 이러한 불행이 하루속히 매듭지어지고 이 나라에도 우리가 소망하는 민주국가의 정의와 평화가 실현되어 국민의 기본권이 보장되어야만 되겠습니다"라며 회원 수도회에 적극적인 참여를 주문했다. 무엇보다 그동안은 공문이 사무국 이름으로 나갔는데 이 건의 경우 회장 수녀 이름으로 나갔다. (장상연 공문 1979.8.8) 더 긴급하고 절박한 호소라는 느낌을 주기 위해서였다.

장상연은 1979년 9월 1일 '구속된 사제들과 목사 및 학생들을 위한 특별 기도 의뢰건'이라는 제목의 공문을 회원 단체에 보냈다. 이 공문에는 '1979년 7월 전주교구 문정현 신부의 재(再)수감, 안동교구 정호경 신부 수감에 이어 1979년 8월 31일 함세웅 신부까지 다시 수감된 사실을 알리며 회원 수도회에 기도를 요청하는 내용'이 담겼다. 이 공문 역시 회장 수녀 이름으로 나갔는데 지난 공문에 비해 표현 강도가 더 세졌다. 이러한 사태에 순교의 태도로 임할 것을 요청하고 있어서였다.

> 우리 모두 한마음으로 선열들이 목숨바쳐 심어주신 신앙의 씨앗을 키우고 가꾸어 정의와 평화가 우리 조국에 이루어지도록 특별히 기도해야 되겠기에 부탁드립니다. (장상연 공문 1977.7.29)

(2) 개별 수도회

이 시기에 성청 설립 수도회들은 개별적으로 사회 교육, 노동, 빈민 사도직을 개척하기 시작했다. 인식에서 실천으로 옮겨가려는 시도였다. 특히 1970년대는 다수의 여자 수도회가 노동 문제에 관여하기 시작했다.

메리놀수녀회는 1977년부터 2명의 회원이 인천교구 메리놀외방선교회 소속 마티 신부 요청으로 노동 사목에 합류했다. (한국천주교 수도생활연구팀 2019, 114) 성심수녀회는 사회 교육 활동을 시작했다. (한국천주교 수도생활연구팀 2019, 291) 그리스도교육수녀회는 본원이 소재한 안동교구에서 오원춘 사건이 일어나자 교구와 함께 적극적으로 대응에 나섰다. 특히 회원인 이숙자 이레네 수녀와 청원자 김금숙 베로니카는 사건 당시 영양본당 청기공소에서 여름 성경학교 봉사활동에 참여하며 사건의 진상을 확인했던 터라 더 적극적으로 참여했다. (그리스도교육수녀회 2022, 1) 성가소비녀회는 본회 총원장이자 당시 장상연 회장이었던 이완영 수녀 주도로 사제단, 정평위가 주관하는 시국 미사·기도회에 적극적으로 참여했다. 이완영 수녀는 함세웅 신부와 로마 유학을 같이 한 인연으로 사제단 활동에 더 협조적이고 적극적이었다. (한국천주교 수도생활연구팀 2019, 223)

2) 남자 수도회

1970년대 전반기에 상대적으로 활동이 적었던 남자 수도회는 후반기에 이르러 이전 시기에 비해 민주화운동에 더 활발하게 참여했다. 남자 수도회 전체 차원에서는 남장협을 중심으로 시국 미사·기도회에 주도적으로 참여했다. 다만 개별 수도회 차원에서는 일부 수도회를 제외하고 뚜렷한 움직임이 없었다.

(1) 예수회

예수회는 김명식 수사 필화(筆禍) 사건으로 동료 수사와 교직원이 구속되는 사태를 겪었다. 김명식 수사는 당시 서강대에 재학 중이었는데 장시(長詩)「10장의 역사 연구」를 써 긴급조치 9호 위반 혐의로 구속되었다. (김명식 1983, 160~204)「10장의 역사 연구」는 김 수사가 1975년 10월경 대학 노트 25장 정도 분량으로 쓴 시로 5·16 혁명, 베트남 파병, 새마을운동, 학원 사태 등 유신 정권하에서 있었던 일을 신랄하게 비판하는 내용을 담았다. 이는 유신체제 비판을 처벌하는 긴급조치 9호에 정면으로 도전하는 일이었다.

이 시는 전국 성당과 대학에 배포되었다. 이 시를 복사, 배포, 소지한 이들이 입건되거나 구속되었다. 김명식은 1976년 3월 긴급조치 9호 위반 혐의로 구속됐고, 4월에는 이 시집의 배포, 소지 혐의로 서강대 교무과 직원 김무실, 살레시오회 김정수 수사, 예수고난회 김승종 수사 등이 긴급조치 9호 위반으로 구속되었다. 예수회 김정택 수사는 불구속 입건되었다. (기쁨과희망사목연구소 1996b, 29) 이 시를 소지하거나 읽은 사람도 구속되었는데 1977년 재일교포 정치범 유영수의 동생 유성삼과 김정사가 그들이었다. (김효순 2021, 186~187) 이름 모를 대학생들도 거리에서 불심검문을 당해 이 시를 소지하고 있다 입건되거나 구속되었다.

1976년 6월 4일 "4월 14일 기소되어 서울형사지법 합의 6부(허정훈 판사) 심리로 재판을 받아온 '제10장의 역사 연구' 사건에 대한 선거 공판이 열렸다. 긴급조치 9호 위반으로 기소된 수사들에 대한 형량은 다음과 같았다. '김명식(징역 5년, 자격정지 5년), 김정수, 김무길, 김승종(징역 2년, 자격정지 2년), 김정택(징역 1년, 자격정지 1년)'이었다."(기쁨과희망사목연구소 1996b, 30) 그러나 이들은 2018년 재심을 통해 무죄판결을 받았다.

(2) 분도회

1970년대 전반기 출판 활동을 통해 민주화운동에 참여하기 시작한 분도회는 전반기의 연장에서 후반기에도 임인덕 신부 주도하에 민주화운동에 신학적 바탕을 제공하는 화제작을 출판했다. 대표적인 책이 구티에레즈의 『해방신학』(1977)이었다. 이 책은 임인덕 신부가 1974년 프랑크푸르트 도서전에서 발굴한 것이었다.

이 책은 나오자마자 '독재에 반대하고 가난한 사람과 땅을 나눠 쓰자고 주장하는 공산주의 성향의 책'으로 분류돼 당국으로부터 판매 금지, 초판 1쇄 3,000부 전체에 대한 소각처분을 받았다. 당시는 출판이 신고제가 아니라 허가제였기에 있을 수 있는 일이었다. 그러나 임인덕 신부의 기지로 소각을 면했고 이 소동 덕에 오히려 책이 더 유명해져 널리 보급될 수 있었다. 3,000부씩 14쇄를 찍을 정도의 인기였다. 분도출판사도 이 책으로 일약 출판계 민주투사라는 별명을 얻었다. 번역자 성염은 이 책을 번역했다는 혐의로 중앙정보부에 끌려가 고문을 당했다. (권은정 2012, 160~166)

이 책은 출간 후 종교의 경계를 넘어 당시 이런 정보에 목말라했던 진보적 학생, 지식인, 신앙인에게 큰 호응을 얻었다. 실제로 구티에레즈가 소개하는 해방신학은 한국 현실을 새롭게 분석할 수 있는 방법을 제공했다. 특히 가톨릭 성직자, 수도자, 진보적 평신도에게 신학적으로 큰 준거 자료가 되었다.

허창수 신부●는 한국에 들어온 후, 당시 유신헌법과 군사독재를 겪는 한국의 현실에 충격을 받고 민주화운동에 관여하기 시작했다. 1974년 허창수 신부는 지 주교 구속에 항의하는 의미로 수염을 길렀다. 1975년 같은 회 독일인 진 토마스 신부의 권유로 앰네스티 활동을 시작해 이 기관을 통해 유신독재반대운동에 앞장섰다. 허 신부는 유신체제에서 구속된 학생과 재야인사의 상황을 해외에 알리고, 독일, 일본 등에서 답지한 후원금을 이들에게 전달했다. (요한네스 마르 2009, 1728)

오도환 아빠스

● 본명은 헤르베르트 보타바(Herbert Erich Wottawah)이다. 1941년 2월 1일 체코에서 출생해 독일에서 성장했다. 1962년 9월 17일 오틸리엔 수도원에서 첫서원을 했고, 1968년 같은 회에서 사제품을 받았다. 1972년 10월 한국에 선교사로 파견되었다.

오도환 아빠스는 한국인이 한국인 수도원을 운영해야 한다는 신념으로 1971년 수도원장직을 자진 사임하고 1972년 일본 수도원으로 옮겨 가서 그곳에 1982년까지 머물렀다. 이 시기에 오도환 아빠스는 한국과 일본을 오가며 민주화운동 관련 소식을 전했다. (Box 38-1-02-008, 2) 그를 통해 민주화운동 관련 소식이 일본 정평협을 거쳐 전 세계로 전파될 수 있었다. 그는 국내와 해외를 연결하는 천주교 민주화운동의 주요 소통 채널이었다. 이외에도 그는 민주화운동에 투신한 많은 운동가를 돕는 일에도 앞장섰다. (《Korea Times》 2019. 2. 19)

(3) 기타 수도회

앞의 두 수도회 외 다른 수도회 회원의 활약상은 문헌상으로 거의 확인되지 않는다. 다만 2022년 사료수집 과정에서 행한 인터뷰에서 콘벤투알 프란치스코 수도회의 박문식 신부(당시 수사)가 1970년대 중후반에 사제단 활동에 참여한 사실을 확인할 수 있었다. (이상구 수녀 구술 2022. 11. 5) 사도생활단과 달리 당시 교황청 설립수도회 창립 멤버로 들어온 외국 선교사들은 수도자의 사회참여에 소극적이거나 비판적이었다. 이로 인해 수도경력이 짧은 한국인 회원이 이를 거스르는 것은 큰 용기를 필요로 했다.

2. 사도생활단

반면 긴급조치 시기에 사도생활단 회원들의 민주화운동 참여는 지 주교 석방 이후 현저히 축소되었다. 여기에는 두 가지가 영향을 주었다. 하나는 한국인 사제가 중심이 되는 사제단이 출범하면서 외국인 사도생활단 회원이 민주화운동 전면에 나설 필요가 적어져서였다. 다른 하나는 구국위원회로 대변되는 서울대교구 노장 사제들이 이들의 활동에 제동을 걸었기 때문이다. 당시 서울교구 소속 천주교 구국위원회● 노장 사제들은 사회참여 문제를 놓고 메리놀회와 대립했는데, 이들이 주교회의에 외국인 선교사들의 사회참여 활동에 제재를 가해줄 것을 건의했다. 이 건의서는 '외국 선교사들의 행동 지침 규정, 선의의 외국 선교사들에게는 누가 끼쳐지지 않으리라는 사실의 주지, 일부 선교사들의 과격한 반한 활동으로 야기된 문제의 해결을 위해 폭넓은 대화 주선, 구속 사제들의 석방을 위한 적극적인 방법 강구' 등 4개 항을 담고 있었다. (《가톨릭시보》 1977. 8. 7)

이에 대하여 주교회의는 1977년 6월 말 열린 임시총회에서 "신문 지상에 보도된 바와 같이 서울대교구 노장 신부들과 메리놀선교회 간 대립문제는 사건이 서울대교구 안에서 발생된 것이기에 서울대교구 당국이 잘 해결하도록 희망한다"고 권고했다. (《가톨릭시보》 1977. 8. 7) 이어 주교단은 추계총회를 마치며 1977년 9월 23일자로 "자신들의 견해를 관철하기 위해 개인적으로든지 집단적으로든지 말이나 행동이나 유인물을 통해 형제적 사랑을 해치며 교회의 분열을 초래하는 일이 없도록 자중할 것을 요망한다"는 내용을 담은 담화문을 발표했다. (《경향잡지》 1977. 11, 13) 이 담화는 사실상 두 집단의 일치를 종용하는 것이었다. 선교회 내부에서도 회원 간 사회참여에 대한 입장이 통일되지 않아 갈등이 지속되었다. (함제도 2020, 104) 이 때문에 사회참여에 나섰던 선교사들이 이런 요구를 외면하기 어려워 이전 시기

● 천주교 구국위원회 신부단은 사제단과 달리 조직적으로 행동하지 않았다. 사안이 있을 때만 모였을 뿐 사제단과 달리 지속적인 활동을 벌이지 않았다. 이들은 한국인 사제들 가운데 연령과 서품 연차가 높아 노장 사제라 불렸다. 이들은 민주화운동에 참여하던 사제단과 일부 사도생활단 회원들을 반대하는 입장에 있었다. 일례로 이들이 작성한 1977년 6월 10일자 미국 대통령에게 보내는 공개서한에는 자신들을 '전국에서 107인의 한국인 신부들'이라 지칭하고 '남한에서 반공 정책이 계속 견지될 필요가 있고 남한 안보를 위해 미 지상군 주둔이 불가피하다'는 입장을 가졌다. 이 서한 말미에 7인의 집행위원이 서명했는데 전석재, 최석우, 김창석, 김정용, 백민관, 박성종, 조용걸 신부 순이었다. 이 가운데 최석우, 김창석, 백민관, 박성종 신부가 서울교구 소속이었다. 이들 4인과 역시 서울교구 소속이었던 봉희만 신부는 1977년 12월 22일자 주교회의에 보낸 보고서 「우리의 행동에 대해 해명한다」를 작성하면서 작성 주체를 5인 위원회로 명명했다.

만큼 활발하게 참여할 수 없었다.

1) 파리외방전교회

파리외방전교회 출신 두 주교는 주교로 임명되었을 때부터 김 추기경, 윤 대주교, 지 주교, 황민성 주교, 김 주교, 나 주교와 함께 노동자의 열악한 현실을 고발하고 그들을 대변하는 데 앞장섰다. 유신 정권을 비판하는 자리에도 꾸준히 함께했다. 강론과 강의를 통해 수도자, 성직자들의 사회인식을 제고하는 역할도 게을리하지 않았다. 1971년 주교회의 총회에서 구성하기로 결정한 '사회정의촉진위원회'에는 위원으로 참여했다.

두 주교가 유신 정권과 대립하게 된 직접 계기는 1979년 일어난 안동교구 가톨릭농민회 간부 오원춘의 납치·고문 사건이었다. 두 주교는 이런 사태를 용납하면 다른 농민도 피해를 보게 될 것을 우려하여 유신 정권에 맞섰다. 그에 따라 교구의 모든 행정력을 동원해 정부의 이 사건 조작 시도에 맞섰다. 그러자 유신 정권은 두 주교에게 추방 명령을 내렸다.

그러나 교황청은 교황이 임명한 주교를 해당 정부가 당사자인 교황청 동의 없이 추방하는 것은 외교적 결례라며 물러서지 않았다. 당시 교황 요한 바오로 2세는 이 사태 해결을 위해 두 주교를 로마로 불러 소명을 듣고 이어 김 추기경, 윤공희 대주교도 불러 사태의 진상을 파악하고 난 뒤 정부의 추방 명령에 굴하지 말 것을 주문했다. 교황은 만일 정부가 그를 추방하면 안동교구에 후임자를 임명하지 않겠다고 두 주교에 약속했다.(《경북인뉴스》 2020.9.9)

최세구(Robert Jezegou, 1930~2023) 신부는 파리외방전교회 한국지부장으로 있던 시기(1969~1978), 해외 언론에 보도된 한국 민주화운동 관련 소식을 정리해 천주교 민주화운동 참여 인사들에게 제공했다. 명동 가톨릭여학생관을 통해서였다. 그는 국내 민주화운동 관련 문서들을 영어로 번역해 해외로 알리는 역할도 했다. 그의 이런 문서들은 다양한 채널을 통해 일본 정평협 송영순에게 전달되었고 이는 다시 전 세계로 전파되었다.(송영순 기증 사료 Box 38-1-02-018, 7)

2) 메리놀외방선교회

시노트 신부가 강세 추방된 뒤에도 메리놀회 회원 일부는 민주화운동에 계속 관여했다. 이 때문에 사회참여에 반대하는 입장을 가진 서울교구 노장 사제들의 공격을 받았다. 대체로 전반기에 관여했던 이들이 시노트 신부의 강제 출국 이후에도 적극적으로 참여했다.

먼저 시노트 신부는 강제 출국 이후에도 미국에서 유신 정권을 반대하는 운동을 계속해 현지 한국 공관의 감시와 방해를 받았다. 그는 '북미 한국인권문제협의회(North American Coalition for Human Rights in Korea)'를 조직해 미국 전역에서 강의, 시위 활동을 전개했다. (2007-0066-16/11202/791.72US, 36) 출국 직후에는 동경대교구장 시라야나기 대주교 초청으로 동경대교구를 방문해 유신 정권을 고발하는 강연에 나서기도 했다.

1968년 심도직물 사건 때 강화성당 주임 신부로 있었던 전 미카엘 신부도 노동 문제에 계속 관여해 당국의 감시를 받았다. 전 신부는 1977년『노동자의 길잡이』를 출간했다. 이 책은 그림, 질문, 해설로 이어진 문답 형식의 1970년대 노동자 의식화 교재였다. 유신체제에서 노동자가 널리 읽을 수 있는 책을 출판하거나 구하는 일은 위험을 감수해야 하는 일이었다. 이런 조건에서 발간된 이 교재는 JOC 회원뿐 아니라 1970년대 민주노조운동 주요 활농가들에게 널리 읽혔다. (민주화운동기념사업회 오픈아카이브 00965761)

최분도 신부는 1974년부터 같은 회 소속 시노트 신부와 함께 '월요모임'에 참여하며 유신 정권 반대 활동을 시작한 바 있었다. 최분도 신부는 1976년 덕적도를 떠나 인천 송현동 본당으로 발령받고 나서부터 노동 문제에 관여하기 시작했다. 최분도 신부는 1978년 5월 인천 만석동 소재 동일방직회사에서 노동쟁의가 일어나 사측이 노조원을 탄압하자 이를 피해 성당을 찾아온 노조원들을 숨겨주었다. 민주화운동 단체 회원들이 모임이나 회의 장소를 찾지 못할 때 기꺼이 성당 공간을 내주었다. (김옥경 2017, 242)

끝으로 마티 신부는 1977년 메리놀수녀회 퀸(Joyce Quinn) 수녀와 평신도 노동활동가 등과 함께 부평 지역에 노동센터를 열고 노동자 지원 활동을 했다.

3) 성골롬반외방선교회

이 시기 골롬반 선교사들의 민주화운동 참여 행적은 잘 드러나지 않는다. 1970년대 전반기에 적극적이었던 회원 다수가 본국 휴가, 사도적 변경으로 해외 전보, 국내 인사이동 등으로 원주교구를 떠난 것이 원인이었다. 그밖에도 원주교구의 한국인 사제들의 역할이 커진 것도 영향을 주었다.

안광훈 신부만이 그의 자서전에서 긴급조치 시기 자신의 활동에 대해 언급하고 있을 뿐이다. 안 신부는 경찰의 집요한 감시, 협박에도 불구하고 사목지인 정선성당에서 이동하게 되는 1979년 12월까지 강론과 교육을 통해 유신 정권을 비판했다. (안광훈 2021, 139~146) 그에 대한 대가는 체류 기간 단축이었다. "2년 거주 허가가 한 달로 줄어들었다. …… 나는 허가 만료 전에 묵호로 가서 갱신 신청서를 제출하고 2주 후에 다시 돌아와 갱신 여부를 확인해야 했다. 이 일은 매달 계속되었다. …… 그래서 나는 1975년에 집으로 휴가를 가야 했지만, 그대로 한국에 머무를 수밖에 없었다."(안광훈 2021, 139)

제5절 민중 연대

1. 가톨릭 노동운동

1) JOC와 유신체제·한국노총의 대립

JOC와 한국노총의 대립은 1970년대 초반부터 시작되었다. 1970년대 초
JOC와 도시산업선교회는 독자적인 노동운동을 전개하면서도 노동 문제가
발생하면 공동으로 대책위를 구성하여 대응했다. 신·구교 대책위는 1970년
대 초, 전태일 사건과 청계피복노조, 한영섬유 김진수 사망 사건, 한국모방
퇴직금 문제 등에 개입하면서 국가권력의 어용 기구로 전락한 한국노총을
대체하는 역할을 담당했다. JOC와 한국노총의 대립은 1971년 11월, JOC가
'호소문'에서 '어용노조지도자 추방'(인천교구 노동사목위원회 2016b, 947)을
요구하면서 시작되었다. 박정희 정권은 1971년 국가보위에 관한 특별조치
법을 제정하고 법적, 제도적 통제를 통해 노동기본권을 유린했다. 1972년
10월 유신헌법이 제정되자 한국노총은 "구국통일을 위한 영단을 적극 지지
한다"면서 유신체제를 옹호했다. (《경향신문》 1972. 10. 20)

1974년 1월 5일, 가톨릭, 개신교 17개 노동단체는 '한국모방노조 지부장
지동진 구타 사건'을 계기로 "노동자의 기본권 보장에 무력한 노총은 즉각
해체하고 근로자를 착취하는 제2기구로 전락한 사실을 근로자와 국민 앞에
사죄하라"면서 한국노총의 어용성을 규탄했다. (《가톨릭시보》 1975. 2. 2)

이러한 비판에 대해 1974년 12월 19일 한국노총은 궐기대회를 열고「도
시산업선교회의 노조조직 침투를 단호히 응징하겠다」는 성명서를 채택했
다. 이러한 공방은 1975년에도 계속 이어졌다. JOC는 1975년 1월 11일 전
국 지도자 간부회의를 개최하고 JOC 총재인 지 주교 석방과 동아일보 돕기
광고란에「관제 조직 사이비 노동단체 한국노총과 노동귀족 규탄한다」는
내용의 성명서를 발표했다.

우리는 노동자들의 비참한 현실을 대변하고 이들의 권익옹호에 앞장서야 할 한국노총과 그 위원장이 부패한 정치 권력의 앞잡이를 자청해 노동조합의 생명인 자주성과 자율성, 독립성을 포기하고 노동자들의 등뼈를 짓밟은 채 무위도식으로 건들거리고 있음을 결단코 용서하지 않을 것이다. (《동아일보》 1975. 1. 11)

한국노총은 곧바로 JOC에 경고문을 보냈다. 노총은 "종교인의 탈을 쓴 한국가톨릭노동청년회의 노총에 대한 노골적인 비방과 노총과 조합원 사이의 이간, 분열 책동에 대해 단호히 응징할 것"이라 했다. (《한국일보》 1975. 1. 22) 한국노총은 이 성명서에서 JOC와 산업선교에 대해 "처부수자, 외부 불순집단, 속지 말자 분열책동"이라며 적대적 감정을 드러냈다. 1975년 1월 25일, JOC와 도시산업선교회가 속한 에큐메니칼 현대선교협의체는 「노총에 보내는 권고문」을 통해 '배상호 노총 위원장 사퇴'를 요구했다. (《가톨릭시보》 1975. 2. 2) 그리고 JOC는 1월 29일에도 「배상호 노총 위원장에게 보내는 고언」에서 "배상호 위원장은 과연 어용 사이비 노동귀족이 아닌가? 진실로 용서받지 못할 많은 불의와 부정한 방법으로 부패한 정상배들과 결탁하여 의로운 노동운동가들을 폭행 또는 공갈로 박해하지 않았는가?"(《동아일보》 1975. 1. 29)라며 비판했다.

1970년대 후반, 동일방직, 태평특수, 원풍모방, YH노조 등 신·구교가 민주노조운동에 적극적으로 연대하면서 유신 정권과 한국노총은 극우세력인 홍지영을 앞세워 JOC와 산업선교를 공격했다. 산업선교에서 활동한 인명진 목사는 홍지영을 중앙정보부원으로 파악하고 있었다. (장숙경 2013, 295) 1977년 1월, 홍지영은 『정치신학의 논리와 행태(기독교에 침투하는 공산주의 전략 전술 비판)』에서 산업선교를 "공산주의적 기독교이며 계급투쟁이 목적인 혁명 활동"이라고 모함했다. 이어 「산업선교는 무엇을 노리나」라는 팸플

릿이 어용노조와 기업을 통해 노동 현장에 대량 배포되었다. (민주화운동기념사업회 오픈아카이브, 00327211) 한국노총은 홍지영을 초청하여 '노동 문제 세미나'를 열고 "산업선교는 공산주의 막스(K. Marx)와 똑같은 이론을 갖고 있으며 1950년대 미국의 오글 목사와 시노트 신부가 한국에 산업선교를 가져왔으며 적색노조 활동을 한다"면서, "가난한 사람끼리 뭉쳐서 싸워야 한다는 말을 하는 사람들은 수상하니 신고해라"라는 터무니없는 주장을 했다. 홍지영은 1970년대 후반부터 기업주 초청강연회, 노조 교육 등을 통해 JOC와 산업선교회를 비난하고 노조파괴 활동을 했다. (민주화운동기념사업회 오픈아카이브 00883394) 유신 정권은 JOC와 산업선교회가 노동운동 배후이자 용공세력이라며 이데올로기 공세를 폈다.

1978년 3월 20일, 김 추기경은 명동성당에서 열린 '교권수호를 위한 기도회' 강론에서 "가톨릭노동청년회와 산업선교회를 용공 단체로 보는 것은 가톨릭과 기독교 자체를 용공으로 보는 것과 같다"면서 '종교탄압의 음모'라 규정했다. 정평위는 "크리스찬 노동운동을 공산주의 노동운동이라고 부르는 것은 무지몽매한 자들의 소행"이라고 대응했다. 정평위는 국무총리에게 건의문을 보내 홍지영의 「산업선교는 무엇을 노리나」라는 책자를 판매금지시키고 '그리스도교회를 모욕하는 행위를 중단하도록 적극 조처할 것'과 동일방직 구속자 석방, 청계피복지부 노동교실 사건에 대해 국무총리가 해결할 것을 촉구했다. (기쁨과희망사목연구소 1997, 90)

1979년 오원춘 사건과 YH노조 사건이 연이어 발생하면서 정권 자체가 위기에 놓인 유신 정권은 "도시산업선교회가 노사 분규와 정부 전복 배후 세력"이라며 공격했고, 박정희는 "불순단체가 산업계와 노조에 침투하여 노사 분규를 선동하고 사회불안을 조성한다"면서 400여 개 사업체를 조사했다. 이후 정부는 「도산조사보고서」에서 "불법선교와 계급투쟁 조장 엄단할 것"이라며 기독교 산업선교운동을 탄압했다. (《경향신문》 1979. 9. 15)

2) 노동운동과 천주교의 연대

1976년에 들어서면서 신·구교 원주선언과 3·1민주구국선언으로 신부들이 구속되면서 교회와 유신 정권 대립이 더 격화되었다. 교회는 유신체제에 저항하는 JOC, 가농 등 1970년대 민중운동에 적극적인 지지와 연대를 표시했다. 1977년 노동절에 개최한 신·구교 연합 특별 기도회에서 발표된 「노동자 인권 선언서」(민주화운동기념사업회 오픈아카이브 00063938)가 이러한 연대의 대표 사례였다. 「노동자 인권 선언서」는 "봉건적 노사관계 배격과 노동3권 보장, 국가보위법과 임시특례법, 긴급조치 철폐, 근기법 보장 최저임금법 제정, 임시공, 도급공에 대한 처우 개선, 종교 단체에 관한 위협과 공갈 배격, 외자도입 기업의 노동권 보장"등을 요구했다. 이 선언서는 1970년대 노동 문제 해결을 위해 유신 정권에 하는 구체적 요구를 담고 있었고 매년 공표했다는 점에서 '70년대 노동인권 장전'으로 평가할 수 있는 문서였다.

1978년 3월 10일, 노동절 신·구교 연합 기도회에서도 「78년 노동자 인권 선언」이 발표되고 방림방적, 대남통상, 동일방직, 삼고사, 평화시장 노동자들의 현장 증언과 실태 고발이 있었다.(기쁨과희망사목연구소 1997, 210) YH 여공농성 사건에 대해 윤공희 대주교는 「근로자와 농민은 존중되어야 한다」는 성명을 발표하고 정의구현사제단은 유신 정권의 '산업선교 압살' 중단과 YH 사건으로 구속된 인사들을 석방하라고 요구했다.(기쁨과희망사목 연구소 1997, 454)

1970년대 후반에는 유신 정권의 민중운동 탄압이 더 거세졌다. 교회는 노동운동을 옹호하고 유신 정권과 정면 충돌하며 민주화운동에 적극적으로 참여했다. 그러나 JOC운동 등 천주교 민주화운동 단체에 대한 교회 내부의 견제와 비판도 존재했다. 주교단은 JOC와 가톨릭농민회, 가톨릭 대학생회 등의 해체를 시도했지만 해당 단체의 반발로 무산되었다.

3) 1970년대 후반 JOC가 개입한 사건과 참여 주체

1970년대 초부터 시작된 JOC의 '공장팀 조직'과 '소모임' 활동은 1970년 대 후반까지 민주노조운동의 기반이 되었다. 유신독재 후반기의 JOC 노동 운동은 전국으로 확산되었다. 특히 광주 지역의 경우 전남제사, 광주어망, 일신방직, 호남전기, 삼영제사, 광주레미콘, 일진 택시 등에서 노조 민주화 운동을 주도했으며 인천, 원주 지역에서도 JOC운동이 활발했다.

1976년 전 미카엘 JOC 전국 지도신부는 각 지역 JOC 활동과 공장팀 활 성화를 위해 조직 내에 확장위원● 제도를 두었다. 전 미카엘 신부는 JOC 활 동가의 생계비를 지원하면서 확장위원 제도를 정착시켰다. 각 지역 노동조 합교육에 시청각 교육을 도입해 직접 현장을 방문해 노동운동을 지원했다. 이러한 활동의 결과 JOC 주도의 공장팀 조직이 확대되고, 노조 건설, 어용 노조 민주화운동이 가능해졌다. 동시에 각 현장에서 JOC 회원들의 해고 사 태가 계속 이어졌다. (한국가톨릭노동청년회 1986, 208) 1970년대 후반 JOC가 개입한 노동 현장이 광주, 대구, 원주, 인천 등으로 넓어지면서 지역노동운 동에서도 나름의 역할을 담당했다. 가톨릭 노동운동은 서울 지역 외에도 전국 각 공단 현장에서 노조건설과 어용노조 민주화를 이루면서 민주노조 운동을 전국화하는 데 중요한 역할을 했다.

[표9]는 1970년대 후반, JOC의 각 현장활동 참여 주체와 전국에 걸쳐 각 현장에서 민주 노조운동에 참여한 내용을 보여준다. (한국가톨릭노동청년회 1986, 170~179)

● 확장위원은 JOC 본부에서 파견되어 각 사업장의 노동 문제를 해결하고 전국 조직을 순회하며 활동하는 투 사이면서 전업적인 활동가를 말한다.

[표9] 1970년대 유신체제 후기, JOC가 개입한 노동 현장과 참여 주체

주요사업장	참여자	개입방식	지역	연도
한국마벨	JOC 회원	해고반대 투쟁	서울	1976
한국산업	JOC 회원	해고반대 투쟁	서울	1976
동일방직	이총각(지부장)	노조민주화	인천	1976
인선사	박문담	유령노조 해산/해고 투쟁	서울	1977
로케트 전기 (호남전기)	김성애. 윤청자, 이정희	노조건설, 해고 투쟁	광주	1979
남해어망	김남순, 정인순, 임미령	노조건설	광주	1977
광주어망	서금실	노조건설	광주	1976
범양산업	장덕기 JOC 원주교구 회장	노조건설 지원	원주	1977
아리아 악기	대책위 활동	노조활동 지원	대구	1978
태평특수	이경자	노조민주화	인천	1978
한진콜크	원주교구 JOC	노조결성 지원	원주	1978
원주제사	원주교구 JOC	노조 지원	원주	1978
원풍모방	박순희, '멍석' 소모임	JOC 회원	서울	1977

4) 가톨릭 노동운동의 확대와 노동사목의 시작

1970년대 후반 JOC운동은 각 노동 현장과 밀접히 연결되면서 확장위원 등 활동가들이 늘어나고 각 현장 투쟁으로 해고자가 양산되었다. 1970년대

민주노조운동을 경험한 JOC 출신의 해고자와 활동가들로부터 점차 각 공단 노동자들과 직접 교류하고 전문적인 노동운동을 펼쳐야 한다는 요구가 자연스럽게 등장하기 시작했다. 이러한 요구를 반영하여 1977년 인천 부평 5공단 노동자 밀집지역에서 메리놀회 나마진 신부와 이경심이 '부평노동사목'을 시작했다. 부평노동사목(새날의 집)은 공단지역에서 노동교육과 상담, 노동법 교실, 인간화 교육, 탁아소 운영 등을 통해 지역 노동센터 역할을 수행했다. 이어 1978년 포교 성 베네딕토수녀회 이영숙 수녀가 성남 상대원 지역에서 '만남의 집'을 개원하고 노동교육을 시작했다. 서울대교구에서는 1979년 말 명동성당 구역에 노동문제상담소(소장 김말룡)를 개원해 노동인권 옹호 활동을 시작했다. 이 상담소는 각 지역에 노동사목 활성화, 노동교육, 상담소 설립 등 노동운동을 지원하는 전문기관 역할을 담당하며 지역 노동운동의 구심체가 되었다. 이는 다시 1980년대 민주노조 운동으로 이어졌다.

2. 가톨릭 농민운동

1) 노풍벼 피해보상운동

1978년 《동아일보》는 그해 10대 뉴스를 선정하면서 그중 하나로 '노풍벼 사건'을 꼽았다.

> 노풍피해 230만 섬, 정부가 증산에만 급급한 나머지 병리 시험도 거치지 않은 채 새 육종벼 노풍(魯豊)을 (농민들에게) 심도록 권장, 목도열병 만연으로 30만여 호의 농가가 추수기에 춘궁기를 겪게 됐고 끝내는 농수산부장관의 경질까지 몰아왔다"(《동아일보》 1978. 12. 28)

이 시기에 가톨릭농민회가 전개한 노풍벼 피해보상운동은 자연재해로 인한 피해라기보다 정부의 강제 행정에 의한 피해라는 점에서 농민이 당한 억울함에서 비롯된 것이었다. 강제로 신품종 벼 노풍을 심은 농가에서는 이삭이 패기 시작할 무렵부터 썩어가기 시작했다. 농약도 전혀 효험이 없었다. 한반도 토양에 익숙해진 토종벼 대신 등장한 신품종이 병충해에는 맥없이 쓰러졌던 것이다.

지난해 정부가 강제 권장한 노풍을 비롯한 신품종에 도열병 등 병충해가 만연하여 농민은 엄청난 경제적 손실을 입었습니다. 당연히 당국은 강제 권장에 대한 책임을 지고 피해에 대한 정당한 보상을 해야 함에도 불구하고, 눈가림 피해조사와 껍데기뿐인 보상으로 농민들의 피해를 외면했습니다. 이에 대해 본회는 1978년 12월 6일~1979년 1월 10일, 약 1개월간에 걸쳐 전국 241 노풍 재배 농가를 대상으로 피해 상황을 조사하여 조사결과를 담은 보고서와 "노풍피해 정당하게 보상하라"는 본회 주장을 밝힌 성명서와 함께 농수산부 당국에 정당한 보상을 건의하는 한편, 각 언론 기관과 농업관계 단체에도 조사보고서와 본회 주장을 밝힌 유인물을 보내고, 보도 및 협력을 당부했습니다. 그러나 언론 기관에서는 일체 보도가 없었고, 각 교구 주보에서는 본회 주장을 보도했습니다. 농수산부는 본회의 건의에 대해 ① 목도열병으로 인한 피해 농가에 대한 추가대책을 강구 중에 있으며, ② 상환 연기 대상자가 이미 상환한 영농자금에 대하여는 1월 20일까지 환불토록 조치하였고, ③ 금년도에 농가가 재배할 품종에 대하여는 신품종 중에서 농가가 임의 선택토록 하겠다는 한심한 답변을 해왔습니다. (민주화운동기념사업회 오픈아카이브 00213468, 1~2)

가농이 진행한 노풍피해실태에 관한 조사결과에 따르면 농가당 평균 피해량이 쌀 20가마였는데, 금액으로 환산하면 58만 원으로 당시 농가소득에

서 큰 비중을 차지하는 액수였
다. 실태조사 이후 1월 23일 충
남 홍성군에서 노풍피해 농민
들의 집단 농성이 있었고, 이후
전국적으로 농민들의 항의가
계속되었다. (가톨릭농민회 50년
사 편찬위원회 2017, 138~142)
1979년 2월 26일 전북 임실군
에서는 300여 농민이 임실천주
교회에서 노풍피해 보상을 위
한 기도회를 개최해 군당국으
로부터 500여 만 원 상당의 피

노풍 피해보상 촉구 고산 농민대회(1978.4.9)_가톨릭농민회
제공

해보상을 받고, 품종 선택권을 농민 의사에 맡기고 강제 행정을 시정하겠다
는 약속을 군수로부터 받아냈다.

　4월 9일에는 전북 완주군 고산면 고산천주교회(주임사제 문규현)에서 300여
명의 노풍 피해 농가 및 관심 있는 농민들이 참석한 가운데 '노풍 피해보상
촉구 농민대회'를 개최하고 고산성당 관할 '신품종 피해보상 대책위원회'가
조사한 164개 피해 농가의 총 피해액 3,000여 가마의 60%에 해당하는
1,600여 가마를 현물로 즉각 보상할 것 등을 요구했다.

　이외에도 전남 보성군을 비롯 가농전북연합회와 전주교구 정평원에서
교구 관할 전역에 걸쳐 피해와 보상 실태를 조사하고 보상운동을 전개했
다. (민주화운동기념사업회 오픈아카이브 00213468, 2~3) 한 지역 범위를 넘어
전북연합회 차원에서 협상을 진행한 결과 고산면의 경우 6월 21일에 1,000만
원을 도 당국이 보상하는 데 합의하고 다시는 강제 행정을 하지 않겠다는
약속을 받아내기도 했다. (가톨릭농민회 50년사 편찬위원회 2017, 1, 144~145)

2) 춘천농민회 사건

춘천농민회 사건은 1977년 결성된 한국가톨릭농민회 춘천연합회에서 발간하여 배포한 농민회 홍보 자료 내용 중 학원 시위에 관한 소식과 농업 정책에 대한 비방 내용이 있다 하여 3명의 간부가 긴급조치 9호 위반으로 구속되어 실형을 받은 사건이다.

이 사건은 1977년 12월 27일자 유인물 내용 가운데 "농민들의 민주화 능력 부족이라는 미명하에 조합장을 국가가 임명하여 조합장은 농민이 아닌 장관, 도지사, 군수에게 충성한다. 농협의 대의원인 총대는 저희들끼리 적당히 임명하여 총대선거권자인 농민은 자기들의 총대가 누구인지도 모른다"는 구절과 학원 시위에 관한 소식 내용 일부를 문제 삼아, 1978년 2월 2일 농민회장 유남선과 총무 김문돈을 연행하면서 시작됐다. 이어 2월 18일에는 가농 전국본부 협동사업부장인 정성헌을 연행했으며 긴급조치 9호 위반으로 4월 유남선 회장과 정성헌 부장을 구속했다. 가농은 춘천농민회 사건을 조직에 대한 탄압으로 간주하고 전면적 싸움을 전개했고, 이 사건 이후 유신 정권에 대한 정치적 투쟁이 가속화되었다. (가톨릭평론 편집부 2021, 229)

춘천농민회 사건 유남선 석방 기도회(1978.2.2)_가톨릭 농민회 제공

5월 8일 가농 춘천교구연합회는 죽림동성당에서 500여 명의 농민회원과 교우들이 참석한 가운데 기도회를 개최했고, 5월 15일 서울 봉천동성당, 5월

16일 동대문성당에서 기도회를 개최하면서 교회의 항의운동은 확산되었다. 하지만 정부 당국은 5월 26일 동대문성당 기도회에서 두 사람의 구속경위를 소개했다 하여 춘천가농 박명근 부회장을 긴급조치 9호 위반으로 또 구속시킴으로써 강경 대응으로 일관했다.

유신 정권의 가장 일반적이고 전형적인 농민운동 탄압사례로 볼 수 있는 이 사건은 농민운동 탄압에 대한 항의에 그치시 않고 이전까지의 단순한 경제투쟁의 성명서가 아니라 정치투쟁을 예고하는 성명서가 발표되는 등 이후 오원춘 사건으로 이어지는 가농의 험난한 투쟁의 출발을 예고했다. 이러한 정치투쟁을 통하여 농민운동은 전국적 관심으로 확산하기 시작했다. (이우재 1991)

3) 한국가톨릭농촌여성회

1977년 1월 14일, 농촌 여성의 문제에 관심을 둔 여성 31명이 참여한 가운데 '한국가톨릭농촌여성회'(이하 가여농)을 창립했다. 1970년대 농촌경제의 피폐는 고스란히 농촌 여성의 몫이기도 했다. 농촌 여성 문제를 생각하는 이들은 농촌 여성 스스로 깨닫고 해결하려는 의지를 갖게 하는 의식화 교육을 통해 농촌 여성이 직면한 문제들을 파헤치고, 토론을 통하여 농촌 여성이 그 해결책을 찾고 실천에 옮기도록 하는 것이 시급한 과제라고 보았다.

가여농 창립은 1976년 9월 천주교 수원교구 가톨릭농촌사회지도자교육원에서 열린 '제1차 농촌여성 지도자 세미나'에서 그 싹이 움트기 시작했다. 참가자는 적었으나 '농촌사회의 문제', '농촌 여성의 문제'에 대한 강의와 토론이 있었으며, '제2차 농촌여성 지도자 세미나'를 같은 해 12월에 개최하기로 하고, '세미나 준비위원회'를 구성했다. 세미나 준비회의에서는 당면한 가장 중요한 과제가 농촌 여성의 조직화라는 점에 공감해, 세미나와 함께 가여농을 창립하기로 의견을 모았다. (엄영애 2007, 439) 가여농 창립총회 당시의 분위기를 가여농의 기관지《농촌부녀》는 이렇게 적고 있다.

총회를 마치고 헤어지는 전날 밤 참가자들은 한 사람씩 촛불을 받아들고 이제 고향으로 돌아가 열심히 일할 것을 선서했다. 김영자는 목이 메어 몇 차례나 선서를 중단했고, 말을 시작하다가 끝내 울음을 터뜨리는 참가자가 있었는가 하면 이준희는 "농촌 여성들이 이렇게 모여 대화를 나누고 힘을 합할 수 있다는 것이 너무나 기쁘다. 기뻐서 온몸이 떨린다"고 감격했다. (민주화운동기념사업회 오픈아카이브 00196929, 4)

창립 초기 가여농은 농촌 여성의 조직화와 교육 및 마을 활동에 중점을 두었다. 교육사업으로 전국 농촌 여성 지도자교육과 지구별 교육, 마을 교육 등을 실시했고 마을 활동으로는 '농가가계부 쓰기운동', '건조식품 생산 판매', '작은 가축 기르기' 등을 실시했다. 홍보사업으로 소식지인《농촌부녀》를 8면 격월로 발행했다. 1979년 가여농 영남 지역 교육에 참여한 임순분의 증언에서 가여농 활동의 의미를 엿볼 수 있다.

임순분은 1973년 결혼하여 2녀 1남을 두었다. 성당에 다니던 그는 1979년 7월 8~10일 대구 현풍천주교회에서 개최된 가톨릭농촌여성회 영남 지역 교육에 참석한 것을 계기로 삶이 크게 변화했다. "교육 내용보다 농촌에 살면서 읽고 쓰기조차 언제가 마지막이었는지 까마득하던 차에 여자들이 모여 무언가 배우고 공부하는 그 분위기가 그냥 좋았다"고 참여하게 된 동기를 말했다. (이영경 1992, 184~188)

위의 참여 동기에서 보듯이 농촌 여성들은 자신이 주체가 된 활동에서 해방감을 느끼고, 가여농의 활동에 열심히 참여하기 시작했다. 임순분처럼 가여농 교육을 계기로 여성농민운동에 평생 투신하는 사람들이 양성되기도 했다. 하지만 이런 여성의 활동을 농촌 가정에서는 반기지 않는 경우가 많았다. 여성들의 목소리가 높아지고 외부 활동이 많아지는 것에 대해 남편과 시부모들이 언짢아해 이내 활동을 중단하는 경우가 잦았기 때문이다.

이런 당시 분위기는 교회도 별반 다르지 않았다. 농촌사목을 담당하던 사제들과 가톨릭농민회 간부들은 여성 농민의 독자 조직을 반기지 않았다. 여성 농민도 가농 안에서 활동해야지, 다른 조직으로 활동한다는 것은 가농 조직을 약화시키는 분파주의적 발상이라 보았다. 교육하러 간 가여농 회원을 불러 호되게 야단을 치는 사제도 있었다. 이에 대해 가여농 창립 당시 총무 역할을 맡아 여성농민운동을 주도한 엄영애는 독립적인 여성농민운동으로 농민운동이 더 강화된다고 말했다.

그건 잘못된 생각이었어요. 여성농민 조직이 따로 있다는 것은 농민운동 세력이 강화되는 것이며, 여성농민들의 강한 의지와 힘이 보태어진다는 것을 모르고 하는 소리입니다. 세월이 지남에 따라 가톨릭농민회 지도부의 생각도 변해갔습니다. (가톨릭평론 편집부 2020, 199)

가농에서도 1978년에 '부녀부'가 설치되기는 했으나 별도 조직으로 가여농이 꾸려지게 된 데는 당시 사회 전반은 물론 민주화운동에 참여하는 사람들에게서도 여성운동에 대한 이해가 낮았던 현실이 주된 요인이었다. (가톨릭농민회 50년사 편찬위원회, 2017, 1. 155) 가여농이나 가농 부녀부나 같은 목적으로 비슷한 활동을 했지만, 가농 부녀부는 농촌운동에 여성도 그 구성원의 하나로 참여하는 접근이었다면 가여농은 여성 농민이 주체가 되어 농촌 문제에 접근한다는 여성주의운동의 성격이 강했다. 당시 한국사회,

특히 농촌의 분위기나 교회 안의 인식은 이런 선구적인 여성운동을 깊이 이해하지 못했다. (가톨릭평론 편집부 2020, 199~200)

가여농은 가농의 부녀부와 활동 지역이나 교육 내용 등이 중복되어 두 조직이 경쟁하는 듯한 어려움을 겪고, 해외원조도 기한이 끝나 사업 지속에도 어려움이 컸다. 무엇보다 농민운동에서 가여농을 분파주의 조직으로 여기는 탓에 초창기부터 계속 어려움을 겪었다. 가여농은 1979년 3차 정기총회에서 수원교구의 사회단체, 기관 통합 방침에 따라 농촌 여성의 활동 범위를 수원교구로 한정하면서 명칭에서 '한국'이라는 단어를 빼고 '가톨릭농촌여성회'로 바꿨는데, 1984년 7차 총회에서는 여성 농민의 주체성을 살려 다시 한번 명칭을 '가톨릭여성농민회'로 변경했다. 그러다 1989년 여성 농민들이 '전국여성농민위원회'를 추진하기로 하면서 1989년 3월 30일 해소 총회를 열어 자진 해소했다.

3. 도시빈민운동

유신독재 후반기 도시빈민운동은 김혜경 활동가가 정착한 서울 난곡 지역과 양평동 판자촌에 거주하던 빈민들과 함께 시흥으로 집단 이주한 제정구, 정일우 신부가 주도했다. 먼저 1976년 김혜경은 난곡 지역 주민 의료문제를 해결하기 위해 118세대가 모여 난곡희망의료협동조합을 결성했다. 의료협동조합은 빈민 지역 주민들의 건강권을 지키기 위한 조직으로 주민들에게 협동조합 교육을 시켰고 자녀들의 교육 문제 해결을 위해 어린이 여름학교도 운영했다. 주민들은 출자금을 모아 신용협동조합을 설립하고 생활필수품을 공동구매하는 등 자율적인 운영을 통해 경제 공동체의 중요성을 경험했다. 청소년 공부방과 지역주민에게 한글을 배우게 하는 사랑방 교실 등이 만들어지면서 난곡 주민 공동체가 더 확장되었다. 난곡희망의료협동조합을 주도했던 김혜경은 난곡 여성을 조직하여 신천리, 사당동 등 다른 지역 빈민 여성과 교류와 연대 활동을 하면서 여성들의 지위와 주체성을 높여 나갈 수 있게 했다. (민주화운동기념사업회 구술 오픈아카이브 2011)

1976년 3·1민주구국선언 사건 이후 경찰은 수배자 함세웅 신부를 찾는다며 양평동 판자촌을 수시로 드나들었다. 형사들은 주민에게 "저 사랑방에 빨갱이가 산다"며 제정구와 정일우 신부에 대해 흑색선전을 하여 주민들을 불안하게 만들었다. 두 사람은 '양심선언서'를 써 김 추기경에 맡기면서 "혹시 우리가 빨갱이로 지목되어 무슨 문제가 생기면 발표해달라"고 부탁했다.

1977년 3월 양평동 판자촌에 철거 계고장이 날아들고 철거가 시작되었다. 양평동 일대의 철거민 2만 세대는 갈 곳이 없었다. 제정구와 정 신부는 양평동·양남동과 문래동 일대의 판자촌 철거민 170세대와 집단 이주계획을 세우기 시작했다. 김수환 추기경 추천으로 독일 천주교 후원재단인 미세레오르에서 돈을 빌려 경기도 시흥군 신천리에 5,000평의 땅을 구입했다. 집단이주를 원하는 사람은 양평동 판자촌을 떠나 4월, 신천리로 이주했다. 먼저 150세대가 천막생활을 하면서 집을 짓기 시작했다.

매일 같이 싸움이 벌어지지만 집 짓는 일도 멈추지 않았다. 과실나무를 일일이 캤다. 대지가 낮거나 깊은 곳은 흙을 옮겨 나르고 골라 평평하게 집터를 닦았다. 기초를 팠다. 이때마다 주민들은 자기들의 천막을 옮겨야 했다. 아마 주민들은 평균 5~6번의 천막살림을 옮겨야 하는 불편을 겪었을 것이다. 주민 형편에 맞게 6평형, 9평형, 12평형, 15평형 단층연립으로 집을 지어 나갔다. 주민들은 대부분 건축현장에서 일한 경험이 있어 각 분야별로 책임자를 두어 집을 지어 나갔다. (제정구기념사업회 2009, 70)

제정구와 정 신부는 직접 벽돌을 만들며 주민들과 함께 170세대가 거주할 60동의 집을 11월에 완공했다. 이어 1978년 1월, 복음자리 마을주민이 모일 수 있는 회관이 완공되면서 주민의 힘으로 복음자리 공동체 마을이 건설되었다. 복음자리 마을주민은 집단이주 후에 미세레오르에서 빌린 토지 매입 대금 5만 달러와 주택 건축 등을 위해 융자받은 자금을 갚기 위한 경제 공동체가 필요했다. 제정구는 복음자리 마을주민의 경제 문제를 해결하고 자립할 수 있도록 신용협동조합을 추진했다. 1978년 설립된 복음신용협동조합은 '일인은 만인을 위해, 만인은 일인을 위해'라는 가치를 통해 지역 주민 금융기관 역할을 했다. *

주민들은 미세레오르에서 빌린 돈을 100% 갚았고 다시 미세레오르 자금을 차입해 1979년 철거민들의 2차 집단이주사업을 추진했다. 2차 집단이주는 당산동, 신림동, 시흥동, 봉천동 등 철거지역 주민들이 참여했고 164세대가 집단이주해 '한독주택'이라 이름을 지었다. ** 한독주택 마을은 철거지역 주민이 스스로의 힘으로 집단이주와 공동체 마을을 건설하며 1970~1980년대 도시빈민운동의 전형으로 자리 잡게 되었다. 이들은 마을작업장, 생산공동체, 공동체 문화를 형성하면서 1980년대 천주교 도시빈민운동의 기초가 되었으며 시흥 지역 민주화운동 주체로 나섰다.

1970년대 천주교 도시빈민운동은 먼저 김혜경이 창신동 철거 투쟁과 이후 난곡마을에서 주민 주체의 신용협동조합, 의료협동조합, 공부방, 주민조직 등 다양한 활동을 통해 빈민운동의 기반을 만들었다. 제정구와 정일우 신부는 청계천 판자촌에서 생활하면서 양평동과 시흥 신천리에 철거민의 집단이주와 주민 공동체운동을 펼치면서 자주적인 빈민 주거권을 확보하면서 빈민운동을 개척했다. 1970년대 천주교 도시빈민운동 전개 과정에서 김 추기경의 참

---

* 복음신용협동조합(http://siheung.grandculture.net/siheung/toc/GC06900737, 검색일 2023. 11. 10).
** '한독' 마을은 한국에서 집을 짓고 독일 미세레오르 단체에서 지원받은 것을 기념해 국가명의 앞자를 따서 지은 이름이다.

여는 빈민운동 발전에 커다란 도움이 되었으며 수도자들 역시 빈민운동에 적극적으로 결합하게 되었다. 이러한 1970년대 천주교 도시빈민운동의 경험과 역량은 1980년대 천주교 도시빈민운동의 확장으로 이어졌다.

4. 협동조합운동

1) 원주교구 협동조합운동

1976년 8월 원주교구 재해대책사업위원회는 남한강유역수해복구사업과 한우지원사업을 지속적으로 추진하면서 원주·원성 지역의 큰 수해를 계기로 서독 미세레오르의 외원자금에 기초해 원주원성수해복구사업(1977)에 새롭게 착수했다. 재해위는 이를 통해 수해를 입은 주민들에 대한 긴급구호와 함께 지속적 생활기반 마련을 위해 관할 농촌부락들이 부락개발사업으로 연결되도록 추동했다. 1977년 초 재해위는 농촌·광산 지역의 작목반·부락총회에서 신협·소비조합의 설립·운영을 중심으로 부락개발운동과 협동조합운동을 전개하도록 방향을 전환해나갔다. 재해위는 원주교구 관할 농촌·광산 지역에서 신협·소비조합의 설립·운영을 적극적으로 추동하는 한편, 광산소비조합 육성사업(1977)과 농촌소비조합육성사업(1979)을 개시하면서 농민·광부 주도의 부락개발운동·협동조합운동을 활발히 추진했다.(김소남 2017)

1970년대 후반 재해위는 남한강유역·원주원성수해복구사업과 한우지원사업을 추진하면서 원주교구 교육원에서 농촌지도자교육과 부락대표자 간담회 등을 지속적으로 실시했다. 또한 농민·광부를 대상으로 신협임원교육과 신협실무자회계교육, 부녀자교육 등을 새로 개설·확대 운영했다. 특히 광산소비조합 육성사업·농촌소비조합육성사업 등 추가적인 제반 사업을 추진하며 농촌·광산촌 현지 주민을 대상으로 현장교육을 활발히 전개했다. 이들 교육의 핵심은 농촌·광산촌의 사회경제적 현실을 깨닫도록 의식화하고, 농민·광부 주도 협동조합운동의 중요성과 협동조합 원칙에 기반한 민주적 운영, 협동조합 운영에서 부녀자 역할의 중요성 등을 인식시키는 것이었다.

1970년대 말 재해위는 관할 90여 개 농촌부락에서 54개 농촌신협의 설립·운영을 추동했다. 이 중 14개 농촌신협은 재무부 인가를 받고 법적 기반 위에서, 40개 농촌신협은 예비조합으로 운영됐다. 농촌신협의 부대사업으로 구판장·소비조합이 운영된 농촌신협은 22개에 이르렀고 부락상비약사업도 32개 농촌신협에서 추진되는 등 지역주민과 조합원 농민이 희망하는 제반 사업을 농촌신협의 부대사업으로 활발히 운영했다. 특히 재해위는 농촌소비조합육성사업(1979)을 추진하면서 농촌신협의 소비조합운동을 적극적으로 추동했다. 26개 농촌신협이 참여한 농촌소비조합협의회가 창립됐으며, 농촌지역 소비조합운동이 활발히 전개되는 계기가 됐다.

유신체제하 농협·마을금고 등 관제협동조합과 일정하게 경쟁·대립 관계를 형성하며 운영되었던 농촌신협 조합원들은 국가 주도 새마을운동에 따라 마을회의·대동계·마을금고 등을 중심으로 형성된 부락 단위의 기존 권력구조가 협동조합운동이 활발히 전개되면서 점차 일부 농촌신협이 마을의 여론을 주도하고 각종 계와 마을금고 등을 흡수하는 과정을 거쳐 마을의 주도권이 바뀌는 경험을 하기도 했다.

1970년대 후반 재해위는 광산 지역 탄광노조의 협동조합운동을 적극적으로 추동했다. 광산 지역에서 일찍이 설립됐던 동해·동원·삼척탄좌를 포함해 14개 광산신협이 설립·운영(1979)됐다. 특히 1977년 재해위는 광산소비조합 육성사업을 추진하면서 12개 광산신협에서 부대 사업으로 광산소비조합을 운영했다. 이들 광산신협은 광산지역소비조합협의회를 설립하고 협동조합운동을 활발히 전개했다. 1976년 2월 지 주교는 가톨릭농민회 강원지구연합회의 창설을 추동했다.

[표 10] 1970년 말 재해대책사업위원회 관할 가톨릭농민회 분회 조직 현황

군	동·면	리	분회	분회장	분회원수	군	동·면	리	분회	분회장	분회원수
원성	판부	서곡4	후리사	김선명	10	횡성	둔내	현천2	둔내분회		
	홍업	매지2	미촌분회	변영옥	16	제천	봉양	학산	학산분회	김익호	12
		매지3	회촌분회	이창희	21	원주	관설		밝음분회	원용옥	3
		대안1	대안분회	김인학	15	원성	홍업	매지1	매지분회	김영복	14
	호저	광격	영산분회	이진선	13	제천	청풍	북진	북진분회	황재홍	6
			영광분회	안춘식	13			광의	송정분회	홍은원	12
	지정	월송	월송분회	최명국	12			진목	진목분회	전귀해	10
	신림	용암	용소막분회	최재규	11		한수	포탄	포탄분회		9
		성남1	청운분회				백운	방학	백운분회	박용훈	19
횡성	서원	유현3	오상동분회	이명근	8	단양	가곡	덕천	덕천분회	조성주	7
		창촌/석화	서원분회	강종국	10		영춘	하	밤수동분회	윤성득	6
	우천	정금2	정금분회	엄동익	9				일심분회	조은형	16

1977년 11월 가농 춘천교구연합회가 창립되면서 1978년 1월 가농 원주 교구연합회가 출범했다. 1970년대 후반 재해위는 관할 농촌신협을 중심으로 협동조합운동을 선개하면서 가농 분회 창립·운영을 추동했다. 그 결과 이들 농촌신협의 주요 임원 및 조합원 농민이 중심이 되어 [표 10]과 같이 영산분회·서원분회·밤수동분회 등 26개의 가농 분회가 설립되어 활동했으며, 이에 속하지 않는 상당수 농민이 가농 회원으로 가입·활동했다. (김소남

2017, 412~413)

다음으로 1970년대 광산 지역의 활발한 협동조합운동의 전개는 유신체제하 어용노조가 주류를 이루던 광산노조 내 민주성을 확보하거나 노동운동을 추동할 수 있는 기반이 되었다. 당시 재해위는 장기구호사업을 통한 협동조합운동을 전개했고, 초청교육·현장교육 등 협동조합 관련 제반 교육을 활발히 추진했다. 유신체제하에서 재해위는 협동조합운동을 통해 광산노조·광부들과 함께 이들의 광산 현실 인식과 각성, 광산 노동자들의 사회 경제적 지위 향상을 위해 노력했다. 각 탄광노조를 중심으로 설립된 광산신협·소비조합 운영은 광부들의 절실한 이해·요구를 반영하고 광산 노동자와 그 가족들의 참여를 통해 이루어졌다. 신협 이사장과 부이사장은 대체로 각 탄광노조 지부장과 부지부장이 맡는 등 신협·소비조합 임원들을 노조의 핵심간부들이 겸임했다. 이러한 과정을 통해 재해위와 광산 지역 신협지도자의 협동조합운동은 광산 노동자와 유리되었던 탄광노조의 민주화와 활성화에 크게 기여했다. 유신체제 하 농촌신협·광산신협과 농촌소비조합·광신소비조합의 설립·운영은 그 자체로 '농민자치기구'이자 '광부자치기구'적 성격과 역할을 일정하게 지녔다는 점에서 의미가 컸다.

2) 청주교구 협동조합운동

영동 황간성당에서 메리놀외방전교회 허 요셉 신부와 신자 71명이 창립한 황간신협(1962.11)을 필두로 1960년대 충북 지역의 협동조합운동이 개시됐다. 1964년 3월 메리놀회 선교사들의 후원하에 청주 내덕동성장에서 신협연합회 충북지구평의회가 창립되고 손영배 등 상근 교도원이 활동하면서 충북 지역의 신협운동은 크게 발전될 계기를 마련했다. 특히 1972년 8월 신협법이 제정되면서 신협운동은 법적 기반 위에 가톨릭교회뿐만 아니라 이를 벗어나 시민사회에서 활발히 전개될 수 있는 계기가 됐다. 1977년

10월 신협 충북지구평의회가 재무부 인가를 받은 51개 신협과 수백여 개의 미인가 단위조합을 지도할 정도로 충북 지역 협동조합운동은 활발히 전개됐다. (김소남 2023)

[표 11] 괴산 지역 가톨릭농민회 분회 설립과 농촌신협 지도자 현황

분회명	창립일시	구성원 수	조직 단위	분회장	중심인물	소속
방곡	1977.7.14	6	마을	이재우	전성진, 강홍수	방곡신협
금곡	1978.1.07	6	마을	이상열	김현기, 연창흠, 허상오	고마신협
괴산	1981.3.10	5	본당	신용규	신용규	괴산신협
갓바위	1981.9.14	8	마을	이기원	이재화, 이영진, 이재호, 이병두, 이호용, 조용진	소수신협
아성	1981.12.21	5	마을	지영하	정교채, 지종원, 지종만, 지영운, 김길원	소수신협

1970년대 전반 가톨릭 청주교구 관할 지역에서 메리놀외방전교회 사제가 주도하고 지역사회 개발운동과 협동조합운동을 활발히 전개한 곳은 괴산 지역의 괴산가축사양조합과 그 후신인 충북육우개발협회가 대표적이었다. 1974년 8월 청주교구의 클라이드 데이비스 신부는 괴산가축사양조합을 재단법인 충북육우개발협회로 전환하면서 이를 중심으로 축산사업에 기반해 지역사회 개발운동을 전개했다. 1975년 7월 클라이드 데이비스 신부가 급거 메리놀회 본부에 소환되어 미국으로 돌아갔다. 충북육우개발협회를 떠나기 직전 그는 자신을 대신할 후임으로 메리놀회 평신도 선교사 돈 딜츠를 선임했다. 충북육우개발협회 기획이사로 부임한 돈 딜츠는 원주교구 재해위에서 농촌상담원으로 활동했던 김현식을 전무로 임명했다. 도영

일과 김현식은 네덜란드 가톨릭 외원기관 세베모의 자금지원에 기반한 부락개발 10개년계획을 세우고 농민교육원을 중심으로 한 제반 교육사업을 활발히 추진하면서 괴산·음성 지역의 협동조합운동은 활발히 전개됐다.

충북육우개발협회는 관할 농촌부락의 농민들이 부락개발·협동조합과 가톨릭농민회 소개 등을 중심으로 한 농민교육원의 제반 교육에 적극적으로 참여토록 하면서 괴산 소수·장연·감물면과 음성 소이면을 중심으로 20여 개 농촌부락에서 부락개발운동을 전개하고 14개 농촌신협의 설립·운영을 추동했다. 특히 이들 농촌신협은 지역사회 개발운동 차원에서 대부분 부대사업으로 축산협동반과 구판장, 의료사업을 활발히 추진했다. 1980년 당시 괴산·음성 6개 읍·면에서 15개 축산조합·축산반 등이 설립·활동했다. 또한 괴산·음성 4개 면에서 운영됐던 12개 농촌신협의 구판장은 괴산·음성 지역 소비조합운동을 주도했던 군단위의 괴산지역협의회의 창립으로 발전됐다.

유신 이후에는 전국적으로 일체 선거가 없는 그런 상황인데, 신협은 회의를 꼬박꼬박 하고 선거를 해 가지고 투표해서 뽑고 어떻든 간에 선거를 해서 사람을 뽑고. 신용협동조합은 관청하고는 관계없는 조직이거든. 물론 재무부의 감독은 받지만. 모든 걸 자율적으로 행하니까. 그리고 회의를 해 온 사람들이 정부 하는 일이나 농협 이런 데에 비판적인 생각을 갖게 마련이고. 이거 잘못되고 있구나, 농협이 같은 협동조합인데 그런 걸 다 알게 되죠. 그래서 신용협동조합 이런 거는 아주 안 좋게 보는 거지. 이게 정부에서 법적으로 보장된 거에서 하기 때문에 노골적으로 탄압은 못 해도 여러 가지 간접적인 압력이 많았고. 가톨릭농민회는 첨에는 안 그랬지만은 70년대 유신 말에 가까워 올수록 정부하고 계속 투쟁을 하게 되니까. …… 가톨릭농민회는 그렇게 농민권익 투쟁단체로, 또 농협민주화운동 그런 걸로 받기도 했지만, 여기

우리 농촌개발회 자체는 가톨릭농민회하고는 또 별도니까. 실제로는 갈수록 본거지가 여긴 걸 알게는 됐지. (조희부 전 충북육우개발협회 개발부장 구술 2013. 4. 30)

1977년 7월 가톨릭농민회 충북지구연합회가 창립(7.30)됐으며, 회장단과 총무에 유사혁·송창기·김상덕이 선임됐다. 창립 시 충북지구연합회는 5개군에 걸쳐 5개 분회와 76명의 농민회원이 참여했다. 1970년대 후반 충북육우개발협회는 김현식·조희부·정만호 등이 주도해 농민교육원의 초청교육과 관할 농촌부락 방문·현장교육을 통해 농민회 소개 교육을 실시했다. 또한 이재화·김현기·성기남 등이 크리스챤 아카데미교육을 수강토록 추동했다. 그 결과 1970년대 후반 방곡신협·고마신협을 기반으로 가농 방곡자활농민회(1977.7)와 금곡분회(1978.1)가 창립됐다. (김소남 2023, 231~240) 이들 가농분회는 유신체제하에서 농촌신협과 연계되어 경제사업을 중심으로 활동하면서 괴산 지역에서 농민운동을 전개했다.

1970년대 후반 충북육우개발협회 관할 농촌신협의 임직원·조합원이 창립한 가농 분회의 활동은 유신체제하 농촌신협이 금융기관의 성격과 운영에 한정하지 않고 농협 민주화운동과 농민권익실현운동 등 일정한 사회운동성을 지니고 전개됐다는 점에서 의미가 있었다. 또한 유신체제 하 유신정권 주도의 새마을운동과 관제 협동조합 활동이 전개되는 속에서 이들 농촌신협이 중심이 되어 민간 주도의 농촌개발운동과 협동조합운동을 전개했다는 점에서 그 의미가 컸다.

제3장

교황청의 관여

이 시기에 교황청은 한국교회의 두 가지 사건에 관여했다. 하나는 3·1 명동 기도회 사건이었고 다른 하나는 유신 정권이 일명 오원춘 사건으로 두 주교에게 자진 출국을 요청한 사건이었다. 교황청은 이 사건들 외에도 주한 교황 대사관과 주 교황청 한국 대사관을 통해 천주교 관련 소식을 접하고 있었다. 그러나 이러한 일상적 대사관 업무 외에 교황청의 장관급 이상 인물이 관여한 사건은 이 둘에 불과했다. 특히 두봉 주교 건은 당시 교황이었던 요한 바오로 2세가 직접 관여했다.

제1절 3·1절 명동 기도회 사건

1976년 3월 6일, 당시 외무장관 박동진은 도세나 교황 대사를 외무장관실로 초치했다. 박동진은 도세나에게 3·1절 명동 기도회 사건에 연루된 신부들을 법적 조치할 수밖에 없는 이유를 설명하고 신부들이 정치 문제에 관여하지 못하도록 교회 측에서 이들에 대한 조치를 취할 것을 요구했다.

일부 성직자들이 극히 정치적인 문제에 관한 공중 데모를 주도하였는바, 이는 종교적 사명과 양립하지 않는 것이다. …… 성직자가 종교 활동의 근본적인 사명과 행동 준칙을 준수하지 않고, 본분을 벗어나 문제를 야기시켰음은 극히 유감스러운 일이다. …… 교황청 대사께서 성직자가 앞으로 정치적 활동에 참여하지 않도록(refrain from) 적절한 방법으로 개입해주시기 바라며, 이 문제에 관한 어떤 의견(suggestion)이 있으면 말씀해주시면 감사하겠다. …… 가톨릭 교직자가 자기의 행동에 보다 신중을 기하여, 정치활동에 참여하는 일이 없도록 영향력을 행사해주시기 바란다. (B-0026-01/9031/701, 18~19)

이에 대해 도세나 대사는 박동진의 입장을 우선 긍정하고 이어 "성직자들의 정치참여를 제재할 수 있도록 적절한 조치를 강구하겠다"는 입장을 밝혔다. 다만 신부들을 강하게 처벌해 지 주교 사건 때처럼 외부로부터 반발을 사지 않는 게 좋을 것이라 제안했다.

자세한 사건 내용은 아직 모르지마는, 성직자의 가장 주요한(principal) 의무를 다하고 규율을 유지하도록 나의 최선을 다하겠다. 그들은 한국인이고 어떤 정치적 견해를 표명하였으면, 그 결과에 대하여는 이를 받아들여야 할 것으로 안다. …… 적절한 기관과 접촉해 …… 정치활동을 삼가도록 나의 최선을 다하겠다. 개인적 의견을 말씀드리면 외부로부터의 반발을 야기시키지 않도록 강한 조치를 취하지 말기를 바란다. (B-0026-01/9031/701, 19~20)

1976년 3월 9일에는 주일본 교황 대사관 2등 서기관 렌조 프라또띠오(Renzo Fratotio) 신부가 주일 한국 대사관을 방문해 「1·23 원주선언」, 「3·1민주구국선언문」과 홍보 자료 「Catholic Church in Korea Today」를 전달했다. (B-0026-04/9034/701, 213) 아마도 이 방문은 3월 2일 이 사건 소식을 접한 일본 정평협 요청으로 일본 가톨릭교회가 이 사건에 관심이 있다는 사실을 한국 정부에 간접적으로 주지시키려는 의도였던 것 같다.

1976년 3월 17일 노신영 외무차관은 차관실로 다시 도세나 교황 대사를 초치해 이미 입건한 신부들에 대한 수사와 처벌이 불가피하다는 말을 전했다. 그러면서 대사가 교황청에 이 사건 진상을 제대로 보고해줄 것과 교황청이 한국인 성직자들의 정치활동 참여를 제재하는 특별 교시를 내릴 것을 요청했다. 이에 대해 도세나 대사는 신부들을 비판하는 정부 입장에 일단 동조 의사를 표현했다. 천주교의 가담 정도가 낮았던 점을 거론하며 신부들에 대해 관대한 처벌을 요구했지만, 큰 틀에서는 정부에 동조하는 입장이었다.

> 3·1절 사건에 관련된 인사들이 다만 가톨릭 교인이라는 이유로 교황청으로부터의 어떤 보호를 기대하거나 요청할 수는 없다고 본다. 따라서 종교인이 비종교활동인 정치에 관여하였을 때, 관계법의 제재를 받는 것은 당연하다. …… 본인은 이번 사건의 진상을 (교황청에) 사실대로 보고하겠다. …… 이번 사건에 관여된 카토릭 신부는 함세웅 신부뿐이고 (개)신교가 주동적 역할을 하지 않았나라고 본다. 본인은 최규하 국무총리께서 이 사건에 관하여 국회에서 답변한 바를 읽었다. 아주 명료하고 전적으로 동감이 가는 설명이다. (B-0026-04/9034/701, 114~115)

외무부는 주교황청 대사 신현준을 통해 1976년 3월 18일 교황청 국무성 정무담당 차석 실베스트리니(Silvestrini) 주교를, 3월 23일에는 교황청 국무성 베넬리(Benelli) 차관을 방문해 3·1절 명동 기도회 사건 관련 내용을 설명했다. (B-0026-04/9034/701, 230~232) 3월 25일에는 교황청 국무성 정무담당 카사롤리(Agostino Casaroli) 대주교를 방문해 다시 3·1절 기도회 사건의 진상을 설명했다.

이 자리에서 카사롤리는 도세나 대사와 달리 유신 정권 입장에 동조하지 않았다. 정치활동이 종교행사에 편승하는 것에는 동의를 표하지 않으면서도 성직자의 사회참여에 대해서는 한국 정부의 입장에 동의하지 않았다. 이는 그의 다음 답변에서 확인할 수 있다.

> 정치활동이 종교행사에 편승했다는 것은 옳지 않다고 봅니다. 성직자라고 해서 정치에 대해서 전연 관심조차 가져서는 안 된다는 것이 아니기 때문에, 또한 성직자 역시 인간이기 때문에, 그 사람 그 사람에 따라 그 해석과 참여도의 불분별 등으로 인하여, 지금 세계 여러 곳에서 종교와 정치 문제에 관련된 복잡한 일들이 벌어지고 있어 마땅히 시정되어야 할 일이기는 하나, 고차원에서 다루어져야 할 것이며, 많은 시간을 두고 다루어 나가야 할 일이라고 봅니다. (B-0026-04/9034/701, 233)

카사롤리 대주교는 성직자의 정치참여는 나라에 따라 다른 기준을 적용해야 할 사안으로 보았기 때문에 한국 정부 입장에 즉각 동조하지 않았다. 제2차 바티칸 공의회 이후 동구 가톨릭교회, 중남미 가톨릭교회 등에서 활발히 전개되었던 성직자들의 정치참여를 정치가 안정된 서구사회 기준으로 볼 수 없다고 생각했던 듯하다. 그는 이탈리아 태생이었지만 1963년부터 국무성에서 공산권인 동유럽 관련 업무를 보았던 터였고 그 공적으로 1979년 국무성 장관으로 임명되었던 경력이 이를 뒷받침한다. (《가톨릭신문》1998.6.21)

제2절 두봉 주교 출국 요청 사건

앞에서 살펴본 것처럼 안동교구 가톨릭농민회 회원 오원춘의 납치·감금·고문 사태로 빚어진 교회와 유신 정권 간 갈등이 두 주교에 대한 추방 조치로 이어졌다. 유신 정권은 "이 기회에 천주교 민주화운동에 철퇴를 가하겠다는 의도로 안동교구장 두 주교를 압박하기 시작했다. 외무부장관을 교황청에 파견해 외국 선교사의 정치간섭을 문제 삼아 추방 의사를 전달했다."(《평화신문》 2004. 3. 21) 이 추방 소식은 1979년 8월 18일자 외신에 먼저 보도되었고 교회 언론은 이 뉴스를 통해 사실을 인지했다.

> 법무부는 (20일) "출국을 권고한 사실이 없다'고 밝히고 '다만 두봉 주교가 입국목적(종교 활동) 외에 어떤 활동을 했는가에 대해서 조사한 바 있다"고 해명했다. 또한 외무부는 안동교구장 두봉 주교의 자진출국문제를 두고 프랑스 정부와 협의를 계속 중인 것으로 20일 알려졌다. 한 소식통은 정부가 뒤로 주한 프랑스 대사와 접촉을 갖고 이 문제를 협의했으나 아직 결론을 못 얻고 있는 상태라고 밝혔다. (《가톨릭시보》 1979. 8. 26)

유신 정권은 한편으로 주한 프랑스 대사관을 통해 프랑스 정부와, 다른 한편으로 교황청과 두 주교의 출국 문제를 협의하고 있었다. 이 과정에서 유신 정권은 1979년 7월 26일 주한 교황 대사 안젤로니(Luciano Angeloni) 대주교를 외무부에 초치했다.

안젤로니는 이 자리에서 "정치와 종교는 완전히 분리되어야 하는 것이기에 종교가 정치에 간여해선 안 된다. 김수환 추기경을 비롯 한국교회 고위 성직자들에게 이런 자신의 소신을 인식시킨 바 있다. 한국은 급속한 경제성장을 하는 나라이므로 민주주의 정착에 시간이 걸릴 수 있다"는 요지의 발언을 했다. 같은 날 이뤄진 외무부 구주국장과의 면담에서도 같은 취지의 발언을 했다. (2009-0007-09/12686, 14~15) 그러나 교황 대사의 이러한 입장은 한국 주교와 사제들의 태도가 완강하여 관철될 수 없었다. 이에 유신 정권은 외무장관을 교황청에 직접 파견하는 방법을 선택했다.

지 주교 구속 사건, 3·1절 명동 기도회 사건에서처럼 유신 정권은 특정 사건에 연루된 성직자를 한 가지 사건만으로 제재하지 않았다. 이전부터 그가 관여했던 사건들을 하나로 묶어 결정적인 사건에 병합했다. 두 주교도 같은 경우였다. 그가 주교 서임 후 관여했던 모든 사건을 오원춘 사건에 병합해 그에게 출국을 종용했다.

유신 정권은 외무장관 박동진을 교황청에 보내 이 사건에 적극적으로 가담한 혐의로 두 주교의 해임을 요청했다. 그러자 교황청에서는 이 사건의 진상 파악을 위해 한국 고위 성직자 3명을 교황청으로 불렀다. 먼저 두 주교가 1997년 9월 10일 교황청에 불려갔다. (《가톨릭시보》 1979. 9. 9) 9월 24일에는 김 추기경과 주교회의 의장 윤공희 대주교가 같은 건으로 교황청에 불려갔다. 이 방문은 급작스럽게 이뤄졌다.

> 김 추기경의 갑작스런 교황청 방문은 최근의 국내교회 움직임으로 미루어볼
> 때 비상한 관심을 불러일으키고 있는데 이번 방문에서 김 추기경은 교황을
> 비롯한 교황청 고위 관리들과 만날 것으로 예상되고 있다. (《가톨릭시보》
> 1979. 10. 7)

두 주교는 이 기간 김 추기경, 주교회의 의장 윤공희 대주교와 함께 교황 요한 바오로 2세를 알현(謁見)하고 안동 사건의 진상, 한국 정치 상황을 상세히 보고했다. 요한 바오로 2세 교황은 한국 주교들의 노고를 치하하고 두 주교에게도 정부 출국 명령에 따르지 말 것을 주문했다.

나중에 교황님 사무실에서 교황님, 김수환 추기경님, 윤공희 대주교님, 저하고 함께 얘기를 하셨는데 김수환 추기경께서 우리 상황이 어떻고 우리나라는 독재이고 그래서 우리가 사람을 살리기 위해서 나서지 않으면 아무도 나서지 못하고 농촌에도 그렇고 도시에도 그렇고 우리가 가만 있으면 안 되지 않느냐고 말씀을 하셨죠. 교황님이 이해를 잘 하셨어요. 아 한국교회에서 정말 잘 한다. 그러면 그 때문에 두봉 주교가 사표를 내면 안 된다. 그래서 나보고 사표 내지 말고 한국으로 돌아가라. 그리고 만일 정부에서 일방적으로 추방하면 후임자를 임명하지 않겠다. (강병규 2019)

두 주교는 교황청 방문을 마치고 10월 초순 교구로 돌아왔다. 그리고 그 달 말 박정희가 부하 김재규에게 저격당하며 유신 정권은 종말을 맞았다.

♦ 제4장 ♦
해외교회와의 연대

이 시기 일본 정평협은 3·1절 명동 기도회 사건 대응, 김지하와 김대중 구명운동, 구속 사제들을 위한 기도회, 한국 인권 상황에 대한 성명서 발표, 한국에서 입수한 소식과 문서의 번역, 책자 간행, 이러한 자료의 해외 전파를 통해 한국 민주화운동을 지원했다. 이 기간 일본으로 건너간 소식 가운데 상당 부분은 '김정남-송영순 라인'을 통한 것이었다. "민주화운동의 전기간을 통하여 한국의 민주화운동 특히 가톨릭교회의 활동을 세계에 널리알린 것은 일본 정평협이었는데 여기엔 송영순의 보이지 않는 헌신적인 노력이 있었다."(김정남 2021, 159)

제1절 일본 가톨릭교회와 연대

1. 3·1절 명동 기도회 사건 대응

1976년 3월 1일 명동성당 기도회에서 발표된 3·1민주구국선언문은 바로 다음 날인 3월 2일 '긴급회의'에 전달되었다. 이 구국선언문 전달 채널에 관련된 내용은 김정남의 편지에 언급되지 않은 것으로 보아 개신교 측 채널이었던 것으로 보인다. 이 소식을 접하자 정평협은 긴급회의 가맹단체인 '한일런'과 함께 3·1민주구국선언 지지, 이 선언으로 입건된 이들의 구명을 위해 세 번의 집회, 기도회, 시위 등을 조직했다. (東海林勤 2012, 186)

1976년 3월 13일에는 긴급회의 등 7개 단체와 함께 공동성명을 발표했다. 이 공동성명에서는 유신 정권의 3·1민주구국선언자들에 대한 연행, 수사를 그리스도교 신앙 양식에 대한 정치적 탄압이라 규정하고 한국 그리스도인의 신앙을 본받아 정의를 위한 행동에 나설 것을 내외에 호소했다. (김정남 2021, 158) 이후에도 정평협은 3·1민주구국선언 관련자들에 대한 재판과 거의 동시에 진행되던 김지하 재판 과정에 대한 소식을 입수해 이를 송영순이 일본어로 번역하고 일부 문서는 영어로도 번역해 기자회견이나 정평협 단행본으로 만들어 일본 언론에 전파했다. 이러한 노력은 3·1 명동 기도회 사건으로 구속된 3명의 사제들이 모두 석방될 때까지 계속되었다. (日本カトリック正義と平和協議會 1978. 2. 14) ●

정평협은 한국 주교회의 정의평화위원회에서 해외에 발송해줄 것을 요청하는 소식과 문서도 영문일 경우는 그대로, 한국어일 경우는 일어와 영어로 번역해 각국 정평위와 해외언론에 전파했다. ●●

2. 김지하 구명운동

정평협은 김지하 구명을 위해 한국에서 보내온 자료들을 바탕으로 책자를 발행하고 이를 관련 단체와 일본언론에 전달했다. 1976년 3월 13일에 발행한 첫 번째 책자『긴박한 한국 그리스도인의 외침(緊迫した韓國キリスト者の叫び)』에는 김지하 재수감 이후의 경과보고, 1976년 2월 16일 전주 월례

● 이 회의록에는 韓國委員會에서 관여한 활동상을 모두 열거하고 있다.
●● 한국천주교 주교회의정평위가 1977년 2월 16일자로 일본 정평위에 보낸 영어 문서가 대표적이다.

시국 기도회에서 발표된 김지하의 어머니 정금성 여사의 인사말을 수록했다. 1976년 10월 9일자『한국교회의 십자가의 길(韓國教會の十字架の道)』에는 1976년 5월 18일 재판에서 있었던 검사 직접 심문, 6월 15일과 29일의 변호인 반대신문, '옥중 메모'에 대한 9월 14일과 20일 김지하에 대한 변호인 측 증언을 수록했다.(古屋敷一葉 2018, 34~35) 1976년 12월 발행한『가톨릭시인 김지하의 신앙과 사상(カトリック詩人金芝河の信仰と思想)』에는 1976년 9월 28일 공판 기록, 예수회 이한택 신부의 '김지하의 옥중 메모에 대한 감정 의견서' 및 '김지하를 믿는 선언문', 지학순 주교 의견서, 서명자 사인이 담긴 기록 사본을 수록했다. 1979년 8월에는『김지하란 누구인가: 그의 옥중투쟁과 기록(金芝河の獄中メモに對する鑑定意見書)』도 발간했다. 이 가운데 한국어 자료들은 다시 한국으로 전달되어 김지하의 재판 증거로 제시되었다.(古屋敷一葉 2018, 36)

정평협은 1976년 11월 8일 김지하 구명을 위해 정평협 회장 모리타 소이치, 담당주교 소마 노부오(相馬信夫) 명의로 각국 정의평화위원회, NCC(National Council of Churches) 관계자, 세계 유명 신학자들에게 영문으로 작성한「김지하를 믿는 선언문」을 동봉한 협조 서한을 발송했다. 이 서한에는 '김지하의 양심선언', '옥중 메모', 재판 진술서 등을 분석한 '김지하 사상에 대한 신학적 평가'(Adolf Nicholas, 신학자), '김지하의 가톨릭-래디칼 사상의 뿌리'(Fumio Dabuchi, 신학자), 그리고 이 분석에 동의할 경우 서명을 청하는 '호소문(1)', 김지하의 목숨을 구하기 위해 한국 법무장관과 고등법원장에게 공정한 재판을 촉구하는 전보 발송, 한국 대사관을 방문하거나 전화해 자신들의 의사가 정부 관계자들에게 전달되도록 요청할 것, 한국교회에 격려 편지를 보낼 것을 요청하는 '호소문(2)'이 첨부되었다.(Japanese Catholic Council for Justice and Peace 1976. 11. 8)[●]

정평협의 이러한 시도는 국제적으로 큰 반향을 일으켰다. 일례로 독일의 저명한 신학자 위르겐 몰트만(J. Moltmann), 메츠(J. B. Mets) 등 250여 명의 해외 신학자들이 지지 서한을 보냈다. 일본 국내에서도 김지하 구명을 지지하는 서명 용지, 응원 엽서, 그리고 성금이 정평협에 답지했다. 정평협은 이렇게 모은 자료들과 성금을 한국에 전달했다. (古屋敷一葉 2018, 34)

3. 김대중 구명운동

정평협은 1978년 10월 10일에는 김대중의 구명을 위하여「한국 인권 문제 등(韓国人権問題など)」이라는 성명서를 발표했다. 이 성명서에서 정평협은 한국 정부에 김대중을 납치 이전 상태로 되돌리라고 요구했다.

> 한일 관계의 나쁜 상징인 김대중 씨 납치 사건은 5년이 지난 오늘날에도 김씨의 인권이 침해, 방치되고 있다. 이 사건은 김대중 씨 자신의 인권 침해일 뿐만 아니라 국가주의의 침해이며 또한 우리 일본인의 책임이기도 하다. ……지금까지 미력하나마 한국 인권 문제에 관심을 가져온 우리는 이 사태를 위중하게 바라보며 …… 김씨의 기본권과 자유를 옹호하기 위해 신속하게 그가 납치당하기 전 원상으로 복귀시킬 것을 전국회의 참석자의 동의를 얻어 강력히 요구하는 바이다. (https://www.jccjp.org/archives/info/1270.html)

1979년 6월 29일에는「김대중씨 사건과 관련하여(金大中氏事件に関連して)」라는 요청문을 일본 총리에게 발송하여 김대중의 구명에 책임감을 가지고 임할 것을 요구했다.

[●] 한국 정부 관계자와 판사들에게 입장을 전달하는 방법을 알리는 공문은 11월 9일자로 작성돼 있다.

일본국 주권, 그리고 김대중 씨 개인의 인권, 나아가 하느님 앞에서의 양심에 비추어 생각하면, 현상을 방치하는 것은, 조금도 용서되지 않을 것입니다. …… 우리는 총리의 양심의 목소리 …… 용기있는 결정으로 정치 유착을 재검토할 것을 강력히 요청합니다. (https://www.jccjp.org/archives/info/1271.html)

정평협은 이러한 활동들을 통해 일본 내에서 한국민주화운동에 우호적 여론을 형성해 일본 정부가 한국 민주화에 기여하도록 압력을 가하고, 해외에 한국민주화 관련 자료 발송과 서명운동을 통해 미국을 비롯하여 세계 여러 국가 정부가 한국 정부에 압력을 가하게 해 한국교회 민주화운동을 도우려 했다. 실제로 정평협의 이러한 관심과 노력은 수백회의 해외언론 보도를 이끌어냈고, 각국 외교 사절이 한국 정부에 압력을 행사하게 만드는 데 도움이 되었다.

정평협은 1970년대 초부터 1980년대 말까지 한국천주교회 민주화운동을 지원했다. 여기에는 한일 두 교회 고위 성직자들 간 친분이 작용했다. 그러나 더 깊은 차원에서는 일본 천주교회가 가졌던 인류 보편가치에 대한 신앙적 자각, 식민 경험에 대한 반성, 그리고 그에 따른 실천이라는 측면이 강하게 작용했다. 이 점은 정평협이 1976년 3월 14일자, 21일자《가톨릭신문(カトリック新聞)》에 게재한「왜 우리는 한국 문제에 관여하는가(なぜ, わたしたちは韓國問題に關わろか)」라는 기사에 잘 드러나 있다. 네 번째와 다섯 번째 질문과 답변을 통해 그 일면을 살펴본다.

질문 4: 한국 외에도 인권침해 사례들이 많이 있고, 특히 공산주의 국가에서 더 심각한 인권 침해가 발생하고 있는데, 왜 한국 인권침해 문제에만 관여하는가?

답: 세계 각지에 인권침해가 있긴 해도 구체적 정보를 얻는 데는 한계가 있다. 그런데 한국에 대해서는 확실한 정보를 얻을 수 있는 수단이 있고, '정평협' 활동이 한국 그리스도인을 격려하고 돕는 일에 도움이 되며, 국제 여론의 힘으로 한국 정부에 호소할 수 있다는 점에서 의미가 있다.

질문 5: 인권은 정치 문제이지 종교와 무관하지 않은가?

답: 모든 사람은 하느님의 사랑을 받은 대체 불가능한 존재이고, 어떠한 명분으로도 하느님 자녀로서의 인간 존엄성과 자유를 빼앗을 수 없으며, 이러한 신념으로 권력을 가진 인간 마음대로 다른 인간의 존엄성과 자유를 억압하는 일은 인정할 수 없기 때문이다.

일본 천주교회는 주교회의 산하 정평협을 통해 한국천주교 민주화운동을 지원했다. 해외교회의 지원 노력 가운데 가장 규모가 크고 지속 기간도 길었다. 한국 민주화운동에 미친 긍정적인 영향도 컸다. 그러나 일본교회의 실질적 기여는 한국교회에 거의 알려지지 않았다. 이 절에서 언급한 일본 천주교회의 지원 활동 사례도 실제 기여에 비하면 극히 일부에 불과하다.

◆ 제5장 ◆
교회 내 이념 논쟁

인혁당 사건으로 시노트 신부가 1975년 4월 강제 추방을 당한 뒤에도 메리놀회 회원들은 유신 정권을 반대하는 활동을 멈추지 않았다. 자진 출국 형식으로 추방당한 시노트 신부도 미국에서 유신 정권을 비판하는 활동을 추방 이전보다 더 활발히 전개했다. 그의 이런 활동을 감시하고 그가 주장한 바를 반박하거나 해명하는 일이 재미(在美) 공관의 주요 업무 가운데 하나였을 정도다. (2008-0016-10/11541/722.6US)

다른 사도생활단 회원과 일부 성청설립 수도회 회원들도 지 주교 구속으로 시작한 반유신 활동을 멈추지 않았다. 이들은 '3·1명동구국선언'으로 사제단 소속 신부들이 구속되자 이들의 석방운동에 적극적으로 관여했다. 이들은 한국인 사제들과 별도로 해외에 유신 정권의 실체, 실정을 폭로하는 정보들을 유포하는 활동도 했다. 메리놀 회원 가운데 일부는 주한 미대사관 내 인맥을 이용해 미국 조야(朝野)에 유신 정권에 압력을 행사해줄 것을 요청하는 서한을 보냈다.

선교사들이 지 주교 석방, 시노트 신부 추방 후에도 반유신 활동을 계속하자 유신 정권은 이들의 활동을 제재하기 위해 출입국관리법을 개정하고자 했다. (1977.9.28 개정안 마련) 이 개정안은 "국내 체류 중인 외국인의 정치

활동을 규제하고, 이를 위반하는 외국인에 대해서는 강제 퇴거 조치가 가능하도록 하는 내용"을 담았다. (기쁨과희망사목연구소 1996b, 361)

이러한 선교사들의 움직임을 유신 정권만 불편하게 생각한 것은 아니었다. 이미 전반기에 노장 사제들의 대표 격이었던 백민관 신부가 사제단에 불만을 표시한 바 있었다. 소장 사제들과 노장 사제들 간 갈등은 한동안 잠복해 있다가 1977년 6월에 이르러 노장 사제들이 의사를 표현하기 시작하면서 다시 수면으로 올라왔다. 이들이 이 시기에 처음 집단적으로 의사를 표현한 사건은 '서울교구 원로층 신부단' 명의로 '메리놀회 총장'에게 항의 서한을 보낸 일이었다. 노장 사제들은 10월 말 구국사제단(연장 사제 49인) 명의의 「주교단에 호소한다」는 건의문(《가톨릭시보》 10월 20일자)을 1면 광고란에 실었다. 이 건의문은 외국인 선교사를 포함해 민주화운동에 참여하는 한국 사제 모두를 비판 대상으로 삼았다.

이와 같이 1970년대 내내 교회 안에서는 사회참여 논쟁이 지속되었다. 새로운 점이 있다면 외국인 선교사를 공격할 때 노장 사제들이 민족주의적 색채를 드러낸 것이다. 이는 토착화 논의로 포장했지만 본질은 선교사들이 국내 정치 문제에 간섭하지 말라는 요구였다. 따라서 이 시기의 이데올로

구국사제단이 《가톨릭시보》 1979년 10월 20일자 1면 하단에 실은 건의문

기 논쟁은 전반기 흐름이 계속되는 가운데 토착화론으로 표현된 한국인 노장 사제들의 민족주의와 선교사들의 보편주의가 충돌한 일이 유일했다.

제1절 가톨릭의 보편주의 대 민족주의

당시 선교사들이 자신의 유신 정권 반대 활동을 민주주의, 인권 등 보편주의(적 가치)에 입각한 것이라 밝힌 적은 없다. 이는 오히려 노장 사제들이 쓴 표현이었다. 노장 사제들은 선교사들의 반정부 활동을 가톨릭의 보편적 형제애의 발로로 보았다. 선교사들은 자신들이 파견된 곳이 어디든 그 지역에서 보편적 가치를 침해하는 일이 벌어지면 응당 보편적 형제애에 기초하여 행동하는 것이 도리라는 점을 인정했다. 그러나 이 참여가 지나치면 피선교국에는 문화적 오만으로 해석될 수 있다고 비판했다.(기쁨과희망사목연구소 1996b, 310) 실제로 노장 사제들은 이러한 생각으로 반정부 활동에 참여하는 외국인 선교사를 비난했고 이 과정에서 민족주의적 표현을 사용했다. 이러한 표현이 처음 등장한 문서는 1977년 6월 22일자 서울교구 원로층 신부단 소속 5인 위원회가 작성한 「우리의 행동에 대해 해명한다」는 보고서였다. *

국가 없이 종교도 존재할 수 없다고 우리들은 믿습니다. 우리들은 자랑스런 우리 민족의 자주성을 되찾으려는 것입니다. 앞으로 왜곡된 보호주의나 문화적 오만 또는 신식민주의라고 해석될 수 있는 외국 선교사들의 어떤 반한 행동도 우리들은 용납하지 않을 것입니다.(기쁨과희망사목연구소 1996b, 320)

---

* 5인위원회에 이름을 올린 신부는 연명순으로 봉희만, 최석우, 김창석, 백민관, 박종성이었다.

이 보고서에서 원로층 신부단은 외국인 선교사들의 일부 반정부 발언과 행동이 이미 독립교회가 된 한국교회를 미성숙하게 보기 때문이거나 신식 민주의적 태도의 발로로 해석될 수 있는 것이라 비판했다. 1977년 7월 14일에 천주교 구국위원회 신부단 명의로 발표한 「한국천주교회의 자주 선언」에서는 더 강한 표현이 사용되었다.

> 우리 한국천주교회는 민족사에서 소외되었던 쓰라린 경험을 스스로 반성하고 모처럼의 민족의 자립을 보존하여 공고히 할 중차대한 사명을 스스로 짊어져야 할 것이다. 우리 천주교회를 보람찬 민족사의 발전과정에 참여시켜 민족의 발전에 적극 이바지할 각오를 성직자와 평신도가 새롭게 할 때 비로소 선교사 시대는 종언을 고하고 한민족의 새로운 교회사가 우리의 앞길에 펼쳐질 수 있을 것이다. …… 교회의 참다운 자립을 위해서는 경제적인 자립과 함께 정신적 자립도 중요하다. 그리고 참다운 정신적인 자립만이 민족의 발전에 기여할 수 있는 계기를 마련해줄 수 있을 것이다. 여기에 우리가 한국 천주교회의 자주를 선언하는 이유가 있다. (기쁨과희망사목연구소 1996, 321~322)

이 선언문에는 자신들의 이런 의사 표시가 궁극에 외국인 선교사에 의존할 필요가 없는 교회 즉 '경제적 자립과 정신적 자립'이 실현된 '한국인 (민족)의 교회'가 되고자 하는 것임을 밝혔다. 특히 두 가지 자립 가운데 정신적 자립이 더 중요하다고 보았다. 이들은 선교사들의 반정부 활동을 반한(反韓) 활동으로 간주하고 이러한 활동 과정에서 발표한 일부 문서와 그들이 보여준 행위가 자신들의 민족 감정을 건드렸고 일부는 한국의 정치적 자주권을 침해할 정도의 수위에 이른 공격으로 보았다. 이들은 다음을 그들에게 민족주의 감정을 불러일으킨 사례로 들었다. 이 두 인용

문은 1976년 6월 22일자 서울교구 노장층 신부단 5인 위원회 보고서에
담겼다.

> 시노트 신부는 '한국교회'라는, 한국 경찰이 데모를 진압하는 장면을 돋보이
> 게 하는 BBC 영화를 미국과 일본 등지에서 직접 상영하면서 한국이 암흑의
> 나라라는 그릇된 인상을 전 세계에 퍼뜨리고 있습니다. 남한이 북한을 침공
> 하려 하니 남한에서 미군을 철수시키고 군사적 경제 원조를 끊으라고 요구
> 하는 광고문이 시노트 신부 등이 뉴욕 타임즈 지에 실은 사실은 한국 사람들
> 을 매우 분노케 하였습니다. …… 한국에 있는 메리놀회 회원 전원은 1975년
> 4월 29일에 시노트 신부를 지지하는 성명서를 세계에 발표하면서 시노트 신
> 부의 추방은 메리놀 회원 전원에 대한 공격으로 간주한다고 강조하였습니
> 다. 그러므로 시노트 신부의 행동에 대하여 메리놀 회원 전원이 책임져야 합
> 니다. (기쁨과희망사목연구소 1996b, 317)

> 일부 메리놀 회원들이 매춘행위가 한국 경제발전의 주요 요소라고 주장하는
> 유인물을 배부하려 했습니다. 이 유인물은 우리들의 민족적 감정을 폭발시
> 켰습니다. 우리들의 이러한 민족적 감정의 폭발을 정치적인 동기에서 나왔
> 다고 해석해서는 절대로 안 됩니다. (기쁨과희망사목연구소 1996b, 318)

이들의 외국인 선교사 비판은 일차로 메리놀회를 대상으로 했지만 외국
인 선교사들 전원이 1977년 6월 10일에 '주한 선교사 일동' 명의로 '카터 대
통령에게' 서한을 보냈으니 궁극에는 모든 선교사를 대상으로 한 것이라 할
수 있다. 이 서한의 다음 표현도 연장 사제들을 자극할 만한 것이었다.

> 남한의 안보를 위협하는 요소가 두 가지 있습니다. …… 또 하나는 남한의 독

재자인데 북한의 독재자보다 덜 하겠지만 위험하기는 마찬가지입니다. 그는 국민을 소외시키고 국제적으로도 고립되어가고 있습니다. …… 이 두 가지 위협 요소 가운데 하나는 무시하고 또 다른 하나만 생각하는 정책은 한반도 의 평화에 도움도 안 되고 귀 행정부의 인권정책에도 어긋나는 것이라고 우 리는 확신합니다. (기쁨과희망사목연구소 1996b, 310)

노장 사제들은 크게 두 가지 측면에서 선교사들의 발언을 내정 간섭, 국격 손상으로 이해했다. 하나는 남한의 안보를 위태롭게 할 미군 철수 주장, 다른 하나는 국격을 손상할 만큼 일부 부정적 현상의 일반화였다. ● 그리고 이들은 민주화의 지체 또는 유보가 제3세계 일반이 갖는 특징인데 선교사 들이 유독 한국만 발전이 더디고 인권 상황도 더 열악한 것처럼 선전했다 며 불만을 표시했다. 그리고 이러한 활동을 방관하는 주교들도 공격했다. 그러면서도 이들은 자신의 행동을 정치적으로 보지 말아달라고 당부했다.

그러나 이들이 밝힌 입장의 본질은 외국인 선교사, 한국인 사제를 막론하고 '천주교의 성직자는 누구든 사회참여를 하면 안 된다'는 것이었다. '애초에 교회가 사회참여에 나서지 말아야 했다'는 것이 이들의 생각이었기에 이런 불만을 민족주의로 포장했을 뿐이다. 결국 이 사건은 주교회의 추계총회 안건으로 상정되었고, 서울교구에서 벌어진 일이니 일차적으로 서울교구에서 수습하라는 결정이 내려졌다. 선교사들은 이들의 주장에 수긍하지 않았다. 결과적으로 노장 사제들의 주장은 그 의도가 무엇이었든 '천주교 민주화운동 진영을 공격함으로써 유신 정권을 옹호하는 행위'가 되었다.

● 이들이 메리놀회 총장신부에게 보낸 6월 10일 서한에서는 이러한 사례로 매춘관광을 들었다. "최근에 그들은 한국을 '일본의 사창굴'이라고 낙인찍고 한국 정부가 뒷받침하는 매춘행위가 경제발전의 중요한 요인이라고 주장하는 회람의 배부를 시도한 바 있습니다."(기쁨과 사목회망연구소 1996b, 310)

제2절 진정한 일치 대 사이비 일치

사회참여에 반대하는 노장 사제들의 강력한 의사 표현에도 천주교 민주화운동의 열기가 식지 않자 1977년에 외국인 선교사를 비판하며 등장했던 노장 사제들이 1979년 10월 20일 '구국사제단'(연장 사제 49인) 명의로 「주교단에 호소한다」는 건의문을 신문 지상에 발표하며 다시 등장했다. 이 시기는 오원춘 사건으로 3명의 주교가 교황청에 불려갔을 만큼 교회와 유신 정권 간 갈등이 최고조에 이른 때였다.

구국사제단은 이 건의문에서 당시 상황을 중대한 위기로 진단하고자 했는데 이유는 다음과 같았다. '사회참여를 둘러싸고 의견과 행동의 대립이 미움으로 치닫고 있다', '존경과 순종이 가톨릭의 긍지인데 오늘의 교회 풍토는 주교들부터 모범을 보이지 못하고 있고 사제들에게서는 존경과 순종보다 비판과 저항이 앞서는 교도권의 권위 하락상이 나타나고 있다' 그래서 '우리는 하나이고 거룩하고 공번되고 사도로부터 이어오는 교회의 순수성의 보전과 회복을 위해서' 나섰다. (《가톨릭시보》 1979. 10. 20)

구국사제단의 이 주장이 새로운 것은 아니었다. 이러한 주장은 이미 1970년대 초반부터 나오기 시작했고 지 주교 구속으로 이미 한 차례 절정에 이른 바 있었다. 그만큼 쉽게 결론 날 문제가 아니었다. 게다가 사회참여에 대한 양측의 관점 차이는 단순히 사회참여에 그치지 않고 신앙관, 교회관의 차이와 연결돼 필요한 경우 서로의 존재를 걸고 싸워야 할 상황도 생길 만큼 어려운 문제이기도 했다. 그래서 이들도 다시 이런 주장을 하게 된 것이다.

양측의 대립을 한마디로 '진정한 일치와 사이비 일치' 간 갈등이라 표현할 수 있다. 민주화운동 진영은 교회의 사회참여를 긍정하고 이에 동참하는 경우를 진정한 일치라 볼 것이고, 노장 사제단은 이들이 이 운동을 중지하거나 교회 안에서 자신의 생각과 같은 주교들, 선배들의 지시에 순명하는 것을 진정한 일치라 볼 것이다. 각자 자기 진영의 생각을 고집하며 다른 집단을 자신의 생각에 복종시킨 데서 오는 일치를 사이비 일치라 볼 것이다. 그만큼 두 입장은 화해가 불가능했다.

다음은 이 건의서에서 연장 사제들이 주교단에 요구했던 것인데 모두가 천주교 민주화운동 진영이 해왔던 활동을 부정하는 내용이었다. 이는 당연히 민주화운동 진영이 수용하기 어려운 것이었다.

> 2. 주교 공동성에 따른 주교단의 결속으로 한국 가톨릭의 질서와 규율을 최우선적으로 확립시켜 주십시오. 특히 성경과 거룩한 전례의 속화, 일치를 저해하려는 교회내의 탈선 단체, 교도권의 인준 없이 임의 남발 되는 모든 성명서를 근절시켜 주십시오. 3. 교회 교도권에 대한 존경과 순종의 정신 풍토를 회복시켜 주십시오. 특히 상하 위계 질서가 분명하고 품위 있는 교회 풍토를 확립시켜 주십시오. 4. 교회 참여의 교회적 한계, 교회적인 방법에 관한 교회 최고 교도권의 지침을 공개 명시하여 주시기 바랍니다. …… 성직자들은 평신도 교육이라는 제2선에 머물러 있게 하여 주십시오. …… 특히 외국인 선교사들은 내정 간섭의 오해와 마찰을 초래하지 않도록 한국인 사제 이상으로 지혜로운 처신을 하도록 하여 주십시오. 5. 하느님의 법이 최후의 기준임에도 불구하고 개인의 양심만을 최후 유일의 기준으로 하려는 윤리 판단 기준의 오류를 시정토록 하여 주시기 바랍니다. (《가톨릭시보》 1979. 10. 20)

이처럼 사회참여는 상반되는 두 세계관의 충돌, 신앙 패러다임의 충돌이라는 성격을 띠고 있었다. 노길명은 1990년대 이전 한국교회 사목 정책과 사목 활동에서 지배적으로 작용한 이데올로기로 반공, 성장, 안정 이데올로기 세 가지를 들었다. 그는 이 세 가지가 당시 한국사회 중산층의 정치적 종교적 성향이었는데 신자들도 이와 크게 다르지 않았다고 보았다. 그리고 이 지배 이데올로기를 "한국사회의 지배계급이 지배질서의 정당화를 위해 창출한 세속 이데올로기"로 보았다.(《가톨릭신문》1995.1.29) 엄밀히 말하면 노장 사제들은 그들의 발언 이면에 이런 이데올로기를 숨기고 있었다. 이에 반해 소장 사제들은 그와 반대되는 이데올로기를 따랐다. 이 때문에 소장 사제들과 노장 시제들, 외국인 신교사와 한국인 노장 사제들의 갈등은 평행선을 달릴 수밖에 없었다. 결국 이 대립은 해결 없이 10·26으로 유신 정권이 종말을 맞으며 일시 봉합되었다.

1970년대 천주교회 안에서 사회참여를 둘러싼 공식적인 이념 갈등, 신학적 논쟁은 없었다. 사회참여에 반대하는 사제들이 대체로 침묵했기 때문이다. 개신교처럼 사회참여 경험이 민중신학의 태동으로 이어지지도 않았다. 유신 정권 말기 정권의 이데올로그들이 개신교, 천주교 민주화운동 진영을 용공으로 매도하는 책자를 발행 유포할 때도 본격적으로 대응하지 않았다.

그러나 앞에서 살펴본 바와 같이 소장 사제와 노장 사제, 외국인 선교사와 노장 사제, 외국인 선교사와 한국인 소장 사제를 한편으로 하고 노장 사제를 다른 한편으로 하는 논쟁은 늘 있었다. 물론 이 논쟁조차 공개적 형태는 아니었다. 자신의 입장을 담은 문서를 발표하는 것이 전부였다. 그럼에도 이 논쟁에서 두 진영 간, 연령대 간 생각 차이가 명확히 드러났다. 이는 지배 이데올로기와 대항 이데올로기간 대결이었고, 다른 두 세계관의 충돌이었다. 그래서 결국 화해와 일치에 이르지 못하고 평행선을 달렸다. 그리고 이 길등은 오늘에노 계속 이어지고 있다.

결론
천주교 민주화운동의 역사적 의미

지금까지 한국천주교회가 1970년대에 참여한 민주화운동 여정을 서술했다. 본서에서는 1970년대를 원주교구의 '부정부패 추방운동'에서 시작해 지학순 주교 구속과 석방으로 정점에 이른 1975년까지를 전반기로, 긴급조치 9호 발령으로 민주화운동 진영 전체가 침묵을 강요당했을 때 '원주선언', '3·1명동구국선언'으로 민주화운동의 불꽃을 재점화한 1976년에서 시작해 유신체제가 종말을 맞는 1979년 말까지를 후반기로 구분해 시기별로 운동의 전개 과정과 특징을 서술했다.

1. 한국교회사에서 1970년대가 갖는 의미

1970년대는 한국천주교회사에서 빛과 어둠의 측면이 혼재한 시대였다. 《가톨릭시보》는 1970년대를 마무리하면서 이 시대를 다음과 같이 규정했다. "80년대에 한국교회가 거두게 될 포교 200년의 보다 알찬 결실을 위한 진통과 혼란 그리고 걷잡을 수 없는 방황 속에서도 눈에 띄게 큰 성장을 거듭해 온 시련의 10년이었다."(《가톨릭시보》 1979. 12. 2) 1970년대 중반 이후 얻게 된 교세 성장이라는 열매가 빛이었다면, 고도 경제성장으로 빚어진 물질주의 팽배와 가치관 전도(轉倒)는 어둠, 제2차 바티칸 공의회가 촉발한 쇄신을 둘러싼 갈등과 처음 국가권력과의 본격 충돌로 치닫게 한 사회참여는 빛과 어둠 양면의 요소를 가진 일이었다. 1970년대는 이 두 측면이 교차하고 혼재한 격동기였다.

김녕은 1970년대 천주교가 사회참여를 하게 된 배경에 대해 "1970년대 초 한국사회에 만연했던 부조리, 인명 경시 풍조, 권위주의적 통치에 대한 윤리적 대응 차원에서 출발했다. 권위주의 정권 아래서는 교회 특유의 예언자적 역할(prophetic role)이 현 정치를 반대(political opposition)하는 모습으로 구체화 되기 때문에, 교회와 국가의 갈등(Church-state conflict)은 불가피한 것이었다"(《가톨릭신문》 1996.10.27)고 했다. 출발 동기가 어떠하든 교회의 사회참여는 "가톨릭이 이 땅에 전파된 지 190여 년 만에 폐쇄의 울타리를 넘어 인류를 대상으로 하느님 나라의 확장을 위해 예언자적 사명 수행을 다짐하고 나선, 한국교회사에 새로운 장을 열어준 역사적 사건"(《가톨릭시보》 1979.12.9)이었다.

한국천주교회의 1970년대 사회참여는 두 가지 측면에서 교회사에서 이례적이고 역사적인 사건이었다. 첫째, 한국천주교회는 1960년대 이전까지 정치참여에 활발히 나섰으나 사회교리를 구현하는 사회참여는 거의 하지 않았기 때문이다. 둘째, 19세기 후반 신교(信敎)의 자유를 얻은 다음부터 일제 강점이 끝나는 1945년까지 천주교는 철저히 국가권력에 순응해왔기 때문이다. 게다가 이를 뒷받침하는 '성속이원론'과 '정교분리론'이 강력해 교회 구성원 어느 누구도 이를 거스르려 하지 않았다. 따라서 정치 문제에 관해서는 국가에 전적으로 순응하거나, 여기서 더 나아간다 해도 기계적 중립을 지키는 것이 최선이었다. 교회가 보여온 이런 모습에 비춰보면 사회참여가 특징이었던 1970년대는 한국천주교회사에서 이례적이고 역사적인 시대였다.

2. 천주교 민주화운동의 특징

1970년대 천주교 민주화운동에는 몇 가지 고유한 특징이 있었다. 첫째, 사회와 교회에 대한 책임감이 강한 소수의 종교인만 투신할 수 있는 열악한 조건에서 출발했다. 한반도는 해방공간과 6·25전쟁을 거치며 분단 체제가 고착된 상태였다. 남한사회에선 미 군정기, 극우 반공·친미 성향의 이승만 정권을 거치며 좌파·중도파 정치세력이 거의 궤멸했다. 1960년 '4·19혁명'으로 잠시 열렸던 민주화 공간도 '5·16군사쿠데타'로 금세 닫혀버렸다. 이후 이어진 개발·독재 시대에는 기본 생존권과 노동 조건을 확보하기 위한 민중의 작은 움직임과 낮은 수준의 사회운동·민중운동조차 전개하기 어려운 조건이었다. 이런 상황에서 소수의 종교와 종교인만이 목소리를 낼 수 있었다. 이 점에서 이 시기 천주교 민주화운동은 구약의 예언자 운동 성격을 띠었다.

둘째, 일제 강점기, 해방공간, 6·25전쟁기와 이승만 정권기를 거치는 동안 한국천주교회는 한국사회의 민족해방운동·사회운동·민중운동에 무관심했다. 6·25전쟁을 경험하고, 북한 정권의 탄압을 피해 남하했던 사제와 신자들은 어느 집단보다 강한 반공 성향을 보이며 이런 일에 관심을 갖는 것을 주저했다. 교회 전체로도 반공 의식이 강해 반공을 국시(國是)로 하는 국가권력에 저항하지 않았다. 이런 상황에서 1950년대 말 일부 가톨릭 사제·수녀가 민중교육과 협동조합운동의 내용을 갖는 캐나다의 '안티고니시운동'을 도입했다. 이에 기반한 '신협운동'도 도입했다. 이를 계기로 1960년대에 평신도를 중심으로 협동조합운동이 전국적으로 확산할 수 있었다. 특히 가톨릭 '신협운동'은 '안티고니시운동'에 기반한 협동교육연구원의 제반 활동을 통해 평신도의 사회 각성과 민주주의적 의식 계발에 기여했다. 민주적으로 협동조합을 운영함으로써 교회 안에서부터 평신도의 민주주의적 지향과 자립·주체 의식을 성장시켜 나갈 수 있었다. 이런 조건 덕에 1970년

대 한국사회에서 협동조합운동과 마을 단위 분회 조직, 가톨릭 농민운동만
이 유일하게 전국적으로 확산할 수 있었다. 이처럼 지역사회 개발운동·협
동조합운동은 개발·독재 시기 천주교뿐만 아니라 사회 저변의 대중운동을
촉발하는 계기가 되었다.

셋째, 1962년 교황 요한 23세의 한국교회 교계제도 설정, 제2차 바티칸
공의회 개최와 이에 따른 교회쇄신운동, 교회일치운동의 본격화, 사회참여
와 평신도운동의 시작도 천주교 민주화운동 태동에 중요한 계기였다. 교계
제도 설정 이후 신설 교구에 초대 교구장으로 부임한 젊은 주교들은 제2차
바티칸 공의회 정신을 구현하기 위해 열심이었다. 이들은 평신도가 교회
운영에 참여할 수 있도록 여러 기회를 제공했다. JOC·한국가톨릭농촌청년
회와 같은 가톨릭 액션과 지역사회 개발운동·협동조합운동을 도입해 이런
흐름이 촉진되게 도왔다. 그 결과 평신도가 천주교 사회운동·민주화운동의
주요 지지기반이자 주도 세력으로 성장할 수 있었다. 이러한 흐름은 이승
만·박정희 정권의 주요 지지기반이자 종교 활동에만 치중했던 반공·우파적
성격이 강한 천주교에서, 일부 사제·평신도가 각성하고 성장할 수 있도록
이끌어줌으로써 민주화운동 참여에 중요한 동기가 되었다. 일부 사제들은
지 주교 구속을 계기로 한국사회의 정치·경제·사회 문제에 대한 각성·의식
화 과정을 거쳐 가톨릭 내 반유신운동 조직인 '사제단'을 결성했다. 정평위
와 한국평협 소속 평신도 사도직 단체도 지 주교 석방운동을 계기로 민주
화운동에 본격 동참했다. 이러한 흐름은 1970년대 후반, 천주교 민주화운
동이 활발히 전개되는 데 중요한 계기로 작용했고, 이는 전반기와 확연히
구별되는 특징이었다.

넷째, 원주교구의 '원주그룹'처럼, 일부 사회운동가가 제2차 바티칸 공의
회 정신에 자극을 받아 교회쇄신과 사회참여에 동참함으로써, 해방정국과
6·25전쟁, 5·16군사쿠데타 이후 한국사회에서 거의 맥이 끊긴 진보·저항적

사회운동·민중운동을 천주교 내에서 이끌었다. 특히 이들 평신도 사회운동가는 사회운동·민중운동 경험이 부족했던 사제·평신도의 각성과 의식화를 촉진하면서, 일부 교구뿐 아니라 교회 전체적으로 협동조합운동·농민운동·도시빈민운동, 그리고 반유신운동이 활발히 전개되는 데 일익을 담당했다.

다섯째, 1970년대 천주교 민주화운동은 개신교와의 연대를 기반으로 전개되었다. 1960년대 후반 제2차 바티칸 공의회 정신에 따라 교회일치운동에 적극적으로 나섰던 교구들이 교구에서 개신교 성직자와 네트워크를 형성하며 교류를 시작했다. 이러한 흐름은 1970년대 초 크리스챤사회행동협의체, 수도권 도시 선교위원회와 사회·개발·평화 한국위원회 등의 결성과 활동으로 이어졌다. 그리고 이는 1970년대 후반, 원주선언과 3·1민주구국선언처럼 신·구교 공동으로 민주화운동을 전개할 수 있는 조직적 기반이 되었다.

여섯째, 반공 이데올로기를 국시(國是)로 삼고 민중운동의 작은 움직임마저 탄압했던 박정희 정권에서 천주교 민주화운동은 가톨릭 국제기구와 외원기관, 교황청과 각국 정평위, 사도생활단과 교황청 설립수도회의 국제 네트워크와의 상호 지원과 교류를 통해 시작되고 전개되었다. 캐나다 코디국제연구원과 미국신협연합회, 미세레오르 재단·독일 카리타스와 네덜란드 세베모, 교황청과 메리놀외방전교회·성골롬반외방선교회, 일본 가톨릭 정평협, 주교·사제들의 국제 네트워크 등은 박정희 정권의 폭력적 탄압 속에서도 사제·평신도가 사회운동과 반유신운동을 전개할 수 있는 물적·인적 토대가 되었을 뿐 아니라 중요한 방패막이 역할을 했다. 이러한 국제 네트워크의 지원·협력 구조는 1970년대 천주교 민주화운동에 앞장섰던 사제와 평신도가 군사정권의 물리적 탄압과 군사정권과 유착한 일부 사제·신자의 비판·견제에도 적극적으로 반유신운동을 전개할 수 있는 기반이 되었다.

3. 교회사적 의미

1970년대 교회의 사회참여, 특히 교회의 민주화운동 참여는 교세 성장에 기여했다. 오경환은 "한국교회 안에서 1970년에 시작된 인권운동과 사회참여는 즉시 교회의 성장을 초래하지 않았으나, 교회 성장에 중요한 요인이었음을 1990년대 초반 자신이 직접 실시한 조사에서 밝힌 바 있다."(《가톨릭신문》1995.1.22) 이는 「한국천주교통계」에서도 확인되었다. 1976년부터 1985년까지의 신자 증가율이 이전 10년과 이후 10년과 비교했을 때 가장 높았던 것이다. 1980년대 중반 이후 실시된 '전국신자의식조사'에서도 새 신자 입교 동기 가운데 '교회의 사회참여에 감명을 받아서'라는 응답 비율이 높게 나타났다. 대학생, 지식인층 입교도 두드러졌다.

1980년대 후반에서 2000년대 중반까지 언론이 한국에서 가장 영향력 있는 인물을 조사하면, 김수환 추기경은 늘 상위권에 있었다. 김 추기경은 교회 안에서는 물론 한국사회에서도 영향력 있는 어른이자 지도자로 존경받았다. 이는 천주교의 사회적 위신을 반영하는 지표 가운데 하나였다. 한국의 주요 종교를 대상으로 호감도나 신뢰도를 조사할 때도 한국천주교회는 2010년대 중반까지 늘 1위를 차지했다. 그것도 2위 종교와의 격차가 컸다. 정부 기관을 포함해 한국에서 가장 신뢰할 수 있는 기관을 조사할 때도 천주교는 최상위권을 차지했다. 이는 상당 부분 1970~1980년대 사회참여에 대한 국민의 긍정적 평가에 기인한 것이었다. 천주교 성직자의 사회적 위신을 높이는 데도 기여했다. 이는 '사제단'으로 대변되는 사제들의 사회정의 실현, 인권 옹호를 위한 용기와 헌신에 대한 존경의 표시로 해석될 수 있다. 같은 맥락에서 수도자에 대한 존경심도 커졌다. 이는 천주교의 투명성 이미지와 연결되어 천주교의 사회적 위신을 높이는 데 기여했다. 이는 1980~1990년대 사제, 수도자 성소가 큰 폭으로 증가하는 데도 영향을 주었다.

교회 성장에서 오는 자연스러운 영향인데, 한국교회도 신자 인구가 100만을 넘으며 교회 안에서 다양한 목소리가 분출되는 것을 경험했다. 이는 그동안 한국교회가 유지해온 획일적 일치를 어렵게 만들었다. 지금도 다수의 신자, 성직자는 교회가 단일한 목소리를 내는 것을 미덕으로 생각한다. 이 획일적 일치를 유지하는 것을 전통이자 장점처럼 생각하기도 한다. 실제로 한국교회는 그동안 내부에 이견이 있어도 이를 외부로 표출하는 것을 금기시해왔다. 그런데 교회가 사회참여를 시작하면서 이 금기가 깨졌다. 이 일치의 금기는 사회참여를 찬성하는 신자와 반대하는 신자 사이에, 사제와 사제 사이에 특히 노장 사제와 소장 사제 사이에, 사제와 신자 사이에, 고위 성직자와 하급 성직자 사이에서 깨지기 시작했다. "양자(兩者)가 모두 교회와 나라를 아끼고 또 이를 위해 행동하면서도 서로의 의견과 행동은 극에서 극으로 치닫기만 했던 것이다."(《가톨릭시보》 1979. 12. 9)

1970년대 사회참여 특히 민주화운동 참여는 1980년대에 전개된 참여자 확대, 영역 확대, 신학과 사상 심화 영역에서 기층(基層) 경험으로 기능했다. 무엇보다 1970년대 사회참여는 한국천주교회가 한국인의 교회로 한국적인 교회로 자리매김하는 데 기여했다. 이는 교회의 한국사회에 대한 공적 책임 의식 확장으로도 이어졌다. 이 여러 측면이 하나로 모여 1980년대부터 한국천주교회가 누리게 된 높은 사회적 위신을 형성했다.

세계 교회사에서도 민주화운동 참여는 드문 역사적 사건이었다. 1960년대 말부터 시작된 중남미 가톨릭교회 해방운동, 1970년대 초반 필리핀의 민주화운동, 냉전 시기 동유럽 가톨릭 국가들이 자유를 쟁취하기 위한 운동에 이르기까지 공의회 이후 나타난 사회참여는 2,000년 교회사에서 보기 드문 사건이었다. 더욱이 한국교회처럼 사회운동 주체들이 집단으로 수십 년간 운동을 지속한 경우는 드물다. 이 점에서 한국교회의 민주화운동 참여는 세계교회사에서도 특기할 만한 사건이다.

4. 민주화운동사적 의미

천주교 민주화운동은 전체 민주화운동에도 기여했다. 천주교 민주화운동은 여타 부문운동과 구별되는 종교 고유의 장점으로 민주화운동에 기여했다. 서중석은 사제단이 민주화운동에서 담당한 역할에 대해 다음과 같이 평가했다.

박정희가 유신체제를 공고히 하고 영속시키기 위해 강권을 행사할 때, 그리하여 다른 민주주의 세력이 활동하기 어려울 때 강한 투지력으로 상대방 공세에 정면으로 대응하며 어려움을 돌파하고 민주화운동을 되살리거나 전진시키는 역할을 했다. (서중석 2007, 244)

이 평가는 사제단이 한 역할에 대한 것이긴 하지만 사제단이 천주교 민주화운동의 핵심 주체였음을 감안할 때 천주교 민주화운동에 대한 평가라 보아도 무방할 것이다.

천주교 민주화운동의 두 번째 기여는 반공을 국시로 하는 권위주의 군사정권의 반공 이데올로기를 해체하는 역할을 담당한 것이었다. 가장 대표적인 사건이 민청학련 사건 때 지 주교가 일신의 안위를 위해 귀국을 포기하고 교황청으로 피신하거나 다른 가톨릭 국가로 망명하지 않고 자진 귀국하여 구속된 일이다. 이는 지 주교의 개인적 결단이기도 했지만 지 주교를 뒷받침하는 천주교 민주화운동 진영의 생각이기도 했다. 지 주교와 원주그룹은 지 주교의 귀국과 이어지는 그의 구속이 사형 위험에 처한 김지하와 구속된 학생을 살리는 길이라 생각했다. 자칫 유신 정권이 민청학련 관련 구속자들을 이전의 다른 간첩 조작 사건들처럼 용공 혐의를 씌워 처형할 수도 있을 것이라 염려했기 때문이다. 유신 정권으로서는 천주교회를 대표하는 주교 직분을 가진 성직자를 공산주의자로 몰아가는 것이 큰 부담이었다. 지 주교의 개인사(個人史)나 교회에서 그가 차지하는 위치로나 당시 교황청이 일관되게 보여왔던 반공주의 입장으로 보나 그를 공산주의자로 몰아가는 일이 쉽지 않았다. 가톨릭이라는 지구적 네트워크의 힘도 힘이려니와 종교 자유는 자유 진영에 속한 서구국가들이 민주주의의 척도로 여겼기에 유신 정권도 이들 눈치를 보지 않을 수 없었다. 물론 지 주교는 원주교구에서 부정부패 추방운동을 벌인 이후로 그가 공산주의자라는 정보당국의 음해에 시달려왔다. 그렇긴 해도 유신 정권이 가톨릭 주교를 공개적으로 공산주의자로 모는 것은 부담이었다. 이처럼 지 주교와 당시 그를 뒷받침하는 천주교 민주화운동 진영이 학생들의 용공 시비를 차단해준 측면이 있다. 이는 종교계가 민주화운동 진영과 연대하며 이런 시비로부터 상대적으로 거리를 둘 수 있게 해주었다. 같은 맥락에서 천주교 민주화운동 진영은 도덕적 권위를 기초로 "무소불위의 국가권력에 윤리적 판단을 내림으로써 권력의 정당성을 탈정당화하는 역할을 하였다."(추교윤 2009, 103) 기도회, 미사, 강연, 주보 등을 통해 주교와 사제들은 유신 정권 이데올로기의 허상과 가식을 폭로하며 권력의 토대를 약화시켰다.

세 번째 기여는 수배 학생이나 민주화운동에 참여하는 학생, 민주화 인사에게 다른 예비신자보다 입교 조건을 완화해 교회의 보호막 아래 둔 일, 구속자들을 경제적으로 지원한 일, 종교 네트워크를 활용해 구속 위험을 피하게 해준 일 등과 같이 일종의 '소도(蘇塗)' 역할을 해준 것이다. 김정남은 이를 교회의 우산(雨傘) 역할이라 했다. 이를 교회 내부에선 비신자들이 교회를 외피(外皮)로 활용하는 것을 용인한 행위라 비판했지만, 천주교 민주화운동 진영은 이런 비판과 부담을 감내하고 이 역할에 충실했다.

마지막으로, 1970년대 천주교 민주화운동에 참여한 인사 대부분은 1980년대에도 운동을 계속했다. 사제단은 1980년대 들어 민주화운동에서 더 결정적인 역할을 담당했고, 지금까지 존속하며 2024년 9월 출범 50주년을 맞는다. 민중 연대에 동참하던 평신도운동가들은 1987년 이후 교회를 떠나 각 부문운동으로 이전하거나 시민사회 여러 영역을 개척하는 일에 투신했다. 일상에서 민주주의를 뿌리내리는 일에 새롭게 투신을 시작한 것이다.

교회 내부에서 민주화운동 경험은 사회사목의 개척과 활성화로 이어졌다. 사회사목은 교회의 테두리 안에 있긴 하지만 교회가 세상과 가장 넓게 접점을 형성하는 공간이다. 이를 통해 교회는 국가, 시민사회 모두 주의를 기울이지 않는 곳에 관심을 기울이고 있다. 이 공간을 개척하고 운영하는 이들은 대부분 천주교 민주화운동에 직접 참여하거나 간접적으로 영향을 받았던 이들이다. 그러니 이들을 통해 민주화운동이 계속되는 셈이다.

5. 계속되어야 할 교회의 예언자 직무

1970년대 천주교 민주화운동에 참여한 신자는 소수였다. 백만 신자를 운위하던 시대에 소수의 신자만이 이 운동에 참여했다. 이를 두고 일부 논자는 당시 침묵했던 다수를 비판하곤 한다. 소수가 한 역할로 교회가 과분한 평가를 받는 것이 불편하다는 이유에서였다. 물론 이는 앞으로 이런 일에 다수 신자가 참여하면 좋겠다는 바람의 표현일 것이다.

그럼에도 사회운동은 큰 흐름이 되기 전까지 늘 소수의 몫이었다. 그리스도교 경전인 구약에 나오는 예언자 운동과 매우 닮았다. 예언자는 혼자이거나 소수가 그룹을 이루어 권력에 대항했다. 그들이 동원할 수 있는 무기는 오로지 양심과 자신의 이 행동을 하느님이 뒷받침한다는 신앙뿐이었다. 이들은 대부분 비참한 결말을 맞았다. 후일 역사가 그들을 기억하게 되지만 동시대인은 대부분 그들의 고난과 죽음을 외면했다. 예언자는 이런 운명이다. 그러나 예언자는 가난하고 억눌린 이들의 외침을 외면할 수 없다. 그들의 외침이 하느님이 부르는 소리로 여겨지기 때문이다. 이로 인해 그들은 목숨이 위태로울 것을 알면서도 용감하게 불의한 권력에 맞선다.

그리스도인의 사회참여는 이런 동기와 배경에서 시작한다.

본서에서 당시 천주교 민주화운동에 참여한 다양한 주체를 발굴하고 짧게나마 그들의 활약상을 밝히고자 했다. 다행히 이들의 활약상을 새로운 사료 발굴을 통해 드러낼 수 있었다. 참으로 당시의 민주화운동은 하느님 백성을 넘어 갈라진 형제, 이웃 종교인, 종교는 없지만 종교인보다 더 종교인답게 사는 수많은 지식인, 학생, 민중이 함께한 것이었다. 짧은 시간이었지만 1970년대는 공의회 정신이 살아 숨 쉬는 현장이었다.

참고문헌

1. 1차 사료

1) 구술 사료

「1970년대 농민운동(여성농민운동). 엄영애」 민주화운동기념사업회. 2010.

「1970년대 농민운동. 이길재」 민주화운동기념사업회. 2003.

「1970년대 농민투쟁. 박재일 이상국」 민주화운동기념사업회. 2003.

「1970년대 빈민운동. 신명자」 민주화운동기념사업회. 2011.

「5. 18 여성노동자 생애사. 김순이」 국사편찬위원회. 2005.

「5. 18 여성노동자 생애사. 윤청자」 국사편찬위원회. 2005.

「5. 18 여성노동자 생애사. 최정님」 국사편찬위원회. 2005.

「70년대 민주노조와 5. 17 이후 정화조치. 이총각」 민주화운동기념사업회. 2018.

「70년대 민주노조와 5. 17 이후 정화조치. 정인숙」 민주화운동기념사업회. 2019.

「노동공간을 통해 본 광주지역 여성의 노동경험과 생활사. 이정희」 국사편찬위원회. 2012.

「노동공간을 통해 본 광주지역 여성의 노동경험과 생활사. 최연례」 국사편찬위원회. 2012.

「민주노조와 정화조치 (원풍) 박순희」 민주화운동기념사업회. 2018.

「민주화와 종교. 윤순녀」 한국학중앙연구원. 2010.

「민주화와 종교. 이영숙(소피아) 수녀」 한국학중앙연구원. 2010.

「민주화운동 관련인사 (천주교 원주교구 중심) 최기식. 정인재」 민주화운동기념사업회. 2002.

「민주화운동 관련인사(1970년대 빈민운동) 김혜경」 민주화운동기념사업회. 2011.

「민주화운동 관련인사(천주교) 김병상」 민주화운동기념사업회. 2011.

「민주화운동 관련인사(천주교) 윤공희」 민주화운동기념사업회. 2011.

「여성운동 관련 구술아카이브. 이정희」 민주화운동기념사업회. 2015.

「여성운동 관련 구술아카이브. 정향자」 민주화운동기념사업회. 2015.

「원주지역 협동운동과 민주화운동(1960~80년대) 김상범 구술」 국사편찬위원회. 2011.

「원주지역 협동운동과 민주화운동(1960~80년대) 김영주 구술」 국사편찬위원회. 2011.

「원주지역 협동운동과 민주화운동(1960~80년대) 이긍래 구술」 국사편찬위원회. 2011.

「원주지역 협동운동과 민주화운동(1960~80년대) 정인재 구술」 국사편찬위원회. 2011.

「원주지역 협동운동과 생명운동(1960~80년대) 최규택 구술」 국사편찬위원회. 2012.

「재야운동 부문관련 구술아카이브. 이창복」 민주화운동기념사업회. 2011.

2) 구술

〈김영숙 구술〉. 2022.10.25; 면담 한상욱.

〈김진소 신부 구술〉. 2023.6.28; 면담 김소남, 박문수.

〈박주미 구술〉. 2022.10.18; 면담 한상욱.

〈송옥자 구술〉. 2014.12.04; 면담 한상욱.

〈신명자 구술〉. 2022.11.2; 면담 심현주.

〈안광훈 신부 구술〉. 2022.11.1; 면담 박문수.

〈원주 평협 김정하. 이계열 회장〉. 2022.8.22; 면담 심현주.

〈이명준 구술〉. 2022.8.11; 면담 심현주.

〈이상구 수녀 구술〉. 2022.11.5; 면담 박문수.

〈이종구 교수 구술〉. 2022.9.17; 면담 심현주. 한상욱.

〈이철순 구술〉. 2022.10.13; 면담 한상욱.

〈이태숙 구술〉. 2022.10.25; 면담 한상욱.

〈조광 교수 구술〉. 2022.9.19; 면담 경동현.

〈조희부 전 충북육우개발협회 개발부장 구술〉. 2013.4.30; 면담 김소남.

〈최기식 신부 구술〉. 2011.7.22; 면담 김소남.

〈최기식 신부 구술〉. 2016.5.20; 면담 김소남.

〈황상근 신부 구술〉. 2022.10.17; 면담 한상욱.

3) 외교 문서

• 미국 국무부

1. 주한 미대사관 ↔ 국무부

SEOUL 04439 091003Z JUL 74. BISHOP CHI'S ARREST.

SEOUL 04456 101003Z JUL 74. THE CASE OF BISHOP CHI.

SEOUL 04481 101039Z JUL 74. ARREST OF BISHOP CHI.

SEOUL 04772 231051Z JUL 74. BISHOP CHI IN ROKG CUSTODY FOLLOWING DELAY OF
TRIAL.

SEOUL 04853 251055Z JUL 74. BISHOP CHI HAK SOON.

SEOUL 046795 JUL 74. JULY 29. EA PRESS SUMMARY.

SEOUL 060980 JUL 74. JULY 31. EA PRESS SUMMARY.

SEOUL 072692 AUG 74. AUG 1. EA PRESS SUMMARY.

SEOUL 05033 020200Z AUG 74. TRIAL OF BISHOP CHI OPENS.

SEOUL 05304 01 OF 02 131041Z AUG 74. COURT MARTIAL TRIALS 4439 JUL 74.

SEOUL 05187 090210Z AUG 74. ROKG CLAIMS BISHOP REPENTS.

STATE 172482 AUG 74. FINAL DAY OF FRAZER~NIX HEARING.

2. 주교황청 미대사관 ↔ 국무부

ROME 09597 111641Z JUL 74. THE CASE OF BISHOP CHI.

ROME 10573 011729Z AUG 74. THE STATE OF BISHOP CHI.

ROME 10871 081645Z AUG 74. VATICAN RADIO ON BISHOP CHI.

ROME 11809 281519Z AUG 74. VATICAN CONCERN FOR BISHOP CHI.

ROME 14595 222043Z OCT 74. ROK FOREIGN MINISTER VISIT ROME.

• 외교부 공개문서

B-0026-05/9035/701 1975. 국내 카톨릭계 인사의 정치활동 문제.

B-0026-01/9031/701 1976~77. 3·1민주구국선언문 낭독사건 V.1 기본문서.

B-0026-02/9032/701 1976~77. 3·1민주구국선언문 낭독사건 V.2 언론반응 및 진정서.

B-0026-03/9033/701 1976~77. 3·1민주구국선언문 낭독사건 V.3 신문 기사.

B-0026-04/9034/701 1976~77. 3·1민주구국선언문 낭독사건 V.4 각국 반응 및 조치 일람(자료).

B-06-0026/9040/701 1976~1976. 한국 국내 문제와 관련한 미국 의회 의원의 서한.

C-0086-09/8020/722.6US 1974~75. SINNOTT, JAMES P. 미국인 신부 출국 조치.

Re-0022-01/6656 1972~74. 지학순 천주교 원주교구장 구속 사건.

2007-0066/11202/791.72US 1977. 미국 내의 반한 활동.

2008-0016-01/11541/722.6US 1976~78/북미. SINNOTT JAMES P. 미국인 신부 문제.

2009-0007-09/12686 1979. 한·교황청 정무일반(오원춘 사건).

• 일본 가톨릭교회

1. 일본 정의와 평화 협의회 민기사 기증 사료

민주화운동기념사업회 오픈아카이브. 등록번호 00489725. 日本カトリック正義と平和委員會에
     보내는 글.

민주화운동기념사업회 오픈아카이브. 등록번호 00490471. 日本カトリック正義と平和協議會例
     會報告.

민주화운동기념사업회 오픈아카이브. 등록번호 00490688. 日本カトリック正義と平和協議會全
     國會議 :「正義と平和」協議會の任務について.

민주화운동기념사업회 오픈아카이브. 등록번호 00576885. 日本カトリック正義と平和協議會
     11月例會報告.

민주화운동기념사업회 오픈아카이브. 등록번호 00576891. 日本カトリック正義と平和協議會報
     告.

민주화운동기념사업회 오픈아카이브. 등록번호 00576912. 第3回 日本カトリック正義と平和協議會 全國會議報告.

민주화운동기념사업회 오픈아카이브. 등록번호 00576922. 日本カトリック正義と平和協議會 2月例會議事錄.

민주화운동기념사업회 오픈아카이브. 등록번호 00576925. 日本カトリック正義と平和協議會 4月例會議事錄.

민주화운동기념사업회 오픈아카이브. 등록번호 00576927. 日本カトリック正義と平和協議會 5月例會議事錄.

민주화운동기념사업회 오픈아카이브. 등록번호 00576931. 日本カトリック正義と平和協議會全國會議 講話要旨:「正義と平和」協議會の任務について.

민주화운동기념사업회 오픈아카이브. 등록번호 00576936. 日本カトリック正義と平和協議會 6月例會議事錄.

민주화운동기념사업회 오픈아카이브. 등록번호 00576938. 日本カトリック正義と平和協議會 12月例會議事錄.

민주화운동기념사업회 오픈아카이브. 등록번호 00576940. 日本カトリック正義と平和協議會 1月例會議事錄.

민주화운동기념사업회 오픈아카이브. 등록번호 00576941. 日本カトリック正義と平和協議會 2月例會議事錄.

민주화운동기념사업회 오픈아카이브. 등록번호 00576943. 日本カトリック正義と平和協議會 3月例會議事錄.

민주화운동기념사업회 오픈아카이브. 등록번호 00577004. 日本カトリック正義と平和協議會ガ何故在日韓國人の人權問題のかかわるか.

민주화운동기념사업회 오픈아카이브. 등록번호 00577013. 日本カトリック正義と平和協議會後援會規約.

민주화운동기념사업회 오픈아카이브. 등록번호 00577017. 日本カトリック正義と平和協議會報告.

민주화운동기념사업회 오픈아카이브. 등록번호 00577055. 日本カトリック正義と平和協議會 3月例會議事錄.

민주화운동기념사업회 오픈아카이브. 등록번호 00577079. 日本カトリック正義と平和協議會全國會議講話要旨: 正義と平和協議會の任務について.

민주화운동기념사업회 오픈아카이브. 등록번호 00577089. [日本カトリック正義と平和協議會の 한국 인권 문제에 대한 입장].

민주화운동기념사업회 오픈아카이브. 등록번호 00577148. 第1回 日本カトリック正義と平和協議會全國會議報告.

민주화운동기념사업회 오픈아카이브. 등록번호 00577199. 第二回 日本カトリック正義と平和協議會全國會議日程案.

민주화운동기념사업회 오픈아카이브. 등록번호 00577234. 第二回 日本カトリック正義と平和協議會 全國會議案.

민주화운동기념사업회 오픈아카이브. 등록번호 00577246. [日本カトリック正義と平和協議會가 Yoshida에게 보내는 서신].

민주화운동기념사업회 오픈아카이브. 등록번호 00577249. 第3回 日本カトリック正義と平和協議會 全國會議のご案内.

민주화운동기념사업회 오픈아카이브. 등록번호 00577254. [日本カトリック正義と平和協議會4月例會 안내문].

민주화운동기념사업회 오픈아카이브. 등록번호 00577271. カトリック名古屋教區「平和デ-」日本正義と平和協議會全國會議 會場案內.

민주화운동기념사업회 오픈아카이브. 등록번호 00577329. [日本カトリック正義と平和協議會 全國會議 일정안].

민주화운동기념사업회 오픈아카이브. 등록번호 00577355. [日本カトリック正義と平和協議會의 한국지원활동 보고].

2. 송영순 기증 한국학중앙연구원 기증 사료(1970년대)

Box 38-1-01-016. 1975. 날짜 미상.

Box 38-1-01-007. 1975. 날짜 미상.

Box 38-1-02-018. 1977.2.19.

Box 38-1-02-006. 1977. 사제단 77. 선언.

Box 38-1-02-017. 1977.3.6.

Box 38-1-02-008. 1977.3. 민주구국헌장 발표준비 계획.

Box 38-1-02-009. 1977.3.5. 민주구국헌장서명운동, 김지하 재판기록 공개.

Box 38-1-02-005. 1977.5.7. 4.18 명동성당 기도회 상황.

Box 38-1-02-003. 1977.6.24. 구국사제단의 외국인 선교사 비판 문서 발표건.

Box 38-1-02-014. 1977.7.17. 신현봉 신부 석방 소식.

Box 38-1-02-016. 1977.8.10. 민주구국헌장→8.15 특별성명.

Box 38-1-02-023. 1977.9.12. 8월 29일 인천교구 답동성당에서 열린 사제단 주최 기도회 건.

Box 38-1-03-014. 1979.9.10. YH와 오원춘 사건 관련.

Box 38-1-03-034. 1977.9. 오원춘 사건 관련.

4) 수도회 문서

• 한국천주교여자 수도회장상연합회(장상연) 공문과 자료

1972년

11월 20일 「한국 수녀발전 5개년 계획」

1973년

2월 5일 「장상 쎄미나 개최」 공문(강사 명단 및 신청서 1부).

2월 14일 「두봉 주교에게 강의를 청탁하는 공문」 「상기 공문에 대한 두봉 주교의 친필 답변」

2월 28일 「공장 견학에 관한 건」 안내 공문(롯데 제과에 보낸 공문).

1974년

9월 11일 「서울 명동 대성당 기도회」 안내문(지라시).

9월 14일 「장상 회의 결과보고: 9일 기구(기도) 관련 결정 사항 수록).

9월 23일 「제1차 연속 9일 기도 실시」(9월 27일~11월 28일까지) 안내 공문.

11월 8일 「제2차 기도회(11월 11일) 안내 공문」

11월 18일 「연속 9일기도 실시」 안내 공문: 제2차 연속 9일 기도 실시(11월 29일~1975년 1월 30
  일).

1975년

1월 25일 「제3차 연속 9일기구 안내」 공문.

2월 14일 「제3차 연속 9일기도 안내(1월 31일~4월 3일)」 공문.

1977년

3월 2일 「주교회의 연석회의 준비를 위한 합동회의 안건 제출」 공문(수신: 주교회의 상임위원회).

3월 28일 「3·1 사건 유죄 판결에 임한 천주교정의평화위원회 성명」(정의평화위원회).

4월 7일 「주교회의에 올리는 건의문」(정의평화위원회).

4월 11일 「주교 및 남녀 선교 수도회 장상 연석회의 안건」

7월 29일 「수도회 성성의 질의서 송부 및 주교단의 답신 서 준비건(질의서 원문 첨부)」

1978년

4월 8일 「한국천주교 주교단 성명서」

3월 28일 「3·1 사건 유죄 판결에 임한 천주교정의평화위원회 성명」(정의평화위원회).

4월 7일 「주교회의 춘계총회 회의록」

4월 8일「한국 주교단의 동일방직 사건 성명서」.

1979년
7월 19일「안동교구 정의평화 위원회에서 의뢰건(오원춘 사건)」공문.
8월 8일「안동교구 가톨릭농민회 지도 신부 및 임원의 강제 연행과 전주교구 문정현 신부 재구속
    에 따른 기도 청원」협조 안내 공문.
9월 1일「구속된 사제들과 목사 및 학생들을 위한 특별기도 의뢰건」공문.
10월 19일「1979년도 주교회의 추계 총회 회의록」(15쪽 분량).

• 그리스도의 교육 수녀회

2022년
6월 29일 대한민국 민주화과정에서 그리스도의 교육수녀회의 작은 참여

2. 단행본

Caroline Yoder. 2005. *The Little Book of Trauma Healing*. Good Books.
Father Benedict A. Zweber. MM. Maryknoll Missionary Archives(https://maryknollmissionarchives.
    org/deceased-fathers-bro/father-benedict-a-zweber-mm).
Herve Carrier. S. J. 1990. *The Social Doctrine of the Church revised*. Pontificum Consilium de
    Iustitia et Pace.
Joseph Gremillion(ed.). 1976. *The Gospel of Justice and Peace : Catholic Social Teaching since
    Pope John*. N.Y. Orbis.
Peter J. Henriot. Edward P. De Berri. Michael J. Schulthesis. 1988. *Catholic Social Teaching:
    Our Best Kept Secret*. N.Y. Orbis Books.
Richard L. Camp. 1969. *The Papal Ideology of Social Reform*. Leiden. E. J. Brill.
70년대 민주노동운동 동지회. 2021.『어둠의 시대 불꽃이 되어』. 학민사.
가톨릭농민회 30년사 편찬위원회. 1989.『가톨릭농민회 30년사』. 가톨릭농민회.
가톨릭농민회 50년사 편찬위원회. 2017a.『가톨릭농민회 50년사 I 』. 가톨릭농민회.
가톨릭농민회 50년사 편찬위원회. 2017b.『가톨릭농민회 50년사 II 』. 가톨릭농민회.
가톨릭정의평화연구소 편. 2017.『정의와 평화를 위한 선택』. 생활성서사.
가톨릭정의평화연구소 편. 1990.『한국 가톨릭교회와 소외층 그리고 사회운동』. 빛고을출판사.
강이경. 2018.『정의야, 강물처럼 흘러라』. 한마당.

강인철 외. 2009. 『한국민주화운동사 2: 유신체제기』 민주화운동기념사업회. 돌베개.

강인철. 2006. 『한국천주교의 역사사회학』 한신대학교출판부.

강인철. 2003. 『전쟁과 종교』 한신대학교 출판부.

강준만. 2017. 『한국현대사 산책 1970년대편 1권』 인물과사상사.

고동희·박선영. 2007. 『치즈로 만든 무지개: 지정환 신부의 아름다운 도전』 명인문화사.

골롬반 한국지부. 2014. 『Statistics On The Columban Mission To Korea 1933~2013』. 골롬반 한국지부.

교황 바오로 6세. 1981. 『현대의 복음선교』(이종홍 역). 한국천주교중앙협의회.

교황청 정의평화위원회. 1977. 『교회와 인권』 분도출판사.

구중서. 2009. 『김수환 추기경 평전: 사랑하고 또 사랑하고 용서하세요』 책 만드는 집.

국가정보원. 2007. 『과거와 미래의 성찰: 주요 의혹사건 편 상권』 국가정보원.

권은정. 2012. 『책으로 노래하고 영화로 사랑하다』 분도출판사.

근·현대한국가톨릭연구단. 2004. 『한국 근·현대 100년 속의 가톨릭교회(상)』 가톨릭출판사.

근·현대한국가톨릭연구단. 2005. 『한국 근·현대 100년 속의 가톨릭교회(중)』 가톨릭출판사.

근·현대한국가톨릭연구단. 2006. 『한국 근·현대 100년 속의 가톨릭교회(하)』 가톨릭출판사.

기쁨과희망사목연구소. 1996a. 『암흑 속의 햇불 7·80년대 민주화운동의 증언 제1권』 기쁨과희망사목연구소.

기쁨과희망사목연구소. 1996b. 『암흑 속의 햇불 7·80년대 민주화운동의 증언 제2권』 기쁨과희망사목연구소.

기쁨과희망사목연구소. 1997. 『암흑 속의 햇불 7·80년대 민주화운동의 증언 제3권』 기쁨과희망사목연구소.

김기용. 2004. 『김승훈: 정의가 강물처럼』 KBS미디어.

김녕. 1996. 『한국정치와 교회국가 갈등』 소나무.

김녕 외. 2003. 『장면 총리와 제2공화국』 경인문화사.

김병도. 2007. 『흘러가는 세월과 함께』 가톨릭출판사.

김병상과 함께. 2018. 『연표로 보는 한국민주화운동』 선인.

김소남. 2017. 『협동조합과 생명운동의 역사』 소명출판.

김소남. 2023. 『협동조합과 괴산지역 공동체운동』 도서출판 한살림.

김수환 추기경 전집 편찬위원회. 2001. 『김수환 추기경 전집 국가 권력과 교회』 김수환 추기경 전집 편찬위원회.

김옥경. 2017. 『가거라! 너를 보낸다: 서해에 빛나는 별 최분도 신부』 도서출판. 다인아트.

김정남. 2005. 『진실, 광장에 서다: 민주화운동 30년의 여정』 창비.

김정남. 2016a. 『이 사람을 보라 1: 인물로 보는 한국민주화운동사』 두레.

김정남. 2016b. 『이 사람을 보라 2: 인물로 보는 한국민주화운동사』 두레.

김정남·한인섭. 2020. 『그곳에 늘 그가 있었다』. 창비.

김종철. 2015. 『제임스 시노트 평전: 아픈 한국을 사랑한 신부』. 바오로딸.

김중미. 2011. 『길 위의 신부 문정현 다시 길을 떠나다』. 낮은산.

김진소. 1998. 『천주교 전주교구사 1』. 천주교 전주교구.

김충식. 1992. 『남산의 부장들 1』. 동아일보사.

김효순. 2015. 『조국이 버린 사람들: 재일동포유학생 간첩사건의 기록』. 파주: 서해문집.

꾸르실료 한국협의회. 2018. 『한국꾸르실료 50년사』. 꾸르실료 한국협의회.

나상조 외. 1995. 『한국가톨릭학생운동사(상) 1945~1972』. 가톨릭학생운동사 편찬위원회.

노기남. 1969. 『나의 회상록』. 가톨릭출판사.

노길명. 1988. 『한국사회와 종교운동』. 빅벨출판사.

노길명·박형신 외. 2010. 『한국의 종교와 사회운동』. ㈜이학사.

대한가톨릭학생회. 1961. 『가톨릭학생운동 교본』. 경향신문사. .

로이 모리스. 1972. 『제2차 개발 10년에 있어서의 크리스찬의 의무』(박영기 역). 분도출판사.

류상영 외. 2012. 『김대중과 한일관계-민주주의와 평화의 한일현대사』. 도서출판 오름.

명동천주교회. 1984. 『한국가톨릭인권운동사』. 명동천주교회.

무위당사람들(엮음). 2022. 『대장부, 거기에 그들이 있었다』. 원주: 이야기담.

문규현. 1994. 『민족과 함께 쓰는 한국천주교회사 Ⅱ: 1945년부터』. 빛두레.

민주화운동기념사업회. 2005. 『연표로 보는 한국민주화운동』. 선인.

민주화운동기념사업회연구소. 2008. 『한국민주화운동사1』. 돌베개.

민주화운동기념사업회연구소. 2009. 『한국민주화운동사2』. 돌베개.

민청학련계승사업회. 2018. 『민청학련: 유신독재를 넘어 민주주의를 외치다』. 메디치.

바바라 워드. 1972. 『성난 70년대』(김윤주 역). 분도출판사.

박도원. 1985. 『노기남 대주교』. 한국교회사연구소.

박선영. 2017. 『지정환 신부 임실치즈와 무지개 가족의 신화』. 명인문화사.

사무국. 1970. 『21세기를 향한 크리스찬의 도전』. 대한가톨릭학생총연합회.

서경돈. 2005. 『해방 이후 가톨릭교회의 인권운동』. 한국가톨릭신학회.

서울대교구 노동사목위원회. 2008. 『서울대교구 노동사목 50년사』. 서울대교구 노동사목위원회.

서중석. 김덕련. 2018. 『서중석의 현대사 이야기 14. 15』. 도서출판 오월의 봄.

성 베네딕도 수도원. 1976. 『자유에의 소명: 자유의 의미와 책임』. 분도출판사.

손승호. 2017. 『유신체제와 한국기독교 인권운동』. 한국기독교 역사연구소.

안광훈. 2021. 『성자와 죄수』. 빛두레.

엄영애. 2007. 『한국여성농민운동사. 농민생존권 위기와 여성농민의 조직적 투쟁』. 서울: 나무와 숲.

오경환 신부 화갑기념논문집 간행위원회. 1997. 『교회와 국가』. 인천가톨릭대학교출판부.

오태순. 1994. 『믿음과 삶이 하나되어』. 빅벨출판사.

요한네스 마르. 2009.『분도통사』(왜관수도원 옮겨 엮음). 분도출판사.

원주교구사 편찬위원회. 1996.『原州敎區三十年史』. 천주교 원주교구.

윤공희 지음·권은정 글. 2022.『윤공희 대주교의 북한 교회 이야기』. 가톨릭동북아평화연구소.

이삼열. 2021.『해외에서 함께한 민주화운동』. 동연.

이영춘 외. 2001.『민족사와 명동성당』. 천주교서울대교구 주교좌명동교회.

이우재. 1991.『한국농민운동사연구』. 서울: 한울.

이충렬. 2016.『아. 김수환 추기경 1: 신을 향하여』. 김영사.

인천교구사 편찬위원회·한국교회사연구소. 1990.『인천교구사』. 천주교인천교구.

임진창 편저. 1976.『한국의 사회발전과 가톨릭교회의 역할』. 서강대학교 사회문제연구소.

장숙경. 2013.『산업선교 그리고 70년대 노동운동』. 선인.

전 미카엘. 1977.『노동자의 길잡이』. 서울: 가톨릭출판사.

전진상교육관 편. 1987.『오늘 우리가 서 있는 자리』. 햇빛출판사.

정학근 외 편역. 1973.『현실에 도전하는 성서』. 분도출판사.

정향숙 옮김. 1983.『조셉 까르댕. 信徒들을 先頭로』. 분도출판사.

제임스 시노트. 2004.『현장증언 1975년 4월 9일』. 서울: 빛두레.

제정구기념사업회. 2009.『정일우 이야기』.

조광. 1989.『한국천주교 200년』. 햇빛출판사.

조광. 2010.『한국 근현대 천주교사 연구』. 경인문화사.

조셉 까르댕. 1976.『신도들을 선두로』. 분도출판사.

조희연. 2007.『박정희와 개발독재시대』. 역사비평사.

지학순. 1983.『정의가 강물처럼』. 형성사.

지학순 주교 구속 사건 일지 민주운동기념사업회. 2003.『민주화운동관련 사건사전편찬을 위한 기초조사연구사업(70년대) 보고서』.

지학순정의평화기금. 2000.『그이는 나무를 심었다 - 지학순 주교의 삶과 사랑』. 공동선.

짐 스텐츨. 2007.『시대를 지킨 양심』. 민주화운동기념사업회.

천주교 서울대교구 홍보국. 1989.『이 땅에 평화를: 김수환 추기경과의 대화』. 햇빛출판사.

천주교 인천교구 노동사목위원회. 2016a.『한국 천주교 노동사목자료집 I』. 천주교 인천교구 노동사목위원회.

천주교 인천교구 노동사목위원회. 2016b.『한국 천주교 노동사목자료집 II』. 천주교 인천교구 노동사목위원회.

천주교 인천교구 정의평화위원회. 2017.『천주교 인천교구 민주화운동사』. 천주교인천교구.

천주교정의구현전국사제단 편. 1985.『한국천주교회의 위상』. 분도출판사.

천주교 청주교구 보은 사도의 모후성당. 2005.『보은본당 50년사(1955~2005)』.

최기식. 1997.『로만칼라와 빈 무덤』. 기쁜소식.

추교윤. 2009.『한국천주교회의 도덕적 권위와 사회적 역할』. 위즈 앤 비즈.

한국가톨릭노동청년회. 1986.『한국 가톨릭노동청년회 25년사』. 분도출판사.

한국교회사연구소. 1985.『한국 가톨릭대사전(부록)』. 한국교회사연구소.

한국가톨릭문화연구원 30년사 편집위원회. 2019.『한국가톨릭문화연구원 30년사』. 한국가톨릭 문화연구원.

한국기독교교회협의회 인권위원회. 1987.『1970년대 민주화운동』.

한국기독교사회문제연구원. 1983.『1970년대 민주화운동과 기독교』. 서울: 한국기독교사회문제 연구원.

한국노동청년회 편. 1986『한국가톨릭노동청년회25년사』. 분도출판사

한국종교사회연구소. 1989.『한국종교의 성찰과 전망: 1945년 이후』. 민족문화사.

한국종교인평화회의. 2006.『한국종교인평화회의 20년사』. 한국종교인평화회의.

한국천주교 수도생활연구팀. 2019.『한국천주교 여자 수도회 사도직 변천사』. 한국천주교 여자 수도회 장상연합회.

한국천주교여자 수도회장상연합회 사도직 변천사 집필팀. 2021.『하느님 나라를 일구는 여인들: 한국천주교 여자 수도회 사도직 변천사』. 분도출판사.

한국천주교정의평화위원회. 1994.『이땅의 정의와 평화를 위하여』. 한국천주교정의평화위원회.

한국천주교주교회의 가톨릭사목연구소. 2019.『한국천주교주교회의대사회문헌: 더 나은 세상을 위하여』. 한국천주교중앙협의회.

한국천주교중앙협의회. 1987.『세계정의에 관하여』(김남수 역). 한국천주교중앙협의회.

한국천주교중앙협의회. 1994.『교회와 사회』. 한국천주교중앙협의회.

한국천주교중앙협의회. 2001.『한국천주교회사의 성찰과 전망 2』. 한국천주교중앙협의회.

한국천주교평신도사도직협의회. 1988.『한국천주교평협20년사』. 한국천주교평신도사도직협의회.

한상렬. 1999.『사랑의 선교사 나 굴리엘모 주교』. 성황석두루가서원.

한승헌 외. 1984.『유신체제와 민주화운동』. 춘추사.

한승헌. 2012.『한 변호사의 고백과 증언』. 한겨레출판사.

한승헌. 2017.『재판으로 본 한국현대사』. 창비.

함세웅·한인섭. 2018.『이 땅에 정의를: 함세웅 신부의 시대 증언』. 창비.

함제도 구술. 2020.『선교사의 여행』. 가톨릭동북아평화연구소.

허문명. 2013.『김지하와 그의 시대』. 블루엘리펀트.

헬더 까미리. 1973.『정의에 목마른 소리: 폭력의 악순환』. 김윤주 역. 분도출판사. 1973.

헬더 까마라. 1974.『평화혁명』. 김윤주 역. 분도출판사.

헬더 까마라. 1975.『황무지를 옥토로』. 이홍근 역. 분도출판사.

현석호. 1986.『한 삶의 고백』. 탐구당.

홍성우·한인섭. 2011,『인권변론 한 시대』. 서울: 경인문화사.

홍지영. 1977. 『정치신학의 논리와 행태』. 금란출판사.

황종렬. 2006. 『한국가톨릭노동청년회 50년의 기록』. 민주화운동기념사업회.

3. 논문

Misook lee, 2014. "The Japan-Korea Solidarity Movement in the 1970s and 1980s: From Solidarity
    to Reflexive Democracy." *The Asia-Pacific Journal* 38(1). Japan Focus.

古屋敷一葉. 2018. 「正平協」の切り開いた道: 1970年代韓國民主化鬪爭支援活動を通して」. 同志
    社大學 大學院グローバル·スタデイズ 硏究科 修士論文.

가톨릭평론 편집부. 2019a. 「농촌을 넘어 세상을 바꾼 가톨릭 농민운동: 가농 초대회장 이길재」.
    《가톨릭평론》 20호. 우리신학연구소. 87~97.

가톨릭평론 편집부. 2019b. 「자선이 아니라 사람을 평등하게 세우는 빈민운동: 천도빈 전 회장 김
    혜경」. 《가톨릭평론》 22호. 우리신학연구소. 148~160.

가톨릭평론 편집부. 2020a. 「가톨릭 지성인을 양성하는 가톨릭 대학생운동: 남영진/김영근」. 《가톨
    릭평론》 26호. 우리신학연구소. 30~41.

가톨릭평론 편집부. 2020b. 「시대를 앞서갔으나 미완으로 끝난 가톨릭여성농민운동: 한국가톨릭
    농촌여성회 초대 총무 엄영애」. 《가톨릭평론》 28호. 우리신학연구소. 191~203.

가톨릭평론 편집부. 2020c. 「교육으로 일깨운 여성 노동자의 존엄: 전 한국여성노동자협의회 대표
    이철순」. 《가톨릭평론》 29호. 우리신학연구소. 183~188.

가톨릭평론 편집부. 2021a. 「대전환의 시기. 생명 평화의 공동체를 꿈꾸며: 전 가톨릭농민회 사무
    국장 정성헌」. 《가톨릭평론》 31호. 우리신학연구소. 226~238.

가톨릭평론 편집부. 2021b. 「민주화성지의 숨은 청년 일꾼들: 전 명동성당 청년연합회 회장 김지
    현」. 《가톨릭평론》 34호. 우리신학연구소. 228~240.

강경애. 2003. 「1970년대. 유신체제하의 한국천주교회와 국가: 70년대 천주교 사회운동의 분석
    을 통해 본 교회-국가 갈등을 중심으로」. 《교육연구》 38호. 83~110.

강병규. 2019. 「영원한 한국인 두봉 주교」. 《기록창고》 Vol. 4. (사) 경북기록문화연구원.

강인철. 2005. 「한국교회의 사회참여와 제2차 바티칸 공의회」. 《교회사연구》 제25집.

강인철. 2000. 「한국전쟁과 한국천주교회」. 『민족사와 교회사』. 서울:한국교회사연구소.

강인철. 2010. 「정치적 대립과 종교적 통합의 동학: 군사정부 시기의 교회와 국가」. 《신학전망》
    171호.

강인철. 2023. 「6. 25 전쟁과 그리스도교: 교회의 반공주의에 대한 성찰」. 《가톨릭 평화연구》 3집.
    가톨릭동북아평화연구소.

강창헌. 2022. 「저무는 종이책 시대의 끝자락에서: 분도출판사 60주년에 부쳐」. 《가톨릭평론》 제

35호. 우리신학연구소. 2022.

경향잡지 편집부. 1970. 「좌담회 1970년을 보내면서」 《경향잡지》 1233호. 한국천주교중앙협의회.

경향잡지 편집부. 1972a. 「가톨릭 구제위원회」 《경향잡지》 1246호. 한국천주교중앙협의회.

경향잡지 편집부. 1972b. 「전국 주교회의 1971년 정기총회 결의사항」 《경향잡지》 1246호. 한국천주교중앙협의회.

경향잡지 편집부. 1972c. 「오늘의 마산교구 개관」 《경향잡지》. 1254호. 한국천주교중앙협의회.

경향잡지 편집부. 1972d. 「크리스챤 사상 연구소장 양 한모(아우구스띠노)씨」 《경향잡지》 1249호. 한국천주교중앙협의회.

경향잡지 편집부. 1973. 「특집 가톨릭학생운동의 문제점과 해결의 실마리는?」 《경향잡지》 1265호(1973년 8월호). 한국천주교중앙협의회. 22~33.

경향잡지 편집부. 1974a. 「교회쇄신·정의구현을 위한 기도회」 《경향잡지》 1278호. 한국천주교중앙협의회.

경향잡지 편집부. 1974b. 「사회정의, 양심의 자유 구현을」 《경향잡지》 1280호. 한국천주교중앙협의회.

경향잡지 편집부. 2008. 「교황 요한 바오로 2세의 회칙 '노동하는 인간'」 《경향잡지》 1682호. 한국천주교중앙협의회.

경향잡지 편집부. 2008. 「교황 요한 바오로 2세의 회칙 '노동하는 인간'」 《경향잡지》 1682호. 한국천주교중앙협의회.

김가람. 2006. 「한국가톨릭학생운동」 『한국가톨릭대사전』 제12권. 한국교회사연구소. 9422~9426.

김기석. 1989. 「한국가톨릭교회의 민주화운동: 천주교정의구현전국사제단을 중심으로」 『한국과 제3세계의 민주변혁』. 경남대학교 극동문제연구소. 81~117.

김녕. 1995. 「천주교회의 정치적 개입과 교회-국가 갈등」 《한국정치학회보》 29-2호. 한국정치학회.

김명식. 1983. 「10장의 역사연구」 『김명식 시집. 우리들의 봄은』. 서울: 일월서각. 160~204.

김성태. 2004. 「제2차 바티칸 공의회」 『가톨릭대사전』 제10권. 한국교회사연구소.

김소남. 2015. 「1970년대 원주그룹의 전담복구사업과 협업농장 사례 연구」 『한국근현대사학』 제72집.

김수환. 1975. 「국민 기본권을 보호해야 할 공권력」 《사목》 37호. 한국천주교중앙협의회.

김수환. 1996. 「교회는 왜 사회참여를 하였는가?」 《종교와 문화》 2집. 서울대종교문화연구소.

김영근. 「현대 한국천주교회와 가톨릭학생운동」 《한국교회사논문집》 제2권. 한국교회사연구소. 1125~1154.

김영주. 2018. 「원주는 어떻게 70년대 민주화의 성지가 되었나?」 《무위당사람들》 64호. (사)무위당사람들.

김원. 2014. 「어떤 만남. 지학순과 장일순: 원주 공동체의 초기 역사」. 『정치의 임계. 공공성의 모
    헌』. 혜안.

김원. 2022. 「해협을 건넌 편지들: 김정남 송영순 서신의 민주화운동에서 의미」. 『해외에서의 한
    국민주화운동과 국경을 넘는 연대의 역사』. 한국학중앙연구원 학술회의자료집.

김태일. 2005. 「1970년대 가톨릭농민회와 농민운동」. 『1970년대 민중운동연구』. 민주화운동기념
    사업회. 449~524.

나상조. 1970a. 「가톨릭학생운동의 특질」. 《빠스(Pax Romana)》. 제3권 7호. 빠스사.

나상조. 1970b. 「학생운동과 교회」. 《가톨릭청년》 제24권 6호. 가톨릭청년사. 15~16.

나혜심. 2017. 「독일의 대한개발원조사 연구: 미제레오르를 중심으로」. 《독일연구》 35호. 한국독
    일사학회. 123~163.

남영진. 「70년대 가톨릭 학생운동」. 《빠스(Pax Romana)》 제7권 1호. 빠스사. 10~11.

데일리. 1969. 「세계 학생운동의 동향」. 《빠스(Pax Romana)》 제2권 8호. 빠스사. 6~8.

명동천주교회청년단체연합회. 1988. 『제3차 청년대회 심포지움: 천주교 사회운동의 반성과 과
    제』. 명동천주교회청년단체연합회.

무위당사람들(엮음). 2022a. 「최기식 신부 사제서품 50주년. 썩은 밀알이 되게 하소서(4)」. 《무위
    당 사람들》 제78호. 사단법인 무위당사람들.

무위당사람들(엮음). 2022b. 「최기식 신부 사제서품 50주년. 썩은 밀알이 되게 하소서(5)」. 《무위
    당 사람들》 제79호. 사단법인 무위당사람들.

민주화운동기념사업회 오픈아카이브. 등록번호 00204691. JOC 해설.

민주화운동기념사업회 오픈아카이브. 등록번호 00440512. 수도권특수지역 선교위원회 사건 관
    련 구속자들의 약력 및 활동내용

민주화운동기념사업회 오픈아카이브. 등록번호 00834663. 노동자·농민. 인명진 목사를 위한 신·
    구교연합특별미사.

민주화운동기념사업회 오픈아카이브. 등록번호 00884671. 노동청년 5월호.

민주화운동기념사업회 오픈아카이브. 등록번호 00076406. 성명서(크리스챤사회행동협의체).

민주화운동기념사업회 오픈아카이브. 등록번호 00102487. 성명서.

민주화운동기념사업회 오픈아카이브. 등록번호 00110230. 교회적 사회적 관심과 그 연합전선
    형성문제.

민주화운동기념사업회 오픈아카이브. 등록번호 00196929. 《농촌부녀》 제3호.

민주화운동기념사업회 오픈아카이브. 등록번호 00206233. 가톨릭농민회 청기분회장 오원춘 납
    치조작사건 진상.

민주화운동기념사업회 오픈아카이브. 등록번호 00213468. 노풍 피해보상 운동 경과보고.

민주화운동기념사업회 오픈아카이브. 등록번호 00217636. 당신을 알고 계십니까?.

민주화운동기념사업회 오픈아카이브. 등록번호 00428857. 가톨릭농민회 청기분회장 오원춘 납

치사건을 중심으로 본 안동교구사태의진상(제1집).

민주화운동기념사업회 오픈아카이브. 등록번호 00479598. 해명서.

민주화운동기념사업회 오픈아카이브. 등록번호 00480204. 태광산업노동조합조직촉발활동보
　고서.

민주화운동기념사업회 오픈아카이브. 등록번호 00480295. 부두노동자실태조사.

민주화운동기념사업회 오픈아카이브. 등록번호 00480476. 교회와 인권 문제.

민주화운동기념사업회 오픈아카이브. 등록번호 00485041. 교회 주요 인사들에게 보내는 서한
　(1978. 3. 12.).

민주화운동기념사업회 오픈아카이브. 등록번호 00486333. 동일방직근로자 관련 서한.

민주화운동기념사업회 오픈아카이브. 등록번호 00486671. 안동교구 사태에 관한 보고서(소위
　오원춘 사건).

민주화운동기념사업회 오픈아카이브. 등록번호 00834663. 노동자 농민, 인명진 목사를 위한 신
　구교연합 특별미사.

민주화운동기념사업회 오픈아카이브. 등록번호 00836969. 78년 동일방직 인천공장 사건 경위.

민주화운동기념사업회 오픈아카이브. 등록번호 00841955. 선언문(사회정의실현촉진대회).

민주화운동기념사업회 오픈아카이브. 등록번호 00874302. 한국가톨릭노동청년회활동.

민주화운동기념사업회 오픈아카이브. 등록번호 00874434. 노동사목 서울북부 현황.

민주화운동기념사업회 오픈아카이브. 등록번호 00883362. 부산시노총협의회 주최 노동 문제 특
　별세미나.

민주화운동기념사업회 오픈아카이브. 등록번호 00883724. 200주년 특수사목분과 의제연구.

민주화운동기념사업회 오픈아카이브. 등록번호 00884439. 광산노동자실태조사.

민주화운동기념사업회 오픈아카이브. 등록번호 00884645. 노동청년 제 67호.

민주화운동기념사업회 오픈아카이브. 등록번호 00884655. 노동청년 제76호.

민주화운동기념사업회 오픈아카이브. 등록번호 00059979. 오원춘 씨 양심선언.

민주화운동기념사업회 오픈아카이브. 등록번호 00102842. 크리스챤사회행동협의체 액션보
　고서.

민주화운동기념사업회 오픈아카이브. 등록번호 00883394. 호소문.

박문수. 2013a. 「광복 후 천주교의 민족사 참여와 사회영성의 성장」, 《교회사연구》 42집. 한국교
　회사연구소. 93~137.

박문수. 2013b. 「광복 후 한국 사히문제와 가톨릭의 대응」, 《원불교사상연구》 2013/2. 원광대 원
　불교사상연구원.

박석돈. 1995. 「가톨릭 복지 사업」, 『한국가톨릭대사전』 제1권. 한국교회사연구소.

박정세. 1996. 「1970년대 도시 빈민 선교의 유형과 특성」, 《신학논단》 24호, 연세대학교.

빡스 편집부. 1977. 「교회와 학생사목」, 《빡스(Pax Romana)》 35호. 빡스사. 12.

빡스 편집부. 1970. 「서울교구연합회 제1회 가톨릭학생연구회」、《빡스(Pax Romana)》. 제3권 3호. 빡스사. 11.

빡스 편집부. 1970a. 「아시아 대학의 가톨릭 학생사도직에 관한 제1차 회의」、《빡스(Pax Romana)》 제3권 1호. 빡스사. 8~9.

빡스 편집부. 1970b. 「수원교구 소식」、《빡스(Pax Romana)》. 제3권 2호. 빡스사. 18.

서울지방검찰청. 1975. 「대통령긴급조치 제9호 위반) 피고인 이명준 외 20명에 대한 공소장」. 서울지방검찰청.

서중석. 2007. 「천주교정의구현전국사제단의 출범 배경과 활동」、《사림》 27호. 수선사학회.

석창훈·문장수. 2005. 「가톨릭 주교의 사목 철학이 대구·경북 지역사회와 지성사에 미친 영향: 천주교 대구교구와 안동교구 초대 교구장을 중심으로」、《철학연구》 95호. 대한철학회.

신동호. 2013a. 「1970년대 학생운동의 특징과 방식」. 『학생운동의 시대』. 민주화운동기념사업회.

신동호. 2013b. 「1970년대와 1980년대의 학생운동연구; 긴급조치 9호 시기 학생운동의 구조와 전개」、《기억과 전망》 29호. 민주화운동기념사업회.

신의식. 1992. 「서울대교구 가톨릭대학생연합회」、《교회와 역사》 제208호. 한국교회사연구소.

양승규. 1970. 「OSCO 세미나에 참가하고」、《빡스(Pax Romana)》 제3권 6호. 빡스사. 6~7.

오경환. 1976. 「천주교회와 노동운동」、《사목》 48호. 한국천주교중앙협의회.

오경환. 1989. 「정치와 종교에 대한 가톨릭의 입장」、《사목》 128호. 한국천주교중앙협의회.

오경환. 1990. 「한국 가톨릭교회의 사회참여」、《사목》 140호. 한국천주교중앙협의회.

오세일. 2015. 「한국천주교회와 사회참여: 제2차 바티칸 공의회로 인한 성찰적 근대화」、《한국사회학》 49/2. 93~123.

와다 하루끼(和田春樹). 2012. 「지식인 및 시민들의 한일연대운동(1974~1978)」. 류상영 외. 『김대중과 한일 관계』. 연세대학교 대학출판문화원.

이기훈. 2005. 「1970년대 학생 반유신운동」. 『민주화운동연구총서 역사편4: 유신과 반유신』. 민주화운동기념사업회.

이선이. 2022. 「일본 가톨릭교회의 전후 역사인식: 정의평화협의회의 메시지를 중심으로」、《교회사연구》 61집. 한국교회사연구소.

이수인. 2008. 「1970~80년대 민주화운동의 사상과 이념: 1980년대 학생운동의 민족주의 담론」、《기억과 전망》 18호. 민주화운동기념사업회.

이영경. 「여성운동의 선봉장들」、《말》. 1992년 6월호.

이장우. 2011. 「김수환 추기경과 한국의 민주주의」、《교회사연구》 36호. 한국교회사연구소.

장동훈. 2019. 「지학순의 공의회. '지학순'이라는 공의회: 한국천주교회의 제2차 바티칸 공의회 수용 과정 안에서의 지학순 주교」、《신학전망》 206호. 광주가톨릭대학교. 46~96.

장석철. 1970. 「소양강변에 핀 소크라테스의 후예들」、《빡스(Pax Romana)》. 제3권 2호. 빡스사. 8~9.

장영민. 2014. 「한·미외교문서로 본 지학순 주교의 민주화운동. 관련 행위자들의 인식과 대응을 중심으로」《기억과 전망》 31호. 민주화운동기념사업회. 40~85.

장정란. 2001. 「6·25전쟁과 외국 가톨릭교회의 전재 복구 활동에 관한 연구」『한국천주교회사의 성찰과 전망 2』. 한국천주교중앙협의회. 183~255.

정하권. 1975. 「복음화와 사회참여」《사목》 37호. 한국천주교중앙협의회.

조정환. 2017. 「김수환 추기경의 사상 안에 나타난 제2차 바티칸 공의회 정신에 대한 고찰」《가톨릭 신학》 31. 59~92.

지주형. 2018. 「유신 체제 말기의 한미 관계와 징치 위기」《기억과 전망》 38호. 민주화운동기념사업회.

한국민주주의연구소. 2006. '지역민주화운동사 편찬을 위한 기초조사사업 기초조사연구: 경기.' 민주화운동기념사업회.

한국천주교 주교회의 상임위원회. 1975. 「난국에 대처할 우리의 자세」《사목》 제40호. 한국천주교중앙협의회.

한국천주교중앙협의회. 1971. 「전국주교회의 1971년 정기총회 결의사항」《경향잡지》 제1246호. 한국천주교중앙협의회.

한상욱. 2017. 『한국 가톨릭 노동운동 연구(1958~95)』 성공회대학교 박사학위 논문.

함세웅. 1988. 「천주교정의구현전국사제단의 역사와 증언」《종교신학연구》 1호. 서강대학교 비교사상연구원. 261~289.

함세웅. 1984. 「1970년대 가톨릭사회정의구현활동과 평가」《가톨릭사회과학연구》 제3집. 한국 가톨릭사회과학연구회.

현석호. 1971. 「사회 문제에 적극 참여하자」《경향잡지》 1236호. 한국천주교중앙협의회.

홍석률. 2005. 「유신체제의 형성」『민주화운동연구총서 역사편4: 유신과 반유신』 민주화운동기념사업회.

4. 신문기사와 인터넷 검색자료

《Korea Times》(2009. 2. 19.) In memory of abbot Odo Haas,

《가톨릭서울》(1980. 3. 3.) 김재덕 주교 신앙대학 강좌초: 새로운 현실과 우리들의 일치

《가톨릭시보》(1954. 6. 13.)

《가톨릭시보》(1960. 3. 6.)

《가톨릭시보》(1960. 3. 20.)

《가톨릭시보》(1960. 5. 22.)

《가톨릭시보》(1960. 6. 19.)

《가톨릭시보》(1960. 6. 26.)

《가톨릭시보》(1960. 7. 10.)

《가톨릭시보》(1961. 6. 11.)

《가톨릭시보》(1961. 9. 24.)

《가톨릭시보》(1962. 3. 4.)

《가톨릭시보》(1962. 3. 18.)

《가톨릭시보》(1962. 4. 1.)

《가톨릭시보》(1962. 7. 1.)

《가톨릭시보》(1963. 1. 22.)

《가톨릭시보》(1963. 3. 10.)

《가톨릭시보》(1963. 3. 17.)

《가톨릭시보》(1963. 4. 7.)

《가톨릭시보》(1964. 5. 3.)

《가톨릭시보》(1964. 9. 7.)

《가톨릭시보》(1965. 12. 19.)

《가톨릭시보》(1966. 2. 20.)

《가톨릭시보》(1966. 3. 13.)

《가톨릭시보》(1966. 4. 3.)

《가톨릭시보》(1968. 1. 28.)

《가톨릭시보》(1968. 2. 11.)

《가톨릭시보》(1968. 3. 10.)

《가톨릭시보》(1970. 1. 25.)

《가톨릭시보》(1970. 3. 22.)

《가톨릭시보》(1970. 5. 3.)

《가톨릭시보》(1970. 5. 10.)

《가톨릭시보》(1971. 10. 17.)

《가톨릭시보》(1971. 10. 24.)

《가톨릭시보》(1974. 7. 11.)

《가톨릭시보》(1974. 11. 14.)

《가톨릭시보》(1975. 2. 2.)

《가톨릭시보》(1975. 3. 9.)

《가톨릭시보》(1979. 8. 19.)

《가톨릭시보》(1979. 8. 26.)

《가톨릭시보》(1979. 9. 9.). 두봉 주교 교황청 방문.

《가톨릭신문》(2002. 5. 12.). 다시 태어나도 이 길을: 은퇴 사제의 삶과 신앙: 전 안동교구장 두봉
　　주교(6).

《경북인뉴스》(2020. 9. 9.). 허창수 신부와 사회적 시장경제.

《경향신문》(1960. 6. 26.)

《경향신문》(1965. 5. 11.)

《경향신문》(1965. 6. 26.)

《경향신문》(1965. 6. 29.)

《경향신문》(1970. 4. 29.)

《경향신문》(1971. 2. 13.)

《경향신문》(1971. 10. 7.)

《경향신문》(1972. 10. 20.)

《경향신문》(1979. 9. 15.)

《동아일보》(1971. 10. 6.)

《동아일보》(1971. 10. 7.)

《경향신문》(2007. 1. 8.). 오원춘 씨. 박정희는 영웅 아닌 독재자.

《동아일보》(1971. 10. 8.)

《동아일보》(1975. 1. 11.)

《동아일보》(1975. 1. 29.)

《동아일보》(1978. 12. 28.)

《동아일보》(1979. 8. 10.)

《매일경제》(1970. 4. 29.)

《숲정이》(1974. 7. 28.)

《숲정이》(1974. 11. 24.)

《숲정이》(1976. 3. 21.)

《숲정이》(1976. 10. 10.)

《숲정이》(1979. 9. 16.)

《오마이뉴스》(2017. 9. 1.). 빈민들과의 삶 택한 어머니 창신동 철거투쟁 승리로 이끌다.

《오마이뉴스》(2019. 8. 23.)

《조선일보》(1969. 02. 26.)

《조선일보》(1970. 4. 29.)

《조선일보》(1971. 10. 6.)

《조선일보》(1971. 10. 8.)

《평화신문》(2004. 3. 21.)

《한겨레》(2009. 8. 30.)

《한겨레》(2013. 7. 23.)

《한겨레》(2019. 9. 21.). 재일동포 송영순.

《한겨레》(2019. 9. 21.). 겁났으나. 그들 풍찬노숙하는데 연락 끊을 순 없었다.

《한겨레》(2022. 3. 28.)

《한국일보》(1975. 1. 22.)

복음신용협동조합(http://siheung. grandculture. net/siheung/toc/GC06900737(검색일 2023. 11. 10).

헤르베르트 신부님과의 인터뷰(http://nodeathpenalty. or. kr/webbs/view. php?board=press&id=19&page=9)

https://www. kdemo. or. kr/d-letter/world/page/1/post/216(검색일 2023. 11. 18)

찾아보기

인명